Bastian Kiehn

Konzernbetriebsrat und Konzernbetriebsvereinbarung in der Betriebs- und Unternehmensumstrukturierung

AF130445

FORUM ARBEITS- UND SOZIALRECHT

herausgegeben von
Prof. Dr. Richard Giesen, Prof. Dr. Matthias Jacobs,
Prof. Dr. Dr. h.c. Horst Konzen und Prof. Dr. Meinhard Heinze

Band 36

Bastian Kiehn

Konzernbetriebsrat und Konzernbetriebsvereinbarung in der Betriebs- und Unternehmensumstrukturierung

Centaurus Verlag & Media UG

Zum Autor:
Bastian Kiehn studierte Rechtswissenschaft an der Eberhard Karls Universität Tübingen und der Universität Hamburg. Er ist derzeit Rechtsreferendar am Hanseatischen Oberlandesgericht Hamburg.

Bibliografische Informationen der Deutschen Nationalbibliothek
Die Deutsche Nationalbibliothek verzeichnet diese Publikation in der Deutschen Nationalbibliografie; detaillierte bibliografische Daten sind im Internet über http://dnb.d-nb.de abrufbar.
Zugl.: Hamburg, Bucerius Law School, 2012

Gedruckt auf säurefreiem und chlorfrei gebleichtem Papier.

ISBN 978-3-86226-153-6   ISBN 978-3-86226-999-0 (eBook)
DOI 10.1007/978-3-86226-999-0

ISSN 0936-028X

© CENTAURUS Verlag & Media KG, Freiburg 2012
www.centaurus-verlag.de

Satz: Vorlage des Autors
Umschlaggestaltung: Jasmin Morgenthaler, Visuelle Kommunikation

Meiner Familie

Vorwort

Die vorliegende Arbeit wurde im Herbsttrimester 2011 vom Promotionsausschuss der Bucerius Law School – Hochschule für Rechtswissenschaft –, Hamburg, als Dissertation angenommen. Die mündliche Prüfung erfolgte am 14. Februar 2012. Die Arbeit wurde im Mai 2011 abgeschlossen. Später erschienene Rechtsprechung und Literatur konnten für die Drucklegung nur noch vereinzelt in den Fußnoten berücksichtigt werden.

Mein herzlicher Dank gilt meinem Doktorvater, Professor Dr. Matthias Jacobs, der die Entstehung dieser Arbeit mit wertvollen Hinweisen stets unterstützt und gefördert hat. Ihm danke ich auch für die Erstellung des Erstgutachtens. Herrn Professor Dr. Rüdiger Veil danke ich für die zügige Erstellung des Zweitgutachtens.

Mein großer Dank gilt ferner Herrn Jörn Christoph Otte für seine Diskussionsbereitschaft und seine kritischen Anmerkungen.

Schließlich schulde ich meiner Familie ganz besonderen Dank. Ohne ihre Unterstützung wäre die Entstehung dieser Arbeit nicht möglich gewesen. Ihr ist diese Arbeit gewidmet.

Hamburg, im März 2012   *Bastian Kiehn*

Inhaltsübersicht

Inhaltsverzeichnis

Abkürzungsverzeichnis

a.A.	andere Ansicht
ABl.	Amtsblatt
Abs.	Absatz
a.E.	am Ende
AG	Aktiengesellschaft; Die Aktiengesellschaft (Zeitschrift); Amtsgericht
AiB	Arbeitsrecht im Betrieb (Zeitschrift)
AktG	Aktiengesetz
Anm.	Anmerkung
ArbRB	Der Arbeits-Rechts-Berater (Zeitschrift)
AuR	Arbeit und Recht (Zeitschrift)
ausf.	ausführlich
BAG	Bundesarbeitsgericht
BB	Betriebs-Berater (Zeitschrift)
Bd.	Band
Begr.	Begründung
BetrAVG	Gesetz zur Verbesserung der betrieblichen Altersversorgung
BetrVG	Betriebsverfassungsgesetz
BGB	Bürgerliches Gesetzbuch
BGH	Bundesgerichtshof
BT-Drucks.	Bundestagsdrucksache
BVerfG	Bundesverfassungsgericht
DAG	Deutsche Angestellten-Gewerkschaft
DB	Der Betrieb (Zeitschrift)
DGB	Deutscher Gewerkschaftsbund
DKKW	Däubler/Kittner/Klebe/Wedde, Betriebsverfassungsgesetz
DrittelbG	Drittelbeteiligungsgesetz
EBRG	Europäische Betriebsräte-Gesetz
EG	Europäische Gemeinschaften
Einl.	Einleitung
ErfK	Erfurter Kommentar zum Arbeitsrecht
EU	Europäische Union

f.	folgende
FA	Fachanwalt Arbeitsrecht (Zeitschrift)
ff.	folgende
Fn.	Fußnote
FS	Festschrift
GbR	Gesellschaft bürgerlichen Rechts
gem.	gemäß
GG	Grundgesetz
GK-BetrVG	Gemeinschaftskommentar zum Betriebsverfassungsgesetz
GmbH	Gesellschaft mit beschränkter Haftung
GmbHG	Gesetz betreffend die Gesellschaften mit beschränkter Haftung
GmbHR	GmbH-Rundschau (Zeitschrift)
GroßkommAktG	Aktiengesetz: Großkommentar
Halbs.	Halbsatz
HGB	Handelsgesetzbuch
Hk-TzBfG	Teilzeit- und Befristungsgesetz: Handkommentar
h.L.	herrschende Lehre
h.M.	herrschende Meinung
Hs.	Halbsatz
HSWGN	Hess/Schlochauer/Worzalla/Glock/Nicolai, Kommentar zum Betriebsverfassungsgesetz
HWK	Henssler/Willemsen/Kalb, Arbeitsrecht Kommentar
i.S.d.	im Sinne des/der
i.S.v.	im Sinne von
i.V.m.	in Verbindung mit
KBR	Konzernbetriebsrat
KG	Kommanditgesellschaft
KGaA	Kommanditgesellschaft auf Aktien
KK-AktG	Kölner Kommentar zum Aktiengesetz
KK-UmwG	Kölner Kommentar zum Umwandlungsgesetz
KSchG	Kündigungsschutzgesetz
LAG	Landesarbeitsgericht
MgVG	Gesetz über die Mitbestimmung der Arbeitnehmer bei einer grenzüberschreitenden Verschmelzung
MitbestG	Mitbestimmungsgesetz
MünchHdbArbR	Münchener Handbuch zum Arbeitsrecht

MünchKommAktG	Münchener Kommentar zum Aktiengesetz
MünchKommBGB	Münchener Kommentar zum Bürgerlichen Gesetzbuch
MünchKommHGB	Münchener Kommentar zum Handelsgesetzbuch
m.w.N.	mit weiteren Nachweisen
NJW	Neue Juristische Wochenschrift
NZA	Neue Zeitschrift für Arbeitsrecht
NZG	Neue Zeitschrift für Gesellschaftsrecht
oHG	offene Handelsgesellschaft
OLG	Oberlandesgericht
RdA	Recht der Arbeit (Zeitschrift)
RegE	Regierungsentwurf
Rn.	Randnummer
RNotZ	Rheinische Notar-Zeitschrift
S.	Satz
SAE	Sammlung Arbeitsrechtlicher Entscheidungen (Zeitschrift)
SGB	Sozialgesetzbuch
TzBfG	Teilzeit- und Befristungsgesetz
UmwG	Umwandlungsgesetz
u.U.	unter Umständen
v.	vom
WHSS	Willemsen/Hohenstatt/Schweibert/Seibt, Umstrukturierung und Übertragung von Unternehmen
WPK	Wlotzke/Preis/Kreft, Betriebsverfassungsgesetz
WpÜG	Wertpapiererwerbs- und Übernahmegesetz
ZfA	Zeitschrift für Arbeitsrecht
ZGR	Zeitschrift für Unternehmens- und Gesellschaftsrecht
ZHR	Zeitschrift für das gesamte Handelsrecht und Wirtschaftsrecht
ZIP	Zeitschrift für Wirtschaftsrecht

Erster Teil: Einführung

§ 1 Problemstellung

Die betriebliche Mitbestimmung der Arbeitnehmer wird nach der Konzeption des Betriebsverfassungsgesetzes auf drei Ebenen gewährleistet[1]: Für einen Betrieb kann ein Betriebsrat errichtet werden, im Unternehmen ist der Gesamtbetriebsrat als Arbeitnehmervertretung vorgesehen und innerhalb eines Konzerns werden die Mitbestimmungsrechte durch den Konzernbetriebsrat ausgeübt. Die betriebliche Mitbestimmung im Konzern nimmt in diesem Gefüge jedoch eine besondere Stellung ein, da sie das Betriebsverfassungs- mit dem Unternehmensrecht[2] verknüpft und somit einen rechtsgebietsübergreifenden Charakter aufweist.[3] Während der Betriebsrat und der Gesamtbetriebsrat ihren Verhandlungspartner in der Unternehmensleitung wiederfinden, verlagern sich Entscheidungen im Konzern oftmals aus dem jeweiligen Unternehmen heraus und werden von der Konzernspitze getroffen.[4] Dem Betriebsrat und dem Gesamtbetriebsrat steht dann mit ihrem jeweiligen Arbeitgeberunternehmen zwar formal ein Regelungspartner gegenüber, dieser wird jedoch in Planung und Leitung „fremdbestimmt" und hat daher faktisch keine Entscheidungsbefugnis über betriebsverfassungsrechtlich relevante Angelegenheiten.[5] Diese Außensteuerung des Arbeitgebers birgt die Gefahr der Aushöhlung von Mitbestimmungsrechten, der das Betriebsverfassungsrecht mit der Institution des Konzernbetriebsrats entgegentritt.[6] Dieses Gremium dient dem Zweck, die Verlagerung von Entscheidungsstrukturen auf eine Konzernspitze zu kompensieren und dadurch die betriebliche Mitbestimmung auch auf der Konzernebene zu gewährleisten.[7] Das wichtigste Regelungsinstrument des Konzernbetriebsrats zur Wahrnehmung seiner Beteiligungsrechte ist die sog. Konzernbetriebsvereinbarung.

---

[1] *Joost*, in: MünchHdbArbR, § 227 Rn. 1; *Fitting*, § 54 BetrVG Rn. 1.
[2] Genauer: dem Konzernrecht als Teil des Gesellschaftsrechts.
[3] Vgl. *Hueck*, in: FS H. Westermann, 1974, 241, 242.
[4] *Windbichler*, Arbeitsrecht im Konzern, S. 300; *Fitting*, § 54 BetrVG Rn. 1; GK-BetrVG/*Kreutz/Franzen*, § 54 Rn. 4; Richardi/*Annuß*, § 54 BetrVG Rn. 1.
[5] Richardi/*Annuß*, § 54 BetrVG Rn. 1; GK-BetrVG/*Kreutz/Franzen*, § 54 Rn. 4.
[6] GK-BetrVG/*Kreutz/Franzen*, § 54 Rn. 4; WPK/*Roloff*, § 54 BetrVG Rn. 1; *Fitting*, § 54 BetrVG Rn. 3; kritisch: *Joost*, in: MünchHdbArbR, § 227 Rn. 2.
[7] *Konzen*, in: FS Wiese, 1998, S. 199, 200.

Grundlage für die Errichtung eines Konzernbetriebsrats ist der Konzern. Ein Konzern im rechtlichen Sinne besteht nach der gesetzlichen Definition des § 18 Abs. 1 S. 1 AktG aus einem herrschenden und einem oder mehreren abhängigen Unternehmen, welche unter der einheitlichen Leitung des herrschenden Unternehmens zusammengefasst sind. Bereits diese Formulierung deutet darauf hin, dass es sich dabei nicht um ein statisches Gebilde handelt, sondern dass sich der Konzern in seiner Zusammensetzung fortlaufend verändern kann, indem etwa neue Unternehmen aufgenommen werden oder bereits abhängige Unternehmen den Konzernverbund verlassen. Aus betriebsverfassungsrechtlicher Sicht, die primär auf den Betrieb als Organisationseinheit abstellt (vgl. § 1 BetrVG), sind Veränderungen der Konzernorganisation bedeutsam, weil hierdurch Betriebe den Konzernverbund verlassen, oder neu in diesen aufgenommen werden können. Umstrukturierungen eines Konzerns können sich daher entweder auf der Betriebs- oder der Unternehmensebene vollziehen. Obwohl diese Vorgänge teilweise mit tiefen Einschnitten in die gesamte Konzernstruktur verbunden sind, handelt es sich bei Betriebs- und Unternehmensumstrukturierungen dennoch um einen permanenten Bestandteil der Konzernunternehmensführung.[8] Sie stellen eine Notwendigkeit des zukunftsorientierten Konzernmanagements dar.[9] Die Gründe für die Umstrukturierung eines Konzerns sind vielfältig und können sowohl wirtschaftlich als auch (arbeits-)rechtlich bedingt sein. Zu den wirtschaftlichen Motive zählen insbesondere die Verringerung der Unternehmensgröße zum Erhalt der Ertragsfähigkeit und Handlungsflexibilität, die Reduktion des Diversifizierungsgrades, die Neubestimmung der Marktaktivität zur Konzentration auf Kerngeschäfte, der Erhalt der Wettbewerbsfähigkeit sowie steuerlich bedingte Gründe.[10] Aus (arbeits-)rechtlicher Perspektive wird oftmals die Erreichung bzw. Verringerung arbeitsrechtlich relevanter Größen des Unternehmens oder der Betriebe angestrebt, um die Anwendung kündigungsschutz-, betriebsverfassungs- oder mitbestimmungsrechtlicher Normen zu vermeiden.[11]

---

[8] Vgl. *Theisen*, Konzern, S. 647.
[9] Vgl. *Theisen*, Konzern, S. 655 f.
[10] Siehe *Theisen*, Konzern, S. 647 ff.; vgl. auch *Birk*, ZGR 1984, 23, 24.
[11] *Arens*, in: Arens/Düwell/Wichert, Umstrukturierung und Arbeitsrecht, § 1 Rn. 28 ff.; vgl. bspw. § 17 KSchG, § 23 KSchG, § 1 BetrVG, §§ 111 ff. BetrVG, § 1 MitbestG, § 1 DrittelbG.

Veränderungen der Konzernstruktur sind jedoch oftmals mit rechtlichen Unsicherheiten verbunden. Je umfangreicher die geplante Maßnahme ist, desto mehr Probleme können auftreten. Dabei sind nicht nur Fragen aus dem Gesellschafts-, dem Steuer- und dem allgemeinen Zivilrecht von Bedeutung. Auch das Arbeitsrecht ist zwingender Bestandteil einer jeden Umstrukturierung. In betriebsverfassungsrechtlicher Hinsicht stellen sich in diesem Rahmen zwei zentrale Fragen: Welche Auswirkungen hat die Strukturveränderung auf bestehende Betriebsräte und welches Schicksal trifft die bereits vorhandenen Betriebsvereinbarungen?

Für den Einzelbetriebsrat ist diese Problematik weitgehend durch Rechtsprechung und Lehre geklärt.[12] Auch hinsichtlich des Gesamtbetriebsrats liegen mittlerweile umfassende Untersuchungen vor[13], teilweise sind bestimmte Einzelfragen bereits durch höchstrichterliche Rechtsprechung geklärt[14].

Das Ziel der vorliegenden Arbeit ist daher die Beantwortung dieser Fragen in Hinblick auf das Amt des Konzernbetriebsrats und die von diesem Gremium abgeschlossenen Konzernbetriebsvereinbarungen. Dies ist insbesondere deshalb mit Schwierigkeiten verbunden, weil die bereits kurz nach ihrer Einführung als „unvollkommen" und „lückenhaft" bezeichnete[15] Konzernbetriebsverfassung in ihren sieben Normen[16] keine Regelung enthält, welche sich mit Organisationsveränderungen im Konzern auseinandersetzt. Zwar regelt § 55 BetrVG die personelle Zusammensetzung des Konzernbetriebsrats und § 57 BetrVG normiert Tatbestände, bei deren Vorliegen die Mitgliedschaft eines einzelnen Mitglieds im Konzernbetriebsrat erlöschen kann. Eine Norm, welche Regelungen über das Schicksal von Konzernbetriebsrat und Konzernbetriebsvereinbarung enthält, findet sich jedoch weder im Betriebsverfassungsrecht, noch in anderen (umstrukturierungsrelevanten) Gesetzen, wie z.B. dem Umwandlungsgesetz.

---

[12] Vgl. dazu nur beispielhaft WHSS/*Hohenstatt*, D Rn. 1 ff., 14 ff., 53 ff. sowie E Rn. 1 ff. jeweils m.w.N.; Sieg/Maschmann, Unternehmensumstrukturierung aus arbeitsrechtlicher Sicht, Rn. 373 ff. sowie Rn. 407 ff.; *Bachner*, in: Bachner/Köstler/Matthießen/Trittin, Arbeitsrecht bei Unternehmensumwandlung und Betriebsübergang, § 4 Rn. 1 ff und § 4 Rn. 101 ff.

[13] Siehe dazu u.a. *Peix*, Errichtung und Fortbestand des Gesamtbetriebsrats, 2008; WHSS/*Hohenstatt*, D Rn. 98 ff.; Sieg/Maschmann, Unternehmensumstrukturierung aus arbeitsrechtlicher Sicht, Rn. 383 ff.

[14] BAG v. 5.6.2002 – 7 ABR 17/01, AP Nr. 11 zu § 47 BetrVG 1972; BAG v. 18.9.2002 – 1 ABR 54/01, AP Nr. 7 zu § 77 BetrVG 1972 „Betriebsvereinbarung".

[15] Vgl. *Hueck*, in: FS H. Westermann, 1974, S. 241, 244; *Monjau*, BB 1972, 839, 842; vgl. zur Geschichte des Konzernbetriebsrats ausführlich *Wetzling*, Der Konzernbetriebsrat, S. 8 ff..

[16] Hierbei wird § 18 Abs. 1 AktG, auf welchen § 54 Abs. 1 S. 1 BetrVG verweist, nicht mitgezählt.

Die Folgen, die eine Umstrukturierung auf bestehende Konzernbetriebsräte haben kann, sind sowohl aus Arbeitnehmer- als auch Arbeitgebersicht von Bedeutung. Für die Arbeitnehmerseite ist es wichtig, zu wissen, ob ein errichteter Konzernbetriebsrat nach einer Umstrukturierung noch fortbesteht oder ob ein solcher erstmalig errichtet werden kann, damit sie ihre Beteiligungsrechte auch auf der Konzernebene (weiterhin) wahrnehmen können. Besteht nämlich in einem Konzern kein Konzernbetriebsrat, obwohl dessen Errichtungsvoraussetzungen vorliegen, entfallen diejenigen Beteiligungsrechte, für welche ein Konzernbetriebsrat originär zuständig wäre.[17] Der Konzernbelegschaft wird aus Gründen des Arbeitnehmerschutzes jedoch viel daran liegen, solche Mitbestimmungslücken[18] nicht entstehen zu lassen. Aber auch die Konzernleitung wird ein Interesse daran haben, über das Schicksal der jeweiligen Arbeitnehmervertretungen im Konzern informiert zu sein, um wichtige unternehmerische Entscheidungen rechtswirksam durchführen zu können. Geht sie nämlich irrigerweise davon aus, dass ein Konzernbetriebsrat durch eine Strukturveränderung nicht weiter besteht, kann diese Fehleinschätzung u.U. weitere Umstrukturierungsmaßnahmen blockieren. Dies ist z.B. bei einer Verschmelzung von Rechtsträgern nach dem UmwG der Fall: Soll eine solche durchgeführt werden, ist ein sog. Verschmelzungsvertrag abzuschließen, welcher einem „zuständigen Betriebsrat" zugeleitet werden muss, vgl. § 5 Abs. 3 UmwG. Die Zuleitung an einen unzuständigen Betriebsrat kann die Eintragung der Verschmelzung in das Register und damit die komplette Umstrukturierung verhindern.[19] Wird der Vertrag daher in der irrigen Annahme des Nichtbestehens eines Konzernbetriebsrats einem Gesamt- oder Einzelbetriebsrat übersandt, fehlt es an einer Zuleitung i.S.v. § 5 Abs. 3 UmwG.[20] Die Umsetzung der geplanten unternehmerischen Maßnahme ist dann nicht möglich, was gerade bei größeren Umstrukturierungsvorhaben mit einem erheblichen finanziellen Mehraufwand verbunden sein kann.

Finanzielle Bedeutung hat auch die Frage nach dem Schicksal bestehender Konzernbetriebsvereinbarungen im Rahmen einer Umstrukturierung. Bedenkt man,

---

[17] *Dzida*, NZA 2008, 1265, 1267; Richardi/*Annuß*, § 54 BetrVG Rn. 21; GK-BetrVG/*Kreutz/ Franzen*, § 58 Rn. 8; vgl. auch BAG v. 14.12.1993 - 3 AZR 618/93, AP Nr. 81 zu § 7 BetrAVG.

[18] Vgl. *Kort*, NZA 2009, 464, 465f.; ErfK/*Koch*, § 58 BetrVG Rn. 2.

[19] Vgl. *Simon*, in: Semler/Stengel, § 5 UmwG Rn. 143.

[20] Dies ist jedenfalls der Fall, wenn man von der Möglichkeit ausgeht, dass ein Konzernbetriebsrat ein „zuständiger Betriebsrat" i.S.v. § 5 Abs. 3 UmwG sein kann. Siehe zu dieser Streitfrage § 9 B.

dass z.b. die betriebliche Altersversorgung im Konzern durch eine Konzernbetriebsvereinbarung geregelt sein kann[21], ist es sowohl für die Belegschaft als auch für die Konzernunternehmen von außerordentlichem Interesse, zu wissen, ob und ggfs. wie bestimmte Konzernbetriebsvereinbarungen nach einer Umstrukturierung weiterhin anzuwenden sind. Unter Umständen kann gerade dieser Aspekt mitbestimmend für die konkrete Ausgestaltung einer Umstrukturierungsmaßnahme sein.

Mit der vorliegenden Arbeit soll daher versucht werden, die Fragen nach dem Schicksal von Konzernbetriebsräten und Konzernbetriebsvereinbarungen im Rahmen von Betriebs- und Unternehmensumstrukturierungen zu beantworten.

§ 2 Gang der Untersuchung

Die Arbeit gliedert sich in fünf Teile. Im Anschluss an die Einführung (Erster Teil) werden die rechtlichen Grundlagen der Untersuchung dargestellt (Zweiter Teil). Dabei geht es zunächst um die Gestaltungsformen der Betriebs- und Unternehmensumstrukturierungen. Eine Begriffsbestimmung und Systematisierung der für diese Arbeit relevanten Umstrukturierungsvorgänge erfolgt unter § 3. Die rechtlichen Grundlagen der betrieblichen Mitbestimmung im Konzern werden unter § 4 dargestellt. Dabei wird insbesondere auf den Zweck, die Errichtungsmöglichkeiten und die Beendigung des Konzernbetriebsrats eingegangen. Die Errichtungsvoraussetzungen dieses Gremiums werden in diesem Rahmen einer kritischen Würdigung unterzogen, wobei insbesondere auf atypische Unternehmenskonstellationen, wie z.B. Gemeinschaftsunternehmen, dem sog. „Konzern im Konzern" und Konzernen mit Auslandsbezug, eingegangen wird. § 5 widmet sich der Konzernbetriebsvereinbarung als dem wesentlichen Gestaltungsinstrument des Konzernbetriebsrats.
§ 6 und § 7 bilden den Hauptteil der Untersuchung (Dritter Teil). Unter § 6 werden die Auswirkungen von Betriebs- und Unternehmensumstrukturierungen auf den Konzernbetriebsrat dargestellt. Hierbei wird differenziert nach Umstrukturierungsvorgängen auf der Betriebs- und auf der Unternehmensebene. Darüber hinaus wird der Frage nachgegangen, ob der Konzernbetriebsrat bei bestimmten Umstrukturierungsvorgängen auf einen anderen Konzern übergehen kann. Unter § 7 werden die Auswirkungen von Betriebs- und Unternehmensumstrukturierungen auf bestehende

---

[21] Vgl. BAG v. 14.12.1993 - 3 AZR 618/93, AP Nr. 81 zu § 7 BetrAVG.

Konzernbetriebsvereinbarungen untersucht. Auch hierbei erfolgt eine Differenzierung zwischen Umstrukturierungsvorgängen auf der Betriebs- und Unternehmensebene. Im letzteren Fall wird insbesondere auf solche Vorgänge eingegangen, die einen Wechsel des Betriebsinhabers zur Folge haben, wobei die Regelung des § 613a BGB und ihr Verhältnis zu Konzernbetriebsvereinbarungen berücksichtigt wird.

Der vierte Teil der Arbeit beschäftigt sich mit der Frage nach den Beteiligungsrechten des Konzernbetriebsrats im Zusammenhang mit Betriebs- und Unternehmensumstrukturierungen. Es wird aufgezeigt, welche Beteiligungsrechte im Rahmen von Betriebs- und Unternehmensumstrukturierungen bestehen. Im Anschluss daran wird untersucht, ob der Konzernbetriebsrat zuständig für deren Wahrnehmung ist (§ 8 und § 9).

Im letzten Teil dieser Arbeit erfolgt eine Darstellung der wesentlichen Ergebnisse dieser Arbeit.

Zweiter Teil: Grundlagen

§ 3 Begriff und Formen der Betriebs- und Unternehmensumstrukturierung

Um die Auswirkungen von Betriebs- und Unternehmensumstrukturierungen auf Konzernbetriebsräte und Konzernbetriebsvereinbarungen zu untersuchen, muss zunächst bestimmt werden, welche Formen von Konzernstrukturveränderungen für diese Arbeit relevant sind. Dies ist nötig, da nicht jede Organisationsveränderung im Konzern eine Betriebs- oder Unternehmensumstrukturierung darstellt, die für das Amt bestehender Konzernbetriebsräte und die von ihnen abgeschlossenen Konzernbetriebsvereinbarungen von Bedeutung ist: Ein Personalwechsel im Vorstand oder Aufsichtsrat eines Konzernunternehmens kann bei einem weiten Begriffsverständnis als „Unternehmensumstrukturierung" qualifiziert werden. Eine (direkte) Auswirkung auf bestehende Konzernbetriebsräte oder Konzernbetriebsvereinbarungen hat dieser Vorgang allerdings nicht. Aus diesem Grund sollen nachfolgend nur die Umstrukturierungsformen dargestellt werden, die unmittelbare Auswirkungen auf das Schicksal von Konzernbetriebsräten und Konzernbetriebsvereinbarungen haben können.

A. Begriffsbestimmung und Systematisierung

I. Gesetz als Hilfe zur Begriffsbestimmung

Der Begriff der „Umstrukturierung" ist gesetzlich nicht definiert; er wird jedoch in mehreren Vorschriften verwendet.[22] Hierzu zählen insbesondere arbeitsrechtliche Normen, so dass u.U. mit Hilfe dieser Vorschriften eine Bestimmung der arbeitsrechtlich relevanten Umstrukturierungsvorgänge vorgenommen werden kann.

1. Begriff „rechtliche Umstrukturierung" im TzBfG und BetrVG

Anknüpfungspunkte für eine solche Bestimmung finden sich sowohl im Teilzeit- und Befristungsgesetz als auch im Betriebsverfassungsgesetz. In beiden Gesetzen

---

[22] Vgl. hierzu ausf. *Maschmann*, NZA-Beil. 2009, 32 sowie *Sieg/Maschmann*, Unternehmensumstrukturierung, Rn. 1.

wird von der „rechtlichen Umstrukturierung von Unternehmen und Konzernen" gesprochen, vgl. § 14 Abs. 2a S. 2 TzBfG und § 112a Abs. 2 S. 2 BetrVG.

§ 14 Abs. 2a S. 1 TzBfG erlaubt die sachgrundlose Befristung von Arbeitsverträgen bis zu einer Dauer von vier Jahren für neu gegründete Unternehmen. S. 2 dieser Vorschrift schließt diese Möglichkeit jedoch für solche Neugründungen aus, die durch „rechtliche Umstrukturierung[en] von Unternehmen und Konzernen" entstanden sind. Die Norm selbst besagt nicht, was unter einer „rechtlichen Umstrukturierung" zu verstehen ist. Ausweislich der Gesetzesbegründung[23] entspricht diese Regelung der Norm des § 112a BetrVG, welche in dessen Abs. 2 eine Befreiung von der Sozialplanpflicht für Unternehmensneugründungen enthält. Auch diese Privilegierung gilt wiederum nicht für Unternehmensneugründungen, die aus einer „rechtlichen Umstrukturierung von Unternehmen und Konzernen" entstanden sind, vgl. § 112a Abs. 2 S. 2 BetrVG. Für die Auslegung des Begriffs „rechtliche Umstrukturierung" in § 14 Abs. 2a S. 2 TzBfG ist daher die betriebsverfassungsrechtliche Rechtsprechung und Literatur maßgeblich.[24]

Nach der Begründung des Gesetzesentwurfs[25] zu § 112a Abs. 2 S. 2 BetrVG soll es für das Vorliegen einer „rechtlichen Umstrukturierung" nicht auf die gewählte rechtliche Konstruktion ankommen, da die Gestaltungsformen einer Umstrukturierung vielfältig seien. Aus diesem Grund handelt es sich bei dem Begriff nur um eine „allgemeine Umschreibung". Der Gesetzesentwurf selbst nennt allerdings einige Beispiele für mögliche „Umstrukturierungen", welche als Auslegungshilfe herangezogen werden können: „Die Verschmelzung von Unternehmen auf ein neugegründetes Unternehmen, die Umwandlung auf ein neugegründetes Unternehmen, die Auflösung eines Unternehmens und Übertragung seines Vermögens auf ein neugegründetes Unternehmen, die Aufspaltung eines Unternehmens auf mehrere neugegründete Unternehmen sowie die Abspaltung von Unternehmensteilen auf neugegründete Tochtergesellschaften".[26] Von § 112a Abs. 2 S. 2 BetrVG werden daher im Wesentlichen Neugründungen, die aus einer Umwandlung nach dem

---

[23] Regierungsentwurf eines Gesetzes zu Reformen am Arbeitsmarkt, BT-Drucks. 15/1204, S. 10.

[24] Meinel/Heyn/Herms, TzBfG, § 14 Rn. 183; *Hesse*, in: MünchKommBGB, § 14 TzBfG Rn. 94; Hk-TzBfG/*Boecken*, § 14 Rn. 133; gegen die uneingeschränkte Orientierung an § 112a BetrVG Laux/Schlachter/*Schlachter*, TzBfG, § 14 Rn. 108.

[25] Regierungsentwurf eines Beschäftigungsförderungsgesetzes 1985 (BeschFG 1985) v. 11.10.1984, BT-Drucks. 10/2102, S. 28.

[26] BT-Drucks. 10/2102, S. 28.

Umwandlungsgesetz hervorgehen, erfasst.[27] Zu diesen Umwandlungsformen zählen die Verschmelzung, die Spaltung, die Vermögensübertragung oder der Formwechsel, vgl. § 1 Abs. 1 UmwG.

Da es sich aber – wie sich aus der Gesetzesbegründung ergibt – bei dem Begriff der „rechtlichen Umstrukturierung" nur um eine allgemeine Umschreibung ohne abschließenden Charakter handelt, lassen sich die Normen des TzBfG und BetrVG lediglich als Hilfe zur Begriffsbestimmung heranziehen. Eine eigene Aussage darüber, was unter einer arbeitsrechtlich relevanten „(Unternehmens-)Umstrukturierung" zu verstehen ist, enthalten sie nicht.

2. Begriff „Umstrukturierungen" im WpÜG

Für eine Begriffsbestimmung sind jedoch nicht nur arbeitsrechtliche Normen maßgeblich. Auch im Wertpapiererwerbs- und Übernahmegesetz (WpÜG) findet sich der Begriff „Umstrukturierung" wieder. Dieses Gesetz schafft den Rechtsrahmen für Unternehmensübernahmen und andere öffentliche Angebote zum Erwerb von Wertpapieren.[28] Gem. § 35 Abs. 1 S. 1 WpÜG besteht eine Veröffentlichungspflicht in Bezug auf die Erlangung der unmittelbaren oder mittelbaren Kontrolle über eine Zielgesellschaft. Die Veröffentlichung erfolgt unter Angabe der Höhe des Stimmrechtsanteils. Auf schriftlichen Antrag bleiben bei der Berechnung des Stimmrechtsanteils Stimmrechte aus Aktien der Zielgesellschaft unberücksichtigt, wenn die Aktien durch „Umstrukturierungen innerhalb eines Konzerns" erlangt wurden, vgl. § 36 Nr. 3 UmwG.

Wie auch das TzBfG und das BetrVG definiert das WpÜG nicht, welche Gestaltungsformen als „Umstrukturierungen innerhalb eines Konzerns" anzusehen sind. Der Begriff der „Umstrukturierung" in § 36 Nr. 3 WpÜG soll weit zu verstehen sein und u.a. Maßnahmen nach dem Umwandlungsgesetz erfassen.[29] Eine abschließende Begriffsbestimmung ergibt sich daher auch aus dieser Norm nicht.

---

[27] Richardi/*Richardi*, BetrVG, § 112a Rn. 18; *Fitting*, BetrVG, §§ 112, 112a Rn. 114.
[28] Vgl. Regierungsentwurf eines Gesetzes zur Regelung von öffentlichen Angeboten zum Erwerb von Wertpapieren und von Unternehmensübernahmen v. 5.10.2001, BT-Drucks. 14/7034, S. 28.
[29] *Schlitt*, in: MünchKommAktG, § 36 WpÜG Rn. 42.

II. „Umstrukturierung" als untechnischer Begriff

Der Begriff der „Umstrukturierung" ist aufgrund einer fehlenden gesetzlichen Umschreibung im untechnischen Sinne zu verstehen und in einen systematischen Kontext zu stellen.[30] Für die vorliegende Arbeit ist dabei jedoch immer die arbeitsrechtliche Relevanz einer jeden Maßnahme zu berücksichtigen.

Es bietet sich zunächst eine Unterscheidung der verschiedenen Stufen an, auf welchen sich Organisationsänderungen vollziehen können. Im Wesentlichen handelt es sich dabei um die Ebenen des „Betriebs" und des „Unternehmens".[31] Diese Bereiche können jeweils einzeln betroffen sein, denkbar ist aber auch, dass beide gleichzeitig durch ein und denselben Umstrukturierungsprozess berührt werden (sog. „Misch- oder Überschneidungstatbestände").[32]

1. Umstrukturierungen auf der Betriebsebene

Änderungen auf der Betriebsebene berühren die rechtliche Struktur des Unternehmens nicht. Sie beziehen sich auf den Betrieb als arbeitstechnische Organisationseinheit.[33] Im Betriebsverfassungsrecht stellt der „Betrieb" den zentralen Anknüpfungspunkt für die Anwendbarkeit des BetrVG dar, vgl. § 1 Abs. 1 S. 1 BetrVG. Das Gesetz selbst bestimmt jedoch nicht, was unter einem „Betrieb" zu verstehen ist.[34] Diese Aufgabe wurde der Rechtsprechung und der Lehre überlassen. Dabei hat sich im Laufe der Zeit ein gefestigter Betriebsbegriff herausgebildet: Unter einem Betrieb versteht man die organisatorische Einheit, innerhalb derer ein Arbeitgeber allein oder mit seinen Arbeitnehmern mit Hilfe technischer und immaterieller Mittel bestimmte arbeitstechnische Zwecke fortgesetzt verfolgt.[35]

---

[30] Vgl. *Maschmann*, NZA-Beil. 2009, 32; *Sieg/Maschmann*, Unternehmensumstrukturierung, Rn. 2.
[31] Vgl. WHSS/*Willemsen*, B 5 ff., 39 ff.; *Bauer/Göpfert/Haußmann/Krieger*, Umstrukturierung, Teil 1 A Rn. 1 ff.; *Maschmann*, NZA-Beil. 2009, 32, 33; *Bauer*, NZA-Beil. 2009, 5 bezeichnet die Umstrukturierung als „jede juristisch relevante Veränderung am und im Unternehmen"; vgl. umfassend zu diesen Begrifflichkeiten *Joost*, Betrieb und Unternehmen als Grundbegriffe im Arbeitsrecht, 1988.
[32] WHSS/*Willemsen*, B Rn. 55 ff.; *Bauer/Göpfert/Haußmann/Krieger*, Umstrukturierung, Teil 1 A Rn. 18 ff.
[33] WHSS/*Willemsen*, B Rn. 39.
[34] Vgl. *Fitting*, § 1 BetrVG Rn. 58.
[35] St. Rspr., vgl. nur BAG v. 22.06.2005 - 7 ABR 57/04, AP Nr. 23 zu § 1 BetrVG „Gemeinsamer Betrieb"; *Fitting*, § 1 BetrVG Rn. 63; GK-BetrVG/*Franzen*, § 1 Rn. 28; Richardi/*Richardi*, § 1 BetrVG Rn. 16 f.; ErfK/*Koch*, § 1 BetrVG Rn. 8; abweichend *Joost*, Betrieb und Unternehmen als Grundbegriffe im Arbeitsrecht, S. 232 ff.

Eine Orientierung über die möglichen Formen von Strukturänderung auf der Betriebsebene bietet § 111 BetrVG.[36] Die in dessen S. 3 aufgezählten Betriebsänderungen stellen „Werkzeuge" zur Umsetzung einer geplanten Umstrukturierung dar. Als Formen der Betriebsumstrukturierung kommen insbesondere in Betracht: Die Einschränkung und Stilllegung von Betrieben oder Betriebsteilen (§ 111 S. 3 Nr. 1 BetrVG) sowie der Zusammenschluss oder die Spaltung von Betrieben (§ 111 S. 3 Nr. 3 BetrVG).

a) Einschränkung und Stilllegung von Betrieben oder Betriebsteilen

Eine Betriebsumstrukturierung kann im Wege der Einschränkung oder Stilllegung eines ganzen Betriebs oder von wesentlichen Betriebsteilen erfolgen, vgl. § 111 S. 3 Nr. 1 BetrVG.

Die Stilllegung eines Betriebs liegt vor bei einer Aufgabe des Betriebszwecks unter gleichzeitiger Auflösung der Betriebsorganisation auf Grund eines ernstlichen und endgültigen Willensentschlusses des Unternehmers für unbestimmte, nicht nur vorübergehende Zeit.[37] Im Gegensatz dazu wird bei der Betriebseinschränkung zwar der Betriebszweck weiterverfolgt, jedoch werden die Leistungen des Betriebs für einen nicht voraussehbaren, jedenfalls erheblichen Zeitraum herabgesetzt, z.B. durch Verringerung der sächlichen Betriebsmittel oder der Zahl der beschäftigten Arbeitnehmer.[38]

b) Zusammenschluss oder Spaltung von Betrieben

Eine weitere Form der Betriebsumstrukturierung bietet der Betriebszusammenschluss sowie die Betriebsspaltung, vgl. § 111 S. 3 Nr. 3 BetrVG.

Ein Zusammenschluss von Betrieben kann darauf beruhen, dass ein Betrieb in einen anderen eingegliedert wird, mit der Folge, dass der aufnehmende Betrieb bestehen bleibt und der aufgenommene Betrieb untergeht.[39] Die Vereinigung kann jedoch auch dadurch herbeigeführt werden, dass mehrere Betriebe zu einem neuen

---

[36] Vgl. *Bauer*, NZA-Beil. 2009, 5, 6.
[37] BAG v. 30.05.2006 AP BetrVG 1972 § 113 Nr. 52; WPK/*Preis/Bender*, § 111 BetrVG Rn. 13; Richardi/*Annuß*, § 111 BetrVG Rn. 56.
[38] BAG v. 28.04.1993 AP BetrVG 1972 § 111 Nr. 32; WPK/*Preis/Bender*, § 111 BetrVG Rn. 13; Richardi/*Annuß*, § 111 BetrVG Rn. 69.
[39] Richardi/*Annuß*, § 111 BetrVG Rn. 97; *Fitting*, § 111 BetrVG Rn. 84; ErfK/*Kania*, § 111 BetrVG Rn. 13.

Betrieb zusammengeschlossen werden mit der Folge, dass der neue Betrieb mit keinem der bisherigen Betriebe identisch ist.[40]

Eine Betriebsspaltung kann auf die Weise erfolgen, dass der bislang einheitliche Betrieb unter Verlust der bisherigen Betriebsidentität in zwei oder mehrere selbstständige neue Betriebe aufgeteilt wird oder die Spaltprodukte in neue Betriebe eingegliedert werden.[41] Eine weitere Möglichkeit besteht darin, dass von dem fortbestehenden bisherigen Betrieb ein kleinerer Teil oder mehrere kleinere Teile abgespalten und verselbstständigt oder in neue Betriebe eingegliedert werden.[42]

c) Weitere Fälle des § 111 S. 3 BetrVG

Die Fälle der grundlegenden Änderung der Betriebsorganisation, des Betriebszwecks oder der Betriebsanlagen (§ 111 S. 3 Nr. 4 BetrVG) sowie der Einführung grundlegend neuer Arbeitsmethoden und Fertigungsverfahren (§ 111 S. 3 Nr. 5 BetrVG) erfassen gegenüber den Fällen des § 111 S. 3 Nr. 1 und 3 BetrVG lediglich Änderungen innerhalb der betrieblichen Organisation und haben daher keine Auswirkungen auf den Bestand des Betriebs als organisatorische Einheit. Deshalb können Restrukturierungen, die lediglich diese Tatbestände erfüllen, keine Auswirkungen auf bestehende (Konzern-)Betriebsräte und (Konzern-)Betriebsvereinbarungen haben. Sie bleiben aus diesem Grund für die vorliegende Untersuchung außer Betracht.[43]

Gleiches gilt für die Verlegung von Betrieben oder Betriebsteilen (§ 111 S. 3 Nr. 2 BetrVG): Hierunter versteht man jede nicht nur geringfügige Veränderung der örtlichen Lage des Betriebes oder Betriebsteils, ohne dass sich zugleich der Betriebszweck ändert.[44] Da es sich bei der Verlegung nur um eine örtliche Veränderung des Betriebs handelt, bleibt die betriebliche Einheit unverändert (wobei die Kontinuität der Belegschaft eine wesentliche Rolle spielt).[45] Die Verlegung führt somit nicht dazu, dass sich die Betriebe in ihrer Funktion als Zuord-

---

[40] Richardi/*Annuß*, § 111 BetrVG Rn. 97; *Fitting*, § 111 BetrVG Rn. 84; ErfK/*Kania*, § 111 BetrVG Rn. 13.

[41] Richardi/*Annuß*, § 111 BetrVG Rn. 101; WPK/*Preis/Bender*, § 111 BetrVG Rn. 22.

[42] Richardi/*Annuß*, § 111 BetrVG Rn. 101; WPK/*Preis/Bender*, § 111 BetrVG Rn. 22.

[43] Vgl. ebenfalls *Maschmann*, NZA-Beil. 2009, 32, 34 sowie WHSS/*Hohenstatt*, D 14 ff. und 53 ff.

[44] BAG v. 17.8.1982 AP BetrVG 1972 § 111 Nr. 11; WPK/*Preis/Bender*, § 111 BetrVG Rn. 19; Richardi/*Annuß*, § 111 BetrVG Rn. 91.

[45] Richardi/*Annuß*, § 111 BetrVg Rn. 91; *Fitting*, § 111 BetrVG Rn. 82.

nungseinheiten für die (Konzern-)Betriebsräte ändern. Aus diesem Grund hat eine Betriebs(teil)verlegung auch keinerlei Auswirkungen auf den Bestand oder die Beendigung von (Konzern-)Betriebsräten.[46]

2. Umstrukturierung auf der Unternehmensebene

Unter einem Unternehmen versteht man den Rechtsträger, d.h. die juristische oder natürliche Person, der eine Unternehmung betreibt.[47] Eine Umstrukturierung betrifft die Unternehmensebene, wenn sie in die rechtliche Zuordnung der Betriebsmittel und Arbeitnehmer zu diesem Rechtsträger eingreift.[48] Für Unternehmensumstrukturierungen gilt der Grundsatz der Wahlfreiheit: Obwohl § 1 Abs. 2 UmwG dies auf den ersten Blick nahe legt, gibt es keinen *numerus clausus* der Umstrukturierungsfälle.[49] Aus diesem Grund soll nachfolgend ein Versuch der Systematisierung der möglichen Umstrukturierungsfälle auf der Unternehmensebene unternommen werden.

a) „Share Deal"

Eine mögliche Form der Unternehmensumstrukturierung ist die Veränderung der Gesellschafterzusammensetzung eines Unternehmens: Bei einem sog. *„share deal"* (Anteilskauf) erwirbt der Käufer Gesellschafts- bzw. Geschäftsanteile an einem Unternehmen (bzw. an einem Rechtsträger).[50] Rechtstechnisch handelt es sich hierbei um einen Rechtskauf i.S.v. § 453 BGB.[51] Bei einem solchen Vorgang ändert sich zwar an der Zuordnung der Betriebsmittel und Arbeitnehmer zur Gesell-

---

[46] Eine Ausnahme besteht jedoch bei der Verlegung von Betrieben ins Ausland, da diese dann aus dem Anwendungsbereich des BetrVG herausfallen; vgl. dazu unten § 4 C. III.

[47] *Bauer/Göpfert/Haußmann/Krieger*, Umstrukturierung, Teil 1 A Rn. 3; vgl. ausführlich zum Unternehmensbegriff unten § 4 B. III. 2. a).

[48] *Bauer*, NZA-Beil. 2009, 5.

[49] *Köstler*, in Bachner/Köstler/Matthießen/Trittin, § 2 Rn. 13; es gibt jedoch einen *numerus clausus* der Umwandlungsmöglichkeiten nach dem UmwG, *Kallmeyer*, in: Kallmeyer, UmwG, § 1 Rn. 16; *Lutter/Drygala*, in: Lutter, § 1 UmwG Rn. 26 ff.; *Semler*, in: Semler/Stengel, § 1 UmwG Rn. 1; *Hörtnagl*, in: Schmitt/Hörtnagl/Stratz, UmwG, § 1 Rn. 62.

[50] WHSS/*Hohenstatt*, D 7; *Köstler*, in: Bachner/Köstler/Matthießen/Trittin, § 2 Rn. 19; *Sieg/Maschmann*, Unternehmensumstrukturierung, Rn. 1.

[51] *Beckmann*, in: Staudinger, § 453 BGB Rn. 17; *Weitnauer*, NJW 2002, 2511, 2513 f.; *Grunewald*, NZG 2003, 372.

schaft nichts, da der Unternehmensträger derselbe bleibt.[52] Aus betriebsverfassungsrechtlicher Sicht ist diese Gestaltungsform dennoch bedeutsam: Erwirbt ein Rechtsträger die Mehrheit der Anteile an einem Unternehmen, kann dies unter den Voraussetzungen des § 18 Abs. 1 AktG zur Entstehung eines Konzerns führen. Möglich ist darüber hinaus auch die Beendigung eines Konzerns, etwa in den Fällen, in denen durch einen Anteilserwerb Unternehmen aus fremden Konzernen „herausgelöst" werden, so dass die Voraussetzungen des § 18 Abs. 1 S. 1 AktG für den „Ursprungskonzern" nicht mehr gegeben sind. Da der Konzern i.s.v. § 18 Abs. 1 S. 1 AktG den Anknüpfungspunkt des Konzernbetriebsrats darstellt, vgl. § 54 Abs. 1 S. 1 BetrVG, ist der *share deal* auch im Zusammenhang mit diesem Gremium einer näheren Betrachtung zu unterziehen.[53]

b) „Asset Deal"
Eine weitere Fallgruppe bildet der sog. *„asset deal"*. Bei dieser Form der Unternehmensumstrukturierung werden einzelne Vermögensgegenstände (=*assets*) durch Rechtsgeschäft im Wege der Übereignung (bewegliche und unbewegliche Sachen) bzw. der Abtretung (Rechte) auf einen anderen Inhaber übertragen.[54] Hierbei handelt es sich um einen Fall der sog. Einzelrechtsübertragung, der unter bestimmten Voraussetzungen auch einen Betriebsübergang i.s.v. § 613a BGB auslösen und somit einen Wechsel des Arbeitgebers zur Folge haben kann.[55] Aufgrund des Wechsels des Rechtsträgers bzw. des Arbeitgebers stellt auch diese Fallgruppe eine Unternehmensumstrukturierung dar. Bei einem Betriebsübergang handelt es sich insoweit nicht um eine Umstrukturierung auf der betriebliche Ebene, da es hierbei an einer Änderung der betrieblichen Organisationsstruktur fehlt.[56]

---

[52] *Maschmann*, NZA-Beil. 2009, 32, 33; *Bauer*, NZA-Beil. 2009, 5; *Bauer/Göpfert/Haußmann/ Krieger*, Umstrukturierung, Teil 1 A Rn. 8; vgl. auch WHSS/*Hohenstatt*, D 7.
[53] Siehe dazu § 6 B. I.
[54] *Bauer/Göpfert/Haußmann/Krieger*, Umstrukturierung, Teil 1 A Rn. 9; *Sieg/Maschmann*, Unternehmensumstrukturierung, Rn. 12; vgl. auch *Klumpp*, in: Beisel/Klumpp, Unternehmenskauf, Kap. 4 Rn. 23 ff.
[55] WHSS/*Hohenstatt*, D 8; *Köstler*, in: Bachner/Köstler/Matthießen/Trittin, § 2 Rn. 14; *Sieg/ Maschmann*, Unternehmensumstrukturierung, Rn. 12.
[56] Vgl. *Bauer/Göpfert/Haußmann/Krieger*, Umstrukturierung, Teil 1 A Rn. 4.

c) (Innerstaatliche) Umstrukturierung nach dem Umwandlungsgesetz

Auch das Umwandlungsgesetz bietet „Werkzeuge" zur Unternehmensumstrukturierung. § 1 Abs. 1 UmwG verzeichnet vier mögliche Umwandlungsformen: Rechtsträger mit Sitz im Inland können danach umgewandelt werden durch Verschmelzung, durch Spaltung, durch Vermögensübertragung und durch Formwechsel. Diese Gestaltungsformen sind jedoch abschließend, vgl. § 1 Abs. 2 UmwG. Man spricht insofern auch von einem *numerus clausus* der Umwandlungsmöglichkeiten.[57] Die unternehmerischen Gründe für eine Umstrukturierung nach dem Umwandlungsgesetz sind vielfältig: Verschiedene Rechtsformen bieten unterschiedliche Vor- und Nachteile. Ein Unternehmer kann mit Hilfe einer Umwandlung sein Unternehmen jederzeit an die Gegebenheiten des Marktes anpassen, sei es durch eine schlichte Reduzierung der Unternehmensgröße, durch eine steuerliche Optimierung der Unternehmung oder durch Änderung der gesamten Organisationsstruktur (z.B. durch Einführung einer Holding-Organisation).[58]

Der wichtigste Grundsatz aller Umwandlungsformen ist das Prinzip der Gesamtrechtsnachfolge: Aus den §§ 20 Abs. 1 Nr. 1, 131 Abs.1 Nr. 1, 176 Abs. 3 sowie aus § 202 Abs. 1 Nr. 1 UmwG ergibt sich, dass in den Fällen der Umwandlung nach dem UmwG keine Vermögensübertragung im Wege der Einzelrechtsnachfolge nach den allgemeinen Vorschriften stattfindet.[59] Umwandlungen i.S.v. § 1 Abs. 1 UmwG sind immer durch Gesamtrechtsnachfolge oder Identitätswahrung gekennzeichnet.[60] Ein weiteres Merkmal einer Umwandlung ist der Grundsatz der Anteilskontinuität: Dieser besagt, dass im Rahmen einer Umwandlung keine Übertragung von Anteilen und auch keine Zeichnung neuer Anteile stattfindet; die Anteilsgewährung vollzieht sich dadurch, dass sich die Anteile am sich umwandelnden Rechtsträger kraft Gesetzes in Anteilen am übernehmenden, neuen oder am Rechtsträger neuer Rechtsform fortsetzen.[61]

---

[57] *Kallmeyer*, in: Kallmeyer, § 1 UmwG Rn. 1, 16; *Semler*, in: Semler/Stengel, § 1 UmwG Rn. 1; *Lutter/Drygala*, in: Lutter, UmwG, § 1 Rn. 26ff.; *Hörtnagl*, in: Schmitt/Hörtnagl/Stratz, § 1 UmwG Rn. 62.

[58] Vgl. *Lutter*, in: Lutter, UmwG, Einl. I Rn. 3 f.; *Semler/Stengel*, in: Semler/Stengel, UmwG, Einleitung A Rn. 4.

[59] *Kallmeyer*, in: Kallmeyer, § 1 UmwG Rn. 3; *Hörtnagl*, in: Schmitt/Hörtnagl/Stratz, § 1 UmwG Rn. 22; *Semler*, in: Semler/Stengel, § 1 UmwG Rn 11.

[60] *Kallmeyer*, in: Kallmeyer, § 1 UmwG Rn. 3; *Semler*, in: Semler/Stengel, § 1 UmwG Rn. 10.

[61] *Kallmeyer*, in: Kallmeyer, § 1 UmwG Rn. 5; *Semler*, in: Semler/Stengel, § 1 UmwG Rn. 15.

aa) Verschmelzung

Die Verschmelzung ist im zweiten Buch des UmwG geregelt. Bei ihr wird unterschieden zwischen der Verschmelzung im Wege der Aufnahme (§ 2 Nr. 1 UmwG) und der Verschmelzung im Wege der Neugründung (§ 2 Nr. 2 UmwG).

Bei einer Verschmelzung wird das Vermögen eines oder mehrere Rechtsträger als Ganzes auf einen anderen Rechtsträger übertragen. Im Falle der Verschmelzung durch Aufnahme wird der (oder die) übertragenden Rechtsträger aufgelöst und sein (oder ihr) Vermögen auf den aufnehmenden Rechtsträger übertragen, § 2 Nr. 1 UmwG. Im Falle der Verschmelzung durch Neugründung übertragen zwei oder mehrere Rechtsträger ihr Vermögen als Ganzes auf einen neuen, von ihnen dadurch gegründeten Rechtsträger, § 2 Nr. 2 UmwG. Die Anteilsinhaber der (oder des) übertragenden Rechtsträger(s) erhalten zum Ausgleich Anteile oder Mitgliedschaften an dem übernehmenden oder neugegründeten Rechtsträger, § 2 letzter Hs. UmwG.

Auch bei einer Verschmelzung gilt das Prinzip der Gesamtrechtsnachfolge: Gem. § 20 Abs. 1 Nr. 1 UmwG geht das Vermögen der übertragenden Rechtsträger einschließlich der Verbindlichkeiten auf den übernehmenden Rechtsträger über.

bb) Spaltung

Die Spaltung ist im dritten Buch des Umwandlungsgesetzes geregelt und kann auf drei verschiedene Arten durchgeführt werden: Durch Aufspaltung (§ 123 Abs. 1 UmwG), durch Abspaltung (§ 123 Abs. 2 UmwG) und durch Ausgliederung (§ 123 Abs. 3 UmwG). Sie kann auch durch gleichzeitige Übertragung auf bestehende und neue Rechtsträger erfolgen, vgl. § 123 Abs. 4 UmwG. Sämtliche Spaltungsarten können durch Übertragung der Vermögensteile auf bereits bestehende Rechtsträger (sog. Spaltung zur Aufnahme) als auch durch Übertragung auf neugegründete Rechtsträger (Spaltung zur Neugründung) erfolgen.[62]

Bei der Aufspaltung spaltet ein Rechtsträger sein Vermögen unter Auflösung auf und überträgt es gleichzeitig als Ganzes auf andere bestehende Rechtsträger (Aufspaltung zur Aufnahme) oder auf andere, von ihm dadurch gegründete neue Rechtsträger (Aufspaltung zur Neugründung), vgl. § 123 Abs. 1 UmwG. Als Ge-

---

[62] Vgl. *Kallmeyer/Sickinger*, in: Kallmeyer, § 123 UmwG Rn. 14; *Hörtnagl*, in: Schmitt/Hörtnagl/Stratz, § 123 UmwG Rn. 1.

genleistung gewähren diese Rechtsträger Anteile oder Mitgliedschaften an die Anteilsinhaber des übertragenden Rechtsträgers, § 123 Abs. 1 letzter Hs. UmwG.

Die Abspaltung gleicht der Aufspaltung mit dem Unterschied, dass hier nur ein Teil des Vermögens übertragen und der übertragende Rechtsträger nicht aufgelöst wird, sondern bestehen bleibt. Auch diese Umwandlungsform kann im Wege der Aufnahme oder Neugründung erfolgen, vgl. § 123 Abs. 2 UmwG.

Die Ausgliederung gleicht wiederum der Abspaltung, unterscheidet sich aber von dieser darin, dass die zum Ausgleich gewährten Anteile oder Mitgliedschaften an dem übernehmenden Rechtsträger nicht an die Anteilsinhaber des übertragenden Rechtsträgers sondern an den übertragenden Rechtsträger selbst gehen. Sie kann ebenfalls im Wege der Aufnahme oder im Wege der Neugründung durchgeführt werden, vgl. § 123 Abs. 3 UmwG.

cc) Vermögensübertragung

Die Vermögensübertragung ist im vierten Buch des Umwandlungsgesetzes geregelt, §§ 174 ff. UmwG. Sie ist eine auf die besonderen Verhältnisse öffentlich-rechtlicher Rechtsträger zugeschnittene Form der Verschmelzung bzw. Spaltung, bei der der Ausgleich allerdings nicht in der Gewährung von Anteilen oder Mitgliedschaften an dem übernehmenden Rechtsträger sondern in sonstigen Gegenleistungen besteht, bei denen es sich in der Regel um Geld handelt.[63] Bei einer Vermögensübertragung auf öffentlich-rechtliche Rechtsträger ist die Norm des § 130 BetrVG zu beachten. Danach findet das Betriebsverfassungsgesetz keine Anwendung auf Verwaltungen und Betriebe öffentlich-rechtlicher Rechtsträger. Wie sich diese Regelung auf die Konzernbetriebsverfassung auswirkt, wird im weiteren Verlauf der Untersuchung herausgearbeitet.[64]

dd) Formwechsel

Der Formwechsel ist im fünften Buch des Umwandlungsgesetzes geregelt (§§ 190 ff. UmwG). Ein Rechtsträger kann durch Formwechsel eine andere Rechtsform erhalten, vgl. § 190 Abs. 1 UmwG. § 191 UmwG enthält einen abschließen-

---

[63] WHSS/*Willemsen*, B 78; *Stratz*, in: Schmitt/Hörtnagl/Stratz, § 174 UmwG Rn. 2; *Fonk*, in: Semler/Stengel, § 174 UmwG Rn. 21.
[64] Vgl. unten § 4 B. III. 2. b) aa).

den Katalog der Rechtsträger, die ihre Form wechseln können (Abs. 1) und welche als neue Rechtsform zur Verfügung stehen (Abs. 2).[65] Die Besonderheit dieser Umwandlungsart besteht darin, dass keine Vermögensübertragung stattfindet. Der Rechtsträger bleibt nach dem Formwechsel in der neuen Rechtsform weiter bestehen; seine Identität bleibt erhalten, § 202 Abs. 1 Nr. 1 UmwG.[66]

d) Grenzüberschreitende Verschmelzung von Unternehmen

Auch im Umwandlungsgesetz geregelt, aber aufgrund der Tatsache, dass es sich hierbei um Sachverhalte mit Auslandsbezug handelt, gesondert hervorgehoben, ist die grenzüberschreitende Verschmelzung von Kapitalgesellschaften.[67]

Die gesellschaftsrechtlichen Regelungen hierzu finden sich in den §§ 122a ff. UmwG, welche auf EG-Recht basieren.[68] Die Beteiligung der Arbeitnehmer bei grenzüberschreitenden Umwandlungsvorgängen ist in einem besonderen Gesetz, dem Gesetz über die Mitbestimmung der Arbeitnehmer bei einer grenzüberschreitenden Verschmelzung (MgVG)[69], geregelt.

Eine grenzüberschreitende Verschmelzung ist eine Verschmelzung, bei der mindestens eine der beteiligten Gesellschaften dem Recht eines anderen Mitgliedstaats der Europäischen Union oder eines anderen Vertragsstaats des Abkommens über den Europäischen Wirtschaftsraum unterliegt, vgl. § 122a Abs. 1 UmwG. Die verschmelzungsfähigen Gesellschaften sind in der Richtlinie 2005/56/EG[70] aufgeführt. Auch bei dieser Form der Unternehmensumstrukturierung kann es sich um eine Verschmelzung durch Aufnahme oder eine Verschmelzung durch Neugründung handeln, vgl. § 122l Abs. 1 S. 1 UmwG.

---

[65] *Meister/Klöcker*, in: Kallmeyer, § 191 UmwG Rn. 1; *Stengel/Schwanna*, in: Semler/Stengel, § 191 UmwG Rn. 1; *Stratz*, in: Schmitt/Hörtnagl/Stratz, § 191 UmwG Rn. 1.
[66] WHSS/*Willemsen*, B 79; *Meister/Klöcker*, in: Kallmeyer, § 190 UmwG Rn. 6.
[67] Siehe hierzu u.a. *Köstler*, in Bachner/Köstler/Matthießen/Trittin, § 2 Rn. 71 ff.; WHSS/*Seibt*, F 135 ff.
[68] Vgl. zum Entstehungsverlauf *Köstler*, in: Bachner/Köstler/Matthießen/Trittin, § 2 Rn. 71 f.; *Bayer*, in: Lutter, UmwG, § 122a Rn. 1 ff.
[69] Vgl. das Gesetz zur Umsetzung der Regelungen über die Mitbestimmung der Arbeitnehmer bei einer Verschmelzung von Kapitalgesellschaften aus verschiedenen Mitgliedstaaten v. 21.12.2006, BGBl. 2006 I 3332.
[70] Richtlinie 2005/56/EG des Europäischen Parlaments und des Rates v. 26.10.2005 über die Verschmelzung von Kapitalgesellschaften aus verschiedenen Mitgliedstaaten, ABl. EU L 310 v. 25.11.2005, S. 1.

3. Überschneidungstatbestände

Eine Umstrukturierung auf der Unternehmens- und der Betriebsebene (auch als sog. „Mischformen"[71] oder „Mischtatbestände"[72] bezeichnet) ist in der Praxis ein oft simultan stattfindender Prozess: Eine Umstrukturierung eines Rechtsträgers geht meist mit der Änderung eines Betriebs einher, wie etwa bei einer Unternehmensspaltung bei der parallel ein Betrieb gespalten wird.[73] Beispielhaft zu nennen sind hier die Fälle der Ausgliederung zur Verselbstständigung von Betriebsabteilungen („Outsourcing"; Unternehmens- und Betriebsspaltung) oder aber auch die Eingliederung, bei der bisher rechtlich und organisatorisch selbstständige Betriebe zu einem einzigen Betrieb zusammengefasst werden („Insourcing"; Verschmelzung auf der Unternehmensebene und Zusammenschluss auf der Betriebsebene).[74]

Für die vorliegende Untersuchung bleibt diese „dritte Ebene" außer Betracht und wird nur der Vollständigkeit halber erwähnt. Da einerseits die Fälle der Betriebsumstrukturierung und andererseits die Fälle der Unternehmensumstrukturierung und deren Auswirkungen auf den Konzernbetriebsrat und die Konzernbetriebsvereinbarungen isoliert untersucht werden, lassen sich die dazu gefundenen Ergebnisse auch auf sog. „Mischtatbestände" übertragen.

B. Ergebnis

Es gibt keinen (gesetzlich) feststehenden Begriff der „Umstrukturierung". Dieser ist untechnisch zu verstehen und in einen systematischen Kontext zu stellen: Eine Organisationsveränderung im Konzern kann entweder die Betriebs- oder die Unternehmensebene berühren. Möglich ist allerdings auch ein Vorgang, der zeitgleich auf beiden Ebenen vollzogen wird.

Eine Umstrukturierung auf der Betriebsebene kann im Wege der Einschränkung und/oder Stilllegung von Betrieben oder Betriebsteilen sowie durch den Zusammenschluss oder die Spaltung von Betrieben durchgeführt werden.

---

[71] *Bauer/Göpfert/Haußmann/Krieger*, Umstrukturierung, Teil 1 A Rn. 18.
[72] WHSS/*Willemsen*, B Rn. 55.
[73] Vgl. *Maschmann*, NZA-Beil. 2009, 32, 34; *Düwell*, in: Beseler/Düwell/Göttling, Arbeitsrechtliche Probleme, S. 319.
[74] *Bauer/Göpfert/Haußmann/Krieger*, Umstrukturierung, Teil 1 A Rz. 23 ff.

Eine Umstrukturierung auf der Unternehmensebene kann im Wege eines *„share deals"*, eines *„asset deals"*, einer (innerstaatlichen) Umwandlung nach dem Umwandlungsgesetz sowie durch eine grenzüberschreitenden Verschmelzung von Kapitalgesellschaften erfolgen.

§ 4 Betriebliche Mitbestimmung im Konzern

A. Zweck des Konzernbetriebsrats

Bedingt durch das schnelle wirtschaftliche Wachstum kam es nach dem Ende des Zweiten Weltkrieges in der Bundesrepublik Deutschland zu „umwälzenden wirtschaftlichen, technischen und gesellschaftlichen" Fortentwicklungen, wodurch sich „die betrieblichen Verhältnisse sehr weit von der gesetzlich festgelegten Betriebsverfassung" entfernten.[75] Aus diesem Grund wurde das Betriebsverfassungsgesetz im Jahre 1972 grundlegend reformiert.[76] Um der zunehmenden wirtschaftlichen Verflechtung von Unternehmen auch in mitbestimmungsrechtlicher Hinsicht zu begegnen, kam es dabei zur erstmaligen Institutionalisierung des Konzernbetriebsrats.[77] Innerhalb eines Konzerns führt die einheitliche Leitung der Konzernspitze zu einer Verengung des Handlungs- und Entscheidungsspielraums der abhängigen Unternehmen, bis hin zu einer vollständigen Verlagerung der Entscheidungsbefugnisse auf das herrschende Unternehmen.[78] Dies ist in mitbestimmungsrechtlicher Hinsicht relevant, sofern es sich dabei um soziale, personelle oder wirtschaftliche Angelegenheiten handelt. Übt z.B. das herrschende Unternehmen sein Weisungsrecht (§ 308 Abs. 1 S. 1 AktG) dazu aus, eine konzernweite Ethik-Richtlinien aufzustellen, um eine konzerneinheitliche „Unternehmensphilosophie" umzusetzen[79], und besteht in diesem Konzern kein Konzernbetriebsrat, kann die betriebliche Mitbestimmung (in diesem Fall das Mitbestimmungsrecht nach § 87 Abs. 1 Nr. 1 BetrVG) nur durch die Gesamt- bzw. Einzelbetriebsräte der jeweiligen Unternehmen wahrgenommen werden. Diese Gremien sind dann zwar befugt, Regelungen mit ihren jeweiligen Arbeitgeberunternehmen abzuschließen. Handelt es sich bei ihren Verhandlungspartner aber um abhängige Unternehmen, ist zu beachten, dass diesen Rechtsträgern aus gesellschaftsrechtlichen Gründen die tatsächliche Ent-

---

[75] Regierungsentwurf eines Betriebsverfassungsgesetzes, BT-Drucks. VI/1786, Vorblatt unter „A. Problem".

[76] Betriebsverfassungsgesetz vom 15. Januar 1972, BGBl. I S. 13 ff.; vgl. zur Entstehungsgeschichte Richardi/*Richardi*, Einleitung zum BetrVG Rn. 18 f.

[77] Vgl. BT-Drucks. VI/1786, S. 43; zur Geschichte des Konzernbetriebsrats *Wetzling*, Der Konzernbetriebsrat, S. 8 ff.

[78] *Windbichler*, Arbeitsrecht im Konzern, S. 300; GK-BetrVG/*Kreutz/Franzen*, § 54 Rn. 4.

[79] Vgl. dazu BAG v. 22.07.2008 - 1 ABR 40/07, NZA 2008, 1248.

scheidungsfreiheit fehlt, wodurch die Ausübung der Beteiligungsrechte zwar noch formal gewährleistet werden kann (und auch muss), faktisch aber ins Leere läuft.[80] Aus diesem Grund besteht in Unterordnungskonzernen die Möglichkeit, einen Konzernbetriebsrat zu errichten. Sein Zuständigkeitsbereich erstreckt sich – im Gegensatz zum (Gesamt-)Betriebsrat – auf alle Konzernunternehmen, vgl. § 58 Abs. 1 S. 1 BetrVG. Der Zweck der Konzernbetriebsverfassung besteht nach allgemeiner Ansicht darin, innerhalb eines Konzerns die Beteiligung der Belegschaft an den die Einzelunternehmen bindenden Leitungsentscheidungen des herrschenden Unternehmens im sozialen, personellen und wirtschaftlichen Bereich sicherzustellen, indem Mitwirkungsrechte auf die Konzernebene verlagert werden.[81] Eine Erweiterung der materiellen betriebsverfassungsrechtlichen Beteiligungsrechte ist damit jedoch nicht verbunden.[82]

B. Errichtung des Konzernbetriebsrats

Das Betriebsverfassungsgesetz regelt die Errichtung des Konzernbetriebsrat in den §§ 54 ff. BetrVG. Gemäß § 54 Abs. 1 S. 1 BetrVG kann für einen Konzern (§ 18 Abs. 1 AktG) durch Beschlüsse der einzelnen Gesamtbetriebsräte ein Konzernbetriebsrat errichtet werden. Gibt es in einem Konzernunternehmen nur einen Betriebsrat, nimmt dieser die Aufgaben des Gesamtbetriebsrats bei der Errichtung eines Konzernbetriebsrats wahr, § 54 Abs. 2 BetrVG.

I. Fakultative Errichtung

Wie sich bereits aus dem Wortlaut des § 54 Abs. 1 S. 1 BetrVG ergibt, ist die Errichtung des Konzernbetriebsrats – im Gegensatz zur Errichtung des Gesamtbetriebsrats – fakultativ: Gem. § 47 Abs. 1 BetrVG „*ist* ein Gesamtbetriebsrat zu er-

---

[80] *Biedenkopf*, in: liber amicorum P. Sanders, 1972, S. 1 f.; *Fuchs*, Der Konzernbetriebsrat, S. 3 f.; *Martens*, ZfA 1973, 297, 313; GK-BetrVG/*Kreutz/Franzen*, § 54 Rn. 4; vgl. dazu krit. *Oetker*, ZfA 1986, 177, 189 ff. sowie *Joost*, in: MünchHdbArbR, § 227 Rn. 2.

[81] BAG v. 21.10.1980 - 6 ABR 41/78, AP Nr. 1 zu § 54 BetrVG 1972; BAG v. 13.10.2004 - 7 ABR 56/03, AP Nr. 9 zu § 54 BetrVG 1972; HSWGN/*Glock*, § 54 BetrVG Rn. 3; GK-BetrVG/*Kreutz/Franzen*, § 54 Rn. 4; *Löwisch/Kaiser*, § 54 BetrVG Rn. 1; *Richardi/Annuß*, § 54 BetrVG Rn. 1; *Joost*, in: MünchHdbArbR, § 227 Rn. 1; *Windbichler*, Arbeitsrecht im Konzern, S. 300 f.; *Wetzling*, Der Konzernbetriebsrat, S. 61; *Konzen*, in: FS Wiese, 1998, S. 199, 200; WPK/*Roloff*, § 54 BetrVG Rn. 1; *Fitting*, § 54 BetrVG Rn. 1; differenzierend *Oetker*, ZfA 1986, 177, 189 ff.

[82] GK-BetrVG/*Kreutz/Franzen*, § 54 Rn. 4.

richten"; gem. § 54 Abs. 1 BetrVG „*kann* ein Konzernbetriebsrat errichtet werden".[83] Die Errichtung ist abhängig vom Willen der einzelnen Gesamtbetriebsräte oder den diesen nach § 54 Abs. 2 BetrVG gleichgestellten Betriebsräten im Konzern.[84] Der Gesetzgeber des BetrVG 1972 begründete dies damit, dass nicht in allen Konzernen ein Bedürfnis für die Errichtung eines Konzernbetriebsrats bestehe.[85]

Nach der Normierung der Institution des Konzernbetriebsratsrechts im Jahre 1972[86] entwickelten sich (gewerkschaftliche) Bestrebungen, die Konzernbetriebsratserrichtung nicht weiter in das Belieben der (Gesamt-)Betriebsräte zu stellen, sondern diese ähnlich wie die Gesamtbetriebsratserrichtung als zwingend vorzuschreiben: Nach den Vorschlägen des DGB und der DAG sollte § 54 Abs. 1 S. 1 BetrVG dafür im Sinne einer „Muss-Vorschrift" umformuliert werden.[87] Obwohl diese Empfehlung bereits im Referentenentwurf des BetrVerf-Reformgesetzes aufgegriffen wurde, blieb sie bei der Reform des Betriebsverfassungsgesetzes im Jahre 2001 unberücksichtigt.[88]

II. § 54 BetrVG als zwingende Vorschrift

Im Rahmen der Konzernbetriebsratserrichtung ist weiterhin von Bedeutung, dass es sich bei der Vorschrift des § 54 BetrVG um zwingendes Recht handelt: Ein Konzernbetriebsrat i.S.v. § 54 Abs. 1 BetrVG kann nicht durch Tarifvertrag errichtet werden.[89] Eine unter Missachtung der gesetzlichen Voraussetzungen des § 54 BetrVG errichtete Arbeitnehmervertretung ist kein Konzernbetriebsrat i.S.d. §§ 54 ff. BetrVG und hat daher insbesondere nicht dessen Zuständigkeiten, Rechte und Pflichten.[90]

---

[83] *Löwisch/Kaiser*, § 54 BetrVG Rn. 1; *Fitting*, § 54 BetrVG Rn. 38; *Joost*, in: MünchHdbArbR, § 227 Rn. 35.
[84] GK-BetrVG/*Kreutz/Franzen*, § 54 Rn. 1 und 46.
[85] RegE eines Betriebsverfassungsgesetzes, BT-Drucks. VI/1786, S. 43.
[86] Vgl. zum Gesetzgebungsverfahren hinsichtlich der §§ 54 ff. BetrVG: *Wetzling*, Der Konzernbetriebsrat, S. 34 ff.
[87] Vgl. dazu *Fischer*, NZA 2000, 167, 170.
[88] Vgl. dazu GK-BetrVG/*Kreutz/Franzen*, § 54 Rn. 1 f.; Richardi/*Annuß*, § 54 BetrVG Rn. 1.
[89] GK-BetrVG/*Kreutz/Franzen*, § 54 Rn. 6.
[90] GK-BetrVG/*Kreutz/Franzen*, § 54 Rn. 6.

III. Konzern (§ 18 Abs. 1 AktG)

1. Bezugnahme auf § 18 Abs. 1 AktG

§ 54 Abs. 1 S. 1 BetrVG schreibt vor, dass ein Konzernbetriebsrat „für einen Konzern" errichtet werden kann. Grundlegende Voraussetzung ist somit das Vorhandensein eines Konzerns. Die Tatbestandsmerkmale, die eine Unternehmensverbindung als Konzern (im rechtlichen Sinne[91]) qualifizieren, beinhaltet § 18 AktG, auf dessen ersten Absatz § 54 Abs. 1 S. 1 BetrVG mit einem Klammerzusatz „verweist".

a) Konzernbetriebsratserrichtung nur im Unterordnungskonzern

Durch die Bezugnahme auf § 18 Abs. 1 AktG wird zunächst klargestellt, dass es sich bei dem Konzern, für den ein Konzernbetriebsrat errichtet werden kann, nur um einen sog. Unterordnungskonzern (§ 18 Abs. 1 AktG) handeln kann. Da eine Verweisung auf den zweiten Absatz des § 18 AktG fehlt, kann für den sog. Gleichordnungskonzern i.S.v. § 18 Abs. 2 AktG kein Konzernbetriebsrat errichtet werden.[92]

Der Grund für die Herausnahme des Gleichordnungskonzerns liegt darin, dass bei einer Zusammenfassung rechtlich selbstständiger Unternehmen unter einheitlicher Leitung ohne ein Abhängigkeitsverhältnis (=Gleichordnungskonzern) ein Schutz der Arbeitnehmer durch den Konzernbetriebsrats nicht erforderlich ist: In einem Unterordnungskonzern i.S.v. § 18 Abs. 1 AktG sind die jeweils beteiligten Unternehmen zwar rechtlich selbstständig, bilden jedoch durch das Merkmal der Abhängigkeit i.S.v. § 17 AktG eine einheitliche Organisation, so dass wichtige Entscheidungen der Konzernspitze Auswirkungen auf alle Unternehmen haben.[93] Aus Gründen des Arbeitnehmerschutzes ist es daher erforderlich, dass deren Repräsentanten auch an den Entscheidungen beteiligt werden, die zwar außerhalb ihres

---

[91] Zum betriebswirtschaftlichen Konzernbegriff *Theisen*, Konzern, S. 15 ff.

[92] H.M.; BAG v. 27.10.2010 - 7 ABR 85/09, BeckRS 2011, 69442; BAG v. 14.2.2007 – 7 ABR 26/06, NZA 2007, 999; BAG v. 13.10.2004 – 7 ABR 56/03, NZA 2005, 647; BAG v. 22.11.1995 – 7 ABR 9/95, NZA 1996, 706; GK-BetrVG/*Kreutz/Franzen*, § 54 Rn. 8; DKKW/*Trittin*, § 54 BetrVG Rn. 13; ErfK/*Eisemann/Koch*, § 54 BetrVG Rn. 2; WPK/*Roloff*, § 54 BetrVG Rn. 4; *Löwisch/Kaiser*, § 54 BetrVG Rn. 2; vgl. jedoch *Wollwert*, NZA 2011, 437, 438, der zu Recht darauf hinweist, dass in diesem Fall eine Arbeitnehmervertretung gem. § 3 Abs. 1 Nr. 3 BetrVG errichtet werden kann.

[93] Vgl. *Richardi*, DB 1973, 1452.

(Arbeitgeber-)Unternehmens, aber innerhalb der gesamten Organisation von der Organisationsspitze getroffen werden; bei einem Gleichordnungskonzern i.S.v. § 18 Abs. 2 AktG fehlt das Merkmal der Abhängigkeit, so dass hier nicht von einer Einheit der Organisation gesprochen werden kann, die es rechtfertigt, den Arbeitnehmern Beteiligungsrechte auch außerhalb ihres Arbeitgeberunternehmens zu gewähren.[94] In einem Gleichordnungskonzern tragen alle Konzernunternehmen gleichberechtigt die Konzernentscheidungen, an welchen die Arbeitnehmer durch den Gesamtbetriebsrat in mitbestimmungsrechtlicher Hinsicht uneingeschränkt beteiligt sind.[95] Eine Arbeitnehmervertretung auf der Konzernebene ist in diesen Fällen nicht erforderlich.[96]

b) Kein betriebsverfassungsrechtlicher Konzernbegriff

Die Art der Bezugnahme (d.h. der Klammerzusatz in § 54 Abs. 1 S. 1 BetrVG) wirft jedoch die Frage auf, ob es einen eigenständigen betriebsverfassungsrechtlichen Konzernbegriff geben kann[97], oder ob durch die Verweisung eine Bindung an den Konzernbegriff des Aktiengesetzes besteht[98]. Die Beantwortung dieser Frage ist deshalb von Bedeutung, weil durch einen betriebsverfassungsimmanenten Konzernbegriff die Regeln des Gesellschaftsrechts für dessen nähere Bestimmung irrelevant wären bzw. höchstens als Auslegungshilfe herangezogen werden könnten. Klärung schafft eine normtheoretische Auseinandersetzung mit dem Klammerzusatz in § 54 Abs. 1 S. 1 BetrVG.[99] Handelt es sich bei der Bezugnahme um eine Verweisung, bleibt Raum für eine betriebsverfassungsrechtliche Auslegung des

---

[94] *Richardi*, DB 1973, 1452.

[95] *Schmidbauer*, Der Konzernbegriff im Aktien- und Betriebsverfassungsrecht, S. 246, Fn. 27; *Martens*, ZfA 1973, 297, 301.

[96] Vgl. *Windbichler*, Arbeitsrecht im Konzern, S. 309 f.

[97] So *Fuchs*, Der Konzernbetriebsrat, S. 36.

[98] Gegen einen eigenständigen betriebsverfassungsrechtlichen Konzernbegriff: BAG v. vom 27.10.2010 - 7 ABR 85/09, BeckRS 2011, 69442; BAG v. 14.2.2007 – 7 ABR 26/06, NZA 2007, 999; BAG v. 13.10.2004 – 7 ABR 56/03, AP BetrVG 1972 § 54 Nr. 9; *Kreutz*, in: FS Birk, 2008, S. 495, 497; *Joost*, in: MünchHdbArbR, § 227 Rn. 5; HWK/*Hohenstatt/Dzida*, § 54 BetrVG Rn. 2; WPK/*Roloff*, § 54 BetrVG Rn. 2; *Schwald*, Die Legitimation der Konzernbetriebsverfassung, S. 2; *Güllich*, Die unmittelbare Geltung von Betriebs-Vereinbarungen im Konzern, S. 40 f.; *Martens*, ZfA 1973, 297, 303 f.; *Hueck*, in: FS H. Westermann, 1974, S. 241, 243; *Biedenkopf*, in: liber amicorum P. Sanders, 1972, S. 1, 8 f., der dies – neben der formellen Verweisung auf das Aktiengesetz – damit begründet, dass der ausschließliche Wirkungsbereich des Konzernbetriebsrats der gesellschaftsrechtlich geordnete Konzern ist und es einen anderen rechtlich geordneten Konzern als Anknüpfungspunkt nicht gibt.

[99] So bereits *Oetker*, ZfA 1986, 177, 180 ff.; vgl. auch *Monjau*, BB 1972, 839, 840.

Konzernbegriffs, da hierdurch der Rechtsbereich, auf den verwiesen wird, nur sinngemäß bzw. entsprechend angewendet wird.[100] Anders wäre es, wenn es sich bei der Bezugnahme um eine Legaldefinition handelt, da hierdurch der Normanwender an den Inhalt gebunden und eine Mehrdeutigkeit ausgeschlossen wird[101], sogar falls dadurch ein „gesetzesteleologisch sinnwidriges Ergebnis" zustande kommt.[102]

Vergleicht man die Technik des Klammerzusatzes zunächst mit anderen Normen die auf einen solchen zurückgreifen, stellt man fest, dass es sich hierbei in der Regel um Legaldefinitionen handelt. Dies ist unter anderem bei § 194 Abs. 1 BGB[103], § 491 Abs. 1 BGB[104] oder § 1922 Abs. 1 und Abs. 2 BGB[105] der Fall. Anders als bei § 54 Abs. 1 S. 1 BetrVG handelt es sich bei diesen Normen allerdings um eine verbalisierte Form der Legaldefinition[106], da in dem Klammerzusatz stets der zuvor definierte Begriff eingefügt ist, während § 54 Abs. 1 S. 1 BetrVG in dem Klammerzusatz auf einen andere Norm verweist. Der Wortlaut der Legaldefinition ergibt sich daher aus § 18 Abs. 1 AktG.[107] *Oetker* typisiert den Klammerzusatz in § 18 Abs. 1 AktG aus diesem Grund als „definitorische Außenverweisung" und weist darauf hin, dass für den im BetrVG verwendeten Konzernbegriff die in § 18 Abs. 1 AktG normierte Umschreibung bindend, der Auslegungsspielraum in Bezug auf § 18 Abs. 1 AktG allerdings flexibel sei.[108]

Dieser Auffassung ist zuzustimmen. Der Gesetzgeber hat in § 18 Abs. 1 AktG eine rechtliche Definition des Konzerns geschaffen.[109] Hätte er hiervon im Betriebsverfassungsrecht abweichen wollen, hätte er nicht auf § 18 Abs. 1 AktG verwiesen, sondern eine eigenständige Begriffsbeschreibung im Betriebsverfassungsgesetz vorgenommen. Es gibt daher keinen eigenständigen betriebsverfassungsrechtlichen Konzernbegriff. Diese These wird auch durch einen Vergleich mit dem Mitbe-

---

[100] *Bydlinski*, Juristische Methodenlehre und Rechtsbegriff, S. 458 f.; *Larenz*, Methodenlehre der Rechtswissenschaft, S. 261; siehe bereits *Oetker*, ZfA 1986, 177, 180.

[101] *Bydlinksi*, Juristische Methodenlehre und Rechtsbegriff, S. 397 f.; *Oetker*, ZfA 1986, 177, 180.

[102] *Oetker*, ZfA 1986, 177, 180.

[103] *Peters*, in: Staudinger, § 194 BGB Rn. 1.

[104] *Schürnbrand*, in: MünchKommBGB, § 491 Rn. 6.

[105] *Leipold*, in: MünchKommBGB, § 1922 Rn 4.

[106] Vgl. *Oetker*, ZfA 1986, 177, 181.

[107] Vgl. *Oetker*, ZfA 1986, 177, 181.

[108] *Oetker*, ZfA 1986, 177, 181 f.; ihm folgend DKKW/*Trittin*, Vor § 54 Rn. 5; Richardi/*Annuß*, § 54 BetrVG Rn. 3; GK-BetrVG/*Kreutz/Franzen*, § 54 Rn. 12 f.

[109] *Hüffer*, AktG, § 18 Rn. 1.

stimmungsgesetz gestützt: § 5 Abs. 1 S. 1 MitbestG enthält gleichfalls eine Verweisung auf § 18 Abs. 1 AktG. Auch für diese Regelung ist der Konzernbegriff des Aktienrechts maßgeblich.[110] Da sich die Verweisungen im BetrVG und im MitbestG in ihrem Wortlaut gleichen, spricht dies ebenfalls gegen einen eigenständigen betriebsverfassungsrechtlichen Konzernbegriff.

Aus diesen Gründen sind die Begriffsmerkmale des § 18 Abs. 1 AktG – „rechtlich selbstständige Unternehmen", „Abhängigkeit" und „Zusammenfassung unter einheitlicher Leitung" – auch im Betriebsverfassungsrecht maßgeblich, um das Vorliegen eines Konzerns zu bejahen.[111] Die Auslegung, die § 18 Abs. 1 AktG im Aktienrecht gefunden hat, ist jedoch für die Errichtung eines Konzernbetriebsrats nicht ohne weiteres verbindlich, da durch die Verweisung auf § 18 Abs. 1 AktG nur der „Begriffsrahmen" eines Konzerns vorgegeben wird. Im Betriebsverfassungsrecht verbleibt daher bei der Auslegung der einzelnen Tatbestandsmerkmale ein Spielraum für teleologische Modifikationen.[112]

2. Mindestens zwei (rechtlich selbstständige) Unternehmen

§ 18 Abs. 1 S. 1 AktG nennt als Voraussetzung für das Vorliegen eines Konzerns den Bestand von einem herrschenden und mindestens einem abhängigen Unternehmen. Was unter einem Unternehmen zu verstehen ist, definiert das Gesetz selbst nicht. Die Bestimmung des Unternehmensbegriffs ist deshalb seit Langem stark umstritten[113], was nicht zuletzt darin begründet liegt, dass er für die Anwendung der Regeln über verbundene Unternehmen – und somit für § 18 Abs. 1 AktG – konstituierend ist.

---

[110] Ulmer/Habersack/Henssler/*Ulmer/Habersack*, MitbestR, § 5 MitbestG Rn. 11; Wlotzke/Wißmann/Koberski/Kleinsorge/*Koberski*, § 5 MitbestG Rn. 9; ErfK/*Oetker*, § 5 MitbestG Rn. 2.

[111] BAG v. 14.2.2007 – 7 ABR 26/06, NZA 2007, 999; *Windbichler*, Arbeitsrecht im Konzern, S. 304.

[112] BAG v. 21.10.1980 – 6 ABR 41/78, AP Nr. 1 zu § 54 BetrVG 1972; *Schmidbauer*, Der Konzernbegriff im Aktien- und Betriebsverfassungsrecht, S. 209; *Schwald*, Die Legitimation der Konzernbetriebsverfassung, S. 2; GK-BetrVG/*Kreutz*, § 54 Rn. 13; *Oetker*, ZfA 1986, 177, 182 f., 188; gleiches gilt im Mitbestimmungsrecht für § 5 MitbestG, wo ebenfalls Abweichungen vom aktienrechtlichen Konzernbegriff zulässig sind, siehe dazu Wlotzke/Wissmann/Koberski /Kleinsorge/*Koberski*, § 5 MitbestG Rn. 9 sowie Ulmer/Habersack/Henssler/*Ulmer/Habersack*, MitbestR, § 5 MitbestG Rn. 11.

[113] Vgl. hierzu statt aller *Bayer*, in: MünchKommAktG, § 15 AktG Rn. 7 ff.; *Emmerich*, in: Emmerich/Habersack, Aktien- und GmbH-Konzernrecht, § 15 Rn. 6 ff.; *Hüffer*, AktG, § 15 Rn. 6 ff.

a) Unternehmensbegriff der §§ 15 - 22 AktG

Einen einheitlichen Begriff „Unternehmen" gibt es nicht.[114] Auch der Gesetzgeber des AktG 1965 hat von einer Umschreibung aufgrund großer praktischer Schwierigkeiten abgesehen.[115] Er hat lediglich festgestellt, dass der Unternehmensbegriff der §§ 15 - 22 AktG rechtsformneutral sei.[116] Bei einem Unternehmen kann es sich deshalb um juristische Personen des Privatrechts (z.B. Kapitalgesellschaften)[117], Personengesellschaften (oHG, KG, GbR)[118] und sogar um natürliche Personen (z.B. Einzelkaufmänner)[119] handeln. Welche Voraussetzungen vorliegen müssen, damit einer der genannten Rechtsträger als Unternehmen i.S.d. §§ 15 - 22 AktG zu qualifizieren ist, wird durch die Feststellung der Rechtsformneutralität des Unternehmensbegriffs allerdings nicht geklärt.

Hierzu haben sich im Laufe der Jahre verschiedene Theorien bzw. Unternehmensbegriffe herausgebildet. Dabei sind der früher vertretene funktionelle (Anknüpfung an eine marktstrategische Planung und Entscheidung) sowie der institutionelle (Anknüpfung an eine Unternehmensorganisation; Führung eines Gewerbebetriebs) vom heute herrschenden teleologischen Unternehmensbegriff abgelöst worden: Danach hat sich dessen Bestimmung am jeweiligen Zweck des Normkomplexes, in welchem er verwendet wird, zu orientieren.[120]

Der Zweck des Rechts der verbundenen Unternehmen (§§ 15 - 22 AktG) liegt darin, die Gefahren, die aus einem sog. Konzernkonflikt entstehen können, zu vermeiden: Ein Konzernkonflikt liegt immer dann vor, wenn unter Konzernbedingungen das herrschende Unternehmen gesellschaftsfremde Partikularinteressen verfolgt und u.U. wirksam zur Geltung bringt, ohne dies mit den Interessen der Gläubiger und Minderheitsgesellschafter der abhängigen Unternehmen in Einklang zu

---

[114] *K. Schmidt*, Gesellschaftsrecht, § 31 II 1.; *Vetter*, in: Schmidt/Lutter, § 15 AktG Rn. 32; *Bayer*, in: MünchKommAktG, § 15 AktG Rn. 9; vgl. allerdings oben § 3 A. II. 2.

[115] Begr. RegE AktG 1965, in: *Kropff*, S. 27.

[116] Begr. RegE AktG 1965, in: *Kropff*, S. 27.

[117] *Koppensteiner*, in: KK-AktG, § 15 Rn. 57.

[118] *Koppensteiner*, in: KK-AktG, § 15 Rn. 57; vgl. zur Innengesellschaft bürgerlichen Rechts unten § 4 B. 2. a) aa) (3).

[119] Begr. RegE AktG 1965, in: *Kropff*, S. 27; *Vetter*, in: Schmidt/Lutter, § 15 AktG Rn. 41 ff.; *Windbichler*, in: GroßkommAktG, § 15 Rn. 22 ff.

[120] *Emmerich/Habersack*, Konzernrecht, § 2 Rn. 6; *K. Schmidt*, Gesellschaftsrecht, § 31 II 1.; *Vetter*, in: Schmidt/Lutter, § 15 AktG Rn. 32; *Bayer*, in: MünchKommAktG, § 15 AktG Rn. 10; *Oetker*, ZfA 1986, 177, 183.

bringen, wodurch für diese (schwere) Nachteile entstehen können.[121] Ausgehend von diesem Zweck kann der Unternehmensbegriff bestimmt werden; dabei geht es jedoch nicht um das Unternehmen als Rechtsobjekt sondern als Normadressaten der §§ 15 ff. AktG.[122]

Für die Bestimmung des Adressatenkreises muss allerdings zwischen dem Begriff des herrschenden und dem des abhängigen Unternehmens unterschieden werden.[123]

aa) Herrschendes Unternehmen

Für die Feststellung der Unternehmenseigenschaft des herrschenden Unternehmens ist ausgehend vom Normzweck der §§ 15 ff. AktG maßgeblich, dass eine Gefährdung des Minderheitenschutzes besteht.[124] Schwierigkeiten entstehen dabei in den Fällen eines Mehrheitsgesellschafters bzw. Mehrheitsaktionärs. Im Normalfall verfolgt der Mehrheitsgesellschafter mit seiner Beteiligung die gleichen (unternehmerischen) Interessen wie die Minderheitsgesellschafter. Sie sind am Erfolg des Unternehmens orientiert. Benutzt der Mehrheitsgesellschafter seine Stellung jedoch dazu, um (z.B. über die Hauptversammlung den Aufsichtsrat zu wählen, § 115 Abs. 1 Nr. 1 AktG) seine eigenen – möglicherweise nicht mit denen der beherrschten Gesellschaft korrespondierenden – Interessen durchzusetzen, entsteht der sog. Konzernkonflikt, welcher mit Gefahren für die Minderheitsgesellschafter und Gläubiger der beherrschten Gesellschaft verbunden ist.[125] Der BGH hat dazu in der „*VEBA/Gelsenberg*"-Entscheidung[126] entschieden, dass „eine noch so hohe Beteiligung an einer Gesellschaft den Inhaber allein noch nicht zum herrschenden Unternehmen stempelt. Es muss vielmehr eine wirtschaftliche Interessenbindung außerhalb der Gesellschaft hinzukommen, die stark genug ist, um die ernste Besorgnis

---

[121] *Hüffer*, § 15 AktG Rn. 3; *Emmerich*, in: Emmerich/Habersack, Aktien- und GmbH-Konzernrecht, § 15 AktG Rn. 6; *Bayer*, in: MünchKommAktG, § 15 Rn. 7; *Vetter*, in: Schmidt/Lutter, § 15 AktG Rn. 34.

[122] Vgl. *Hüffer*, § 15 AktG Rn. 7; *Hirschmann*, in: Hölters, § 15 AktG Rn. 4.

[123] *Hüffer*, § 15 AktG Rn. 7.

[124] *Hirschmann*, in: Hölters, § 15 AktG Rn. 5.

[125] Vgl. dazu die Begr. RegE AktG 1965, in: *Kropff*, S. 41 f., 373 f.; *Emmerich*, in: Emmerich/Habersack, Aktien- und GmbH-Konzernrecht, § 15 AktG Rn. 6; *Windbichler*, in: GroßkommAktG, § 15 Rn. 11.

[126] BGH v. 13.10.1977 – II ZR 123/76, NJW 1978, 104; vgl. auch Hüffer, AktG, § 15 Rn. 8. m.w.N.

zu begründen, der Aktionär könnte um ihretwillen seinen Einfluss zum Nachteil der Gesellschaft geltend machen". Dieser Rechtsprechung hat sich das BAG mittlerweile angeschlossen.[127]

Im Ergebnis läuft die Bestimmung der Unternehmenseigenschaft daher auf eine Unterscheidung zwischen Privat- und Unternehmensaktionären bzw. -gesellschaftern hinaus.[128] Nur der Unternehmensaktionär ist Unternehmen i.S.d. §§ 15 ff. AktG, weil in seinem Fall der Konzernkonflikt tendenziell gegeben ist.[129]

Die anderweitige wirtschaftliche Interessenbindung ist bei natürlichen Personen in dem Fall der Betätigung als Einzelunternehmer außerhalb der Gesellschaft (z.B. als Kaufmann oder persönlich haftender Gesellschafter) gegeben; im Übrigen soll die „bloße" maßgebliche Beteiligung an mindestens einer sonstigen Gesellschaft ausreichend sein (sog. Aktionär mit multiplem Beteiligungsbesitz).[130] Eine Beteiligung ist maßgeblich, wenn die Möglichkeit besteht, dass der Gesellschafter sich unter Ausübung von Leitungsmacht auch in anderen Gesellschaften unternehmerisch betätigt.[131]

Zusammenfassend ist daher festzuhalten, dass jeder Rechtsträger Unternehmensqualität besitzt (und damit herrschendes Unternehmen sein kann), welcher nicht nur in der (abhängigen) Gesellschaft, sondern auch außerhalb dieser unternehmerische Interesse verfolgt.[132] Es gibt jedoch bestimmte Sonderfälle, in denen die Anwendung des Konzernrechts einer besonderen Begründung bedarf oder sogar ganz abzulehnen ist. Dies ist der Fall bei Unternehmensverbindungen unter Beteiligung der öffentlichen Hand, von Holding-Gesellschaften und Innengesellschaften des bürgerlichen Rechts.

---

[127] BAG v. 22.11.1995 - 7 ABR 9/95, NZA 1996, 706; v. 13. 10. 2004 - 7 ABR 56/03, NZA 2005, 647.

[128] Vgl. *Vetter*, in: Schmidt/Lutter, § 15 AktG Rn. 30.

[129] Vgl. Begr. RegE AktG 1965, in: *Kropff*, S. 41 f.; *Emmerich*, in: Emmerich/Habersack, Aktien- und GmbH-Konzernrecht, § 15 AktG Rn. 6; Emmerich/Habersack, Konzernrecht, § 2 Rn. 7; *Windbichler*, in GroßkommAktG, § 15 Rn. 11..

[130] BGH v. 16.09.1985 - II ZR 275/84, NJW 1986, 188; vgl. auch BGH v. 17.03.1997 - II ZB 3/96, NJW 1997, 1855; *Vetter*, in: Schmidt/Lutter, § 15 AktG Rn. 44; *Emmerich*, in: Emmerich/Habersack, Aktien- und GmbH-Konzernrecht, § 15 AktG Rn. 11a.

[131] BGH v. 18.06.2001 - II ZR 212/99, NJW 2001, 2973; vgl. auch *Emmerich*, in: Emmerich/Habersack, Aktien- und GmbH-Konzernrecht, § 15 AktG Rn. 13.

[132] DKKW/*Trittin*, Vor § 54 BetrVG Rn. 9.

(1) Sonderfall: Öffentliche Hand als herrschendes Unternehmen

Aufgrund der steigenden Zunahme der Privatisierung öffentlicher Aufgaben sind in den letzten Jahrzehnten vermehrt Unternehmensverbindungen entstanden, bei denen die öffentliche Hand (Bund, Länder und Gemeinden) an zahlreichen privaten Unternehmen beteiligt ist.[133] Dabei ist jedoch, auch in den Fällen, in denen nach den oben genannten Kriterien (wirtschaftliche Interessenbindung außerhalb der Gesellschaft; Möglichkeit der Nachteilszufügung) die Unternehmereigenschaft der öffentlichen Hand bejaht werden kann, fraglich, ob die Beziehungen zu den Beteiligungsunternehmen nicht dennoch primär dem öffentlichen Recht unterfallen.[134] Der BGH hat dazu entschieden, dass die Vorschriften des Konzernrechts bereits dann auf die öffentliche Hand anzuwenden sind, wenn sie lediglich ein in privater Rechtsform organisiertes Unternehmen beherrscht. Begründet wurde diese Ausweitung des Unternehmensbegriffs mit dem Ziel, „der Gefahr einer einseitigen Förderung öffentlicher Aufgaben und politischer Ziele zu Lasten von Minderheitsaktionären begegnen zu können. Anders als bei privaten Aktionären ist bei öffentlich rechtlichen Körperschaften im Regelfall davon auszugehen, dass sie sich bei der Ausübung ihres Einflusses auf die beherrschte AG nicht nur von typischen Aktionärsinteressen, sondern auch von anderen Interessen leiten lassen, nämlich solchen, die aus ihrer öffentlich rechtlichen Aufgabenstellung herrühren."[135]

Somit kann auch die öffentliche Hand (herrschendes) Unternehmen i.S.d. Konzernrechts sein.

(2) Sonderfall: Holding-Gesellschaften

Bei sog. Holding-Gesellschaften handelt es sich um Gesellschaften – meistens in der Rechtsform einer Personengesellschaft – durch die oder über die ein oder meh-

---

[133] Vgl. beispielhaft die Privatisierung der Deutschen Bundesbahn zur Deutschen Bahn AG: Die Bundesrepublik Deutschland ist Anteilsinhaberin sämtlicher Anteile der Deutschen Bahn AG, vgl. Deutsche Bahn Geschäftsbericht 2009, S. 226, abrufbar unter www.deutschebahn.com.

[134] Vgl. hierzu *Emmerich/Habersack*, Konzernrecht, § 2 Rn. 20 ff.; *Emmerich*, in: Emmerich/Habersack, Aktien- und GmbH-Konzernrecht, § 15 Rn. 26 ff.; *Vetter*, in: Schmidt/Lutter, § 15 AktG Rn. 68 ff.; *Windbichler*, in: GroßkommAktG, § 15 Rn. 27 ff.; *Hirschmann*, in: Hölters, § 15 AktG Rn. 9; *Koppensteiner*, in: KK-AktG, § 15 Rn. 70 ff.; *Zöllner*, ZGR 1976, 1, 23 ff.; *Lutter/Timm*, BB 1978, 836, 838 ff.; vgl. ferner *Mülbert*, ZHR 163 (1999), 1, 13 ff.

[135] BGH v. 17.03.1997 – II ZB 3/96, NJW 1997, 1855; vgl. bereits BGH v. 13.10.1977 – II ZR 123/76, NJW 1978, 104.

rere Gesellschafter ihren Anteilsbesitz an anderen Gesellschaften verwalten.[136] Die Unternehmensqualität der Holding-Gesellschaft ist umstritten. Sie wird ihr jedenfalls dann zugesprochen, wenn sie selbst an anderen Gesellschaften maßgeblich beteiligt ist und ihren Beteiligungsbesitz entweder selbst verwaltet oder wenn sie sich selbst noch neben der Verwaltung ihres Beteiligungsbesitzes anderweitig unternehmerisch betätigt.[137] Verwaltet die Holding dagegen eine Beteiligung an lediglich einer einzigen Gesellschaft, wird ihr die Unternehmensqualität abgesprochen.[138] In diesem Fall kann jedoch die Unternehmenseigenschaft des Holding-Gesellschafters selbst in Betracht kommen.[139]

(3) Sonderfall: Innengesellschaft bürgerlichen Rechts
Prägendes Merkmal einer Innengesellschaft (bürgerlichen Rechts) ist die Nichtteilnahme am Rechtsverkehr.[140] Erscheinungsformen einer solchen Verbindung sind z.B. sog. Stimmrechtskonsortien, Schutzgemeinschaften oder Gemeinschaftsunternehmen.[141] Gerade Letztere bieten sich als Koordinierungsinstrument für die Beherrschung eines abhängigen Unternehmens an, indem zwei Unternehmen eine (Innen-)GbR gründen um gemeinsam ein Unternehmen zu leiten.[142] Nach der Rechtsprechung des BAG ist eine Innengesellschaft, die sich auf die interne Willensbildung und gemeinsame Ausübung der Leitung beschränkt und die nicht als Gesellschaft am Rechtsverkehr teilnimmt kein herrschendes Unternehmen i.S.d. § 18 Abs. 1 AktG.[143] Die erforderliche wirtschaftliche Interessenbindung außerhalb der Gesellschaft, durch welche die Gefahr der Nachteilszufügung begründet wird,

---

[136] *Emmerich*, in: Emmerich/Habersack, Aktien- und GmbH-Konzernrecht, § 15 AktG Rn. 15; DKKW/*Trittin*, § 54 BetrVG Rn. 10.

[137] *Emmerich*, in: Emmerich/Habersack, Aktien- und GmbH-Konzernrecht, § 15 AktG Rn. 16; *Bayer*, in: MünchKommAktG, § 15 Rn. 27.

[138] *Bayer*, in: MünchKommAktG, § 15 Rn. 26; *Koppensteiner*, in: KK-AktG, § 15 Rn. 62; a.A. *Emmerich*, in: Emmerich/Habersack, Aktien- und GmbH-Konzernrecht, § 15 AktG Rn. 16 (Holding ist immer Unternehmen); *Vetter*, in: Schmidt/Lutter, § 15 AktG Rn. 62 (Holding ist immer Unternehmen, wenn es sich um Formkaufleute oder Handelsgesellschaften handelt).

[139] *Bayer*, in: MünchKommAktG, § 15 Rn. 26.

[140] *Ulmer*, in: MünchKommBGB, § 705 Rn. 275.

[141] *Emmerich/Habersack*, Konzernrecht, § 2 Rn. 16; *Vetter*, in: Schmidt/Lutter, § 15 AktG Rn. 66.

[142] Vgl. *Hüffer*, AktG, § 17 Rn. 13 f.; *Koppensteiner*, in: KK-AktG, § 17 Rn. 86; zur Konzernbetriebsratserrichtung unter Beteiligung eines Gemeinschaftsunternehmens siehe unten § 4 C. I.

[143] BAG v. 13.10.2004 - 7 ABR 56/03, NZA 2005, 647; vgl. auch OLG Hamburg v. 03.08.2000 – 11 W 36/95, NZG 2001, 471; im Ergebnis ebenso *Hüffer*, AktG, § 17 Rn. 14; *Koppensteiner*, in: KK-AktG, § 17 Rn. 87; *Bayer*, in: MünchKommAktG, § 17 Rn. 83; krit. dazu DKKW/*Trittin*, Vor § 54 BetrVG Rn. 9b.

ist bei der reinen Innengesellschaft nicht gegeben, wenn sie lediglich als Koordinierungsinstrument (=im Falle eines Gemeinschaftsunternehmens zur Ausübung gemeinsamer Leitung) eingesetzt wird.[144] Allerdings wird ihr die Unternehmensqualität auch bei anderweitiger Interessenbindung abgesprochen, wenn es in diesem Fall bei einer reinen Innengesellschaft bleibt.[145]

Zu beachten ist jedoch, dass für die Bestimmung der Unternehmenseigenschaft der sog. Konzernkonflikt prägend ist. Der Schutzzweck des Konzernrechts muss unabhängig davon gewährleistet werden, ob eine Gesellschaft am Rechtsverkehr teilnimmt oder nicht.[146] Deshalb kann die Unternehmenseigenschaft bei einer reinen Innengesellschaft zumindest in Bezug auf dessen Gesellschafter in Betracht kommen, sofern diese anderweitige wirtschaftliche Interessen verfolgen.[147]

bb) Abhängiges Unternehmen

Um den Regelungen des Konzernrechts zu unterfallen muss es sich auch bei dem abhängigen Unternehmen um ein „rechtlich selbstständiges Unternehmen" handeln, vgl. § 17 Abs. 1 AktG. Ausgehend vom Normzweck und im Interesse eines möglichst umfassenden Anwendungsbereichs des Konzernrechts ist § 15 AktG weit auszulegen, so dass jede rechtlich verselbstständigte Organisation als Unternehmen qualifiziert werden kann.[148] Für das Konzerngesellschaftsrecht ist es nicht erforderlich, dass das abhängige Unternehmen einen eigenen Geschäftsbetrieb unterhält oder eine bestimmte Rechtsform besitzt.[149]

b) Abweichende Auslegung im Rahmen des BetrVG

Auch im Rahmen der Betriebsverfassung ist die Bestimmung der Unternehmenseigenschaft von zentraler Bedeutung. § 54 BetrVG knüpft über die Verweisung auf § 18 Abs. 1 AktG an den Unternehmensbegriff an. Maßgeblich ist auch hier eine teleologische Interpretation dieses Begriffs. Im Rahmen der Auslegung ist jedoch

---

[144] BAG v. 13.10.2004 - 7 ABR 56/03, NZA 2005, 647.
[145] *Hüffer*, AktG, § 15 Rn. 10.
[146] Vgl. auch *Hirschmann*, in: Hölters, § 15 AktG Rn. 7.
[147] *Vetter*, in: Schmidt/Lutter, § 15 AktG Rn. 66; *Hirschmann*, in: Hölters, § 15 AktG Rn. 7.
[148] *Emmerich/Habersack*, Konzernrecht, § 2 Rn. 19; *Vetter*, in: Schmidt/Lutter, § 15 AktG Rn. 73; *Koppensteiner*, in: KK-AktG, § 15 AktG Rn. 86; *Hüffer*, § 15 AktG Rn. 14.
[149] *Emmerich/Habersack*, Konzernrecht, § 2 Rn. 19; *Bayer*, in: MünchKommAktG, § 15 Rn. 48; *Hirschmann*, in: Hölters, § 15 AktG Rn. 10.

nicht (primär) auf den Normzweck des Konzernrechts, sondern auf die Intention der §§ 54 ff. BetrVG abzustellen. Die vorstehend gefundenen Ergebnisse sind aus diesem Grund daraufhin zu untersuchen, ob sie im Hinblick auf die Konzernbetriebsratsbildung modifiziert werden müssen.

Ausgangspunkt ist der Normzweck der §§ 54 ff. BetrVG. Dieser besteht darin, eine Arbeitnehmervertretung auf der Ebene des Entscheidungsträgers im Konzern zu etablieren um einer Aushöhlung betriebsverfassungsrechtlicher Beteiligungsrechte entgegenzusteuern.[150]

aa) Konzerne mit Beteiligung der öffentlichen Hand

Die rechtsformneutrale Verwendung des Unternehmensbegriffs ist auch im Anwendungsbereich der §§ 54 ff. BetrVG nicht zu modifizieren.[151] Für die Bildung eines Konzernbetriebsrats ist es unerheblich, ob das herrschende oder abhängige Unternehmen in der Rechtsform einer AG (bzw. KGaA) – wie es die Bezugnahme auf das AktG vermuten ließe – verfasst ist.[152]

Allerdings ist im Rahmen des Betriebsverfassungsrechts die Norm des § 130 BetrVG zu beachten, welche Betriebe der öffentlichen Hand aus dem Anwendungsbereich des Betriebsverfassungsgesetzes herausnimmt. Daraus könnte man den Schluss ziehen, dass für Konzerne bei denen Bund, Länder oder Gemeinden die Konzernspitze darstellen, eine Konzernbetriebsratserrichtung ausgeschlossen ist. Wie aufgezeigt kann aus konzerngesellschaftsrechtlicher Sicht die öffentliche Hand durchaus als herrschendes Konzernunternehmen i.S.d. § 18 Abs. 1 AktG qualifiziert werden.[153] Aus diesem Grund muss auch tendenziell eine Konzernbetriebsratserrichtung in Betracht kommen.[154] Allerdings werden in diesem Fall für die Errichtung eines Konzernbetriebsrats nur die Arbeitnehmer derjenigen abhängigen Unternehmen berücksichtigt, die privatrechtlich organisiert sind; der Grund

---

[150] Vgl. GK-BetrVG/*Kreutz/Franzen*, § 54 Rn. 4; vgl. dazu bereits ausf. oben § 4 A.

[151] Vgl. BAG v. 14.02.2007 - 7 ABR 26/06, AP Nr. 13 zu § 54 BetrVG 1972; BAG v. 23.08.2006 - 7 ABR 51/05, AP Nr. 7 zu § 54 BetrVG 1972; BAG v. 13.10.2004 - 7 ABR 56/03, AP Nr. 9 zu § 54 BetrVG 1972; WPK/*Roloff*, § 54 BetrVG Rn. 3; *Fitting*, § 54 BetrVG Rn. 11; *Löwisch/Kaiser*, § 54 BetrVG Rn. 2; *Joost*, in: MünchHdbArbR, § 227 Rn. 7.

[152] GK-BetrVG/*Kreutz/Franzen*, § 54 Rn. 22; *Löwisch/Kaiser*, § 54 BetrVG Rn. 2; *Fitting*, § 54 BetrVG Rn. 11.

[153] Vgl. oben § 4 B. III. 2. a) aa) (1).

[154] Vgl. BAG v. 27.10.2010 - 7 ABR 85/09, BeckRS 2011, 69442; LAG Hamburg v. 21.1.2009 - 4 TaBV 8/08, zit. nach juris.

dafür liegt darin, dass ein Konzernbetriebsrat „für den Konzern" errichtet wird, weshalb es unerheblich ist, ob einzelne Konzernunternehmen nicht unter das BetrVG fallen, da den anderen Arbeitnehmern des Konzerns der Schutz der §§ 54 ff. BetrVG nicht versagt werden darf.[155] Für die Errichtung eines Konzernbetriebsrats ist es daher nicht erforderlich, dass das BetrVG auf jedes einzelne Unternehmen im Konzern anzuwenden ist.[156]

bb) Abhängige Unternehmen

Unter dem Aspekt des Gläubiger- und Minderheitsgesellschafterschutzes ist es für die konzerngesellschaftsrechtliche Auslegung des Konzerntatbestands unerheblich, ob ein Unternehmen Betriebe führt oder Arbeitnehmer beschäftigt.

Eine andere Auslegung ist jedoch im Bereich der Betriebsverfassung geboten: Der Zweck der Konzernbetriebsverfassung erfordert es, dass als abhängige Unternehmen nur solche in Betracht kommen, in denen selbst Arbeitnehmer beschäftigt werden. Die Gefahr der Aushöhlung betriebsverfassungsrechtlicher Beteiligungsrechte durch Verlagerung der Entscheidungsbefugnisse besteht nicht, wenn in den abhängigen Unternehmen keine Arbeitnehmer beschäftigt werden, die durch die Mitbestimmungsrechte des BetrVG geschützt werden sollen.[157]

cc) Herrschendes Unternehmen

Allerdings ist auch für die Errichtung des Konzernbetriebsrats irrelevant, ob das herrschende Unternehmen selbst Arbeitnehmer beschäftigt und einen (oder mehre-

---

[155] BAG v. 27.10.2010 - 7 ABR 85/09, BeckRS 2011, 69442; *Windbichler*, Arbeitsrecht im Konzern, S. 310; *Windbichler*, in: GroßkommAktG, § 18 Rn. 76; *Fitting*, § 54 BetrVG Rn. 12; Richardi/*Annuß*, § 54 BetrVG Rn. 7; GK-BetrVG/*Kreutz/Franzen*, § 54 Rn. 23.

[156] *Windbichler*, Arbeitsrecht im Konzern, S. 312.

[157] Vgl. GK-BetrVG/*Kreutz/Franzen*, § 54 Rn. 24; *Schmidbauer*, Der Konzernbegriff im Aktien- und Betriebsverfassungsrecht, S. 210.

re) Betriebe führt, solange dem Konzern mindestens ein abhängiges Unternehmen angehört, in welchem ein (Gesamt-)Betriebsrat besteht.[158]

Die Begründung gibt das Gesetz in § 59 Abs. 2 S. 1 BetrVG: Dort ist normiert, dass der Gesamtbetriebsrat des herrschenden Unternehmens, oder, soweit ein solcher Gesamtbetriebsrat nicht besteht, der Gesamtbetriebsrat des nach der Zahl der wahlberechtigten Arbeitnehmer größten Konzernunternehmens zu der Wahl des Vorsitzenden und des stellvertretenden Vorsitzenden des Konzernbetriebsrats einzuladen hat. Aus dem Halbsatz „[…] soweit ein solcher Gesamtbetriebsrat nicht besteht […]" lässt sich mittelbar folgern, dass das BetrVG Konzerne mit arbeitnehmerlosen herrschenden Unternehmen anerkennt.[159] Auch § 54 Abs. 1 S. 2 BetrVG stützt diese These: Danach ist für die Konzernbetriebsratserrichtung erforderlich ist, dass dieser mindestens 50% der Arbeitnehmer aller Konzernunternehmen repräsentiert. Es ist ausreichend, dass diese lediglich bei den abhängigen Unternehmen beschäftigt werden, so dass ein Konzernbetriebsrat auch bei Vorliegen eines arbeitnehmerlosen herrschenden Unternehmens errichtet werden kann.[160]

Die Forderung, dass die Konzernobergesellschaft eigene Arbeitnehmer beschäftigen müsse, wäre nur dann gerechtfertigt, wenn der Konzernbetriebsrat eine Zusammenfassung der Einzelbetriebsräte darstellen würde, mit dem Ziel, der betrieblichen Rechtsvereinheitlichung im Konzern zu dienen.[161] Der Konzernbetriebsrat hat jedoch den Zweck, auf höchster Konzernebene als zuständiges Arbeitnehmerorgan auftreten zu können und in dem herrschenden Konzernunternehmen einen

---

[158] Vgl. GK-BetrVG/*Kreutz/Franzen*, § 54 Rn. 25 die jedoch fordern, dass im Konzern mindestens zwei Unternehmen bestehen müssen, bei denen ein Einzel- oder Gesamtbetriebsrat gebildet ist, was allerdings im Widerspruch zu Rn. 47 steht; so auch *Oetker*, ZfA 1986, 177, 195; vgl. auch *Richardi/Annuß*, § 54 BetrVG Rn. 33; *Joost*, Betrieb und Unternehmen, S. 220 f.; *Windbichler*, Arbeitsrecht im Konzern, S. 311; a.A. *Schmidbauer*, Der Konzernbegriff im Aktien- und Betriebsverfassungsrecht, S. 210, der fordert, dass (wohl alle) Konzernunternehmen einen oder mehrere Betriebe führen; zur notwendigen Anzahl der vorhandenen (Gesamt-)Betriebsräte im Konzern vgl. unten § 4 B. IV. 1.

[159] *Windbichler*, Arbeitsrecht im Konzern, S. 311; *Richardi/Annuß*, § 54 BetrVG Rn. 33 zieht hieraus bereits den Schluss, dass es unerheblich ist, ob das herrschende Unternehmen Arbeitnehmer beschäftigt. Allerdings reicht der alleinige Hinweis auf § 59 BetrVG nicht als Begründung aus, da dort lediglich der Fall behandelt wird, dass im herrschenden Unternehmen kein Gesamtbetriebsrat besteht. Auch in diesem Fall besteht jedoch die Möglichkeit, dass das herrschende Unternehmen Arbeitnehmer beschäftigt.

[160] Vgl. dazu *Martens*, ZfA 1973, 297, 305 Fn. 18; DKKW/*Trittin*, Vor § 54 BetrVG Rn. 10; *Windbichler*, Arbeitsrecht im Konzern, S. 311.

[161] Vgl. *Martens*, ZfA 1973, 297, 305.

geeigneten Verhandlungspartner vorzufinden; hierfür ist es unerheblich, ob die Konzernobergesellschaft eigene Arbeitnehmer beschäftigt oder nicht.[162]

dd) Zusammenfassung

Somit ist festzuhalten, dass der Unternehmensbegriff im Rahmen der Betriebsverfassung in weiten Teilen mit der konzerngesellschaftsrechtlichen Auslegung koinzidiert. Eine Abweichung ist nur in der Hinsicht geboten, dass das abhängige Unternehmen selbst Arbeitnehmer beschäftigen muss, damit dem Normzweck der §§ 54 ff. BetrVG Rechnung getragen werden kann.

c) Merkmal der rechtlichen Selbstständigkeit

Sowohl bei dem herrschenden als auch bei den abhängigen Unternehmen muss es sich um rechtlich selbstständige Unternehmen handeln. Dies ist zwar nicht direkt aus § 18 Abs. 1 AktG ersichtlich, ergibt sich aber durch die inzidente Rückverweisung auf § 17 AktG durch das Merkmal der „Abhängigkeit". Unternehmen sind dann rechtlich selbstständig, wenn sie verschiedenen Rechtsträgern zugeordnet werden.[163] Somit kann zwischen einer Haupt- und Zweigniederlassung kein Konzernverhältnis bestehen[164], was in betriebsverfassungsrechtlicher Hinsicht zur Folge hat, dass in diesem Fall nur ein Gesamtbetriebsrat errichtet werden kann.

3. Abhängigkeitsverhältnis

Das Tatbestandsmerkmal der „Abhängigkeit" wird in der gesellschaftsrechtlichen Literatur als der zentrale Begriff des Konzernrechts angesehen, weil dort durchgängig bereits an diesen und nicht erst an das konzernbegründende Merkmal der einheitlichen Leitung angeknüpft wird.[165] Der „Abhängigkeit" folgt die Konzernvermutung des § 18 Abs. 1 S. 3 AktG und auch die Regeln über den Schutz abhängiger Gesellschaften bei Fehlen eines Beherrschungsvertrags (§§ 311 – 318 AktG) knüpfen an dieses Merkmal an. Durch die Verweisung auf § 18 Abs. 1 S. 1 AktG

---

[162] *Martens*, ZfA 1973, 297, 305.
[163] *Hüffer*, AktG, § 18 Rn. 6; *Koppensteiner*, in: KK-AktG, § 15 AktG Rn. 94; *Hirschmann*, in: Hölters, § 15 AktG Rn. 4; *Bayer*, in: MünchKommAktG, § 15 Rn. 49.
[164] *Hüffer*, AktG, § 18 Rn. 6; *Bayer*, in: MünchKommAktG, § 18 Rn. 26; *Koppensteiner*, in: KK-AktG, § 18 Rn. 5.
[165] *Hüffer*, AktG § 17 Rn. 1; *Vetter*, in: Schmidt/Lutter, § 17 AktG Rn. 3; *Hirschmann*, in: Hölters, § 17 AktG Rn. 1; *Emmerich/Habersack*, Konzernrecht, § 3 Rn. 14.

ist der Abhängigkeitsbegriff auch für die Konzernbetriebsratserrichtung von Bedeutung.

a) § 17 Abs. 1 AktG

Gem. § 17 Abs. 1 AktG besteht ein Abhängigkeitsverhältnis, wenn ein herrschendes Unternehmen auf ein anderes Unternehmen unmittelbar oder mittelbar beherrschenden Einfluss ausüben kann. Die Möglichkeit eines beherrschenden Einflusses auf ein anderes – rechtlich selbstständiges – Unternehmen begründet somit die Abhängigkeit dieses Unternehmens. Durch die uneingeschränkte Verweisung auf § 18 Abs. 1 AktG in § 54 Abs. 1 S. 1 BetrVG wird implizit auch auf die Definitionsnormen der §§ 17, 16, 15 AktG verwiesen, so dass diese auch im Betriebsverfassungsrecht für die Begriffsbestimmung herangezogen werden können.[166]

Das Gesetz selbst sagt nichts darüber aus, wann die Möglichkeit eines beherrschenden Einflusses vorliegt. Zunächst ist jedoch festzuhalten, dass bereits die bloße Möglichkeit der Einflussnahme zur Begründung eines Abhängigkeitsverhältnisses ausreicht. Eine tatsächliche Ausübung ist nicht erforderlich.[167] Dies ergibt sich aus dem Wortlaut der Norm (*„ausüben kann"*). Allerdings muss diese Möglichkeit beständig und umfassend, d.h. gesichert sein.[168] Eine ungesicherte Einflussnahmemöglichkeit kann keine Abhängigkeit begründen. Zwar wird eine beständige Beherrschungsmöglichkeit meist von gewisser Dauer sein, notwendig ist dies jedoch nicht; es geht nicht um eine kontinuierliche, sondern um eine verlässliche Einflussnahmemöglichkeit.[169]

Für die Frage, was unter einem beherrschenden Einfluss zu verstehen ist, kann auf § 17 Abs. 2 AktG zurückgegriffen werden: Wenn von einem in Mehrheitsbesitz stehenden Unternehmen vermutet wird, dass es von dem an ihm mit Mehrheit beteiligten Unternehmen abhängig ist, wird dadurch klargestellt, dass ein beherrschender Einfluss immer dann vorliegt, wenn er seiner Art nach dem Einflusspo-

---

[166] Vgl. *Kreutz*, in: FS Birk, 2008, S. 495, 498.

[167] *Hüffer*, AktG, § 17 Rn. 4; *Vetter*, in: Schmidt/Lutter, § 17 AktG Rn. 5.

[168] BGH v. 17.03.1997 - II ZB 3/96, NJW 1997, 1855, 1856; *Hüffer*, AktG, § 17 Rn. 6; *Vetter*, in: Schmidt/Lutter, § 17 AktG Rn. 12; *Ulmer*, ZGR 1978, 457, 461.

[169] *Hüffer*, AktG, § 17 Rn. 7; *Vetter*, in: Schmidt/Lutter, § 17 AktG Rn. 12; *Hirschmann*, in: Hölters, § 17 AktG Rn. 3.

tential einer Mehrheitsbeteiligung entspricht.[170] Dieses Potential kann sich u.a. darin zeigen, dass der Mehrheitsgesellschafter in der Lage ist, die Verwaltung der abhängigen Gesellschaft nach seinen Wünschen zu steuern, indem er durch Wahl des Aufsichtsrats (§ 101 Abs. 1 S. 1 AktG) und mittelbar des Vorstands (§ 84 Abs. 1 S. 1 AktG) einen auschlaggebenden Einfluss auf die Personalpolitik der abhängigen Gesellschaft hat.[171] Im Interesse einer Wiederwahl besteht hier eine Wahrscheinlichkeit des einflusskonformen Verhaltens der Organmitglieder.[172] In diesem Sinne äußern sich auch die Gerichte, die Abhängigkeit i.s.v. § 17 AktG immer dann bejahen, wenn sich das abhängige Unternehmen dem Einfluss nicht entziehen kann, den ein anderes Unternehmen auf seine Geschäfts- und Personalpolitik auszuüben vermag, da anderenfalls Konsequenzen drohen.[173]

Der beherrschende Einfluss muss zudem gesellschaftsrechtlich vermittelt sein, d.h. es muss die Möglichkeit bestehen, in die Innenstruktur der beherrschten Gesellschaft eingreifen zu können.[174] Im Gegensatz dazu ist eine rein tatsächliche Abhängigkeit nicht ausreichend: Zwar entstehen durch externe Austauschbeziehungen wie z.B. Liefer-, Lizenz- oder Kreditverträge oftmals (wirtschaftliche) Verhältnisse, die einer Abhängigkeit i.s.v. § 17 Abs. 1 AktG ähnlich sind; aufgrund der Gefahr einer uferlosen Ausdehnung fallen diese Fälle jedoch nicht in den Anwendungsbereich des Konzernrechts.[175]

Die gesellschaftsrechtlich vermittelte Einflussnahmemöglichkeit kann im Wesentlichen auf zwei Arten begründet werden: Erstens durch (unmittelbare oder mit-

---

[170] *Hüffer*, AktG, § 17 Rn. 5; *Bayer*, in: MünchKommAktG, § 17 Rn. 25; vgl. auch *Vetter*, in: Schmidt/Lutter, § 17 AktG Rn. 6.

[171] *Emmerich*, in: Emmerich/Habersack, Aktien- und GmbH.-Konzernrecht, § 17 AktG Rn. 7; *Bayer*, in: MünchKommAktG, § 17 Rn. 26; entsprechendes gilt auch für die GmbH als abhängige Gesellschaft, da hier durch eine Mehrheit in der Gesellschafterversammlung der Geschäftsführer nach eigenen Wünschen bestimmt werden kann, vgl. § 46 Nr. 5 und § 47 Abs. 1 GmbHG und dazu *Emmerich*, in: Emmerich/Habersack, Aktien- und GmbH-Konzernrecht, § 17 AktG Rn. 45.

[172] *Hüffer*, AktG, § 17 Rn. 5; *Vetter*, in: Schmidt/Lutter, § 17 AktG Rn. 6.

[173] BGH v. 19.01.1993 - KVR 32/91, NJW 1993, 2114; OLG Karlsruhe v. 11.12.2003 - 12 W 11/02, NZG 2004, 334.

[174] *Hüffer*, AktG, § 17 Rn. 8; *Hirschmann*, in: Hölters, § 17 AktG Rn. 5; *Emmerich*, in: Emmerich/Habersack, Aktien- und GmbH-Konzernrecht, § 17 AktG Rn. 14.

[175] BGH v. 26.03.1984 - II ZR 171/83, NJW 1984, 1893, 1896; *Emmerich*, in: Emmerich/Habersack, Aktien- und GmbH-Konzernrecht, § 17 AktG Rn. 15; Emmerich/Habersack, Konzernrecht, § 3 Rn. 21; vgl. dazu ferner *Ulmer*, ZGR 1978, 457, 465 ff.

telbare) Beteiligungen des herrschenden Unternehmens an der abhängigen Gesellschaft und zweitens durch Organisations- bzw. Unternehmensverträge.[176]

Bei den Beteiligungsgraden ist zwischen einer Mehrheits- und einer Minderheitsbeteiligung zu unterscheiden. Die Mehrheitsbeteiligung (vgl. § 16 Abs. 1 AktG) führt zur Mehrheit der Stimmen des herrschenden Unternehmens in der Haupt-oder Gesellschafterversammlung der abhängigen Gesellschaft und sichert somit eine maßgeblichen Einflussnahme auf die Personalpolitik des beherrschten Unternehmens.[177] In diesem Fall greift bereits die Vermutung der Abhängigkeit nach § 17 Abs. 2 AktG. Unerheblich ist, ob das herrschende Unternehmen die Stimmenmehrheit aus „eigener Kraft" innehat, oder auf die Unterstützung durch andere Gesellschafter in Form von Stimmbindungsverträgen oder Stimmrechtskonsortien angewiesen ist: Es kommt nur darauf an, dass über die Stimmenmehrheit sicher und beständig verfügt werden kann.[178] Dagegen führt eine Minderheitsbeteiligung nur dann zur Abhängigkeit, wenn sie dem Anteilsinhaber denselben Einfluss wie eine Mehrheitsbeteiligung verschafft.[179] Dies kann u.a. dann der Fall sein, wenn durch eine durchschnittliche geringe Hauptversammlungspräsenz die Minderheitsbeteiligung eine sichere Hauptversammlungsmehrheit garantiert oder besondere Satzungsbestimmungen des abhängigen Unternehmens dem Minderheitsgesellschafter eine so starke Position einräumen, dass dieser wie ein Mehrheitsgesellschafter Einfluss ausüben kann.[180] Ebenso kann die Verbindung einer Minderheitsbeteiligung mit einer personellen Verflechtung zwischen den beteiligten Unternehmen zur Abhängigkeit führen.[181] Eine Sperrminorität, d.h. die Möglichkeit, Entscheidungen bei der Beteiligungsgesellschaft verhindern zu können, wirkt nicht abhängigkeitsbegründend, weil hierdurch Entscheidungen nur blockiert und nicht getroffen werden können.[182]

---

[176] Vgl. *Hirschmann*, in: Hölters, § 17 AktG Rn. 5.

[177] *Emmerich*, in Emmerich/Habersack, § 17 AktG Rn. 17 i.V.m. 7.

[178] *Emmerich*, in: Emmerich/Habersack, Aktien- und GmbH-Konzernrecht, § 17 AktG Rn. 17; *Hirschmann*, in: Hölters, § 17 AktG Rn. 7; vgl. auch *Vetter*, in: Schmidt/Lutter, § 17 AktG Rn. 23 und 25; *Bayer*, in: MünchKommAktG, § 17 Rn. 37.

[179] *Emmerich/Habersack*, Konzernrecht, § 3 Rn. 30; *Hirschmann*, in: Hölters, § 17 AktG Rn. 7.

[180] *Emmerich*, in: Emmerich/Habersack, Aktien- und GmbH-Konzernrecht, § 17 AktG Rn. 19 f.; *Emmerich/Habersack*, Konzernrecht, § 3 Rn. 30 f.

[181] *Emmerich/Habersack*, Konzernrecht, § 3 Rn. 31; *Hirschmann*, in: Hölters, § 17 AktG Rn. 8.

[182] OLG Düsseldorf v. 08.07.2003 - 19 W 6/00 AktE, AG 2003, 688, 689 f.; *Hüffer*, AktG, § 17 Rn. 10; *Hirschmann*, in: Hölters, § 17 AktG Rn. 9; *Vetter*, in: Schmidt/Lutter, § 17 AktG Rn. 9.

Vom Umfang her muss die Einflussmöglichkeit eine gewisse Breite erreichen: Es wird gefordert, dass sie den gesamten Tätigkeitsbereich der beherrschten Gesellschaft umfassen muss.[183] Allerdings wird hierbei klargestellt, dass ein Einfluss auf wesentliche Unternehmensteile (z.b. Produkt-, Investitions- oder Absatzpolitik) ausreichend ist.[184]

Eine vertragliche Abhängigkeit kommt insbesondere im Fall eines Beherrschungsvertrags nach § 291 Abs. 1 S. 1 Fall 1 AktG in Betracht. Allerdings begründet dieser Vertrag bereits ein Konzernverhältnis (vgl. § 18 Abs. 1 S. 2 AktG) und führt somit erst recht zur Abhängigkeit.[185] Gewinnabführungsverträge werden in der Regel nur zwischen voneinander abhängigen Unternehmen abgeschlossen und sind daher zumindest ein Indiz für das Vorliegen einer Abhängigkeit.[186] Bei den Unternehmensverträgen des § 292 AktG handelt es sich dagegen nicht um organisations- sondern nur um schuldrechtliche Vereinbarungen, die als solche nicht für die Begründung einer Abhängigkeit i.S.v. § 17 Abs. 1 AktG ausreichen.[187]

§ 17 Abs. 1 AktG unterscheidet weiterhin zwischen unmittelbarer und mittelbarer Abhängigkeit. Unmittelbare Abhängigkeit liegt vor, wenn der beherrschende Einfluss durch das herrschende Unternehmen autonom ausgeübt wird, mittelbare dagegen, wenn es sich dafür der Mitwirkung Dritter bedienen muss.[188] Dadurch können sog. mehrstufige (nicht mehrfache) Abhängigkeitsverhältnisse entstehen, d.h. Fälle in denen eine Muttergesellschaft mehrheitlich an einer Tochtergesellschaft und diese wiederum mehrheitlich an einer sog. Enkelgesellschaft beteiligt

---

[183] Vgl. BGH v. 17.03.1997 - II ZB 3/96, NJW 1997, 1855, 1856; *Windbichler*, in: GroßkommAktG, § 17 Rn. 17; *Hirschmann*, in: Hölters, § 17 AktG Rn. 3; *Hüffer*, AktG, § 17 Rn. 7.

[184] *Hüffer*, AktG, § 17 Rn. 7; *Emmerich*, in: Emmerich/Habersack, Aktien- und GmbH-Konzernrecht, § 17 AktG Rn. 9; vgl. auch *Koppensteiner*, in: KK-AktG, § 17 Rn. 26f.; a.A. *Hirschmann*, in: Hölters, § 17 AktG Rn. 3.

[185] *Emmerich/Habersack*, Konzernrecht, § 3 Rn. 33; *Hirschmann*, in: Hölters, § 17 AktG Rn. 11; vgl. auch *Vetter*, in: Schmidt/Lutter, § 17 AktG Rn. 42.

[186] *Emmerich/Habersack*, Konzernrecht, § 3 Rn. 34; vgl. auch *Vetter*, in: Schmidt/Lutter, § 17 AktG Rn. 42.

[187] *Hüffer*, AktG, § 17 Rn. 12; nach *Vetter* (in: Schmidt/Lutter, § 17 AktG Rn. 43) können diese jedoch auch ein Indiz für das Vorliegen einer Abhängigkeit darstellen; vgl. auch *Hirschmann*, in: Hölters, § 17 AktG Rn. 11.

[188] *Emmerich*, in: Emmerich/Habersack, Aktien- und GmbH-Konzernrecht, § 17 AktG Rn. 26; *Hirschmann*, in: Hölters, § 17 AktG Rn. 12; *Bayer*, in: MünchKommAktG, § 17 Rn. 72.

ist.[189] In diesem Fall ist die Enkelgesellschaft mittelbar abhängig von der Muttergesellschaft.[190]

b) § 17 Abs. 2 AktG

Von einem in Mehrheitsbesitz stehenden Unternehmen wird vermutet, dass es von dem an ihm mit Mehrheit beteiligten Unternehmen abhängig ist, § 17 Abs. 2 AktG. Bei dieser Regelung handelt es sich um eine widerlegbare Vermutung der Abhängigkeit.[191]

Für den Begriff des Mehrheitsbesitzes ist die Norm des § 16 AktG maßgeblich: Danach steht ein Unternehmen in Mehrheitsbesitz, wenn die Mehrheit der Anteile an diesem einem anderen Unternehmen gehört, oder dem anderen Unternehmen die Mehrheit der Stimmrechte zusteht, § 16 Abs. 1 AktG. Die Vermutung des § 17 Abs. 2 AktG greift in den Fällen von Kapital- oder Stimmenmehrheit ein.[192] Eine Mehrheitsbeteiligung i.S.v. § 16 Abs. 1 AktG führt deshalb zur Abhängigkeit i.S.v. § 17 Abs. 2 AktG und damit zur Annahme eines Konzerns i.S.v. § 18 Abs. 1 S. 3 AktG.

Der Zweck der Vermutung liegt darin, die Unbestimmtheit des Abhängigkeitsbegriffs einzuschränken, um so Fälle, in denen es zweifelhaft ist, ob ein Unternehmen beherrschenden Einfluss ausübt, besser lösen zu können.[193] Sie dient daher mittelbar auch den Arbeitnehmervertretungen (Betriebsrat und Gesamtbetriebsrat der jeweiligen Unternehmen) zur leichteren Beantwortung der Frage, ob eine Unternehmensverbindung als ein für die Konzernbetriebsratserrichtung notwendiger (Unterordnungs-)Konzern zu qualifizieren ist.

Um die Abhängigkeitsvermutung zu widerlegen, muss der Nachweis erbracht werden, dass die mit der Mehrheitsbeteiligung typischerweise verbundene Ein-

---

[189] Vgl. *Emmerich*, in: Emmerich/Habersack, Aktien- und GmbH-Konzernrecht, § 17 AktG Rn. 26 f.; *Vetter*, in: Schmidt/Lutter, § 17 AktG Rn. 18; vgl. zur Möglichkeit, die Vermutung nach § 17 Abs. 2 AktG in diesen Fällen zu widerlegen: *Bayer*, in: MünchKommAktG, § 17 Rn. 114; *Hüffer*, AktG, § 17 Rn. 23.

[190] *Emmerich*, in: Emmerich/Habersack, Aktien- und GmbH-Konzernrecht, § 17 AktG Rn. 27; vgl. auch *Vetter*, in: Schmidt/Lutter, § 17 AktG Rn. 18.

[191] *Hüffer*, AktG, § 17 Rn. 17; *Vetter*, in: Schmidt/Lutter, § 17 AktG Rn. 50.

[192] *Hüffer*, AktG, § 17 Rn. 17; *Hirschmann*, in: Hölters, § 17 AktG Rn. 15.

[193] Vgl. Begr. RegE AktG 1965, in: *Kropff*, S. 31; vgl. auch *Hirschmann*, in: Hölters, § 17 AktG Rn. 15.

flussmöglichkeit nicht besteht.[194] Die Unabhängigkeit des in Mehrheitsbesitz stehenden Unternehmens muss dabei rechtlich abgesichert sein, d.h. es muss rechtsverbindlich feststehen, dass die aus dem beherrschenden Einfluss resultierenden Möglichkeiten entgegen der üblichen Rechtslage keine Einflussmöglichkeit gewähren.[195] Hierbei ist streitig, ob es für die Widerlegung ausreichend ist, dass der Mehrheitsgesellschafter trotz seiner Mehrheit nicht die Zusammensetzung des Aufsichtsrates bestimmen kann (und damit mittelbar auch nicht den Vorstand)[196], oder ob auch das Fehlen sonstiger Beherrschungsmittel bewiesen werden muss[197]. Vorzugswürdiger ist die zweite Ansicht, da nach § 17 Abs. 2 AktG auch eine bloße Kapitalmehrheit die Abhängigkeitsvermutung auslöst, welche allein aber keine Bestimmung über die Aufsichtsratszusammensetzung ermöglicht.[198]

Als Widerlegungsmittel kommen u.a. sog. Abhängigkeitsausschluss- oder Entherrschungsverträge in Betracht: Diese beinhalten einen schuldrechtlichen Verzicht des mit Mehrheit beteiligten Unternehmens auf die Ausübung eines Teils seiner Stimmrechte, wodurch eine die Abhängigkeit begründende Ausübung der Stimmen verhindert werden soll.[199] Ferner führen Gesellschaftsverträge, welche für sämtliche Beschlüsse eine qualifizierte Mehrheit fordern, sowie satzungsmäßige Stimmrechtsbeschränkungen zur Widerlegung der Abhängigkeit.[200] Auch der Abschluss eines Beherrschungsvertrages mit einem dritten Unternehmen führt zur Widerlegung der Abhängigkeit, wenn dadurch das mit Mehrheit beteiligte Unternehmen keine Einflussmöglichkeiten mehr hat.[201] Denkbar ist schließlich der Abschluss von Stimmbindungsverträgen mit anderen Aktionären, nach denen auf die Ausübung des Stimmrechts aus einem wesentlichen Teil der Aktien verzichtet oder an

---

[194] *Windbichler*, in: GroßkommAktG, § 17 Rn. 71; *Bayer*, in: MünchKommAktG, § 17 Rn. 91; *Vetter*, in: Schmidt/Lutter, § 17 AktG Rn. 52.

[195] *Bayer*, in: MünchKommAktG, § 17 Rn. 94; *Konzen*, in: FS Wiese, 1998, S. 199, 206.

[196] So *Windbichler*, in: GroßkommAktG, § 17 Rn. 71; *Koppensteiner*, in: KK-AktG, § 17 Rn. 100.

[197] So wohl das BVerfG v. 05.06.1998 - 2 BvL 2/97, NZG 1998, 942; *Hüffer*, AktG, § 17 Rn. 19; *Bayer*, in: MünchKommAktG, § 17 Rn. 95; *Vetter*, in: Schmidt/Lutter, § 17 AktG Rn. 53.

[198] Vgl. *Hüffer*, AktG, § 17 Rn. 19; *Bayer*, in: MünchKommAktG, § 17 Rn. 95

[199] *Emmerich/Habersack*, Konzernrecht, § 3 Rn. 49; *Hirschmann*, in: Hölters, § 17 AktG Rn. 18; vgl. dazu *Vetter*, in: Schmidt/Lutter, § 17 AktG Rn. 60 ff..

[200] *Emmerich/Habersack*, Konzernrecht, § 3 Rn. 47; *Emmerich*, in: Emmerich/Habersack, Aktien- und GmbH-Konzernrecht, § 17 AktG Rn. 39.

[201] *Emmerich/Habersack*, Konzernrecht, § 3 Rn. 47; *Vetter*, in: Schmidt/Lutter, § 17 AktG Rn. 58; *Bayer*, in: MünchKommAktG, § 17 Rn. 113.

die Zustimmung anderer Aktionäre gebunden wird, so dass eine Stimmenmehrheit auf der Hauptversammlung verhindert wird.[202]

c) Abweichende Auslegung im Rahmen des BetrVG

Obwohl § 54 Abs. 1 BetrVG nicht direkt auf § 17 Abs. 1 AktG und die Abhängigkeitsvermutung des § 17 Abs. 2 AktG verweist, ist das Vorliegen eines Abhängigkeitsverhältnisses für die Errichtung eines Konzernbetriebsrats dennoch konstituierend: Gemäß § 18 Abs. 1 S. 1 AktG liegt ein Konzern vor, wenn ein herrschendes und ein *abhängiges* Unternehmen unter einheitlicher Leitung zusammengefasst sind; nach § 18 Abs. 1 S. 3 AktG wird von einem *abhängigen* Unternehmen vermutet, dass es mit dem herrschenden Unternehmen einen Konzern bildet. Über die Verweisung auf § 18 Abs. 1 AktG wird also auch (mittelbar) auf die §§ 17 Abs. 1 und Abs. 2 AktG Bezug genommen. Aus diesem Grund ist auch für die Auslegung dieses Tatbestandsmerkmals zu überprüfen, ob durch den Zweck der Konzernbetriebsverfassung Abweichungen gegenüber dem konzerngesellschaftsrechtlichen Begriffsverständnis geboten sind.

Aus arbeitsrechtlicher Perspektive drängt sich dabei die Frage auf, ob der beherrschende Einfluss i.S.d. § 17 Abs. 1 AktG auch unter Berücksichtigung der §§ 54 ff. BetrVG gesellschaftsrechtlich vermittelt sein muss oder ob tatsächliche bzw. rein schuldrechtliche Rechtsbeziehungen für die Bejahung einer Einflussmöglichkeit ausreichend sind. Insbesondere Fälle der rein wirtschaftlichen Abhängigkeit von anderen Unternehmen oder der personellen Verflechtung von Führungspersonal im herrschenden und abhängigen Unternehmen könnten Anlass dazu geben, aus Gründen des Arbeitnehmerschutzes bereits beim Vorliegen solcher Verbindungen eine Konzernbetriebsraterrichtung zuzulassen. Rein wirtschaftliche Beziehungen können oftmals tatsächliche Abhängigkeiten begründen, z.B. bei Beziehungen zu Lieferanten, Abnehmern oder Kreditgebern.[203] Bei personellen Verflechtungen kann es zudem vorkommen, dass leitende Personen des „herrschenden" Unternehmens gleichzeitig in den Leitungs- oder Kontrollgremien (Vorstand oder Aufsichtsrat) der „abhängigen" Gesellschaft vertreten sind.

---

[202] *Hüffer*, § 17 AktG Rn. 22; *Hirschmann*, in: Hölters, § 17 AktG Rn. 18; *Emmerich*, in: Emmerich/Habersack, Aktien- und GmbH-Konzernrecht, § 17 AktG Rn. 39 f.; vgl. zu den Voraussetzungen dieser Verträge: *Emmerich/Habersack*, Konzernrecht, § 3 Rn. 47.

[203] *Koppensteiner*, in: KK-AktG, § 17 Rn. 58; vgl. auch *Ulmer*, ZGR 1978, 457.

Während im Konzerngesellschaftsrecht in diesen Fällen jedoch eine Abhängigkeit i.S.v. § 17 AktG verneint wird[204], gibt es in der arbeitsrechtlichen Literatur eine gegenteilige Auffassung: Danach sollen bereits rein schuldrechtliche Beziehungen und/oder personelle Verflechtungen ein Abhängigkeitsverhältnis begründen.[205] Dies soll deshalb der Fall sein, weil schuldrechtliche Vertragsbeziehungen eine der Mehrheitsbeteiligung vergleichbare Herrschaft begründen könnten.[206] Bei personellen Verflechtungen bestehe zudem die Gefahr, dass das herrschende Unternehmen i.d.R. seinen Einfluss in den Organen des anderen Unternehmens durch Personen seines Vertrauens ausübe.[207]

Schwierigkeiten bereitet diese Auffassung bereits schon aus dem Grund, dass keine genaue Aussage darüber getroffen werden kann, ab wann eine rein tatsächliche Beziehung ein solches Maß erreicht, dass von einem beherrschenden Einfluss gesprochen werden kann. Prägendes Merkmal der Abhängigkeit i.S.d. § 17 AktG ist die Möglichkeit des herrschende Unternehmens, seinen Willen im abhängigen Unternehmen durchzusetzen, indem es dort Konsequenzen herbeiführen kann.[208] Wann z.B. ein Kreditgeber seinen Willen im (vermeintlich) abhängigen Unternehmen lediglich auf Grund seiner tatsächlichen Verbindung mit diesem durchsetzen kann, ist eine Frage des Einzelfalls. Die Grenze ist nicht genau bestimmbar und führt daher zu Rechtsunsicherheit.

Das gewichtigere Argument gegen die weite Auslegung des Abhängigkeitsbegriffs stellt jedoch der Normzweck der §§ 54 ff. BetrVG dar: Der Konzernbetriebsrat soll die Verlagerung von Entscheidungskompetenzen kompensieren.[209] Bei rein tatsächlichen Abhängigkeiten fehlt es jedoch (zumindest in rechtlicher Hinsicht) an dieser Verlagerung. Obwohl möglicherweise ein starker wirtschaftlicher Druck besteht, im Interesse des Vertragspartners zu handeln, behält das Unternehmen in rechtlicher Hinsicht seinen autonomen Entscheidungsspielraum. Das Interessenmodell des BetrVG wird nämlich nur dann über die Unternehmensgrenze auf die

---

[204] Vgl. oben § 4 B. III. 3. a).
[205] *Fitting*, § 54 BetrVG Rn. 14; DKKW/*Trittin*, Vor § 54 BetrVG Rn. 24 f.; vgl. auch HSWGN/*Glock*, § 54 BetrVG Rn. 13; offengelassen von BAG vom 9.2.2011 – 7 ABR 11/10, NZA 2011, 866, 869.
[206] DKKW/*Trittin*, Vor § 54 BetrVG, Rn. 24.
[207] DKKW/*Trittin*, Vor § 54 BetrVG, Rn. 24a.
[208] *Konzen*, in: FS Wiese, 1998, S. 199, 205.
[209] *Konzen*, in: FS Wiese, 1998, S. 199, 206.

Konzernebene hinaus erweitert, wenn der Außeneinfluss auf den Arbeitgeber strukturell verfestigt ist.[210] Dies ist in den Fällen der tatsächlichen Abhängigkeit gerade nicht der Fall. Zudem soll sich die Wahrnehmung betriebsverfassungsrechtlicher Beteiligungsrechte den konzernrechtlichen Leitungsstrukturen anpassen; die Betriebsverfassung hat nicht den Zweck, Einflussnahme auf die Unternehmenspolitik von Geschäftspartnern zu nehmen.[211]

Des Weiteren ist zu beachten, dass im Gesellschaftsrecht von einem im gesamten Aktienrecht einheitlichen Abhängigkeitsbegriff ausgegangen wird: Wenn schon im Aktienrecht keine unterschiedliche Auslegung des Abhängigkeitsbegriffs anhand verschiedener Normzwecke (etwa für die Verantwortlichkeit nach den §§ 311 ff. AktG, für die Sicherung der Kapitalgrundlagen oder für bestimmte Offenlegungspflichten) vorgenommen wird[212], spricht dies dafür, diesen Begriff im gesamten Recht einheitlich auszulegen.

Aus diesen Gründen ist davon auszugehen, dass der betriebsverfassungsrechtliche Abhängigkeitsbegriff mit dem Konzerngesellschaftsrechtlichen identisch ist.[213]

4. Zusammenfassung unter einheitlicher Leitung des herrschenden Unternehmens

Im Zusammenhang mit einer Konzernbetriebsratserrichtung ist weiterhin zu beachten, dass durch die Verweisung auf § 18 Abs. 1 AktG in § 54 Abs. 1 S. 1 BetrVG nur auf den sog. Unterordnungskonzern Bezug genommen wird.[214] Prägendes Merkmal dieser Unternehmensverbindung ist die Zusammenfassung rechtlich selbstständiger Unternehmen unter einheitlicher Leitung des herrschenden Unternehmens. Dies gilt zwar auch für den sog. Gleichordnungskonzern i.S.d. § 18 Abs. 2 AktG. Bei diesem Konzerntyp fehlt es jedoch an dem Merkmal der Abhängigkeit, vgl. § 18 Abs. 2, 2. Halbs. AktG.

---

[210] *Windbichler*, Arbeitsrecht im Konzern, S. 309.
[211] GK-BetrVG/*Kreutz/Franzen*, § 54 Rn. 19.
[212] Vgl. *Hüffer*, § 17 AktG Rn. 2 f.; *Bayer*, in: MünchKommAktG, § 17 Rn. 4; *Hirschmann*, in: Hölters, § 17 AktG Rn. 1; *Vetter*, in: Schmidt/Lutter, § 17 AktG Rn. 3; siehe auch *Emmerich*, in: Emmerich/Habersack, Aktien- und GmbH-Konzernrecht, § 17 AktG Rn. 4, der darauf hinweist, dass dem Abhängigkeitsbegriff nach Möglichkeit auch in anderen Gesetzen dasselbe Begriffsverständnis zugrunde gelegt werden sollte, wie im Aktienrecht.
[213] So auch *Konzen*, in: FS Wiese, 1998, S. 199, 206 f.; *Joost*, in: MünchHdbArbR, § 227 Rn. 16; *Windbichler*, Arbeitsrecht im Konzern, S. 309; *dies.*, in: GroßkommAktG, § 18 Rn. 77; GK-BetrVG/*Kreutz/Franzen*, § 54 Rn. 19.
[214] Vgl. oben § 4 B. III. 1. a).

a) Zusammenfassung

Das Merkmal der „Zusammenfassung" hat nach heute ganz herrschender Meinung keine eigenständige Bedeutung mehr: Sofern das Tatbestandsmerkmal der „einheitlichen Leitung" vorliegt, impliziert dies auch die Zusammenfassung der Unternehmen, da es eine einheitliche Leitung ohne Zusammenfassung nicht geben kann.[215]

b) Einheitliche Leitung

Von einer Definition des Begriffs „einheitliche Leitung" wurde bewusst abgesehen. Der Gesetzgeber hat darauf verzichtet, Vorschriften über das Ausmaß und die Form der einheitlichen Leitung zu treffen, da in der Wirtschaft vielfältige Formen der Konzernleitung bestehen.[216] Diese Aufgabe wurde der Rechtsprechung und Lehre übertragen.

Die Literatur unterscheidet bei der Festlegung des erforderlichen Umfangs der „einheitlichen Leitung", zwischen dem „engen" und dem „weiten" Konzernbegriff.

Der enge Konzernbegriff betrachtet den Konzern als wirtschaftliche Einheit und versteht unter dem Begriff der „einheitlichen Leitung" die Aufstellung und Durchführung einer einheitlichen Planung für die zentralen unternehmerischen Bereiche aller Konzernglieder durch die Konzernspitze.[217] Die einheitliche Planung muss sich dabei auf die zentralen unternehmerischen Bereiche in ihrer Gesamtheit beziehen.[218] Zu den zentralen unternehmerischen Bereichen zählt in erster Linie das Finanzwesen („zentrales Cash-Management").[219] Als Hauptargument für die Auffassung wird angeführt, dass nur so einem primär an der Konzernrechnungslegung ausgerichteten Verständnis dieses Begriffs Rechnung getragen werden kann: Ein Konzernabschluss ohne Wirtschaftseinheit wäre keine sinnvolle Einrichtung.[220] Des Weiteren soll nur aufgrund dieses Begriffsverständnisses ein Konzernorganisa-

---

[215] *Bayer*, in: MünchKommAktG, § 18 Rn. 27; *Koppensteiner*, in: KK-AktG, § 18 Rn. 4; *Vetter*, in: Schmidt/Lutter, § 18 AktG Rn. 6; *Hirschmann*, in: Hölters, § 18 AktG Rn. 10; *Hüffer*, AktG, § 18 Rn. 7; a.A. *Emmerich*, in: Emmerich/Habersack, Aktien- und GmbH-Konzernrecht, § 18 AktG Rn. 15.

[216] Begr. RegE AktG 1965, in: *Kropff*, S. 33.

[217] Vgl. *Emmerich/Habersack*, Konzernrecht, § 4 Rn. 13; *Emmerich*, in: Emmerich/Habersack, Aktien- und GmbH-Konzernrecht, § 18 AktG Rn. 10; *Hirschmann*, in: Hölters, § 18 AktG Rn. 12; *Vetter*, in: Schmidt/Lutter, § 18 AktG Rn. 8.

[218] Vgl. *Emmerich/Habersack*, Konzernrecht, § 4 Rn. 13.

[219] *Emmerich/Habersack*, Konzernrecht, § 4 Rn. 13; vgl. auch *Hirschmann*, in: Hölters, § 18 AktG Rn. 12.

[220] *Hüffer*, AktG, § 18 Rn. 10; vgl. auch *Hirschmann*, in: Hölters, § 18 AktG Rn. 12.

tionsrecht entwickelt werden können, da dieses eine Wirtschaftseinheit als Gegenstand der Organisation benötigt.[221]

Der weite Konzernbegriff lässt es genügen, dass die einheitliche Leitung wenigstens in einem zentralen Unternehmensbereich (z.b. Produktion, Verkauf, Organisation) ausgeübt wird, sofern hierdurch Auswirkungen auf den gesamten Konzern entstehen.[222] Vertreter dieser Position führen die gesetzliche Schutzkonzeption des Konzernrechts als Hauptargument an: Dem Konzernbegriff soll ein möglichst weiter Anwendungsbereich belassen werden, um nicht vorschnell bestimmte Fallgruppen herauszunehmen.[223]

Beiden Begriffen ist gemein, dass das Vorliegen einer einheitlichen Leitung zumindest dann bejaht wird, sofern sich die verbundweite Koordination auf den Finanzbereich bezieht[224]. In diesem Fall nimmt auch die Rechtsprechung das Vorliegen eines Konzerns an.[225]

c) Ausübung der einheitlichen Leitung

Im Gegensatz zur Abhängigkeit i.s.v. § 17 AktG setzt § 18 Abs. 1 S. 1 AktG voraus, dass der beherrschende Einfluss tatsächlich ausgeübt wird.[226] Mit welchen Mitteln dies geschieht, ist gleichgültig: In Betracht kommt u.a. die Ausübung eines Weisungsrechts (vgl. §§ 308, 323 AktG), die Abstimmung der Unternehmen durch gemeinsame Beratungen oder die personelle Verflechtung der Verwaltungen.[227]

d) Abweichende Auslegung im Rahmen des BetrVG

Das BAG hat bereits in seiner Entscheidung vom 21.10.1980 festgestellt, dass der Begriff der „einheitlichen Leitung" einer am Zweck der betriebsverfassungsrechtlichen Normen orientierten Auslegung zugänglich ist: Der Klammerzusatz in

---

[221] Hüffer, AktG, § 18 Rn. 10.
[222] Vgl. Bayer, in: MünchKommAktG, § 18 Rn. 30; Vetter, in: Schmidt/Lutter, § 18 AktG Rn. 7; Hirschmann, in: Hölters, § 18 AktG Rn. 13 und 15.
[223] Vgl. m.w.N. Bayer, in: MünchKommAktG, § 18 Rn. 33.
[224] Koppensteiner, in: KK-AktG, § 18 Rn. 25; Bayer, in: MünchKommAktG, § 18 Rn. 31; Hüffer, AktG, § 18 Rn. 9.
[225] BGH v. 23.09.1991 - II ZR 135/90, NJW 1991, 3142; vgl. dazu auch Emmerich, in: Emmerich/Habersack, Aktien- und GmbH-Konzernrecht, § 18 AktG Rn. 12.
[226] Begr. RegE AktG 1965, in: Kropff, S. 33.
[227] Begr. RegE AktG 1965, in: Kropff, S. 33; Emmerich/Habersack, Konzernrecht, § 4 Rn. 20; Hirschmann, in: Hölters, § 18 AktG Rn. 16; Hüffer, AktG, § 18 Rn. 12; Koppensteiner, in: KK-AktG, § 18 Rn. 38.

§ 54 Abs. 1 S. 1 BetrVG führt nicht zu einer strengen Anbindung der betriebsverfassungsrechtlichen Regelung an den aktienrechtlichen Konzernbegriff, sondern nur zur Übernahme der Definition in § 18 Abs. 1 AktG, deren Fassung bereits durch die Bezugnahme auf Unternehmen schlechthin über das AktG hinausgeht.[228] Die Besonderheiten der Betriebsverfassung sind daher bei der Auslegung des Merkmals der „einheitlichen Leitung" angemessen zu berücksichtigen.

Dabei wirft der Zweck der betrieblichen Mitbestimmung im Konzern zunächst die Frage auf, ob die einheitliche Leitung bereits ausgeübt werden muss, um das Vorhandensein eines Konzern i.S.v. § 54 Abs. 1 BetrVG (i.V.m. § 18 Abs. 1 AktG) zu bejahen. Anders als im Konzerngesellschaftsrecht soll es – bedingt durch die Schutzrichtung der Konzernbetriebsverfassung – nicht darauf ankommen, ob das herrschende Unternehmen seinen beherrschenden Einfluss bereits ausgeübt hat. Ein Konzernbetriebsrat soll bereits dann errichtet werden können, bevor die einheitliche Leitung erstmalig ausgeübt wird.[229] Entscheidend sei nur, dass die Möglichkeit besteht, jederzeit einheitliche Leitungsmacht auszuüben. Anderenfalls könnten Situationen entstehen, in denen der Arbeitnehmerschutz, der durch die Etablierung eines Konzernbetriebsrats bezweckt wird, nicht gewährleistet werden könnte: Würde sich die erstmalig ausgeübte einheitliche Leitung z.B. direkt in einer konzerndimensionalen Betriebsänderung erschöpfen, wäre auf Konzernebene keine Arbeitnehmervertretung als Verhandlungspartner vorhanden, obwohl in diesen Fällen eine originäre Zuständigkeit des Konzernbetriebsrats bestünde.[230] Diese Begriffsauslegung entspricht der Intention der Betriebsverfassung. Sie führt nicht zur Negierung des Merkmals „einheitliche Leitung" sondern nur zu einer betriebsverfassungskonformen Interpretation, welche aus Arbeitnehmerschutzgründen geboten ist. Die Mitwirkungsrechte des Konzernbetriebsrats greifen auch in diesem Fall erst ein, sobald die einheitliche Leitungsmacht tatsächlich ausgeübt wird. Aus diesem Grund ist es nicht notwendig, dass die „einheitliche Leitung" bereits ausgeübt wer-

---

[228] BAG v. 21.10.1980 – 6 ABR 41/78, AP Nr. 1 zu § 54 BetrVG 1972 mit (krit.) Anmerkung *Fabricius.*

[229] *Oetker,* ZfA 1986, 177, 195, der unzutreffend die Begriffe „beherrschender Einfluss" (§ 17 AktG) und „einheitliche Leitung" (§ 18 AktG) gleichsetzt. Dies ist wohl auf die Begründung zum Regierungsentwurf zurückzuführen, die „einheitliche Leitung" auch als „beherrschenden Einfluss" bezeichnet, vgl. Begr. RegE AktG 1965, in: *Kropff,* vgl. dazu *Nick,* Konzernbetriebsrat und Sozialplan im Konzern, S. 109, Fn. 54.

[230] Vgl. dazu *Nick,* Konzernbetriebsrat und Sozialplan im Konzern, S. 107 f.; vgl. zur originären Zuständigkeit des KBR bei Betriebsänderungen Richardi/*Annuß,* § 58 BetrVG Rn. 15.

den muss, bevor ein Konzernbetriebsrat errichtet werden kann. Es ist vielmehr möglich, dieses Gremium „auf Vorrat" zu errichten, damit der Konzernbetriebsrat seine Rechte dann wahrnehmen kann, wenn die einheitliche Leitung das erste Mal ausgeübt wird.[231]

Eine betriebsverfassungsrechtliche Auslegung dieses Merkmals ist weiterhin erforderlich, wenn es um die Bestimmung des Umfangs der einheitlichen Leitung geht. Vertreter des „engen Konzernbegriffs" fordern eine Ausübung der einheitlichen Leitung in allen zentralen Unternehmensbereichen.[232] Wird dagegen lediglich die Personal- oder Sozialpolitik von der Konzernspitze vorgegeben, kann nach dieser Auffassung kein Konzernbetriebsrat errichtet werden. Es fehlt dann schlichtweg an dem Vorhandensein eines „Konzerns". Allerdings zählen gerade die sozialen und personellen Angelegenheiten zu den Kernelbereichen der betrieblichen Mitbestimmung (vgl. die §§ 87 ff. und 92 ff. BetrVG). Der enge Konzernbegriff würde dazu führen, dass eine Unternehmensverbindung, bei der nur personal- oder sozialpolitische Fragen einheitlich für alle Unternehmen geregelt und andere Bereiche der autonomen Verwaltung der Einzelunternehmen überlassen werden, nicht als „Konzern" i.S.d. § 54 Abs. 1 S. 1 BetrVG zu qualifizieren wäre. Aber genau dann würde die Verschiebung der Leitungsmacht auf das herrschende Unternehmen zu einem „Leerlauf" der Mitbestimmungsrechte führen, der durch die Institutionalisierung des Konzernbetriebsrats verhindert werden soll. Aus diesem Grund muss für die Konzernbetriebsverfassung der „weite" Konzernbegriff maßgeblich sein. Das Vorliegen eines „Konzerns" ist daher auch dann zu bejahen, wenn die einheitliche Leitung nur in den Bereichen der Personal- oder Sozialpolitik ausgeübt wird.[233]

Eine andere Frage stellt sich jedoch im umgekehrten Fall, in dem gerade keine konzerndimensionale Personal- und Sozialpolitik betrieben wird und sich das herrschende Unternehmen lediglich auf die einheitliche Leitung in Finanzfragen beschränkt. Für das Konzerngesellschaftsrecht wird hier sowohl von Vertretern des

---

[231] Vgl. dazu *Nick*, Konzernbetriebsrat und Sozialplan im Konzern, S. 107 ff.; *Oetker*, ZfA 1986, 177, 195.

[232] Vgl. oben § 4 B. III. 4. b)..

[233] So auch *Schmidbauer*, Der Konzernbegriff im Aktien- und Betriebsverfassungsrecht, S. 251; GK-BetrVG/*Kreutz/Franzen*, § 54 Rn. 35; DKKW/*Trittin*, § 54 BetrVG Rn. 26; wohl auch *Windbichler*, Arbeitsrecht im Konzern, S. 312; a.A. *Martens*, ZfA 1973, S. 297, 302 ff mit der Begründung, dass eine abweichende Auslegung des Konzernbegriffs „mit einer Einbuße an Rechtsklarheit und Rechtssicherheit verbunden ist".

engen als auch des weiten Konzernbegriffs das Vorliegen eines Konzern i.S.v. § 18 Abs. 1 S. 1 AktG bejaht.[234] Handeln die zusammengefassten Unternehmen allerdings in sozialen- und personellen Belangen autonom, könnte man die Frage aufwerfen, ob eine Konzernbetriebsratserrichtung in diesen Fällen überhaupt zweckmäßig ist. Jedoch ist auch dies zu bejahen[235]: Anderenfalls wäre die Konzernbetriebsratserrichtung in reinen Finanzkonzernen nicht möglich, obwohl auch bei solchen Unternehmensverbindungen durch das herrschende Unternehmen konzernweite Regelungen vorgegeben werden können, die möglicherweise Mitwirkungsrechte eines Konzernbetriebsrats auslösen.[236]

Auf die Frage, ob in mehrstufigen vertikal gegliederten Konzernen auf der Ebene der Tochtergesellschaften ein Konzernbetriebsrat errichtet werden kann, wenn auf dieser Ebene eigenständige Entscheidungen in betriebsverfassungsrechtlich relevanten Angelegenheiten getroffen werden (sog. „Konzern im Konzern"), wird unter § 4 C. II. eingegangen.

5. Konzernvermutungen

§ 18 Abs. 1 S. 2 und S. 3 AktG enthalten Konzernvermutungen, die insbesondere im Zusammenhang mit der betrieblichen Mitbestimmung nach §§ 54 ff. BetrVG von besonderer Bedeutung sind, da sie die Beantwortung der Frage erleichtern, ob ein für die Konzernbetriebsratserrichtung notwendiger Unterordnungskonzern vorliegt.[237]

a) § 18 Abs. 1 S. 2 AktG

Eine unwiderlegbare Vermutung[238] der Zusammenfassung unter einheitlicher Leitung ist in § 18 Abs. 1 S. 2 AktG normiert: Unternehmen, zwischen denen ein Beherrschungsvertrag i.S.v. § 291 AktG besteht oder von denen das eine in das andere

---

[234] Vgl. oben § 4 B. III. 4. b).
[235] So auch *Windbichler*, in: GroßkommAktG, § 18 Rn. 77; *dies.*, Arbeitsrecht im Konzern, S. 312.
[236] Vgl. *Windbichler*, Arbeitsrecht im Konzern, S. 312.
[237] Vgl. zur Bedeutung dieser Vorschriften für die betriebliche und die Unternehmensmitbestimmung *Vetter*, in: Schmidt/Lutter, § 18 AktG Rn. 17.
[238] Begr. RegE AktG 1965, in: *Kropff*, S. 33; *Vetter*, in: Schmidt/Lutter, § 18 AktG Rn. 16; *Koppensteiner*, in: KK-AktG, § 18 Rn. 39; *Bayer*, in: MünchKommAktG, § 18 Rn. 44; *Hirschmann*, in: Hölters, § 18 AktG Rn. 19.

eingegliedert ist (§ 319 AktG), sind als unter einheitlicher Leitung zusammengefasst anzusehen.

In diesen Fällen steht dem herrschenden Unternehmen ein unbeschränktes Weisungsrecht zu, mit welchem er die Geschäfte der abhängigen Gesellschaft steuern
kann, wodurch dieses so stark an das herrschende Unternehmen gebunden ist, dass
die Unternehmen stets als unter einheitlicher Leitung zusammengefasst anzusehen
sind.[239] Dass diese Vermutung nicht widerlegt werden kann, hat ihren Grund darin,
dass Beherrschungsverträge und Eingliederungen mit großer Wahrscheinlichkeit
nicht zustande kommen, wenn anschließend auf die damit verbundenen Einflussmöglichkeiten verzichtet werden soll.[240]

Zu beachten ist jedoch, dass § 18 Abs. 1 S. 2 AktG, der an einen Beherrschungsvertrag (§ 291 AktG) anknüpft, keine Anwendung findet, wenn es sich bei
den abhängigen Unternehmen um Personengesellschaften oder Gesellschaften mit
beschränkter Haftung (GmbH) handelt.[241] § 291 Abs. 1 S. 1 AktG spricht explizit
nur von Aktien- und Kommanditgesellschaften auf Aktien. Allerdings soll in diesen Fällen der Kreis der abhängigen Unternehmen auf Personengesellschaften und
Gesellschaften mit beschränkter Haftung durch eine entsprechende Anwendung der
Vorschrift erweitert werden.[242]

b) § 18 Abs. 1 S. 3 AktG

§ 18 Abs. 1 S. 3 AktG statuiert die widerlegbare Vermutung, dass ein abhängiges
Unternehmen mit dem herrschenden Unternehmen einen Konzern bildet.[243] Der
Gesetzgeber hat diese Vorschrift aufgrund der Erfahrung, dass herrschende Unternehmen im Wirtschaftsleben ihren Einfluss in aller Regel zur Konzernbildung aus-
nutzen, in das AktG eingefügt.[244] Sofern also Abhängigkeit i.S.v. § 17 AktG vor-

---

[239] Begr. RegE AktG 1965, in: *Kropff*, S. 33; vgl. auch *Koppensteiner*, in: KK-AktG, § 18 Rn. 39.
[240] *Koppensteiner*, in: KK-AktG, § 18 Rn. 39; vgl. auch *Bayer*, in: MünchKommAktG, § 18 Rn. 44.
[241] *Windbichler*, Arbeitsrecht im Konzern, S. 307.
[242] GK-BetrVG/*Kreutz/Franzen*, § 54 Rn. 29; *Emmerich*, in: Emmerich/Habersack, Aktien- und
GmbH-Konzernrecht, § 18 AktG Rn. 21.
[243] *Bayer*, in: MünchKommAktG, § 18 Rn. 46; *Koppensteiner*, in: KK-AktG, § 18 Rn. 40; *Hirschmann*, in: Hölters, § 18 AktG Rn. 20; *Vetter*, in: Schmidt/Lutter, § 18 AktG Rn. 16; *Hüffer*,
AktG, § 18 Rn. 18.
[244] Begr. RegE AktG 1965, in: *Kropff*, S. 33; vgl. auch *Hirschmann*, in: Hölters, § 18 AktG Rn. 20;
Koppensteiner, in: KK-AktG, § 18 Rn. 40.

liegt, wird gleichsam vermutet, dass das abhängige Unternehmen unter der Leitung des herrschenden Unternehmens zusammengefasst ist.[245]

§ 18 Abs. 1 S. 3 AktG findet allerdings keine Anwendung, wenn bereits die Abhängigkeitsvermutung des § 17 Abs. 2 AktG widerlegt wird.[246] Liegt jedoch Abhängigkeit vor, kann die Vermutung nur widerlegt werden, wenn der Nachweis gelingt, dass das herrschende Unternehmen – trotz der Möglichkeit des beherrschenden Einflusses – keine einheitliche Leitung ausübt. Hierfür ist das Vortragen von Umständen erforderlich, die belegen, dass von den auf Abhängigkeit beruhenden Einflussmöglichkeiten überhaupt kein oder höchstens punktueller Gebrauch gemacht wird.[247]

6. Erfasste Konzernformen

Neben der sich aus § 18 AktG ergebenden Unterscheidung von Unterordnungs- und Gleichordnungskonzernen, lassen sich Konzerne darüber hinaus in Vertrags-, Eingliederungs und faktischen Konzerne einteilen.

Vertragskonzerne entstehen durch den Abschluss von Beherrschungsverträgen (§ 291 AktG), vgl. § 18 Abs. 1 S. 2 AktG.[248] Bei einem Beherrschungsvertrag handelt es sich um einen sog. Organisationsvertrag, bei dem eine Aktiengesellschaft oder KGaA die Leitung ihrer Gesellschaft einem anderen Unternehmen unterstellt.[249] Das wesentliche Merkmal eines solchen Vertrags ist, dass der Vorstand die Leitung der Gesellschaft (§ 76 AktG) an das herrschende Unternehmen überträgt.[250] Durch den Beherrschungsvertrag wird das herrschende Unternehmen berechtigt, dem Vorstand der abhängigen Gesellschaft (auch nachteilige) Weisungen zu erteilen (§ 308 Abs. 1 AktG).

---

[245] WPK/*Roloff*, § 54 BetrVG Rn. 7.

[246] *Emmerich*, in: Emmerich/Habersack, Aktien- und GmbH-Konzernrecht, § 18 AktG Rn. 23; *Hirschmann*, in: Hölters, § 18 AktG Rn. 21; siehe auch *Koppensteiner*, in: KK-AktG, § 18 Rn. 45.

[247] *Emmerich*, in: Emmerich/Habersack, Aktien- und GmbH-Konzernrecht, § 18 AktG Rn. 23; Vetter, in: Schmidt/Lutter, § 18 AktG Rn. 18; vgl. auch *Koppensteiner*, in: KK-AktG, § 18 Rn. 45.

[248] *Emmerich*, in: Emmerich/Habersack, Aktien- und GmbH-Konzernrecht, § 18 AktG Rn. 3; *Hüffer*, § 18 AktG Rn. 3; *Hirschmann*, in: Hölters, § 18 AktG Rn. 5: Bei einer Eingliederung handelt es sich um Eingliederungskonzerne.

[249] *Hüffer*, AktG, § 291 Rn. 17.

[250] *Altmeppen*, in: MünchKommAktG, § 291 Rn. 54; vgl. *Emmerich*, in: Emmerich/Habersack, Aktien- und GmbH-Konzernrecht, § 291 AktG Rn. 7 und 11 ff.

Der Eingliederungskonzern entsteht durch eine Eingliederung gem. §§ 319 ff. AktG, wobei eine Aktiengesellschaft organisatorisch in eine andere Hauptaktiengesellschaft eingefügt wird.[251] Notwendig dafür ist ein Beschluss der Hauptversammlung der einzugliedernden Gesellschaft, § 319 Abs. 1 S. 1 AktG. Wirtschaftlich gesehen handelt es sich bei einer Eingliederung um eine Unternehmensverschmelzung, wobei die Gesellschaften rechtlich als selbstständige juristische Personen koexistieren.[252]

Bei allen anderen Konzernen handelt es sich um sog. faktische Konzerne, unerheblich, ob sie auf anderen Unternehmensverträgen basieren oder lediglich durch „tatsächliche" Verhältnisse (z.b. Mehrheitsbeteiligungen) begründet werden.[253]

Sowohl Vertrags-, Eingliederungs- als auch faktische Konzerne fallen unter den Konzernbegriff des § 18 Abs. 1 AktG: Bei Abschluss eines Beherrschungsvertrags oder bei einer Eingliederung greift die Konzernvermutung des § 18 Abs. 1 S. 2 AktG, bei einem faktischen Konzern wird gem. § 18 Abs. 1 S. 3 AktG das Vorliegen eines Konzernrechtsverhältnisses vermutet.[254] Da diese Unterscheidung in betriebsverfassungsrechtlicher Hinsicht keine Besonderheiten aufweist, kann für die genannten Konzernformen auch ein Konzernbetriebsrat errichtet werden.[255]

IV. Errichtungsbeschlüsse der einzelnen (Gesamt-)Betriebsräte

Die Errichtung des Konzernbetriebsrats erfolgt durch Beschlüsse der einzelnen Gesamtbetriebsräte, § 54 Abs. 1 S. 1 BetrVG. Besteht in einem Unternehmen nur ein Betriebsrat, so nimmt dieser die Aufgaben eines Gesamtbetriebsrats wahr, § 54 Abs. 2 BetrVG.

---

[251] DKKW/*Trittin*, Vor § 54 BetrVG Rn. 32; vgl. dazu *Habersack*, in: Emmerich/Habersack, Aktien- und GmbH-Konzernrecht, § 319 AktG Rn. 1 ff.; *Hüffer*, § 319 AktG Rn. 1 ff.

[252] DKKW/*Trittin*, Vor § 54 BetrVG Rn. 32.

[253] *Emmerich*, in: Emmerich/Habersack, Aktien- und GmbH-Konzernrecht, § 18 AktG Rn. 3; *Hüffer*, § 18 AktG Rn. 3; *Hirschmann*, in: Hölters, § 18 AktG Rn. 5.

[254] Vgl. GK-BetrVG/*Kreutz/Franzen*, § 54 Rn. 30; *Hirschmann*, in: Hölters, § 18 AktG Rn. 5; *Hüffer*, § 18 AktG Rn. 3.

[255] Vgl. Richardi/*Annuß*, § 54 BetrVG Rn. 8; *Joost*, in: MünchHdbArbR, § 227 Rn. 20; GK-BetrVG/*Kreutz/Franzen*, § 54 Rn. 28; *Fitting*, § 54 BetrVG Rn. 18 ff.

1. Notwendige Anzahl der vorhandenen Arbeitnehmervertretungen im Konzern

Lange Zeit bestand im rechtswissenschaftlichen Schrifttum Konsens bezüglich der Frage, ob die Konzernbetriebsratserrichtung das Vorhandensein von mindestens zwei Gesamtbetriebsräten bzw. mindestens zwei Einzelbetriebsräten (vgl. § 54 Abs. 2 BetrVG) im Konzern voraussetzt. Dies wurde und wird im rechtswissenschaftlichen Schrifttum – teilweise ohne nähere Begründung – bejaht.[256] Auch die Rechtsprechung hat dieses Postulat nicht in Frage gestellt und folgt der in der Literatur vertretenen Ansicht.[257]

Erst im Jahre 2005 wurde diese „herrschende Meinung" von *Schwald*[258] aufgegriffen und kritisch beleuchtet. Seitdem steht die These wieder bzw. überhaupt erst in der Diskussion.[259]

Das Beantwortung dieser Frage ist gerade im Zusammenhang mit Betriebs- und Unternehmensumstrukturierungen von erheblicher Bedeutung: Führt eine Umstrukturierung dazu, dass in einem Konzern nur noch ein Unternehmen mit einem Gesamtbetriebsrat (im Extremfall sogar nur mit einem Betriebsrat, § 54 Abs. 2 BetrVG) vorhanden ist, kann dies – jedenfalls nach der herrschenden Ansicht – dazu führen, dass die Errichtungsvoraussetzungen eines Konzernbetriebsrats entfallen.[260] Entscheidet man sich jedoch gegen diese Auffassung ist es möglich, dass der einzige im Konzern vorhandene (Gesamt-)Betriebsrat (§ 54 Abs. 2 BetrVG) eine Arbeitnehmervertretung auf Konzernebene errichtet, die danach für den gesamten Konzern und alle Konzernarbeitnehmer zuständig ist (vgl. § 58 Abs. 1 S. 1 BetrVG).

---

[256] Richardi/*Annuß*, § 54 BetrVG Rn. 32; *Fitting*, § 54 BetrVG Rn. 39; HWK/*Hohenstatt/Dzida*, § 54 BetrVG Rn. 11; WPK/*Roloff*, § 54 BetrVG Rn. 12; *Joost*, in: MünchHdbArbR, § 227 Rn. 34; DKKW/*Trittin*, § 54 BetrVG Rn. 40; *Löwisch/Kaiser*, § 54 BetrVG Rn. 11; *Wollwert*, NZA 2011, 437, 440 ff.; *ders.*, Die Errichtung des Konzernbetriebsrats in nationalen und internationalen Konzernen, S. 25 ff.; *Meik*, BB 1991, 2441, 2444; auch noch GK-BetrVG/*Kreutz*, 8. Aufl. 2005, § 54 Rn. 47.

[257] BAG v. 13.10.2004 – 7 ABR 56/03, AP Nr. 9 zu § 54 BetrVG 1972.

[258] *Schwald*, Die Legitimation der Konzernbetriebsverfassung, S. 26 ff.; vgl. aber bereits *Fischer*, AiB 2001, 565, 567, der dieses Problem jedoch nicht vollumfänglich Umfang beleuchtet.

[259] Vgl. zuletzt *Kreutz*, NZA 2008, 259 ff. und *Trittin/Gilles*, AuR 2009, 253 ff.; siehe auch ErfK/*Koch*, § 54 BetrVG Rn. 6.

[260] Dies führt zu einem Ende der Amtszeit des Konzernbetriebsrats, vgl. dazu ausf. unten § 4 E.

a) Notwendiges Erfordernis: Mindestens zwei (Gesamt-)Betriebsräte im Konzern

Das Vorhandensein von mindestens zwei (Gesamt-)Betriebsräten im Konzern wird von der Mehrzahl der Autoren ohne eine nähere Begründung eingefordert.[261] Es gibt jedoch durchaus Argumente, die für diese Auffassung sprechen: Dabei kann zunächst auf den Wortlaut von § 54 Abs. 1 BetrVG abgestellt werden. Obwohl dieser – anders als etwa § 47 Abs. 1 BetrVG – nicht ausdrücklich auf das Vorhandensein von mehreren Arbeitnehmervertretungen abstellt, kann er dennoch in diese Richtung ausgelegt werden. § 54 Abs. 1 S. 1 BetrVG fordert für die Konzernbetriebsratserrichtung „Beschlüsse der einzelnen Gesamtbetriebsräte". Durch die Verwendung des Plurals soll erkennbar werden, dass mindestens zwei Gesamtbetriebsräte für eine Konzernbetriebsratserrichtung erforderlich sind.[262] Auch § 55 BetrVG wird in diesem Zusammenhang als Argumentationshilfe herangezogen. Nach dessen Abs. 1 entsendet jeder Gesamtbetriebsrat zwei seiner Mitglieder in den Konzernbetriebsrat. Diese Formulierung soll deutlich machen, dass auch hier das Bestehen von mindestens zwei Gesamtbetriebsräten vorausgesetzt wird.[263] Aus systematischer Sicht wird angeführt, dass der Gesetzgeber ein gesetzliches Regelungskonzept verfolge, welches er durch die Einfügung des § 73a BetrVG im Jahr 2001 noch einmal deutlich zum Ausdruck gebracht habe. Gemäß § 73a Abs. 1 S. 1 BetrVG ist das Bestehen von mehreren Gesamt-Jugend- und Auszubildendenvertretungen erforderlich, um eine Konzern-Jugend- und Auszubildendenvertretung zu errichten. Durch den Vergleich mit dieser Norm, die ebenfalls die Errichtungsmöglichkeit einer Vertretung auf der Konzernebene regelt, soll das Konzept des Gesetzgebers deutlich hervortreten; eine Konzernbetriebsratserrichtung soll daher das Vorhandensein von mindestens zwei Gesamtbetriebsräten im Konzern voraussetzen.[264]

---

[261] Z.B. bei DKKW/*Trittin*, § 54 BetrVG Rn. 40; *Fitting*, § 54 BetrVG Rn. 39; HWK/*Hohenstatt/Dzida*, § 54 BetrVG Rn. 11; *Joost*, in: MünchHdbArbR, § 227 Rn. 34; *Nick*, Konzernbetriebsrat und Sozialplan im Konzern, S. 106.

[262] WPK/*Roloff*, § 54 BetrVG Rn. 12; *Wollwert*, NZA 2011, 437, 440.

[263] HSWGN/*Glock*, § 54 BetrVG Rn. 21; GK-BetrVG/*Kreutz*, 8. Aufl. 2005, § 54 Rn. 47; *Meik*, BB 1991, 2444.

[264] Richardi/*Annuß*, § 54 BetrVG Rn. 32; WPK/*Roloff*, § 54 BetrVG Rn. 12 stellt ebenfalls auf die Systematik des BetrVG ab, ohne jedoch zu erläutern, welche Normen in den Vergleich einzubeziehen sind.

b) Konzernbetriebsratserrichtung durch den einzigen (Gesamt-)Betriebsrat im Konzern

Die von der herrschenden Meinung aufgeführten Argumente können allerdings erfolgreich widerlegt werden, indem man § 54 Abs. 1 BetrVG einer methodengerechten Auslegung unterzieht.

aa) Wortlaut

Zunächst muss der Wortlaut der Norm betrachtet werden. In der Tat spricht dieser von „Beschlüssen der Gesamtbetriebsräte" und verwendet somit die Mehrzahl, vgl. § 54 Abs. 1 S. 1 BetrVG. Hierzu wird jedoch angemerkt, dass die Formulierung so geboten sei: Die (Gesamt-)Betriebsräte in den Konzernunternehmen haben durch jeweils selbstständige, getrennte Beschlüsse über die Konzernbetriebsratserrichtung zu entscheiden; da das Gesetz alle Gesamtbetriebsräte des Konzerns dazu berechtigt und in den Errichtungsvorgang mit einbeziehen will, sei es nötig gewesen, die Norm so zu formulieren.[265]

Die vom Gesetz gewählte Formulierung steht der Annahme, dass auch ein einziger (Gesamt-)Betriebsrat einen Konzernbetriebsrat errichten kann, auch aus sprachlicher Sicht nicht entgegen: Denn die Verwendung des Plural kann grundsätzlich auch den Singular einschließen.[266] Deshalb wird durch die Verwendung der Mehrzahl-Formulierung in § 54 Abs. 1 S. 1 BetrVG nicht automatisch klargestellt, dass die Konzernbetriebsratserrichtung durch den einzigen Gesamtbetriebsrat im Konzern ausgeschlossen ist. Dafür hätte der Gesetzgeber eine andere Formulierung wählen müssen (z.B. „Bestehen in einem Konzern mehrere Gesamtbetriebsräte, kann ein Konzernbetriebsrat errichtet werden").

bb) Systematik

Unter systematischen Gesichtspunkten bietet sich zunächst ein Vergleich mit den Vorschriften über die Errichtung eines Gesamtbetriebsrats an. § 47 Abs. 1 BetrVG besagt eindeutig, dass für eine Gesamtbetriebsratserrichtung das Vorhandensein von „mehreren Betriebsräten" erforderlich ist. Der Vergleich mit § 54 Abs. 1 S. 1 BetrVG, der keine vergleichbare und genauso eindeutige Formulierung verwendet,

---

[265] *Kreutz*, NZA 2008, 259, 261; *Trittin/Gilles*, AuR 2009, 253, 254.
[266] GK-BetrVG/*Kreutz/Franzen*, § 54 BetrVG Rn. 47.

spricht zunächst dafür, dass die Konzernbetriebsratserrichtung gerade nicht zwingend das Vorhandensein mehrerer (Gesamt-)Betriebsräte erfordert.[267]

Auch ein Vergleich mit den Vorschriften über die Konzern-Jugend- und Auszubildendenvertretung stützt diese Auffassung. Ebenso wie § 47 Abs. 1 BetrVG setzt § 73a Abs. 1 BetrVG das Vorhandensein mehrerer Gesamt-Jugend- und Auszubildendenvertretungen voraus. Dennoch wird die Norm sogar von den Vertretern der „herrschenden Meinung" herangezogen um ihre These zu untermauern (wobei dann aber eine Erwähnung von § 47 Abs. 1 BetrVG unterbleibt): Sie weisen darauf hin, dass hinter § 73a BetrVG ein „gesetzliches Regelungskonzept" stehe, ohne dieses jedoch näher zu erläutern.[268] Wenn aber hinter § 73a BetrVG (und wohl auch § 47 Abs. 1 BetrVG) ein gesetzliches Konzept steht, so ist fraglich, warum der Gesetzgeber im Jahre 2001 – parallel zur Einfügung des § 73a BetrVG – nicht auch § 54 Abs. 1 BetrVG umformuliert und dessen Wortlaut an § 47 Abs. 1 und § 73a BetrVG angepasst hat. Damit hätte er sein Regelungskonzept deutlich zum Ausdruck bringen können. Ein solches ist – wenn es überhaupt besteht – jedenfalls nicht erkennbar. Da § 54 Abs. 1 BetrVG aber gerade keine § 47 Abs. 1 und § 73a BetrVG vergleichbare explizite Formulierung enthält, spricht ein Vergleich mit diesen Normen gegen das Erfordernis von mindestens zwei bestehenden (Gesamt-)Betriebsräten im Konzern.

Weiterhin ist § 54 Abs. 1 S. 2 BetrVG als Auslegungshilfe heranzuziehen. Zwar wird hier auch eine Mehrzahl-Formulierung gewählt („Zustimmung der Gesamtbetriebsräte"). Allerdings ist nicht erforderlich, dass die Mehrheit der Gesamtbetriebsräte der Konzernbetriebsratserrichtung zustimmen muss, sondern nur, dass Gesamtbetriebsräte die Errichtung beschließen, die mehr als 50% der Arbeitnehmer des Konzerns vertreten.[269] Es kann somit auch genügen, dass ein einziger Gesamtbetriebsrat, der mehr als 50% der Konzernarbeitnehmer repräsentiert, die Errichtung beschließt. Dies bejahen sogar Vertreter der „herrschenden Meinung".[270] Dann ist es jedoch inkonsequent, im Falle des § 54 Abs. 1 S. 2 BetrVG den Wort-

---

[267] So auch *Kreutz*, NZA 2008, 259, 261; *Trittin/Gilles*, AuR 2009, 253, 254; *Schwald*, Die Legitimation der Konzernbetriebsverfassung, S. 26.
[268] Siehe dazu Richardi/*Annuß*, § 54 BetrVG Rn. 32.
[269] *Kreutz*, NZA 2008, 259, 261 f.
[270] WPK/*Roloff*, § 54 BetrVG Rn. 14; *Fitting*, § 54 BetrVG Rn. 43; DKKW/*Trittin*, § 54 BetrVG Rn. 36; Richardi/*Annuß*, § 54 BetrVG Rn. 37.

laut (Mehrzahl) zu missachten, ihn aber im Falle von § 54 Abs. 1 S. 1 BetrVG als Argument für das Erfordernis von mehreren Gesamtbetriebsräten heranzuziehen.[271] Genau hierin liegt die Begründungsschwäche der „herrschenden Meinung".[272]

In diesem Zusammenhang soll noch auf § 55 BetrVG eingegangen werden, der ebenfalls als Argument für das Postulat der herrschenden Meinung herangezogen wird. Dessen Abs. 1 besagt, dass jeder Gesamtbetriebsrat zwei seiner Mitglieder in den Konzernbetriebsrat entsendet. Hieraus wird teilweise der Schluss gezogen, dass dann auch mehrere (Gesamt-)Betriebsräte im Konzern vorhanden sein müssen.[273] Die Norm verpflichtet jeden Gesamtbetriebsrat – auch solche, die der Errichtung des Konzernbetriebsrats widersprochen haben – zur Entsendung zwei seiner Mitglieder.[274] Allerdings kann „jeder Gesamtbetriebsrat" auch der einzige Gesamtbetriebsrat sein, denn auch wenn im Konzern nur ein einziger Gesamtbetriebsrat besteht, trifft ihn die Entsendungspflicht.[275] Es ist nicht ersichtlich, dass ein Konzernbetriebsrat mehr als zwei Mitglieder haben muss, denn auch ein Zwei-Personen-Konzernbetriebsrat ist handlungs- und beschlussfähig.[276] Aus § 55 BetrVG lässt sich somit ebenfalls nicht ableiten, dass für die Konzernbetriebsratserrichtung mindestens zwei Gesamtbetriebsräte im Konzern vorhanden sein müssen.

Eine systematische Auslegung, die neben den §§ 54 ff. BetrVG insbesondere die Normenkomplexe des Gesamtbetriebsrats und der Konzern-Jugend- und Auszubildendenvertretung berücksichtigt, stützt die These der „herrschenden Meinung" nicht. Sie spricht eher dafür, dass eine Konzernbetriebsratserrichtung auch durch einen einzigen (Gesamt-)Betriebsrat im Konzern möglich ist.

cc) Normvorstellung des Gesetzgebers

Der Gesetzgeber des BetrVG 1972 hat die Errichtung eines Konzernbetriebsrats „der Entscheidung einer qualifizierten Mehrheit der Gesamtbetriebsräte der Kon-

---

[271] So auch *Kreutz*, NZA 2008, 259, 261; *Schwald*, Die Legitimation der Konzernbetriebsverfassung, S. 26.

[272] *Schwald*, Die Legitimation der Konzernbetriebsverfassung, S. 26; *Kreutz*, NZA 2008, 259, 262, *Trittin/Gilles*, AuR 2009, 253, 254.

[273] GK-BetrVG/*Kreutz*, 8. Aufl. 2005, § 54 Rn. 47; HSWGN/*Glock*, § 54 BetrVG Rn. 21.

[274] *Fitting*, § 55 BetrVG Rn. 4.

[275] *Kreutz*, NZA 2008, 259, 262.

[276] *Schwald*, Die Legitimation der Konzernbetriebsverfassung, S. 27.

zernunternehmen" überlassen.[277] Die Wortwahl lässt zwar darauf schließen, dass er davon ausgegangen ist, dass in einem Konzern meist mehrere Gesamtbetriebsräte vorhanden sind. Durch die Formulierung wird aber nicht explizit gesagt, dass mehrere Gesamtbetriebsräte existieren müssen. Unbestritten ist, dass die Errichtung eines Konzernbetriebsrats der Zustimmung der qualifizierten Mehrheit der Gesamtbetriebsräte bedarf. Ob es allerdings zwingend erforderlich ist, dass dies durch mindestens zwei Gesamtbetriebsräte geschehen muss, oder ob es ausreicht, dass nur ein Gesamtbetriebsrat die Mehrheit der Konzernarbeitnehmer repräsentiert (dann wäre das Erfordernis eines zweiten Gesamtbetriebsrats jedenfalls für den Errichtungsbeschluss sinnlos), wird durch die Gesetzesbegründung nicht klar formuliert. Jedenfalls lässt sich der Regierungsbegründung das Postulat vom Vorhandensein mehrerer Gesamtbetriebsräte im Konzern als zwingende Voraussetzung für die Konzernbetriebsratserrichtung nicht entnehmen.

Deutlicher hat sich der Gesetzgeber allerdings im Regierungsentwurf zum Betriebsverfassungsreformgesetz[278] geäußert: Dort führt er aus, dass ein Konzernbetriebsrat in „Konzernen mit mehreren Gesamtbetriebsräten" errichtet werden kann.[279] Dadurch stellt er zwar klar, dass die Errichtung bei Vorhandensein von mehreren Gesamtbetriebsräten unproblematisch möglich ist. Man mag auch annehmen, dass er dies als den „Normalfall" erachtet. Allerdings stellt er auch hier wieder darauf ab, dass der Errichtung „die Gesamtbetriebsräte der Konzernunternehmen zustimmen [müssen], in denen insgesamt mehr als 50 vom Hundert der Arbeitnehmer der Konzernunternehmen beschäftigt sind".[280] Wenn nun aber nur ein Gesamtbetriebsrat 50% der Arbeitnehmer repräsentiert und nur dieser der Errichtung zustimmt, wird wohl auch nach dem Willen des Gesetzgebers eine Konzernbetriebsratserrichtung möglich sein. Dann kann es aber keinen Sinn machen, das Vorhandensein noch eines zweiten Gesamtbetriebsrats als Voraussetzung für eine Konzernbetriebsratserrichtung zu fordern (zumal dieser der Errichtung möglicherweise gar nicht zustimmt). Aus diesem Grund lässt sich die Regierungsbegründung nur so verstehen, dass der Gesetzgeber zwar vom „Normalfall" des Vorhan-

---

[277] Regierungsentwurf eines Betriebsverfassungsgesetzes, BT-Drucks. VI/1786, S. 43.
[278] Regierungsentwurf eines Gesetzes zur Reform des Betriebsverfassungsgesetzes (BetrVerf-Reformgesetz), BT-Drucks. 14/5741.
[279] RegE BetrVerf-Reformgesetz, BT-Drucks. 14/5741, S. 43.
[280] RegE BetrVerf-Reformgesetz, BT-Drucks. 14/5741, S. 43.

denseins mehrerer Gesamtbetriebsräte ausgeht. Das im Ausnahmefall des Vorhandenseins nur eines (Gesamt-)Betriebsrats im Konzern die Konzernbetriebsratserrichtung ausgeschlossen sein soll, lässt sich daraus allerdings nicht folgern. Dies hätte der Gesetzgeber deutlicher zum Ausdruck bringen müssen. Als Ergebnis lässt sich somit festhalten, dass die historische Auslegung die „herrschende Meinung" nicht stützt (ihr allerdings auch nicht entgegensteht).

dd) Normzweck

In der Literatur wird vertreten, dass auch unter teleologischen Gesichtspunkten, das Erfordernis der Errichtung eines Konzernbetriebsrats durch (mindestens) zwei Gesamtbetriebsräte bzw. Betriebsräte nicht geboten ist.[281] Der Grund dafür liege darin, dass sich die Konzernbetriebsverfassung nicht über die Anzahl der Betriebsräte, sondern über die Mehrzahl der durch Arbeitnehmervertretungen repräsentierten Arbeitnehmer im Konzern legitimiert.[282]

Der Zweck der Konzernbetriebsratserrichtung liegt darin, der Gefahr des „Leerlaufs" betriebsverfassungsrechtlicher Beteiligungsrechte entgegenzuwirken, die durch die faktische Verlagerung von Leitungsmacht auf ein vom betriebsverfassungsrechtlichen Arbeitgeber verschiedenen Rechtsträger möglicherweise auftreten kann.[283] Um eine Arbeitnehmervertretung auf Konzernebene konstituieren zu können, hat der Gesetzgeber jedoch festgelegt, dass eine Mindestanzahl von Arbeitnehmern im Konzern (vertreten durch Gesamt- bzw. Einzelbetriebsrat) der Errichtung zustimmen müssen (bis zum Jahr 2001 lag das Quorum bei 75%, seit 2001 liegt es bei 50% aller im Konzern vertretenen Arbeitnehmer, § 54 Abs. 1 S. 2 BetrVG[284]). Die Erreichung des Quorums wird vom Gesetzgeber durch einen eigenen Satz in § 54 Abs. 1 BetrVG noch einmal deutlich hervorgehoben. Damit wird klargestellt, dass es sich hierbei um die zentrale Legitimationsvoraussetzung des Konzernbetriebsrats handelt. Deshalb ist es unerheblich, wie viele Gesamtbetriebs-

---

[281] GK-BetrVG/*Kreutz/Franzen*, § 54 BetrVG Rn. 47.
[282] GK-BetrVG/*Kreutz/Franzen*, § 54 BetrVG Rn. 47; vgl. auch *Trittin/Gilles*, AuR 2009, 253, 255; in diese Richtung auch *Fischer*, AiB 2001, 565, 567.
[283] GK-BetrVG/*Kreutz/Franzen*, § 54 BetrVG Rn. 4 m.w.N..
[284] Die Herabsetzung des Quorums erfolge durch das Gesetz zur Reform des Betriebsverfassungsgesetzes v. 23.07.2001, BGBl. 2001 I 1852.

räte dessen Errichtung beschließen, solange sie nur 50% der Arbeitnehmer im Konzern repräsentieren.

In diesem Zusammenhang ist ferner zu beachten, dass der Konzernbetriebsrat nach seiner Errichtung auch für Unternehmen ohne Gesamtbetriebsrat sowie betriebsratslose Betriebe zuständig ist, § 58 Abs. 1 S. 1, 2. Hs. BetrVG. Aufgrund dieser Kompetenzanordnung besteht auch in Ein-Gesamtbetriebsrats-Konzernen ein Aufgabenbereich für den Konzernbetriebsrat[285]: Arbeitnehmer in Unternehmen ohne Gesamtbetriebsrat oder in betriebsratslosen Betrieben sind in dem gleichen Umfang von der Leitungsmachtverschiebung im Konzern betroffen, wie diejenigen in Unternehmen mit Gesamtbetriebsrat. Somit ist es auch in diesen Fällen nötig, einen Konzernbetriebsrat errichten zu können, um den Schutzzweck der §§ 54 ff. BetrVG bestmöglich zu gewährleisten. Wäre die Errichtung des Konzernbetriebsrats dagegen an das Vorhandensein eines zweiten Gesamtbetriebsrats geknüpft, wären die Arbeitnehmer in den vertretungslosen Einheiten ohne mitbestimmungsrechtlichen Schutz. Der Konzernbetriebsrat hätte zwar die Kompetenz, sie zu vertreten, könnte aber gar nicht erst errichtet werden. Dieses Ergebnis würde der Intention der §§ 54ff. BetrVG widersprechen.[286]

Aus teleologischen Gesichtspunkten ist das Vorhandensein von mehreren (Gesamt-)Betriebsräten im Konzern daher ebenfalls nicht erforderlich.

c) Ergebnis

Der Wortlaut von § 54 Abs. 1 S. 1 BetrVG mag die „herrschende Meinung" nicht hinreichend stützen. Die von ihr vorgebrachten Argumente können durch eine methodengerechte Auslegung der konzernbetriebsverfassungsrechtlichen Normen umfassend widerlegt werden. Das Ergebnis des so durchgeführten Deutungsprozesses spricht dafür, eine Konzernbetriebsratserrichtung auch durch einen einzigen im Konzern vorhandenen (Gesamt-)Betriebsrat zuzulassen. Dies ist auch im Zusammenhang mit Betriebs- und Unternehmensumstrukturierungsprozessen immer zu beachten.

---

[285] Vgl. dazu *Schwald*, Die Legitimation der Konzernbetriebsverfassung, S. 29 f.
[286] Vgl. *Schwald*, Die Legitimation der Konzernbetriebsverfassung, S. 29 f.

2. Beschlussfassung

Der Konzernbetriebsrat wird durch selbstständige getrennte Beschlüsse der einzelnen Gesamtbetriebsräte errichtet.[287] Ihnen allein steht die Entscheidung darüber zu, ob überhaupt ein Konzernbetriebsrat errichtet werden soll. Die Unternehmen, d.h. die Arbeitgeber, oder die Gewerkschaften können in dieser Frage nicht initiativ tätig werden. Sie können die Errichtung lediglich anregen.[288] Die Initiative zur Errichtung des Konzernbetriebsrats kann jederzeit erfolgen, was vor allem bei Unternehmensrestrukturierungen zu beachten ist, z.b. wenn eine Anpassung an veränderte Konzernstrukturen vorgenommen werden soll, ein Konzern (durch Umstrukturierungen auf der Unternehmens- und/oder der Betriebsebene) erstmals entsteht oder Veränderungen in der Beschäftigungsstruktur Auswirkungen auf das Quorum von § 54 Abs. 1 S. 2 BetrVG haben.[289] Damit ein Gesamtbetriebsrat von diesem Initiativrecht Gebrauch machen kann, ist der Arbeitgeber gem. § 51 Abs. 5 i.V.m. § 80 Abs. 2 S. 1 BetrVG verpflichtet, darüber Auskunft zu erteilen, ob und inwiefern das Unternehmen Konzernunternehmen nach § 18 Abs. 1 AktG ist und welche anderen Konzernunternehmen beteiligt sind.[290]

Für die Beschlussfassung gelten die normalen gesetzlichen Regelungen. Für den Gesamtbetriebsrat ist daher § 51 Abs. 3 BetrVG maßgeblich. Ein Gesamtbetriebsratsbeschluss wird mit Mehrheit der Stimmen der anwesenden Mitglieder gefasst. Das Gremium ist beschlussfähig, wenn mindestens die Hälfte seiner Mitglieder an der Beschlussfassung teilnimmt und die Teilnehmenden mindestens die Hälfte aller Stimmen vertreten, § 51 Abs. 3 S. 3 BetrVG. Im Fall des § 54 Abs. 2 BetrVG gilt die Regelung über die Beschlussfassung von Einzelbetriebsräten, § 33 BetrVG.

3. 50%-Quorum

Wie bereits ausgeführt, kann ein Konzernbetriebsrat nur errichtet werden, wenn die Gesamtbetriebsräte, die der Errichtung zustimmen, mehr als 50 % der Arbeitnehmer der Konzernunternehmen repräsentieren, vgl. § 54 Abs. 1 S. 2 BetrVG. Besteht

---

[287] DKKW/*Trittin*, § 54 BetrVG Rn. 46; GK-BetrVG/*Kreutz/Franzen*, § 54 Rn. 49; Richardi/*Annuß*, § 54 BetrVG Rn. 38.

[288] Richardi/*Annuß*, § 54 BetrVG Rn. 36.

[289] Vgl. DKKW/*Trittin*, § 54 BetrVG Rn. 44.

[290] GK-BetrVG/*Kreutz/Franzen*, § 54 Rn. 48; vgl. auch DKKW/*Trittin*, § 54 BetrVG Rn. 45, der diesen Anspruch auf eine analoge Anwendung des § 5 EBRG stützt.

in einem Konzernunternehmen nur ein Betriebsrat, so nimmt dieser auch hierbei die Aufgaben eines Gesamtbetriebsrats wahr, § 54 Abs. 2 BetrVG. Das 50%-Quorum dient dem Zweck, dem Konzernbetriebsrat eine ausreichend breite Repräsentationsbasis zu verschaffen.[291]

Das erforderliche Quorum lag bis zum Jahr 2001 allerdings noch bei 75%. Es wurde durch das BetrVerf-Reformgesetz[292] gesenkt, um die Errichtung von Konzernbetriebsräten zu erleichtern.[293] Dies ist wohl auch aufgrund der Kritik aus Kreisen der arbeitsrechtlichen Praxis erfolgt: Es wurde angemerkt, dass das Quorum eine zu hohe Hürde für die Konzernbetriebsratserrichtung sei, da teilweise nicht einmal 75% der Arbeitnehmer im Konzern überhaupt durch Betriebsräte vertreten seien.[294] Die Absenkung sollte hier Abhilfe schaffen.

Für die Errichtung gilt das Mehrheitsprinzip. Ein Gesamtbetriebsrat, der genau 50% der Arbeitnehmer repräsentiert, kann daher eine Konzernbetriebsratserrichtung verhindern.[295]

a) Anzahl der (Gesamt-)Betriebsräte im Konzern

Auch bei der Berechnung des Quorums stellt sich die Frage, ob mindestens zwei Gesamtbetriebsräte im Konzern vorhanden sein müssen. Dies könnte man ebenfalls aus der Formulierung des § 54 Abs. 1 S. 2 BetrVG („Zustimmung der Gesamtbetriebsräte" – Mehrzahl) folgern.

Allerdings lassen es selbst die Autoren, die das Vorhandensein von zwei Gesamtbetriebsräten für die Konzernbetriebsratserrichtung zwingend für erforderlich halten, genügen, dass lediglich ein einziger Gesamtbetriebsrat, der mehr als 50% der Arbeitnehmer im Konzern repräsentiert, die Errichtung beschließt.[296] Begründet wird dies damit, dass das Gesetz entscheidend auf die Gesamtzahl der in den Konzernunternehmen beschäftigten Arbeitnehmern abstellt und nicht auf die Zahl

---

[291] DKKW/*Trittin*, § 54 BetrVG Rn. 35; HWK/*Hohenstatt/Dzida*, § 54 BetrVG Rn. 17.

[292] Art. 1 Nr. 39 des Gesetzes zur Reform des Betriebsverfassungsgesetzes v. 23.7.2001, BGBl. 2001 I 1852.

[293] Vgl. die Begründung zum RegE, Bt-Drucks. 14/5741, S. 43.

[294] *Behrens/Schaude*, DB 1991, 278.

[295] Siehe auch GK-BetrVG/*Kreutz/Franzen*, § 54 Rn. 50; DKKW/*Trittin*, § 54 BetrVG Rn. 35.

[296] HSWGN/*Glock*, § 54 BetrVG Rn. 25; *Fitting*, § 54 BetrVG Rn. 42; HWK/*Hohenstatt/Dzida*, § 54 BetrVG Rn. 12; WPK/*Roloff*, § 54 BetrVG Rn. 14; a.A. Richardi/*Annuß*, § 54 BetrVG Rn. 41.

der Konzernunternehmen.[297] Dies kann, wenn man der Auffassung folgt, dass bereits ein einziger im Konzern vorhandener (Gesamt-)Betriebsrat die Errichtung betreiben kann, nur folgerichtig sein.

b) Berechnung des Quorums

Für die genaue Berechnung des Quorums, d.h. für die Frage, ob die der Errichtung zustimmenden Gesamtbetriebsräte 50% der Arbeitnehmer der Konzernunternehmen repräsentieren, muss für jedes Unternehmen die Zahl der beschäftigten Arbeitnehmer ermittelt werden.[298] Hierbei stellen sich zwei Fragen: Auf welchen Zeitpunkt muss dabei abgestellt werden und welche Personen fallen unter den Arbeitnehmerbegriff?

Bei der Berechnung der Arbeitnehmerzahl ist auf den Zeitpunkt der Beschlussfassung der Gesamtbetriebsräte abzustellen.[299] Nicht entscheidend ist der regelmäßige Stand der Arbeitnehmeranzahl, wie er z.B. in § 1 Abs. 1 und § 9 Abs. 1 BetrVG maßgeblich ist.[300] Auch eine Beschränkung auf die Zahl der wahlberechtigten und in die Wählerlisten eingetragenen Arbeitnehmer lässt sich aus dem Gesetz nicht entnehmen.[301] Fasst ein Gesamtbetriebsrat eines Konzernunternehmens keinen Errichtungsbeschluss, ist die Arbeitnehmerzahl zum Zeitpunkt der letzten zustimmenden Beschlussfassung eines anderen Gesamtbetriebsrats zu Grunde zu legen.[302]

Um die Personen zu ermitteln, die vom Arbeitnehmerbegriff des § 54 Abs. 1 S. 2 BetrVG umfasst werden, ist zunächst auf den für das BetrVG maßgeblichen § 5 BetrVG abzustellen. Daher werden die Personen des § 5 Abs. 2 BetrVG und die leitenden Angestellten i.S.v. § 5 Abs. 3 BetrVG bei der Berechnung nicht berücksichtigt.[303] Ebenfalls nicht mitgerechnet werden Leiharbeitnehmer, die zwar nach § 7 S. 2 BetrVG wahlberechtigt, aber dennoch nicht betriebszugehörig sind.[304] Die früher umstrittene Frage, ob für die Berechnung des Quorums diejenigen Arbeit-

---

[297] GK-BetrVG/*Kreutz/Franzen*, § 54 Rn. 51.
[298] GK-BetrVG/*Kreutz/Franzen*, § 54 Rn. 52.
[299] DKKW/*Trittin*, § 54 BetrVG Rn. 38; *Fitting*, § 54 BetrVG Rn. 46; Richardi/*Annuß*, § 54 BetrVG Rn. 39.
[300] *Fitting*, § 54 BetrVG Rn. 46; DKKW/*Trittin*, § 54 BetrVG Rn. 38.
[301] GK-BetrVG/*Kreutz/Franzen*, § 54 Rn. 52; DKKW/*Trittin*, § 54 BetrVG Rn. 38.
[302] GK-BetrVG/*Kreutz/Franzen*, § 54 Rn. 52.
[303] GK-BetrVG/*Kreutz/Franzen*, § 54 Rn. 52; DKKW/*Trittin*, § 54 BetrVG Rn. 38.
[304] GK-BetrVG/*Kreutz/Franzen*, § 54 Rn. 52.

nehmer unberücksichtigt bleiben sollen, die in betriebsratslosen Betrieben beschäftigt werden[305], wurde im Jahr 1993 vom BAG geklärt[306] und ist mittlerweile durch die Ausdehnung der Zuständigkeit des Konzernbetriebsrats auf Unternehmen ohne Gesamtbetriebsrat sowie auf betriebsratslose Betriebe (vgl. § 58 Abs. 1 S. 1, 2. Hs. BetrVG[307]) unstreitig zu verneinen.[308] Auch Arbeitnehmer in Konzernunternehmen, deren Gesamtbetriebsrat sich gegen die Konzernbetriebsratserrichtung ausgesprochen oder kein Mitglied in den Konzernbetriebsrat entsandt hat, sind mitzuzählen.[309] Das gleiche gilt in mehrbetrieblichen Unternehmen, in denen pflichtwidrig kein Gesamtbetriebsrat errichtet wurde.[310] Arbeitnehmer, die in einem gemeinsamen Betrieb (§ 1 Abs. 2 BetrVG) beschäftigt werden, sind nur zu berücksichtigten, wenn sie ausdrücklich einem konzernangehörigen Unternehmen zuzuordnen sind.[311]

V. Konzernunternehmen mit nur einem Betriebsrat, § 54 Abs. 2 BetrVG

Bereits kurz angesprochen wurde die Vorschrift des § 54 Abs. 2 BetrVG. Sie spielt im Zusammenhang mit Umstrukturierungen ebenfalls eine wichtige Rolle, da sie in bestimmten Fällen den Einzelbetriebsräten Kompetenzen im Rahmen der §§ 54 ff. BetrVG verleiht: Besteht in einem Konzernunternehmen nur ein Betriebsrat, so nimmt dieser die Aufgaben eines Gesamtbetriebsrats nach den Vorschriften der §§ 54 ff. BetrVG wahr, § 54 Abs. 2 BetrVG. Der Wortlaut der Norm ist eindeutig. Dennoch können sich Problemfälle ergeben, bei denen nicht ganz klar ist, ob die Norm anwendbar ist, so z.B. wenn ein Unternehmen nur einen betriebsratsfähigen Betrieb hat (ohne, dass ein Betriebsrat errichtet wurde), in einem Konzernunternehmen zwar nur ein Betriebsrat besteht, allerdings mehrere betriebsratsfähige Betriebe vorhanden sind oder aber in einem Konzernunternehmen mehrere Be-

---

[305] So noch *Behrens/Schaude*, DB 1991, 278, die (damals) davon ausgingen, dass der Konzernbetriebsrat für betriebsratslose Einheiten nicht zuständig sei und deren Arbeitnehmer deshalb auch bei der Berechnung des Quorums nicht berücksichtigt werden dürften.

[306] BAG v. 11.08.1993 - 7 ABR 34/92, AP Nr. 6 zu § 54 BetrVG 1972.

[307] Eingefügt durch Art. 1 Nr. 41 des Gesetzes zur Reform des Betriebsverfassungsgesetzes v. 23.7.2001, BGBl. 2001 I 1852.

[308] Vgl. auch DKKW/*Trittin*, § 54 BetrVG Rn. 39, der sich auf den Wortlaut von § 54 Abs. 1 S. 2 BetrVG bezieht und betont, dass dieser auf die Beschäftigten der Konzernunternehmen schlechthin abstellt; vgl. ferner Richardi/*Annuß*, § 54 BetrVG Rn. 40; ErfK/*Koch*, § 54 BetrVG Rn. 8; *Löwisch/Kaiser*, § 54 BetrVG Rn. 12.

[309] Vgl. ErfK/*Koch*, § 54 BetrVG Rn. 8.

[310] GK-BetrVG/*Kreutz/Franzen*, § 54 Rn. 53.

[311] Richardi/*Annuß*, § 54 BetrVG Rn. 40.

triebsräte bestehen, die einen Gesamtbetriebsrat pflichtwidrig nicht errichtet haben.[312]

Die Lösung dieser Probleme ist nicht nur für die Frage relevant, ob ein Konzernbetriebsrat in einer bestimmten Situation auch ohne das Vorhandensein von Gesamtbetriebsräten errichtet werden kann, sondern auch dann, wenn Umstrukturierungen dazu führen, dass Unternehmen mit Gesamtbetriebsräten aus dem Konzernverbund herausfallen. In diesen Fällen muss stets geprüft werden, ob die Errichtungsvoraussetzungen für einen bereits bestehenden Konzernbetriebsrat noch vorliegen.

1. Konzernunternehmen mit nur einem betriebsratsfähigen Betrieb

Besteht in einem Konzernunternehmen nur ein betriebsratsfähiger Betrieb, kann auch nur ein Betriebsrat bestehen. Dies ist der Regelfall von § 54 Abs. 2 BetrVG bei dem keine Anwendungsprobleme auftreten.[313] Dem gleichzustellen ist die Situation, in der in einem Unternehmen ein unternehmenseinheitlicher Betriebsrat gem. § 3 Abs. 1 Nr. 1 a) BetrVG gebildet wurde (vgl. § 3 Abs. 5 BetrVG).[314] In diesem Fall ist es daher also möglich, dass ein einziger im Konzern vorhandener Betriebsrat einen Konzernbetriebsrat errichtet.[315]

2. Konzernunternehmen mit mehreren betriebsratsfähigen Betrieben aber nur einem Betriebsrat

Bestehen in einem Konzernunternehmen allerdings mehrere betriebsratsfähige Betriebe[316] aber nur ein Betriebsrat, ist die Anwendung von § 54 Abs. 2 BetrVG umstritten.[317]

Zwar wäre dies nach dem Wortlaut der Norm eindeutig möglich, da dieser lediglich auf die vorhandene Anzahl von Betriebsräten in einem Unternehmen und nicht

---

[312] So *Schwald*, Die Legitimation der Konzernbetriebsverfassung, S. 34 ff.; *Hueck*, in: FS H. Westermann, 1974, S. 241, 255, Fn. 28.

[313] DKKW/*Trittin*, § 54 BetrVG Rn. 58; GK-BetrVG/*Kreutz/Franzen*, § 54 Rn. 64; Richardi/*Annuß*, § 54 BetrVG Rn. 54

[314] Richardi/*Annuß*, § 54 BetrVG Rn. 54.

[315] Soweit man der Auffassung folgt, dass das Vorhandensein eines einzigen (Gesamt-)Betriebsrats im Konzern für die Konzernbetriebsratserrichtung ausreichend ist, vgl. dazu oben § 4 B. IV. 1.

[316] Dies sind Betriebe mit in der Regel mindestens fünf ständig wahlberechtigten Arbeitnehmern, von denen drei wählbar sind, vgl. § 1 Abs. 1 S. 1 BetrVG.

[317] Vgl. GK-BetrVG/*Kreutz/Franzen*, § 54 Rn. 65.

auf die Zahl der betriebsratsfähigen Betriebe abstellt. Dennoch soll nach Ansicht einiger Autoren die Vorschrift aus teleologischen Gesichtspunkten nicht anwendbar sein: Der einzige Betriebsrat in einem Unternehmen mit mehreren betriebsratsfähigen Betrieben sei nicht Repräsentant der Arbeitnehmer des Unternehmens, sondern nur der Arbeitnehmer „seines" Betriebs, weshalb er für die Aufgaben eines Gesamtbetriebsrats (der alle Arbeiternehmer des Unternehmens repräsentiert) nicht funktionell zuständig sei.[318] § 54 Abs. 2 BetrVG hat hiernach die Funktion, einem Betriebsrat die Rechte eines Gesamtbetriebsrats im Zusammenhang mit der Konzernbetriebsratserrichtung nur dann zu übertragen, wenn dieser aufgrund seiner Stellung im Unternehmen einem Gesamtbetriebsrat vergleichbar ist.

Hiergegen wird vorgebracht, dass der Betriebsrat – notgedrungen – zum Schutz aller im Unternehmen beschäftigten Arbeitnehmer auch die Interessen derer wahrnehmen muss, die keinen Betriebsrat gewählt haben.[319] Daraus folgt, dass für die Berechnung des Quorums alle Arbeitnehmer des Konzernunternehmens berücksichtigt werden, einschließlich derer, die nicht durch den Einzelbetriebsrat, der den Konzernbetriebsrat errichten will, repräsentiert werden. Aus diesem Grund wird diese Ansicht teilweise dahingehend relativiert, dass man zwar den einzigen Betriebsrat im mehrbetrieblichen Unternehmen dem Gesamtbetriebsrat funktionell gleichstellt, ihn aber nur als Vertreter der Arbeitnehmer seines Betriebs ansieht und dies in den Fällen, in denen es auf die Arbeitnehmerzahl ankommt (wie z.B. in § 54 Abs. 1 S. 2 BetrVG), berücksichtigt.[320]

Beide Ansichten lassen sich damit begründen, dass der einzige Betriebsrat im Unternehmen nicht dafür „bestraft" werden darf, dass in den anderen Betrieben kein Betriebsrat gewählt wurde und nun somit keine Möglichkeit besteht, über die Konstituierung eines Gesamtbetriebsrats, einen Konzernbetriebsrat zu errichten.[321] Dennoch darf nicht missachtet werden, dass sich die Arbeitnehmer der betriebsratslosen Betriebe sich möglicherweise ganz bewusst gegen eine Betriebsratswahl ent-

---

[318] Richardi/*Annuß*, § 54 BetrVG Rn.55; HWK/*Hohenstatt/Dzida*, § 54 BetrVG Rn. 14; WPK/*Roloff*, § 54 BetrVG Rn. 13.
[319] DKKW/*Trittin*, § 54 BetrVG Rn. 59; *Trittin/Gilles*, AuR 2009, 253 (254).
[320] *Monjau*, BB 1972, 839, 841; *Fitting*, § 54 BetrVG Rn. 58; GK-BetrVG/*Kreutz/Franzen*, § 54 Rn. 65; ErfK/*Koch*, § 54 BetrVG Rn. 10; *Schwald*, Die Legitimation der Konzernbetriebsverfassung, S. 37; wohl auch HSWGN/*Glock*, § 54 BetrVG Rn. 35.
[321] Vgl. *Monjau*, BB 1972, 839, 841.

schieden haben.[322] Hier könnte man mit einer ähnlichen Begründung argumentieren, dass diese Arbeitnehmer nicht mit einem Konzernbetriebsrat „bestraft" bzw. „zwangsbeglückt" werden dürfen, den sie möglicherweise gar nicht wollen.[323]

Wie bereits angeführt, lässt sich eine Reduktion des Anwendungsbereichs aus dem Wortlaut der Norm nicht herleiten. Im Gegenteil: Die Einschränkung kann nur dadurch erfolgen, dass man in § 54 Abs. 2 BetrVG ein ungeschriebenes Tatbestandsmerkmal hineinliest, welches verlangt, dass der Einzelbetriebsrat alle Arbeitnehmer des Unternehmens repräsentiert.[324] Im Ergebnis müsste dann also der Zweck der Norm einer „weiten Auslegung" entgegenstehen.

Roloff[325] will den Anwendungsbereich von § 54 Abs. 2 BetrVG allerdings schon aufgrund eines systematischen Vergleichs mit den Vorschriften über die Errichtung einer Konzernschwerbehindertenvertretung einschränken. Denn auch dort gibt es eine vergleichbare Regelung: „Besteht ein Konzernunternehmen nur aus einem Betrieb, für den eine Schwerbehindertenvertretung gewählt ist, hat sie das Wahlrecht wie eine Gesamtschwerbehindertenvertretung", § 97 Abs. 2 S. 2 SGB IX. Dies mag auf den ersten Blick zutreffend sein, suggeriert der Wortlaut doch, dass er nur auf Unternehmen anwendbar ist, die aus einem einzigen Betrieb bestehen. Man kann ihn allerdings auch anders verstehen und zum Ergebnis kommen, dass er zusätzlich die Fälle erfasst, in denen ein Unternehmen zwar mehrere Betriebe hat, es jedoch „nur aus einem Betrieb besteht, für den eine Schwerbehindertenvertretung gewählt ist". Wenn man den Normtext so liest, können in dem Unternehmen auch noch zusätzliche Betriebe bestehen, solange dort keine Schwerbehindertenvertretung gewählt wird. Der Wortlaut lässt diese Auslegung zu. Letztendlich stellt sich hier die gleiche Streitfrage wie bei § 54 Abs. 2 BetrVG, so dass die eine nicht mit einem systematischen Vergleich mit der anderen zu beantworten ist.

---

[322] Das ist ihnen durchaus möglich, auch wenn § 17 Abs. 1 BetrVG durch das sog. „Mentorenprinzip" das Initiativrecht der Betriebsratswahl in erster Linie den Gesamt- und danach den Konzernbetriebsräten zuordnet, indem diese einen Wahlvorstand bestellen können. Besteht nämlich kein Gesamt- bzw. Konzernbetriebsrat, wie dies in der hier besprochenen Konstellation der Fall ist, geht die Betriebsratswahl von den Arbeitnehmern des Betriebs aus, § 17 Abs. 2 und 3 BetrVG; so auch *Schwald*, Die Legitimation der Konzernbetriebsverfassung, S. 35 f.

[323] Wenn sich die Arbeitnehmer bereits gegen die erste Stufe der Arbeitnehmerrepräsentation entscheiden, kann man nicht unterstellen, dass sie durch einen Konzernbetriebsrat vertreten werden möchten.

[324] Vgl. *Schwald*, Die Legitimation der Konzernbetriebsverfassung, S. 35.

[325] WPK/*Roloff*, § 54 BetrVG Rn. 13.

Als Einschränkungsmöglichkeit bietet sich daher nur noch der Zweck der Norm. § 54 Abs. 2 BetrVG regelt eine „Ersatzzuständigkeit" des einzigen Betriebsrats im Unternehmen für die Fälle, in denen ein Gesamtbetriebsrat nicht besteht. Damit soll sichergestellt werden, dass der Einzelbetriebsrat auf der Konzernebene nicht deshalb benachteiligt wird, weil er – mangels anderer vorhandener Betriebsräte – keinen Gesamtbetriebsrat errichten kann (vgl. § 47 Abs. 1 BetrVG).[326] Es kommt mithin für § 54 Abs. 2 BetrVG entscheidend auf die Frage an, ob eine Gesamtbetriebsratserrichtung möglich ist oder nicht. Selbst wenn neben dem einzigen Betriebsrat im Unternehmen noch mehrere betriebsratsfähige Betriebe bestehen, kann er auch hier keinen Gesamtbetriebsrat errichten. Ein Ausschluss dieser Konstellation aus dem Anwendungsbereich von § 54 Abs. 2 BetrVG würde dazu führen, dass der einzige Betriebsrat im Unternehmen nicht auf der Konzernebene repräsentiert wird. Dies will § 54 Abs. 2 BetrVG jedoch gerade vermeiden.

Im Übrigen ist auch nicht einzusehen, warum der einzige Betriebsrat im Unternehmen alle Arbeitnehmer des Unternehmens vertreten muss. Das demokratische Defizit, welches entstünde, wenn der einzige Betriebsrat im Unternehmen auch Arbeitnehmer aus betriebsratslosen aber betriebsratsfähigen Betrieben vertreten würde, kann insoweit gelöst werden, als dass diese bei der Berechnung des Quorums nicht mitgezählt werden. Müsste der Betriebsrat für die Anwendung von § 54 Abs. 2 BetrVG alle Arbeitnehmer des Unternehmens repräsentieren, käme die Vorschrift auch dann nicht zur Anwendung, wenn neben dem Betrieb mit Betriebsrat mehrere Betriebe bestehen, die gar keinen Betriebsrat errichten können (vgl. § 1 Abs. 1 BetrVG). Dass dies nicht sein kann, zeigt schon die Zuständigkeit des Konzernbetriebsrats für betriebsratslose Einheiten, vgl. § 58 Abs. 1 S. 1, 2. Hs. BetrVG. Es wäre widersprüchlich, dass die betriebsratslosen Betriebe einer Konzernbetriebsratserrichtung entgegenstehen, wenn diese dann später von ihm vertreten werden.[327]

Letztlich liegt die Lösung in der Mitte: Der einzige Betriebsrat eines Unternehmens kann die Aufgaben eines Gesamtbetriebsrats nach § 54 Abs. 2 BetrVG übernehmen. Es gibt keine teleologischen Gründe, die hiergegen sprechen. Im Gegenteil ist dies aufgrund der oben aufgezeigten Benachteiligungsgefahren durchaus

---

[326] Vgl. DKKW/*Trittin*, § 54 BetrVG Rn. 57; GK-BetrVG/*Kreutz/Franzen*, § 54 Rn. 63.
[327] Ähnlich auch *Schwald*, Die Legitimation der Konzernbetriebsverfassung, S. 36.

geboten. Bei der Berechnung des Quorums von § 54 Abs. 1 S. 2 BetrVG zählen jedoch nur die von ihm repräsentierten Arbeitnehmer mit, um die demokratische Legitimation zu gewährleisten.

3. Konzernunternehmen mit mehreren Betriebsräten, die pflichtwidrig keinen Gesamtbetriebsrat errichtet haben

Die Konstellation, dass in einem Konzernunternehmen mehrere Betriebsräte vorhanden sind, die pflichtwidrig[328] keinen Gesamtbetriebsrat errichtet haben, weist im Vergleich zu den vorgenannten Fällen die Besonderheit auf, dass § 54 Abs. 2 BetrVG schon vom Wortlaut her nicht anwendbar ist, weil dort von nur einem einzigen Betriebsrat im Konzernunternehmen gesprochen wird. § 54 Abs. 2 BetrVG findet insoweit unstreitig keine Anwendung.[329]

Auch eine analoge Anwendung von § 54 Abs. 2 BetrVG ist abzulehnen[330], da es bereits an einer planwidrigen Regelungslücke fehlt. Denn die Einzelbetriebsräte haben ja selbst die Möglichkeit, durch Errichtung eines Gesamtbetriebsrats auf eine Konzernbetriebsratskonstituierung hinzusteuern. Dies ist der Gegensatz zu dem unter § 4 B. V. 2. genannten Fall, bei dem dies durch Fehlen anderer Betriebsräte im Unternehmen gerade nicht möglich ist.

VI. Konstituierende Sitzung als letzte Errichtungsvoraussetzung

Der Konzernbetriebsrat ist errichtet, sobald die Errichtungsbeschlüsse mit dem nach § 54 Abs. 1 S. 2 BetrVG erforderlichem Quorum gefasst worden sind.[331] Daran anschließend ergibt sich für jeden Gesamtbetriebsrat (auch für solche, die sich gegen die Konzernbetriebsratserrichtung entschlossen haben) die Pflicht, Mitglieder in den Konzernbetriebsrat zu entsenden, § 55 Abs. 1 S. 1 BetrVG. Nach der Entsendung der Mitglieder muss ein Konzernbetriebsratsvorsitzender sowie dessen

---

[328] § 47 Abs. 1 BetrVG schreibt vor, dass in einem Unternehmen, in dem mehrere Betriebsräte vorhanden sind, ein Gesamtbetriebsrat zu errichten ist. Hierbei handelt es sich um eine Rechtspflicht der einzelnen Betriebsräte im Unternehmen, siehe dazu ErfK/*Koch*, § 47 BetrVG Rn. 2.

[329] *Fitting*, § 54 BetrVG Rn. 59; WPK/*Roloff*, § 54 BetrVG Rn. 13; Richardi/*Annuß*, § 54 BetrVG Rn. 56; ErfK/*Koch*, § 54 BetrVG Rn. 10; HSWGN/*Glock*, § 54 BetrVG Rn. 36; GK-BetrVG/*Kreutz/Franzen*, § 54 Rn. 66; *Monjau*, BB 1972, 839, 841.

[330] So auch *Schwald*, Die Legitimation der Konzernbetriebsverfassung, S. 37 ff.; DKKW/*Trittin*, § 54 BetrVG Rn. 60.

[331] Siehe dazu GK-BetrVG/*Kreutz/Franzen*, § 54 BetrVG Rn. 54; DKKW/*Trittin*, § 54 BetrVG Rn. 48; HWK/*Hohenstatt/Dzida*, § 54 BetrVG Rn. 12.

Stellvertreter gewählt werden. Dies geschieht in der konstituierenden Sitzung, zu der der Gesamtbetriebsrat des herrschenden Unternehmens oder, soweit ein solcher nicht besteht, der Gesamtbetriebsrat des nach der Zahl der wahlberechtigten Arbeitnehmer größten Unternehmens, einlädt, vgl. § 59 Abs. 2 S. 1 BetrVG.

Missverständlich ist allerdings der Wortlaut des § 59 Abs. 2 S. 1 BetrVG, der besagt, dass zur konstituierenden Sitzung eingeladen werden soll, wenn ein Konzernbetriebsrat „zu errichten ist". Man könnte hieraus folgern, dass der Konzernbetriebsrat noch nicht mit Beschlussfassung der Gesamtbetriebsräte errichtet ist, sondern erst mit seiner Konstituierung, d.h. mit der Wahl seines Vorsitzenden und dessen Stellvertreter.[332] Dies ist allerdings nicht richtig. Wie bereits angeführt, wird der Konzernbetriebsrat durch die Beschlüsse der Gesamtbetriebsräte errichtet. Richtig ist aber auch, dass er in diesem Stadium noch nicht handlungsfähig ist. Dies wird er erst durch seine Konstituierung.[333] Dennoch muss die Errichtung von der Handlungsfähigkeit unterschieden werden. Dabei handelt es sich um zwei verschiedene Stadien im Verlauf der gesamten „Konstituierung" bzw. "Errichtung". Dass das Gesetz sowohl in § 54 Abs. 1 S. 1 BetrVG als auch in § 59 Abs. 2 S. 1 BetrVG von der „Errichtung" spricht, ist „eine bloße terminologische Fehlleistung des Gesetzgebers".[334]

Die Konstituierung i.S.v. § 59 Abs. 2 S. 1 BetrVG ist deshalb keine Errichtungsvoraussetzung für den Konzernbetriebsrat. Für die Fragen nach der Errichtungsmöglichkeit, dem Bestand oder der Beendigung des Konzernbetriebsrats, die insbesondere im Zusammenhang mit Betriebs- und Unternehmensumstrukturierungen relevant werden, ist sie unerheblich.

C. Errichtung des Konzernbetriebsrats in besonderen Unternehmenskonstellationen

Bei der Planung und Durchführung von Betriebs- und Unternehmensunternehmensrestrukturierungen folgt die Praxis den gesetzlichen Strukturvorgaben meistens, jedoch nicht immer. Im Vordergrund stehen primär wirtschaftliche Aspekte. Aus steuerlichen oder organisatorischen Gründen haben sich daher im Laufe der

---

[332] Vgl. *Kreutz*, in: FS Birk, 2008, S. 495, 498 f.
[333] DKKW/*Trittin*, § 54 BetrVG Rn. 48; GK-BetrVG/*Kreutz/Franzen*, § 59 Rn. 5.
[334] *Kreutz*, in: FS Birk, 2008, S. 495, 499.

Zeit neue Formen von Unternehmensverbindungen herausgebildet, die vom Gesetzgeber so nicht vorausgesehen und geregelt wurden. Unabhängig von der gesellschaftsrechtlichen (Vor-)Frage der Zulässigkeit solcher Strukturmodelle, ist nicht immer ganz eindeutig, ob in diesen Konstellationen eine Konzernbetriebsratserrichtung möglich ist (oder ob gar das Amt eines bereits bestehenden Konzernbetriebsrats endet). Diese Frage stellt sich im Zusammenhang mit jeder Betriebs- und Unternehmensumstrukturierung und ist gerade vor dem Hintergrund möglicher Mitbestimmungsvermeidung bedeutsam.

Die Zulässigkeit der im Folgenden aufgeführten Konstellationen ist sowohl aus gesellschafts- wie auch aus betriebsverfassungsrechtlicher Sicht umstritten. Es soll hier jedoch nicht der Versuch unternommen werden, die dabei auftretenden Rechtsfragen einer neuen juristischen Lösung zuzuführen. Es geht vielmehr darum, die Lösungsansätze darzustellen, die sich in Rechtsprechung und Schrifttum „durchgesetzt" haben. Daran anknüpfend wird untersucht, ob die dargestellten Sonderfälle im Zusammenhang mit Unternehmensumstrukturierungen das „Schicksal" von Konzernbetriebsräten und Konzernbetriebsvereinbarungen beeinflussen.

I. Sonderfall: Gemeinschaftsunternehmen

Das Gemeinschaftsunternehmen ist ein Konstrukt der Praxis. Finanzielle und organisatorische Vorteile (z.B. die Ausnutzung von Synergieeffekten) sind Gründe für die Beliebtheit dieses Unternehmensmodells.[335] Im Jahr 2008 gab es allein 47 Gemeinschaftsunternehmen, an denen mindestens zwei Gesellschaften aus dem Kreis der zwanzig größten deutschen Unternehmen beteiligt waren.[336] Aus rechtlicher Sicht wirft diese Unternehmensform jedoch mehrere Probleme auf: Zum einen ist gesellschaftsrechtlich fraglich, zu welchen Unternehmen das Gemeinschaftsunternehmen in einer Abhängigkeitsbeziehung i.S.v. § 17 Abs. 1 AktG steht und zum anderen ist aus betriebsverfassungsrechtlicher Sicht klärungsbedürftig, ob und wie unter Beteiligung dieser Unternehmensform ein Konzernbetriebsrat errichtet werden kann.

---

[335] Siehe zu den Gründungsmotiven u.a. *Fett/Spiering*, in: Fett/Spiering, Handbuch Joint Venture, 1. Kap. Rn. 4 ff; *Theisen*, Konzern, S. 142 und 144.

[336] Achtzehntes Hauptgutachten der Monopolkommission 2008/2009 v. 22.7.2010, BT-Drucks. 17/2600, S. 166 Tz. 281; vgl. zu älteren statistischen Erhebungen über die Verbreitung dieser Unternehmensform *Nick*, Konzernbetriebsrat und Sozialplan im Konzern, S. 111 sowie DKKW/*Trittin*, § 54 BetrVG Rn. 19.

1. Begriff und Formen des Gemeinschaftsunternehmens

Ein Gemeinschaftsunternehmen ist eine gemeinsame Tochtergesellschaft verschiedener Unternehmen (der Muttergesellschaften, oder kurz „Mütter"), die zu dem Zweck gegründet oder erworben wird, Aufgaben zum gemeinsamen Nutzen der Mütter zu erfüllen.[337]

Die Koordination des Gemeinschaftsunternehmens kann durch Gründung einer BGB-(Innen)Gesellschaft oder einer GmbH durch die Mutterunternehmen erfolgen, um deren einheitliches Auftreten sicherzustellen.[338] Möglich Leitungsformen sind weiterhin die Fälle, in denen lediglich ein Mutterunternehmen die Führung der Tochtergesellschaft übernimmt und sich die anderen Mütter von den Aufgaben der Unternehmensleitung distanzieren, sowie die Konstellationen, in denen die Mütter dem Tochterunternehmen gegenüber autonom auftreten und dadurch ihre Einflussmöglichkeiten gegenseitig blockieren.[339] Letzteres dürfte aufgrund der nicht verkennbaren Unzweckmäßigkeit jedoch selten der Fall sein.

Eine Sonderform bildet das sog. paritätische Gemeinschaftsunternehmen bzw. 50:50-Gemeinschaftsunternehmen. Diese zeichnen sich dadurch aus, dass die jeweiligen Mütter an der Tochter paritätisch (50:50) beteiligt sind, ohne dass einem Unternehmen das Übergewicht zukommt.[340]

2. Gesellschaftsrechtliche Fragen

Aus gesellschaftsrechtlicher Sicht stellen sich bei dieser Unternehmensform zwei Fragen: Kann das Gemeinschaftsunternehmen in einem Abhängigkeitsverhältnis zu mehreren Unternehmen stehen und falls ja, ist dann auch eine mehrfache Konzernzugehörigkeit möglich? Diese Probleme sind mittlerweile durch die Rechtsprechung und die gesellschaftsrechtliche Literatur weitgehend geklärt und sollen daher in diesem Rahmen nur kurz wiedergegeben werden. Darauf aufbauend soll jedoch die Frage beantwortet werden, welche Auswirkungen diese Unternehmensform auf die Konzernbetriebsverfassung hat.

---

[337] *Emmerich*, in: Emmerich/Habersack, Aktien- und GmbH-Konzernrecht, § 17 AktG Rn. 28; *Bayer*, in: MünchKommAktG, § 17 Rn. 76; *Hirschmann*, in: Hölters, § 17 AktG Rn. 13.
[338] *Emmerich/Habersack*, Konzernrecht, § 3 Rn. 36.
[339] *Emmerich/Habersack*, Konzernrecht, § 3 Rn. 36.
[340] *Windbichler*, in: GroßkommAktG, § 17 Rn. 60; *Koppensteiner*, in: KK-AktG, § 17 Rn. 93.

a) Mehrfache Abhängigkeit

Anknüpfungspunkt für die Frage, ob ein Gemeinschaftsunternehmen zu mehreren Unternehmen in einem Abhängigkeitsverhältnis stehen kann, ist die Regelung des § 17 AktG.

Der Wortlaut dieser Norm spricht auf den ersten Blick dagegen. Durch die Verwendung des Singulars in § 17 Abs. 1 AktG („abhängige Unternehmen sind solche, auf die *ein* anderes Unternehmen [...] einen beherrschenden Einfluß ausüben kann"), könnte man annehmen, dass es immer nur ein einziges herrschendes Unternehmen geben kann, zu welchem eine Abhängigkeitsbeziehung besteht.

Dieser Ansicht ist die Rechtsprechung allerdings nicht gefolgt: Seit der Entscheidung vom 04.03.1974[341] hat der BGH die mehrfache Abhängigkeit eines Unternehmens ausdrücklich anerkannt. Ihm folgt mittlerweile auch die Mehrzahl der Autoren in der rechtswissenschaftlichen Literatur.[342]

Der BGH[343] entkräftete das Wortlautargument mit der Begründung, dass es keine Anhaltspunkte dafür gebe, dass der Gesetzgeber mit der so gewählten Formulierung eine Beschränkung auf einzelne Unternehmen habe vornehmen wollen. Das Gericht stellt vielmehr auf den Zweck der Abhängigkeitsvorschriften ab, der darin liegt, die Minderheitsaktionäre und Gläubiger der abhängigen Gesellschaft gegen einen fremdbestimmten Unternehmerwillen zu schützen. Unter diesem Gesichtspunkt sei es gleichgültig, ob der von außen einwirkende Unternehmerwille von einem oder mehreren anderen Unternehmen gebildet werde.[344] Der BGH stellt jedoch klar, dass eine gemeinsame Beherrschung durch mehrere Unternehmen nur dann vorliegt, wenn diese auf einer ausreichend sicheren Grundlage steht. Das könne etwa der Fall sein bei vertraglichen oder organisatorischen Bindungen zwischen den Müttern oder auch bei rechtlichen und tatsächlichen Umständen sonstiger Art.[345] Letzteres dürfte anzunehmen sein, bei einer personellen Verflechtung

---

[341] BGHZ 62, 193 = NJW 1974, 855.
[342] Siehe dazu die ausf. Nachweise bei *Koppensteiner*, in: KK-AktG, § 17 Rn. 83 (Fußn. 230).
[343] BGHZ 62, 193, 196.
[344] BGHZ 62, 193, 196 f.; vgl. auch *Koppensteiner*, in KK-AktG, § 17 Rn. 85.
[345] BGHZ 62, 193, 199; vgl. auch *Emmerich*, in: Emmerich/Habersack, Aktien- und GmbH-Konzernrecht, § 17 AktG Rn. 30.

der Mutterunternehmen oder deren gemeinsamer Beherrschung durch dieselben paritätisch beteiligten Familien.[346]

Der faktische Einigungszwang, der zwischen den Müttern eines paritätischen Gemeinschaftsunternehmens stets vorliegt, reicht dagegen allein nicht aus, um die gemeinsame Beherrschung zu bejahen; auch hierbei ist es erforderlich, dass sich die Mütter in ihrem gemeinsamen Vorgehen abstimmen.[347] Insbesondere greift hier auch nicht die Vermutungsregel des § 17 Abs. 2 AktG, weil im Falle einer 50:50-Beteiligung keines der Mütterunternehmen den Mehrheitsbesitz an dem Gemeinschaftsunternehmen hält.[348]

Der BGH hat in seiner Entscheidung jedoch die Frage offen gelassen, ob das Abhängigkeitsverhältnis bei Einschaltung einer von den Müttern zu Koordinierungszwecken gegründeten Gesellschaft (oftmals eine BGB-Gesellschaft) zu den Müttern oder zur Koordinationsgesellschaft selbst besteht. Auch hier hat sich mittlerweile eine herrschende Ansicht in der Literatur und Rechtsprechung herausgebildet, die besagt, dass Abhängigkeit nur zu den Müttern und nicht zu der von ihnen gegründeten Gesellschaft besteht.[349] Auch in diesem Fall verbleibe die Herrschaftsmacht bei den jeweiligen Mutterunternehmen und gehe nicht auf die Koordinierungsgesellschaft über, da diese lediglich als Instrument einheitlicher Leitung zur Vermittlung des beherrschenden Einflusses eingesetzt werde.[350]

b) Mehrfache Konzernzugehörigkeit

Basierend auf der Anerkennung mehrfacher Abhängigkeit, wird im Gesellschaftsrecht auch die mehrfache Konzernzugehörigkeit eines Gemeinschaftsunternehmens als möglich angesehen.[351]

Dagegen könnte jedoch auch hier wieder der Wortlaut angeführt werden (§ 18 Abs. 1 S. 1 AktG spricht von *einem* herrschenden Unternehmen). Allerdings

---

[346] *Emmerich*, in: Emmerich/Habersack, Aktien- und GmbH-Konzernrecht, § 17 AktG Rn. 30; *Hüffer*, § 17 AktG Rn. 16.

[347] *Emmerich*, in: Emmerich/Habersack, Aktien- und GmbH-Konzernrecht, § 17 AktG Rn. 31; *Bayer*, in: MünchKommAktG, § 17 Rn. 81; *Böttcher/Liekefett*, NZG 2003, 701, 703; a.A. *Säcker*, NJW 1980, 801, 804.

[348] Vgl. BAG v. 30.10.1986 – 6 ABR 19/85, AP BetrVG 1972 § 55 Nr. 1.

[349] Vgl. *Koppensteiner*, in KK-AktG, § 17 Rn. 86 (Fn. 240) sowie *Bayer*, in: MünchKommAktG, § 17 Rn. 83 (Fn. 183) m.w.N.

[350] BAG v. 13. 10. 2004 - 7 ABR 56/03, NZG 2005, 512, 514.

[351] A.A. *Windbichler*, in: GroßkommAktG, § 18 Rn. 85.

sprechen die gewichtigeren Gründe für die Anerkennung einer mehrfachen Konzernzugehörigkeit. Zum einen kann das Gemeinschaftsunternehmen ohne weiteres in die Konzerninteressen sämtlicher Mütter integriert werden.[352] Zum anderen wird diese Auffassung auch durch das Bilanzrecht gestützt: Führt ein in einen Konzernabschluss einbezogenes Mutter- oder Tochterunternehmen ein anderes Unternehmen gemeinsam mit einem oder mehreren nicht in den Konzernabschluss einbezogenen Unternehmen, so darf das andere Unternehmen in den Konzernabschluss entsprechend den Anteilen am Kapital einbezogen werden, die dem Mutterunternehmen gehören, § 310 Abs. 1 HGB. Das Handelsgesetzbuch gewährt also die Möglichkeit, Gemeinschaftsunternehmen in den Konzernabschluss mit einzubeziehen. Dies spricht ebenfalls für die Anerkennung einer mehrfachen Konzernzugehörigkeit eines Gemeinschaftsunternehmens.[353]

Voraussetzung für die Annahme mehrfacher Konzernzugehörigkeit ist allerdings, dass die Mütter die Leitungsmacht gemeinsam ausüben.[354] Wird die einheitliche Leitung nur von einer Mutter ausgeübt, besteht nur zu ihr ein Konzernverhältnis.[355]

Da das Gemeinschaftsunternehmen von den jeweiligen Müttern abhängig ist, kann zu der zwischen den Müttern bestehenden BGB-Gesellschaft kein Konzernverhältnis bestehen.[356]

Für den Fall, dass die Mütter mit dem Gemeinschaftsunternehmen auch Beherrschungsverträge abgeschlossen haben, gilt die Konzernvermutung des § 18 Abs. 1 S. 2 AktG.[357] Dies ist unstreitig. Streitig, aber von der herrschenden Meinung bejaht, wird dagegen die Frage, ob auch die Vermutung des § 18 Abs. 1 S. 3 AktG (Konzernvermutung bei Abhängigkeit) für Gemeinschaftsunternehmen gilt.[358]

---

[352] *Bayer*, in: MünchKommAktG, § 18 Rn. 43; Hüffer, AktG, § 18 Rn. 16.
[353] Vgl. Hüffer, AktG, § 18 Rn. 16; *Emmerich*, in: Emmerich/Habersack, Aktien- und GmbH-Konzernrecht, § 18 AktG Rn. 18; *Pellens*, in: MünchKommHGB, § 310 Rn. 1.
[354] *Vetter*, in: Schmidt/Lutter, AktG, § 18 Rn. 15.
[355] GK-BetrVG/*Kreutz/Franzen*, § 54 Rn. 40; Richardi/Annuß, § 54 BetrVG Rn. 21.
[356] *Koppensteiner*, in: KK-AktG, § 18 Rn. 34,
[357] Hüffer, AktG, § 18 Rn. 17; *Koppensteiner*, in: KK-AktG, § 18 Rn. 43; *Emmerich*, in: Emmerich/Habersack, Aktien- und GmbH-Konzernrecht, § 18 AktG Rn. 21; *Bayer*, in: MünchKommAktG, § 18 Rn. 45.
[358] *Koppensteiner*, in: KK-AktG, § 18 Rn. 44; *Emmerich*, in: Emmerich/Habersack, Aktien- und GmbH-Konzernrecht, § 18 AktG Rn. 21; für das Betriebsverfassungsrecht: BAG v. 30.10.1986 – 6 ABR 19/85, AP BetrVG 1972 § 55 Nr. 1.

3. Betriebsverfassungsrechtliche Fragen

Wie oben aufgezeigt, sind die mehrfache Abhängigkeit und die sich daran anschließende mehrfache Konzernzugehörigkeit im Konzerngesellschaftsrecht anerkannt. Überträgt man diese Ergebnisse auf die Konzernbetriebsverfassung, wäre es möglich, bei jeder Mutter einen Konzernbetriebsrat zu errichten. Der Wortlaut von § 54 Abs. 1 S. 1 BetrVG lässt dies ohne weiteres zu.[359] Durch die mehrfache Konzernzugehörigkeit könnte der Gesamtbetriebsrat des Gemeinschaftsunternehmens in jeden Konzernbetriebsrat Mitglieder entsenden, § 55 Abs. 1 BetrVG. Diese Auffassung ist allerdings umstritten.

In der Literatur wird sie teilweise unter Bezugnahme auf § 55 BetrVG kritisiert: In einem paritätischen Gemeinschaftsunternehmen sei die unternehmerische Leitungsmacht auf die Partner aufgeteilt und diese müssten daher stets von Neuem einen Kompromiss finden, weshalb die Vertreter des Gemeinschaftsunternehmens bei einer Entsendung in die Konzernbetriebsräte nicht da angesiedelt wären, wo sich die unternehmerische Leitungsmacht entfalte.[360] Durch die Teilung der Leitungsmacht könnten Konzernbetriebsvereinbarungen, die eine Mutter mit dem Konzernbetriebsrat abschließt, nicht ohne weiteres im Gemeinschaftsunternehmen angewendet werden, ohne sich mit dem Partner des *„Joint-Ventures"* abzusprechen.[361] Selbst wenn man annähme, dass die jeweiligen Mütter Konzernbetriebsvereinbarungen abschließen könnten, käme es zu Kollisions- bzw. Konkurrenzproblemen, wenn die verschiedenen Mütter Konzernbetriebsvereinbarungen mit demselben Regelungsziel für das Gemeinschaftsunternehmen abschließen würden. Das BetrVG enthalte hierfür keine Lösung.[362] Die Konsequenz dieser Auffassung wäre, dass aus dem Gemeinschaftsunternehmen keine Mitglieder in die jeweiligen Konzernbetriebsräte der Mütter entsandt werden könnten bzw. dass der (Gesamt-)

---

[359] Vgl. auch GK-BetrVG/*Kreutz/Franzen*, § 54 Rn. 41.

[360] HWK/*Hohenstatt/Dzida*, § 55 BetrVG Rn. 6; WHSS/*Hohenstatt*, D Rn. 131; vgl. auch *Windbichler*, Arbeitsrecht im Konzern, S. 318.

[361] HWK/*Hohenstatt/Dzida*, § 55 BetrVG Rn. 6; WHSS/*Hohenstatt*, D Rn. 131; vgl. auch *Klinkhammer*, Mitbestimmung im Gemeinschaftsunternehmen, S. 110 ff.

[362] Richardi/*Annuß*, § 54 BetrVG Rn. 19; a.A. und mit möglichen Kollisionslösungen *Dörner*, in: FS Leinemann, 2006, S. 487, 501 ff.; vgl. generell zur Kollisionsproblematik von Betriebsvereinbarung im Gemeinschaftsunternehmen *Weiss/Weyand*, AG 1993, 97.

Betriebsrat des Gemeinschaftsunternehmens nicht an einer Konzernbetriebsratserrichtung zu beteiligen wäre.[363]

Einige Vertreter dieser Ansicht erwägen als Lösung dieses Problems, die Errichtung eines Konzernbetriebsrats bei der zu Lenkungszwecken zwischen den Partnern des Gemeinschaftsunternehmens bestehenden BGB-Gesellschaft zuzulassen, sofern diese daneben weitere Unternehmen mit eigenen Betriebsräten betreibt.[364]

Das BAG hat sich zu der Frage des Entsendungsrechts des (Gesamt-)Betriebsrats eines (paritätischen) Gemeinschaftsunternehmens gem. § 55 Abs. 1 S. 1 BetrVG in seinem Beschluss vom 30.10.1986[365] geäußert: Das Gericht hat zunächst festgestellt, dass ein Unternehmen durchaus von mehreren anderen Unternehmen abhängig sein kann. Es schließt sich somit der „Seitz-Entscheidung" des BGH an.[366] Das BAG begründet dies mit dem Schutzzweck des § 54 BetrVG, der es rechtfertige, mehrfache Abhängigkeit anzuerkennen, da dieser sonst durch eine formale Verringerung der Mehrheitsbeteiligung und Verteilung auf zwei Obergesellschaften zu jeweils 50% leicht zu umgehen wäre.[367]

Im Anschluss daran hat der Senat auch die Möglichkeit einer mehrfachen Konzernbindung bejaht: Die Frage nach der mehrfachen Abhängigkeit sei mit der Frage nach der mehrfachen Konzernzugehörigkeit verknüpft und beide müssten einheitlich beantwortet werden. Wenn schon die mehrfache Abhängigkeit bejaht werde, müsse dies erst recht für die mehrfache Konzernzugehörigkeit getan werden.[368]

Liegen diese Voraussetzungen vor, hat der (Gesamt-)Betriebsrat des Gemeinschaftsunternehmens ein Entsendungsrecht in die Konzernbetriebsräte der Obergesellschaften: Das BAG begründet auch dies – unter Bezugnahme auf seine Rechtsprechung zum „Konzern im Konzern"[369] – mit dem Schutzzweck der Vorschriften über den Konzernbetriebsrat. Auch bei Beteiligung eines Gemeinschaftsunternehmens sei es notwendig, dass betriebliche Mitbestimmung dort ausgeübt werde, wo

---

[363] Vgl. *Richardi*, DB 1973, 1452, 1453 ff.; *Buchner*, RdA 1975, 9, 12 f.; *Neuman/Bock*, BB 1977, 852, 853 ff.
[364] WHSS/*Hohenstatt*, D Rn. 132; *Windbichler*, Arbeitsrecht im Konzern, S. 317; Richardi/*Annuß*, § 54 BetrVG Rn. 24; vgl. auch *Fuchs*, Der Konzernbetriebsrat, S. 166 ff.; *Klinkhammer*, Mitbestimmung im Gemeinschaftsunternehmen, S. 129 ff.
[365] BAG v. 30.10.1986 – 6 ABR 19/85, AP BetrVG 1972 § 55 Nr. 1.
[366] BGH v. 04.03.1974 - II ZR 89/72, NJW 1974, 855.
[367] BAG v. 30.10.1986 – 6 ABR 19/85, AP BetrVG 1972 § 55 Nr. 1 unter II. 2. a) der Gründe.
[368] BAG v. 30.10.1986 – 6 ABR 19/85, AP BetrVG 1972 § 55 Nr. 1 unter II. 2. c) der Gründe.
[369] BAG v. 21.10.1980 - 6 ABR 41/78, AP BetrVG 1972 § 54 Nr. 1.

sich unternehmerische Leitungsmacht konkret entfaltet und ausgeübt wird.[370] Das Gericht nimmt auch das Problem von kollidierenden Konzernbetriebsvereinbarungen im Gemeinschaftsunternehmen zur Kenntnis. Es rechtfertige nach seiner Ansicht allerdings nicht die Ablehnung des Entsendungsrechts, da sonst die Schutzfunktion der §§ 54 ff. BetrVG unzulässig verkürzt werde.[371]

In seinem Beschluss vom 13.10.2004[372] hat das BAG diese Rechtsprechung noch einmal bestätigt und die Frage beantwortet, ob auch bei der zwischen den Müttern gebildeten BGB-Gesellschaft ein Konzernbetriebsrat errichtet werden kann: In dem (Regel-)Fall, dass die zu Lenkungszwecken gebildete BGB-Gesellschaft selbst nicht in Form einer Außengesellschaft die Leitungsmacht ausübe, sondern diese nach wie vor den Müttern vorbehalten bleibe, handele es sich um eine reine Innengesellschaft, die nicht selbst herrschendes Unternehmen i.S.v. § 18 Abs. 1 S. 1 AktG sei (weshalb es im Verhältnis zu ihr schon an einem Konzernrechtsverhältnis fehle).[373] Da die Herrschaftsmacht bei den Müttern verbleibe, müsse ein potentieller Konzernbetriebsrat auch bei diesen errichtet werden. Dies gebiete die Schutzfunktion der §§ 54 ff. BetrVG, wonach Mitbestimmung dort ausgeübt werden soll, wo unternehmerische Leitungsmacht konkret entfaltet und ausgeübt wird.[374]

Der BAG-Rechtsprechung zur Einbeziehung eines (paritätischen) Gemeinschaftsunternehmens in die Konzernbetriebsratserrichtung folgt mittlerweile auch die überwiegende Mehrzahl der Autoren in der Literatur.[375]

Es bleibt somit festzuhalten, dass das Gemeinschaftsunternehmen (durch seinen [Gesamt-]Betriebsrat) bei all seinen Müttern einen Konzernbetriebsrat errichten

---

[370] BAG v. 30.10.1986 – 6 ABR 19/85, AP BetrVG 1972 § 55 Nr. 1 unter II. 2. c) der Gründe.
[371] BAG v. 30.10.1986 – 6 ABR 19/85, AP BetrVG 1972 § 55 Nr. 1 unter II. 2. c) der Gründe.
[372] BAG v. 13.10.2004 – 7 ABR 56/03, AP BetrVG 1972 § 54 Nr. 9.
[373] BAG v. 13.10.2004 – 7 ABR 56/03, AP BetrVG 1972 § 54 Nr. 9 unter B. IV. 1. e) der Gründe.
[374] BAG v. 13.10.2004 – 7 ABR 56/03, AP BetrVG 1972 § 54 Nr. 9 unter B. IV. 1. e) bb) und cc) (1) der Gründe.
[375] GK-BetrVG/*Kreutz/Franzen*, § 54 Rn. 41; ErfK/*Koch*, § 54 BetrVG Rn. 6; DKKW/*Trittin*, § 54 BetrVG Rn. 20 ff.; WPK/*Roloff*, § 54 BetrVG Rn. 8 f.; HSWGN/*Glock*, § 54 BetrVG Rn. 15; *Fitting*, § 54 BetrVG Rn. 31; *Löwisch/Kaiser*, § 54 BetrVG Rn. 5; *Dörner*, in: FS Leinemann, 2006, S. 487, 499 ff.; *Wollwert*, Die Errichtung des Konzernbetriebsrats in nationalen und internationalen Konzernen, S. 71 ff.; *Nick*, Konzernbetriebsrat und Sozialplan im Konzern, S. 116 ff., der allerdings auch die Möglichkeit zulässt, einen Konzernbetriebsrat bei der Beteiligungsgesellschaft (BGB-Gesellschaft) errichten zu können, sofern diese die Leitungsmacht ausübt.

und in diesen auch Mitglieder entsenden kann. Bei der Frage nach den Auswirkungen von Betriebs- und Unternehmensumstrukturierungen auf den Konzernbetriebsrat ist diese Konstellation daher zu beachten.

II. Sonderfall: Konzern im Konzern

Einen weiteren Sonderfall bildet der sog. „Konzern im Konzern". Der „klassische" Konzern i.S.v. § 18 Abs. 1 AktG kennt zwei Hierarchiestufen: Die Ebene des herrschenden und die der von ihm abhängigen Unternehmen. Dies zeigt bereits der Wortlaut von § 18 Abs. 1 AktG („[…] ein herrschendes und ein oder mehrere abhängige Unternehmen *unter* der einheitlichen Leitung des herrschenden Unternehmens […]"). Durch Strukturveränderungen können sich solche Konzerne aber auch erweitern bzw. wachsen. Ist z.B. das Unternehmen E (Enkel) von dem Unternehmen T (Tochter) abhängig und wird wiederum das Unternehmen T von dem Unternehmen M (Mutter) „übernommen", wird T auch von M abhängig. Daraus folgt, dass das Unternehmen E sowohl (unmittelbar) von T als auch (mittelbar) von M abhängig, sog. mehrstufige Abhängigkeit.[376]

In den Fällen der mehrstufigen Abhängigkeit können immer dann Schwierigkeiten auftreten, sobald Leitungsmacht von der Konzernspitze an Konzerntöchter abgegeben wird.[377] Als Beispiel ist zu nennen, dass die Muttergesellschaft zwar im Verhältnis zur Tochter die Finanzpolitik koordiniert, Fragen der Personal- und Sozialpolitik aber dem Tochterunternehmen zur eigenständigen Beantwortung überlässt.[378] In der Praxis kommt dies oftmals bei dezentral organisierten Konzernen vor, etwa bei der Gliederung eines Konzerns nach Geschäftsbereichen (sog. Sparten- oder auch Divisionalkonzern).[379] Fraglich ist, ob in diesen Fällen das Konzernmerkmal der „einheitlichen Leitung" auf verschiedene Rechtsträger „aufgeteilt" werden kann mit der Folge, dass ein sog. „Konzern im Konzern" entsteht.[380]

Gerade im Rahmen von Unternehmensumstrukturierungen kann diese Rechtsfigur von Bedeutung sein: Bejaht man die Zulässigkeit eines „Konzerns im Kon-

---

[376] Vgl. *Bayer*, in: MünchKommAktG, § 17 Rn. 75; vgl. dazu oben § 4 B. III. 3. a).
[377] Vgl. *Bayer*, in: MünchKommAktG, § 18 Rn. 40.
[378] Vgl. GK-BetrVG/*Kreutz/Franzen*, § 54 BetrVG Rn. 35.
[379] *Bayer*, in: MünchKommAktG, § 18 Rn. 40; DKKW/*Trittin*, Vor § 54 BetrVG Rn. 71 ff.; vgl. auch *Schiessl*, ZGR 1992, 64.
[380] *Bayer*, in: MünchKommAktG, § 18 Rn. 42.

zern", können in einer (mehrstufigen) Unternehmensverbindung unter Umständen mehrere Konzernbetriebsräte errichtet werden. Auch hinsichtlich bereits bestehender Konzernbetriebsvereinbarungen kann diese Konstellation zu Koordinierungsschwierigkeiten führen.[381]

1. Gesellschaftsrechtliche Zulässigkeit

Im Gesellschaftsrecht wird die Figur des „Konzerns im Konzern" überwiegend abgelehnt.[382] Zur Begründung wird auf das konstitutive Konzernmerkmal der „Zusammenfassung unter einheitlicher Leitung" (§ 18 Abs. 1 AktG) abgestellt: Dieses sei grundsätzlich nicht auf verschiedene unternehmerische Bereiche erstreckbar, da die einheitliche Leitung nicht „aufgesplittet" werden kann.[383] Denn der Konzern sei stets auch eine finanzielle Einheit. Eine Tochtergesellschaft könne daneben nicht auch noch mit einer Enkelgesellschaft eine weitere, isolierte finanzielle Einheit bilden.[384] Erkenne man zwar an, dass ein Tochterunternehmen „eigene" Leitungsmacht ausübe, weil es einen eigenen Entscheidungsspielraum habe, sei diese Leitungsbefugnis dennoch nicht originär, sondern nur von der Konzernmutter abgeleitet (das Tochterunternehmen sei daher nur der „verlängerte Arm" der Mutter).[385] Diese Argumente sprechen dafür, dass es nur eine einheitliche Leitungsmacht geben kann. Des Weiteren würde die Anerkennung dieses Gebildes auch zu Problemen im Zusammenhang mit dem Konzernabschluss führen, vgl. § 290 HGB.[386] Letztlich bestehe im Gesellschaftsrecht auch kein Bedürfnis dafür, einen „Konzern im Konzern" anzuerkennen, da diese Figur praktisch keine Bedeutung habe.[387]

---

[381] Vgl. dazu unten § 6 B. I. 3. und § 7 A. II. 3.

[382] Vgl. *Koppensteiner*, in: KK-AktG, § 18 Rn. 31 (Fn.98 m.w.N.).

[383] *Bayer*, in: MünchKommAktG, § 18 Rn. 42; *Emmerich*, in: Emmerich/Habersack, Aktien- und GmbH-Konzernrecht, § 18 AktG Rn. 18; Hüffer, § 18 AktG Rn. 14; *v. Hoyningen-Huene*, ZGR 1978, 515, 526 ff.

[384] *Koppensteiner*, in: KK-AktG, § 18 Rn. 31.

[385] *v. Hoyningen-Huene*, ZGR 1978, 515, 528 f.

[386] *Emmerich*, in: Emmerich/Habersack, Aktien- und GmbH-Konzernrecht, § 18 AktG Rn. 18 („schwer erträgliche Konsequenzen").

[387] *Bayer*, in: MünchKommAktG, § 18 Rn. 42; *Vetter*, in: Schmidt/Lutter, § 18 AktG Rn. 14; *Windbichler*, in: GroßkommAktG, § 18 Rn. 83.

2. Betriebsverfassungsrechtliche Zulässigkeit

Wie bereits aufgezeigt sind durch die Verweisung in § 54 Abs. 1 BetrVG für das Vorliegen eines Konzerns im Betriebsverfassungsrecht zwar die Tatbestandsmerkmale des § 18 Abs. 1 AktG maßgeblich. Jedoch bedarf es im Rahmen des Betriebsverfassungsrechts keiner dem Gesellschaftsrecht entsprechenden Auslegung dieser Merkmale.[388] Aufgrund dieses Deutungsspielraums ist der Frage nach der Zulässigkeit des „Konzerns im Konzern" unter Berücksichtigung der Wertungen des BetrVG zu beantworten.

a) Keine Abweichung vom gesellschaftsrechtlichen Konzernbegriff

In der arbeitsrechtlichen Literatur gibt es Stimmen, die die Zulässigkeit eines Konzerns im Konzern im Sinne des Gesellschaftsrechts ablehnen. Sie stellen zunächst auf den Wortlaut von § 54 Abs. 1 S. 1 BetrVG ab. Nach dessen Formulierung sei nur die Bildung *eines* Konzernbetriebsrats zulässig („[…] kann […] *ein* Konzernbetriebsrat errichtet werden."). Das Vorhandensein mehrerer Konzernbetriebsräte im Konzern sei bereits deshalb nicht möglich.[389]

Auch systematische Argumente werden angeführt: § 54 Abs. 1 BetrVG enthalte die gesetzliche Vorgabe, dass die betriebsverfassungsrechtlichen Repräsentation den gesellschaftsrechtlichen Ordnungsstrukturen folge. Auch deshalb sei die Frage nicht abweichend vom Gesellschaftsrecht zu beantworten.[390] Darüber hinaus sollen aber auch die betriebsverfassungsrechtlichen Strukturen gegen die Zulässigkeit eines „Konzerns im Konzern" sprechen: Das BetrVG normiere einen dreistufigen Organisationsaufbau der Arbeitnehmervertretungen (Betriebsrat – Gesamtbetriebsrat – Konzernbetriebsrat). Durch die Anerkennung einer „Zwischenstufe" würden diese gesetzlichen Konturen verwischt.[391] Bei einer Errichtung mehrerer Konzern-

---

[388] Vgl. oben § 4 B. III. 1.

[389] Vgl. *Hueck*, in: FS H. Westermann, 1974, S. 241, 255; HWK/*Hohenstatt/Dzida*, § 54 BetrVG Rn. 8.

[390] HWK/*Hohenstatt/Dzida*, § 54 BetrVG Rn. 8; *Joost*, in: MünchHdbArbR, § 227 Rn. 14; vgl. - jedoch in anderem Zusammenhang - auch *Windbichler*, RdA 1999, 146, 150: „Das aber steht der Betriebsverfassung nicht zu, die den vorgefundenen unternehmerischen Organisationsstrukturen […] zu folgen vermag, diese aber nicht bestimmt".

[391] Richardi/*Annuß*, § 54 BetrVG Rn. 15.

betriebsräte im Konzern käme es letztlich auch zu Problemen bei der Kompetenzabgrenzung der verschiedenen Gremien untereinander.[392]

Aus diesen Gründen sei es sachlich nicht gerechtfertigt, den Konzernbegriff für die Betriebsverfassung abweichend vom Gesellschaftsrecht zu bestimmen.[393]

b) Rechtsprechung des Bundesarbeitsgerichts

Das Bundesarbeitsgericht hat in seinem Beschluss vom 21.10.1980[394] die Errichtung eines Konzernbetriebsrats bei einer Teilkonzernspitze anerkannt und die Voraussetzungen formuliert, unter denen dies zulässig ist.

Das Gericht hat sich dabei unter Auseinandersetzung mit den Gegenargumenten hauptsächlich auf den Zweck der §§ 54 ff. BetrVG gestützt und somit der gesellschaftsrechtlichen Auffassung eine Absage erteilt.

Zunächst hat es den Wortlaut von § 54 Abs. 1 S. 1 BetrVG betrachtet und festgestellt, dass dieser die Ablehnung eines Konzerns im Konzern weder zwingend noch sachlich gebiete. Er zwinge nicht stets dazu, nur einen Konzernbetriebsrat im Konzern zuzulassen. Wenn in einem mehrstufigen, vertikal gegliederten Konzern auf einer unteren Ebene eine Zusammenfassung von arbeitsrechtlicher Leitungsmacht gegeben sei, erfülle dies bereits den Konzerntatbestand des § 18 Abs. 1 AktG. Durch die Bezugnahme auf § 18 Abs. 1 AktG durch § 54 Abs. 1 S. 1 BetrVG könne daher – zumindest nach dem Wortlaut – eine Konzernbetriebsratserrichtung für diese Konstellationen nicht ausgeschlossen werden.[395]

Aus der Verweisung lässt sich nach Ansicht des *Sechsten Senats* auch keine Bindung an eine am Aktienrecht orientierte Auslegung des Konzerntatbestands entnehmen. Dieser sei vielmehr im Einklang mit den Erfordernissen des BetrVG zu bestimmen.[396] Diese unterscheiden sich vom Gesellschaftsrecht in der Hinsicht, dass es nicht um den Gläubiger- und Minderheitenschutz gehe, sondern um den

---

[392] HWK/*Hohenstatt/Dzida*, § 54 BetrVG Rn. 8.
[393] Vgl. Richardi/*Annuß*, § 54 BetrVG Rn. 16; im Ergebnis den „Konzern im Konzern" für das Betriebsverfassungsrecht ablehnend auch: *Hueck*, in: FS H. Westermann, 1974, S. 241, 255; *Windbichler*, Arbeitsrecht im Konzern, S. 318 ff.; *Joost*, in: MünchHdbArbR, § 227 Rn. 13 f.; *Nick*, Konzernbetriebsrat und Sozialplan im Konzern, S. 130 ff.; *v. Hoyningen-Huene*, ZGR 1978, 515, 539; *Frisinger/Lehmann*, DB 1972, 2337, 2340; *Semler*, DB 1977, 805, 811.
[394] BAG v. 21.10.1980 – 6 ABR 41/78, AP Nr. 1 zu § 54 BetrVG 1972.
[395] BAG v. 21.10.1980 – 6 ABR 41/78, AP Nr. 1 zu § 54 BetrVG 1972 unter III. 2. a) der Gründe.
[396] BAG v. 21.10.1980 – 6 ABR 41/78, AP Nr. 1 zu § 54 BetrVG 1972 unter III. 2. c) bb) der Gründe.

Interessenausgleich zwischen der Arbeitgeberseite und den Belegschaften der zum Konzern gehörenden Unternehmen und Betriebe. Durch den Konzernbetriebsrat solle sichergestellt werden, dass die Arbeitnehmer im Konzern an den die abhängigen Unternehmen bindenden Leitungsentscheidungen in sozialen, personellen und wirtschaftlichen Belangen beteiligt werden.[397] Es sei deshalb erforderlich, dass die betriebliche Mitbestimmung dort ausgeübt werde, wo diese unternehmerische Leitungsmacht konkret entfaltet und ausgeübt wird.[398] Deshalb sei auch die Errichtung eines Konzernbetriebsrats bei einer Tochtergesellschaft eines Konzerns als Konzernspitze eines Unterordnungskonzerns zulässig, wenn dieser in mitbestimmungspflichtigen Angelegenheiten ein eigener Entscheidungsspielraum zusteht und sie nicht durch konkrete Weisungen der Muttergesellschaft gebunden ist.[399] Ein bei der Muttergesellschaft gebildeter Konzernbetriebsrat könne diese Funktion nicht einnehmen, weil er bei den im Unterkonzern getroffenen Entscheidungen rechtlich und faktisch ausgeschlossen ist.[400]

Entscheidendes Kriterium für die Zulässigkeit eines Teilkonzernbetriebsrats ist nach Ansicht des Gerichts, dass der Teilkonzernspitze ein betriebsverfassungsrechtlich relevanter Entscheidungsspielraum für die bei ihr zu treffenden Entscheidungen verbleibe.[401] Dies soll nicht der Fall sein, wenn die Enkelgesellschaften von der Muttergesellschaft durch die Tochtergesellschaft geleitet werden. Die Tochtergesellschaft müsse vielmehr originäre Leitungsmacht ausüben, was u.a. dann der Fall sei, wenn mitbestimmungspflichtige Bereiche durch Beherrschungsvertrag nicht der Obergesellschaft zugeordnet sind.[402]

Sofern also die Teilkonzernspitze über wesentliche Fragen wie etwa der Personalführung oder nach § 87 BetrVG mitbestimmungspflichtige Angelegenheiten einheitlich und autonom entscheidet, könne bei ihr ein eigener Konzernbetriebsrat errichtet werden.[403]

---

[397] BAG v. 21.10.1980 – 6 ABR 41/78, AP Nr. 1 zu § 54 BetrVG 1972 unter III. 2. c) bb) der Gründe.
[398] BAG v. 21.10.1980 – 6 ABR 41/78, AP Nr. 1 zu § 54 BetrVG 1972 unter III. 2. c) bb) der Gründe.
[399] BAG v. 21.10.1980 – 6 ABR 41/78, AP Nr. 1 zu § 54 BetrVG 1972 unter III. 2. c) bb) der Gründe.
[400] BAG v. 21.10.1980 – 6 ABR 41/78, AP Nr. 1 zu § 54 BetrVG 1972 unter III. 2. c) bb) der Gründe.
[401] BAG v. 21.10.1980 – 6 ABR 41/78, AP Nr. 1 zu § 54 BetrVG 1972 unter III. 3. der Gründe.
[402] BAG v. 21.10.1980 – 6 ABR 41/78, AP Nr. 1 zu § 54 BetrVG 1972 unter III. 3. der Gründe.
[403] BAG v. 21.10.1980 – 6 ABR 41/78, AP Nr. 1 zu § 54 BetrVG 1972 unter III. 3. der Gründe.

Diese Auffassung wurde vom BAG in mehreren Entscheidungen bestätigt und ist mittlerweile gefestigte Rechtsprechung.[404]

c) Betriebsverfassungsrechtliche Auslegung der §§ 54 ff. BetrVG

Der Rechtsprechung des BAG hat sich auch die Mehrzahl der Autoren in der rechtswissenschaftlichen Literatur angeschlossen. Sie stellen wie das Gericht überwiegend auf den Zweck der §§ 54 ff. BetrVG ab und wenden sich somit gegen die rein gesellschaftsrechtliche Auslegung des Konzerntatbestandes. Maßgeblich sei auch hier, dass betriebsverfassungsrechtliche Mitbestimmung dort ausgeübt werden müsse, wo sich unternehmerische Leitungsmacht entfaltet und verwirklicht wird; die Mitbestimmungsrechte sollen nicht ins Leere laufen.[405] Damit wird anerkannt, dass sich die „einheitliche Leitung" im Konzern durchaus auf verschiedene Rechtsträger aufteilen kann.[406] Im Übrigen wird ein Vergleich mit dem Recht der Unternehmensmitbestimmung herangezogen, in welchem die Figur des „Konzerns im Konzern" im Rahmen des § 5 MitbestG anerkannt sei. Etwas anderes könne daher für das Betriebsverfassungsrecht nicht gelten.[407]

Zu den potentiellen Kompetenzabgrenzungsproblemen der verschiedenen Konzernbetriebsräte im Konzern nimmt das BAG keine Stellung, obwohl dies ein durchaus gewichtiges Gegenargument darstellt. Die h.L. sieht hierin aber kein wirkliches Problem, da das Verhältnis der Zuständigkeiten der verschiedenen Gremien ausschließlich der Ausübung der Leitungsmacht folge, es mithin gar nicht zu Zuständigkeitskonflikten komme.[408]

---

[404] BAG v. 14.2.2007 – 7 ABR 26/06, AP Nr. 13 zu § 54 BetrVG 1972; BAG v. 16.5.2007 – 7 ABR 63/06, AP Nr. 3 zu § 96a ArbGG 1979.

[405] DKKW/*Trittin*, § 54 BetrVG Rn. 14; GK-BetrVG/*Kreutz/Franzen*, § 54 BetrVG Rn. 35; ErfK/ *Koch*, § 54 BetrVG Rn. 6; *Fitting*, § 54 BetrVG Rn. 32; HSWGN/*Glock*, § 54 BetrVG Rn. 17; WPK/*Roloff*, § 54 BetrVG Rn. 10; *Thüsing/Forst*, Der Konzern 2010, 1, 3; *Pflüger*, NZA 2009, 130, 131; *Wollwert*, Die Errichtung des Konzernbetriebsrats in nationalen und internationalen Konzernen, S. 69 ff.; vgl. auch *Haase*, NZA-Beil. 3/1988, 11, 13 f.; *Löwisch/Kaiser*, § 54 BetrVG Rn. 6.

[406] Dies wird im Gesellschaftsrecht abgelehnt, vgl. *Emmerich*, in: Emmerich/Habersack, Aktien- und GmbH-Konzernrecht, § 18 AktG Rn. 18; *Hüffer*, § 18 AktG Rn. 14.

[407] Vgl. DKKW/*Trittin*, § 54 BetrVG Rn. 14a ff.; GK-BetrVG/*Kreutz/Franzen*, § 54 BetrVG Rn. 34; zum Konzern im Konzern im Recht der Unternehmensmitbestimmung siehe Wlotzke/Wißmann/Koberski/Kleinsorge/*Koberski*, § 5 MitbestG Rn. 30 ff.; Raiser/Veil, § 5 MitbestG Rn. 22 ff.

[408] So GK-BetrVG/*Kreutz/Franzen*, § 54 BetrVG Rn. 37; *Thüsing/Forst*, Der Konzern 2010, 1, 4.

3. Bedeutung im Rahmen von Umstrukturierungen

Das BAG hat klargestellt, dass die Rechtsfigur des „Konzerns im Konzern" im Betriebsverfassungsrecht Anwendung findet. Methodengerecht hat es herausgearbeitet, dass der Wortlaut von § 54 Abs. 1 S. 1 BetrVG diese Auslegung zulässt und dann unter Bezugnahme auf den Schutzzweck der Konzernbetriebsverfassung festgestellt, dass es u.U. auch erforderlich sein kann, einen Konzernbetriebsrat bei einer Unterkonzernspitze zu errichten.

Eine Auslegung der §§ 54 ff. BetrVG lässt auch kein anderes Ergebnis zu: Soll eine Umgehung der Mitbestimmungsrechte vermieden werden, muss eine Arbeitnehmerbeteiligung zwingend auf der Ebene erfolgen, wo sich mitbestimmungsrelevante Leitungsmacht entfaltet. Wird einer Tochtergesellschaft ein eigener Handlungsspielraum zugestanden, muss die Konzernbetriebsverfassung auf diese Verlagerung von Entscheidungsmacht reagieren können. Die Anerkennung dieser Konstruktion führt auch nicht zu Organisationsproblemen, da sich die Zuständigkeitsbereiche der verschiedenen Konzernbetriebsräte nicht überschneiden. Mitbestimmung kann nur dort ausgeübt werden, wo mitbestimmungsrelevante Entscheidungen getroffen werden. Wird Leitungsmacht geteilt, ist ausgeschlossen, dass zwei verschiedene Rechtsträger über die gleiche Angelegenheit eine Entscheidung treffen können.

Im Zusammenhang mit Betriebs- und Unternehmensumstrukturierungen ist die betriebsverfassungsrechtliche Anerkennung des „Konzerns im Konzern" daher stets zu beachten: Umstrukturierungsvorgänge können dazu führen, dass sog. Teilkonzernspitzen entstehen oder aus dem Konzernverbund herausfallen. Dies kann Auswirkungen auf bestehende Konzernbetriebsräte und bereits abgeschlossene Konzernbetriebsvereinbarungen haben.[409]

III. Sonderfall: Konzerne mit Auslandsbezug

Eine besondere Fallgruppe bilden Konzerne mit Auslandsbezug. Die zunehmende Auswirkung der Globalisierung auf die Weltwirtschaft führt dazu, dass Unternehmen neue Absatzmärkte erschließen müssen, um im internationalen Wettbewerb bestehen zu können. Hierzu werden nicht selten internationale Unternehmensver-

---

[409] Siehe unten § 6 B. I. 3. und § 7 A. II. 3.

bindungen aufgebaut, um so eine Koordination der zwischenstaatlichen Tätigkeit zu ermöglichen. Diese Vorgänge können dazu führen, dass sich Entscheidungskompetenzen auf neue Ebenen verlagern, etwa wenn ein bisher rein national agierendes Unternehmen zum Zwecke einer Marktausweitung eine ausländische Holding-Gesellschaft gründet, um international tätig werden zu können.

Werden deutsche Unternehmen[410] in eine solche Unternehmensverflechtung einbezogen, stellt sich die Frage, welche Auswirkung dieser Vorgang auf die betriebliche Mitbestimmung der Arbeitnehmer hat. Für die Mitbestimmung im Konzern müssen in diesem Rahmen zwei Fragen beantwortet werden: Kann eine internationale Unternehmensverbindungen überhaupt als Konzern i.s.v. § 18 Abs. 1 AktG qualifiziert werden? Falls ja, ist dann in diesem Fall eine Konzernbetriebsratserrichtung möglich?

1. Rechtliche Behandlung internationaler Konzerne

Für die Errichtung eines Konzernbetriebsrats ist das Vorhandensein eines Konzerns i.s.v. § 18 Abs. 1 AktG grundlegende Voraussetzung. Daher ist klärungsbedürftig, ob eine grenzüberschreitende Unternehmensverbindung als Konzern i.s.d. deutschen Aktienrechts qualifiziert werden kann.

Die Frage lässt sich mit Blick auf § 18 Abs. 1 S. 2 AktG beantworten. Danach wird unwiderlegbar vermutet, dass Unternehmen zwischen denen ein Beherrschungsvertrag i.s.v. § 291 AktG besteht, einen Konzern bilden. Unabhängig von den gesellschaftsrechtlichen Einzelfragen im Zusammenhang mit einer internationalen Unternehmensverbindung[411], ist es anerkannt, dass ein Beherrschungsvertrag auch mit einem ausländischen Unternehmen abgeschlossen werden kann. Dies gilt allerdings nur dann, wenn es sich bei der ausländischen Gesellschaft um das herrschende Unternehmen bzw. um die Obergesellschaft handelt.[412] Für eine deutsche

---

[410] Zur Frage, wann es sich bei einem Rechtsträger um ein „deutsches" Unternehmen handelt siehe: *Emmerich*, in: Emmerich/Habersack, Aktien- und GmbH-Konzernrecht, § 291 AktG Rn. 33 („Sitz- vs. Gründungstheorie").

[411] Vgl. etwa *Emmerich*, in: Emmerich/Habersack, Aktien- und GmbH-Konzernrecht, § 291 AktG Rn. 33 ff.; *Altmeppen*, in: MünchKommAktG, Einl. zu §§ 291 ff. AktG Rn. 35 ff.; *Einsele*, ZGR 1996, 40 ff.

[412] OLG Düsseldorf v. 30.10.2006 - 26 W 14/06, NJW-RR 2007, 330, 331; *Altmeppen*, in: MünchKommAktG, Einl. zu §§ 291ff. Rn. 46 ff. sowie § 291 Rn. 136; *Hüffer*, § 291 AktG Rn. 8; vgl. auch *Emmerich*, in: Emmerich/Habersack, Aktien- und GmbH.Konzernrecht, § 291 AktG Rn 34 ff.

abhängige Gesellschaft gilt ohne weiteres deutsches Konzernrecht.[413] Somit kann – zumindest durch Abschluss eines Beherrschungsvertrages – ein Konzern i.S.v. § 18 Abs. 1 AktG unter Beteiligung einer ausländischer Gesellschaften bestehen. Nach gesellschaftsrechtlichen Maßstäben ist die Konzernbetriebsratserrichtung bei internationalen Unternehmensverbindungen daher nicht grundsätzlich ausgeschlossen.

2. Territorialitätsprinzip als Maßstab für die Konzernbetriebsratserrichtung

Kann eine internationale Unternehmensverbindung als Konzern i.S.d. § 18 Abs. 1 AktG qualifiziert werden, spricht dies auf den ersten Blick dafür, in diesen Fällen auch eine Konzernbetriebsratserrichtung zuzulassen. Fraglich ist jedoch, wie sich die Grenzen der Betriebsverfassung auf eine Konzernbetriebsratserrichtung bei Auslandssachverhalten auswirken.

Der Maßstab für die Konzernbetriebsratserrichtung ist das sog. Territorialitätsprinzip: Dieses besagt, dass der Geltungsbereich des BetrVG auf die Grenzen der Bundesrepublik Deutschland beschränkt ist, weshalb das Gesetz daher nur auf inländische Betriebe Anwendung findet.[414] Dabei ist es gleichgültig, welche Staatsangehörigkeit der Arbeitgeber hat; das BetrVG gilt auch für inländische Betriebe ausländischer Unternehmen.[415] Dagegen ist das Gesetz nicht anwendbar auf im Ausland gelegene Betriebe deutscher Unternehmen.[416]

Dieses Prinzip ist zwingend. Der räumliche Geltungsbereich kann nicht durch Tarifverträge oder Betriebsvereinbarungen erweitert oder verkleinert werden.[417] Das Territorialitätsprinzip bildet daher die unabdingbare Grundlage der Konzernbetriebsratserrichtung. Für die Frage, ob im Rahmen einer internationalen Unternehmensverbindung die Konzernbetriebsverfassung Anwendung findet, ist es stets zu berücksichtigen.

---

[413] *Altmeppen*, in: MünchKommAktG, Einl. zu §§ 291ff. Rn. 37.
[414] ErfK/*Koch*, § 1 BetrVG Rn. 5; *Fitting*, § 1 BetrVG Rn. 12 f.; *Richardi*/*Richardi*, Einl. z. BetrVG, Rn. 68.
[415] *Fitting*, § 1 BetrVG Rn. 14; GK-BetrVG/*Franzen*, § 1 Rn. 5; ErfK/*Koch*, § 1 BetrVG Rn. 5; WHSS/*Hohenstatt*, D Rn. 138.
[416] BAG v. 10.09.1985 - 1 ABR 28/83, AP Nr. 3 zu § 117 BetrVG 1972; *Fitting*, § 1 BetrVG Rn. 16; GK-BetrVG/*Franzen*, § 1 Rn. 9; *Richardi*/*Richardi*, Einl. z. BetrVG, Rn. 68.
[417] *Fitting*, § 1 BetrVG Rn. 21.

3. Möglichkeiten der Konzernbetriebsratserrichtung bei internationalen Unternehmensverbindungen

Nach den vorstehenden Ausführungen ist das Vorliegen eines Konzerns i.S.v. § 18 Abs. 1 AktG zwar auch bei Beteiligung von ausländischen Gesellschaften möglich. Es ist jedoch zu beachten, dass das BetrVG nur für im Inland liegende Betriebe Anwendung findet. Ausgehend von diesen Grundsätzen muss die Frage beantwortet werden, ob ein Konzernbetriebsrat für internationale bzw. grenzüberschreitende Konzerne errichtet werden kann.

a) Entscheidung des BAG vom 14.2.2007

Das Bundesarbeitsgericht hat sich in seinem Beschluss vom 14.2.2007[418] zu dieser Problematik geäußert. Der Entscheidung lag folgender (vereinfachter) Sachverhalt zugrunde: Eine Konzernspitze mit Sitz in Großbritannien hält ca. 72% der Anteile an einer deutschen Holding-Gesellschaft, welche wiederum zu 100% an sechs (deutschen) Tochtergesellschaften und zu 50% an einem Gemeinschaftsunternehmen beteiligt ist. Fünf der sechs Tochtergesellschaften sind in zwei Geschäftsbereiche bzw. Sparten unterteilt. Jede Sparte wurde von einer in Großbritannien ansässigen Gesellschaft geleitet („Spartenleitungsgesellschaft"), wobei diese beiden Gesellschaften an den deutschen Unternehmen keine Anteile halten. Im Jahr 2004 schlossen die Spartenleitungsgesellschaften mit den jeweiligen Tochtergesellschaften ihrer Sparte Beherrschungsverträge ab, in denen die Tochterunternehmen die Leitung ihrer Gesellschaft den jeweiligen Spartenleitungsgesellschaften unterstellten. Die Leitungsgesellschaften schlossen weiterhin mit der deutschen Zwischenholding einen Koordinations- und Ausgleichsvertrag ab, in welchem geregelt wurde, dass die Geschäftsführungen der deutschen Tochtergesellschaften auf Grund der Beherrschungsverträge der ausschließlichen Weisungsbefugnis der Spartenleitungsgesellschaften unterliegen. Der bei der deutschen Holding-Gesellschaft errichtete Konzernbetriebsrat vertrat die Auffassung, dass er weiterhin für die deutschen Tochtergesellschaften zuständig und die dort gebildeten (Gesamt-)Betriebsräte weiterhin zur Entsendung von Mitgliedern in den Konzernbetriebsrat berechtigt seien.

---

[418] BAG v. 14.2.2007 – 7 ABR 26/06, AP Nr. 13 zu § 54 BetrVG 1972.

Nach Ansicht des BAG bildeten die Tochtergesellschaften mit der Holding-Gesellschaft zwar vor Wirksamwerden der Beherrschungs-, Koordinations- und Ausgleichsverträge kraft gesetzlicher Vermutung nach § 16 Abs. 1, § 17 Abs. 2, § 18 Abs. 1 S. 3 AktG einen Unterordnungskonzern. Mit Wirksamwerden der Beherrschungs- sowie der Koordinations- und Ausgleichsverträge fehle es jedoch hinsichtlich der betroffenen Tochtergesellschaften an der Zusammenfassung unter einheitlicher Leitung der Holding-Gesellschaft i.S.v. § 18 Abs. 1 S. 1 AktG. Nach § 18 Abs. 1 S. 2 AktG seien Unternehmen, zwischen denen ein Beherrschungsvertrag i.S.v. § 291 Abs. 1 AktG bestehe, als unter einheitlicher Leitung zusammengefasst anzusehen. Die Konzernvermutung aus § 18 Abs. 1 S. 3 i.V.m. § 17 Abs. 2 AktG werde durch die unwiderlegbare Vermutung aus § 18 Abs. 1 S. 2 AktG beseitigt. Danach seien die Tochtergesellschaften nach dem Abschluss der Beherrschungsverträge nunmehr als unter der einheitlichen Leitung der jeweiligen britischen Spartenleitungsgesellschaft zusammengefasst anzusehen, weshalb eine Entsendung in den Konzernbetriebsrat bei der Holding-Gesellschaft nicht in Betracht komme.[419] Ein Entsendungsrecht sei weiterhin auch nicht nach den Grundsätzen eines „Konzerns im Konzern" gegeben, da es der Holding-Gesellschaft an einem eigenen Entscheidungsspielraum in personellen, sozialen und wirtschaftlichen Angelegenheiten fehle.[420]

Der Senat ist darüber hinaus der Frage nachgegangen, ob ein Konzernbetriebsrat auch errichtet werden kann, wenn das herrschende Unternehmen seinen Sitz im Ausland hat und im Inland keine weitere Teilkonzernspitze vorhanden ist. Diese Frage wurde vom Gericht im Ergebnis verneint. Eine Konzernbetriebsratserrichtung sei bei internationalen Unternehmensverbindungen nur dann zulässig, wenn das herrschende Unternehmen seinen Sitz im Inland habe oder über eine im Inland ansässige Teilkonzernspitze (sog. „Konzern im Konzern") verfüge.[421] Eine Errichtung unter Einbeziehung einer ausländischen Konzernspitze komme insbesondere nicht mit Hilfe einer analogen Anwendung von § 5 Abs. 3 MitbestG bzw. des in

---

[419] BAG v. 14.2.2007 - 7 ABR 26/06, AP Nr. 13 zu § 54 BetrVG 1972 unter B. III. 2. a) bb) (1) der Gründe.

[420] BAG v. 14.2.2007 - 7 ABR 26/06, AP Nr. 13 zu § 54 BetrVG 1972 unter B. III. 2. a) cc) der Gründe.

[421] BAG v. 14.2.2007 – 7 ABR 26/06, AP Nr. 13 zu § 54 BetrVG 1972 unter B. III. 2. a) dd) der Gründe.

diesem und in § 11 Abs. 3 PublG enthaltenen Rechtsgedankens in Betracht. Für eine Analogie fehle sowohl die unbewusste Regelungslücke als auch ein vergleichbarer Sachverhalt; die Entstehungsgeschichte und die Regelungssystematik des MitbestG würden zeigen, dass der Gesetzgeber von einer fehlenden Anwendung der §§ 54 ff. BetrVG bei einer ausländischen Konzernobergesellschaft ausgehe. Aus diesem Grund würde es an einer unbewussten Regelungslücke mangeln.[422] Aber auch die Regelungssachverhalte seien nicht vergleichbar: § 5 Abs. 3 MitbestG sichere die Unternehmensmitbestimmung im Konzern, wenn das herrschende Konzernunternehmen – etwa im Falle einer ausländischen Konzernobergesellschaft – selbst nicht der Mitbestimmung unterliege, indem die Unternehmensmitbestimmung auf eine inländische Teilkonzernspitze verlagert werde.[423] Könne dagegen ein Konzernbetriebsrat aufgrund einer im Ausland ansässigen Obergesellschaft nicht errichtet werden, führe dies nicht zum Wegfall der betrieblichen Mitbestimmung, sondern nur zu ihrer Verlagerung auf eine andere Ebene in den verbundenen Unternehmen (nämlich auf die Gesamtbetriebsräte und Betriebsräte). Ein Verlust des durch die Mitbestimmungsregelungen gewährten Schutzes trete daher nicht ein.[424] Darüber hinaus knüpfe § 5 Abs. 3 MitbestG – im Gegensatz zu den §§ 54 ff. BetrVG – nicht an das Vorhandensein von Leitungsmacht, sondern nur an das Bestehen einer gesellschaftsrechtlichen Abhängigkeit an. Würde man die Konzernbetriebsratserrichtung auch dann zulassen, wenn eine inländische „Konzernspitze" keine Leitungsmacht ausüben würde, hätte ein so gebildetes Gremium keinen Ansprechpartner auf Arbeitgeberseite und wäre funktionslos.[425]

Im Ergebnis lehnt das Gericht somit eine Konzernbetriebsratserrichtung in den Fällen ab, in denen die Konzernleitungsmacht von einem im Ausland ansässigen Unternehmen ausgeübt wird.

---

[422] BAG v. 14.2.2007 – 7 ABR 26/06, AP Nr. 13 zu § 54 BetrVG 1972 unter B. III. 2. a) dd) (b) der Gründe.

[423] BAG v. 14.2.2007 – 7 ABR 26/06, AP Nr. 13 zu § 54 BetrVG 1972 unter B. III. 2. a) dd) (c) (aa) der Gründe.

[424] BAG v. 14.2.2007 – 7 ABR 26/06, AP Nr. 13 zu § 54 BetrVG 1972 unter B. III. 2. a) dd) (c) (aa) der Gründe.

[425] BAG v. 14.2.2007 – 7 ABR 26/06, AP Nr. 13 zu § 54 BetrVG 1972 unter B. III. 2. a) dd) (c) (bb) der Gründe.

b) Rezeption der BAG-Rechtsprechung

Die Auffassung des Gerichts wurde bereits vor dem Beschluss im Jahre 2007 von mehreren Autoren im Schrifttum vertreten.[426] Auch die Entscheidung selbst wurde in der Literatur überwiegend positiv aufgenommen.[427]

c) Rechtsprechung der Instanzgerichte

Bereits vor der Entscheidung des BAG haben sich einzelne Instanzgerichte gegen die Konzernbetriebsratserrichtung bei fehlender inländischer Konzernleitungsmacht ausgesprochen.

Zu diesen zählen die Arbeitsgerichte in Stuttgart[428] und Siegburg[429] sowie die Landesarbeitsgerichte Köln[430] und Hamburg[431].

Diese haben sich u.a. mit der analogen Anwendung von § 5 Abs. 3 MitbestG auseinandergesetzt, dies aber im Ergebnis abgelehnt. Auch sie fordern für die Konzernbetriebsratserrichtung mindestens eine Teilkonzernspitze mit Sitz im Inland.[432]

d) Kritische Stimmen und alternative Lösungsvorschläge

Die Entscheidung des BAG ist nicht überall auf Zustimmung gestoßen und hat teilweise starke Kritik erfahren.

Zum einen wird die mögliche Umgehung der Mitbestimmungsregelungen bemängelt. *Hohenstatt* weist darauf hin, dass nach der Rechtsprechung des BAG die betriebliche Mitbestimmung im Konzern relativ leicht dadurch umgangen werden kann, dass die inländischen Unternehmen unmittelbar aus dem Ausland geleitet werden und auf die Errichtung einer inländischen Teilkonzernspitze verzichtet wird.[433]

---

[426] Vgl. u.a. *Nick*, Konzernbetriebsrat und Sozialplan im Konzern, S. 132 ff.; *Fuchs*, Der Konzernbetriebsrat, S. 184 ff.; *Junker*, Internationales Arbeitsrecht im Konzern, 1992, S. 397; *Röder/Powietzka*, DB 2004, 542, 544 ff.; *Henssler*, ZfA 2005, 289, 309 ff.

[427] Vgl. u.a. *Dzida/Hohenstatt*, NZA 2007, 945; *Kort*, NZA 2009, 464, 468; ErfK/*Koch*, § 54 BetrVG Rn. 7; WPK/*Roloff*, § 54 BetrVG Rn. 11; *Löwisch/Kaiser*, § 54 BetrVG Rn. 9; Richardi/*Annuß*, § 54 BetrVG Rn. 35 (anders noch 7. Aufl., Rn. 32); krit. aber im Ergebnis folgend GK-BetrVG/Kreutz/Franzen, § 54 BetrVG Rn. 43 f.; siehe hierzu ausf. *Wollwert*, Die Errichtung des Konzernbetriebsrats in nationalen und internationalen Konzernen, S. 109 ff.

[428] ArbG Stuttgart v. 1.8.2003 - 26 BV 11/02, NZA-RR 2004, 138.

[429] ArbG Siegburg v. 19.1.2005 - 2 BV 31/04, n.v., zit. nach *Henssler*, ZfA 2005, 289, 311.

[430] LAG Köln v. 10.11.2005 - 10 TaBV 15/05, zit. nach juris.

[431] LAG Hamburg v. 17.2.2006 - 6 TaBV 6/05, zit. nach juris.

[432] Vgl. dazu *Ullrich*, DB 2007, 2710, 2711.

[433] WHSS/*Hohenstatt*, D Rn. 142 ff.

Aus diesem Grund wird teilweise die Ansicht vertreten, dass ein Konzernbetriebsrat immer dann errichtet werden könne, sobald ein Konzernverhältnis vorliegt, unerheblich, ob die Konzernobergesellschaft ihren Sitz im Ausland hat, oder ob im Inland durch eine Teilkonzernspitze Leitungsmacht ausgeübt werde.[434] Der Konzernbetriebsrat sei dann in entsprechender Anwendung des § 59 Abs. 2 BetrVG beim größten inländischen Unternehmen zu errichten.[435] Als Begründung wird zunächst der Wortlaut von § 54 Abs. 1 BetrVG i.V.m. § 18 Abs. 1 AktG herangezogen. Aus diesem lasse sich keine Beschränkung dahingehend entnehmen, dass das herrschende Unternehmen seinen Sitz im Inland haben müsse. Auch bei internationalen Unternehmensverbindungen könnten die Konzernmerkmale des § 18 Abs. 1 AktG vorliegen, da diese Vorschrift rechtsformneutral ausgestaltet sei und keinen Ausschluss ausländischer Unternehmen enthalte.[436] Auch ein Vergleich mit dem Gesamtbetriebsrat soll für diese Auffassung sprechen. Dessen Errichtung solle auch dann möglich sein, wenn das Unternehmen (d.h. der Arbeitgeber) seinen Sitz im Ausland habe und über mindestens zwei inländische Betriebe verfüge. Wenn dies aber der Fall sei, dürfte man an die Errichtung eines Konzernbetriebsrats keine höheren Anforderungen stellen.[437]

Letztlich lasse sich auch aus § 5 Abs. 3 MitbestG ein allgemeiner Rechtsgedanke entnehmen, welcher besagt, dass bei Fehlen einer inländischen Konzernspitze, dass inländische abhängige Unternehmen, welches der ausländischen Konzernspitze am nächsten stehe, Anknüpfungspunkt für die Konzernmitbestimmung sei und daher

---

[434] ArbG Hamburg v. 19.7.2006 - 18 BV 11/06, Rn. 27 ff., zit. nach juris; *Fitting*, § 54 BetrVG Rn. 34; DKKW/*Trittin*, § 54 BetrVG Rn. 29a; *Trittin/Gilles*, AuR 2008, 136, 139 ff.; *Gaumann/Liebermann*, DB 2006, 1157, 1158 ff.; *Buchner*, in: FS Birk, 2008, S. 11, 20 f.; *Windbichler*, Arbeitsrecht im Konzern, S. 323; wohl auch *Simitis*, in: FS Kegel, 1977, S. 153, 179; in die Richtung tendierend auch *Joost*, in: MünchHdbArbR, § 227 Rn. 30; vgl. weiterhin *Birk*, in: FS Schnorr von Carolsfeld, 1973, S. 61, 85, der allerdings auch erkennt, dass die Wirksamkeit des Konzernbetriebsrats „faktisch beschränkt bleibt, da der soziale Gegenspieler auf der Konzernebene, nämlich die ausländische Konzernleitung, sich nicht mit diesem Teilkonzernbetriebsrat einzulassen braucht".

[435] *Gaumann/Liebermann*, DB 2006, 1157, 1160.

[436] Vgl. DKKW/*Trittin*, § 54 BetrVG Rn. 29b, der aufgrund des „offenen" Wortlauts auch eine analoge Anwendung von § 5 Abs. 3 MitbestG ablehnt: „Einer analogen Anwendung [...] bedarf es deshalb nicht, weil die gesetzliche Regelung [...] nicht lückenhaft und ausfüllungsbedürftig ist"; vgl. weiterhin *Bachmann*, RdA 2008, 107, 110; *Trittin/Gilles*, AuR 2008, 136, 140; *Gaumann/Liebermann*, DB 2006, 1157, 1158.

[437] DKKW/*Trittin*, § 54 BetrVG Rn. 29i; *Buchner*, in: FS Birk, 2008, S. 11, 19 ff.; *Gaumann/Liebermann*, DB 2006, 1157, 1159.

als herrschendes Konzernunternehmen angesehen werden müsse.[438] Es soll sich dabei nicht um eine spezielle Ausnahmevorschrift handeln, sondern um die Ausgestaltung eines allgemeinen Prinzips.[439]

4. Stellungnahme

Die Inpflichtnahme einer im Ausland ansässigen Konzernobergesellschaft durch einen nach dem BetrVG errichteten Konzernbetriebsrat würde den Anwendungsbereich des Betriebsverfassungsrechts über die Grenzen der Bundesrepublik Deutschland hinaus erweitern und somit gegen das Territorialitätsprinzip verstoßen.[440] Ein so gebildeter Konzernbetriebsrat hätte darüber hinaus mangels Geltung des BetrVG im Ausland auch keinen geeigneten Ansprechpartner, da die Leitungsmacht eben nicht durch eine Gesellschaft im Inland sondern von der Konzernobergesellschaft im Ausland ausgeübt wird. Die betriebliche Mitbestimmung soll jedoch gerade dort ausgeübt werden, wo sich unternehmerische Leitungsmacht konkret entfaltet. Der Konzernbetriebsrat wäre somit funktionslos.[441] Die Konzernbetriebsratserrichtung für einen Konzern mit ausländischer Konzernspitze widerspricht daher dem Zweck der §§ 54 ff. BetrVG.[442]

Selbst wenn man anerkennt, dass für die im Inland gelegenen Betriebe eines im Ausland ansässigen Unternehmens ein Gesamtbetriebsrat errichtet werden kann, zwingt dies nicht dazu, dieses Ergebnis auch auf die Konzernbetriebsratserrichtung bei internationalen Konzernverbindungen zu übertragen. Hierbei handelt es sich um verschiedene Sachverhalte: Im Falle eines ausländischen Unternehmens, welches über Betriebe im Inland verfügt, ist dieses Unternehmen nicht nur individualrechtlich Arbeitgeber sondern darüber hinaus auch mangels anderer Alternativen der einzige „Ansprechpartner" der Betriebsräte. Eine Gesamtbetriebsratserrichtung ist daher gerechtfertigt, um die betriebliche Mitbestimmung überhaupt erst ausüben zu können. Bei internationalen Konzernen mit in Deutschland ansässigen Tochter-

---

[438] *Trittin/Gilles*, AuR 2008, 136, 139; *Windbichler*, Arbeitsrecht im Konzern, S. 323 f.; andeutend auch *Joost*, in: MünchHdbArbR, § 227 Rn. 30.

[439] *Trittin/Gilles*, AuR 2008, 136, 139.

[440] *Kort*, NZA 2009, 464, 468f.

[441] ArbG Stuttgart v. 1.8.2003 - 26 BV 11/02, NZA-RR 2004, 138, 139; *Wollwert*, Die Errichtung des Konzernbetriebsrats in nationalen und internationalen Konzernen, S. 146; dies erkennen auch die Autoren an, die eine Konzernbetriebsratserrichtung bei fehlender inländischer Teilkonzernspitze zulassen, siehe *Birk*, in: FS Schnorr von Carolsfeld, 1973, S. 61, 85.

[442] So auch *Dzida/Hohenstatt*, NZA 2007, 945, 947; vgl. *Henssler*, ZfA 2005, 289, 311.

unternehmen, üben jedoch die inländischen Unternehmen die Arbeitgeberfunktion aus. Sie sind insofern auch potentieller Verhandlungspartner für die vorhandenen Arbeitnehmervertretungen (Betriebsräte und Gesamtbetriebsräte). Die „Suche" nach einem betriebsverfassungsrechtlichen Arbeitgeber ist in diesem Fall also gar nicht notwendig. Die Mitbestimmung ist gewährleistet.[443] Im Übrigen knüpfen die Gesamtbetriebsräte und die Betriebsräte an die betriebliche Organisation an, während der Konzernbetriebsrat für die Ebene des Konzerns gebildet wird. Seine Errichtung setzt daher voraus, dass ein inländischer Konzern überhaupt vorhanden ist.[444]

Auf den ersten Blick mag man darin zwar eine Umgehung der betrieblichen Mitbestimmung sehen, da die Arbeitnehmervertretungen nur die inländischen Unternehmen als Ansprechpartner vorfinden würden. Diese werden wiederum durch die ausländische Konzernobergesellschaft „fremdgesteuert". Dieser Umstand könnte dazu führen, dass die Mitbestimmung nicht dort ausgeübt werden könnte, wo sich betriebsverfassungsrechtliche Leitungsmacht entfaltet. Diese „Lücke" wird jedoch im Rahmen von grenzüberschreitenden Unternehmensverbindungen durch die Möglichkeit zur Errichtung eines Europäischen Betriebsrats geschlossen: Zwar stehen diesem Gremium nicht die gleichen Kompetenzen wie einem nach den §§ 54 ff. BetrVG errichteten Konzernbetriebsrat zu; trotzdem wird durch den Europäischen Betriebsrat eine Repräsentation der Arbeitnehmer auf der Konzernebene ermöglicht.[445] Aus diesem Grund ist eine Beschränkung der Konzernbetriebsverfassung auf nationale Konzerne – insbesondere unter Berücksichtigung des Territorialitätsprinzips – gerechtfertigt. Für eine Errichtung eines Konzernbetriebsrats, dem kein Verhandlungspartner gegenübersteht, besteht kein Bedürfnis.[446]

Letztlich ist auch der Vorschrift des § 5 Abs. 3 MitbestG kein allgemeines Prinzip zu entnehmen, nach dem in einem Konzern mit ausländischer Obergesellschaft immer dasjenige inländische abhängige Unternehmen den Anknüpfungspunkt für die betriebliche Mitbestimmung im Konzern darstellt, welches der Konzernspitze am nächsten steht. Bei § 5 Abs. 3 MitbestG handelt es sich um eine besondere

---

[443] So ausf. *Kort*, NZA 2009, 464 469.
[444] Vgl. *Henssler*, ZfA 2005, 289, 312.
[445] Vgl. *Henssler*, ZfA 2005, 289, 312 („Jedenfalls bei einer in einem Mitgliedsstaat ansässigen Konzernspitze […]").
[446] *Henssler*, ZfA 2005, 289, 312.

Ausnahmevorschrift um die Unternehmensmitbestimmung im Konzern sicherzustellen bzw. überhaupt erst zu ermöglichen, falls das MitbestG aufgrund der besonderen Konzernkonstellation nicht anwendbar ist. Im Betriebsverfassungsrecht entfällt die Arbeitnehmerbeteiligung bei grenzüberschreitenden Konzernkonstellationen jedoch nicht ganz, sondern verlagert sich auf die Gesamtbetriebsrats- bzw. Betriebsratsebene (bzw. auf den Europäischen Betriebsrat). Diese Verschiebung der Mitbestimmung ist im Recht der Unternehmensmitbestimmung nicht vorhanden, weshalb mit § 5 Abs. 3 MitbestG eine notwendige Sondernorm geschaffen wurde. Ein allgemeines Prinzip kann dieser Vorschrift somit nicht entnommen werden.

Es bleibt folglich festzuhalten, dass ein Konzernbetriebsrat nur dann errichtet werden kann, wenn entweder das herrschende Unternehmen seinen Sitz im Inland hat oder eine inländische Teilkonzernspitze vorhanden ist. Liegen abhängige Unternehmen im Ausland, nehmen die dort gebildeten Arbeitnehmervertretungen nicht an der Errichtung eines inländischen Konzernbetriebsrats teil. Dies folgt zwingend aus dem Territorialitätsprinzip, da sie außerhalb des Betriebsverfassungsrechts stehen.[447]

D. Rechtsfehlerhafte Errichtung eines Konzernbetriebsrates

Umstrukturierungsvorgänge können zu undurchsichtigen Konzernrechtsverhältnissen führen. Für eine ordnungsgemäße Konzernbetriebsratserrichtung ist daher eine genaue Analyse und Bestimmung der vielfachen Unternehmensverbindungen erforderlich. Dennoch kann es im Einzelfall vorkommen, dass ein Konzernbetriebsrat rechtsfehlerhaft errichtet wird, z.B. weil fälschlicherweise das Vorliegen eines Unterordnungskonzerns i.S.v. § 18 Abs. 1 AktG angenommen wurde. Es stellt sich dann die Frage, wie solche rechtsfehlerhaft errichteten Konzernbetriebsräte zu behandeln sind. Sind diese als von Anfang an nicht existent anzusehen (Nichtigkeit) oder muss die fehlerhafte Errichtung (möglicherweise durch ein arbeitsgerichtliches Beschlussverfahren) erst geltend gemacht werden (Anfechtung)? Im letzteren Fall würde ein bestehender Konzernbetriebsrat auch im Zusammenhang mit Betriebs- und Unternehmensumstrukturierungen eine Rolle spielen.

---

[447] H.M., vgl. nur GK-BetrVG/*Kreutz/Franzen*, § 54 Rn. 42 m.w.N.; sowie *Joost*, in: MünchHdbArbR, § 227 Rn. 31; a.A. *Birk*, in: FS Schnorr v. Carolsfeld, 1973, S. 61, 84 f.

I. Wahlanfechtung gem. § 19 BetrVG und Nichtigkeit der Betriebsratswahl

Die Wahl eines Betriebsrats kann bei Verstößen gegen wesentliche Wahlvorschriften des BetrVG innerhalb von zwei Wochen angefochten werden, vgl. § 19 BetrVG. Bei der Frist handelt es sich um eine Ausschlussfrist, nach deren Ablauf das Anfechtungsrecht erlischt und die rechtsfehlerhafte Wahl unanfechtbar wird, auch wenn das Wahlverfahren an wesentlichen Mängeln gelitten hat. Der Betriebsrat bleibt danach mit allen Befugnissen im Amt.[448]

In besonderen Ausnahmesituationen kommt darüber hinaus auch eine Nichtigkeit der Betriebsratswahl in Betracht. Diese wird aber nur angenommen, wenn gegen wesentliche Grundsätze des Wahlrechts in einem so hohen Maße verstoßen worden ist, dass nicht einmal der Anschein einer dem Gesetz entsprechenden Wahl vorliegt.[449] Erforderlich ist ein grober und offensichtlicher Verstoß gegen wesentliche gesetzliche Wahlregeln, wie z.B. die Wahl eines Betriebsrats durch Nicht-Arbeitnehmer oder die offene Terrorisierung der Belegschaft während des Wahlaktes.[450]

II. Wahlanfechtung und Nichtigkeit im Rahmen der Konzernbetriebsverfassung

Fraglich ist, welches Verfahren bei einer fehlerhaften Konzernbetriebsratserrichtung einschlägig ist.

Festzuhalten ist dabei zunächst, dass sich § 19 BetrVG explizit nur auf den Einzelbetriebsrat bezieht. Eine vergleichbare Regelung für den Gesamt- und Konzernbetriebsrat ist im Gesetz nicht vorhanden. Dies mag daran liegen, dass der Konzernbetriebsrat im Gegensatz zum Einzelbetriebsrat nicht direkt gewählt, sondern durch Entsendung von (Gesamt-)Betriebsratsmitgliedern errichtet wird. Es fehlt also bereits an einer „Wahl" i.S.v. § 19 BetrVG.

In der arbeitsrechtlichen Literatur wird jedoch vorgeschlagen, ein ähnliches Verfahren (Anfechtbarkeit/Nichtigkeit) auch im Rahmen einer Konzernbetriebsratserrichtung anzuwenden: Wird ein solcher rechtsfehlerhaft errichtet, soll dies nicht notwendigerweise zur Nichtigkeit führen. Der Konzernbetriebsrat soll in diesem Fall so lange sein Amt ausüben können, bis durch ein Arbeitsgericht festgestellt

---

[448] *Fitting*, § 19 BetrVG Rn. 35; GK-BetrVG/*Kreutz*, § 19 Rn. 75 f.
[449] BAG v. 21.07.2004 - 7 ABR 57/03, AP Nr. 15 zu § 4 BetrVG 1972; *Fitting*, § 19 BetrVG Rn. 4; GK-BetrVG/*Kreutz*, § 19 Rn. 133.
[450] *Fitting*, § 19 BetrVG Rn. 5; Richardi/*Thüsing*, § 19 BetrVG Rn. 72.

wird, dass seine Errichtung ungültig und damit rechtsunwirksam ist.[451] Nur bei Vorliegen von wesentlichen Mängeln, die eine vorübergehende Tolerierung der Amtsausübung nicht zulassen, soll etwas anderes gelten. Dies sei der Fall, wenn die Errichtung unter Verkennung der Voraussetzung von § 54 BetrVG erfolgt ist, z.B. weil es an einem Unterordnungskonzern i.S.v. § 18 Abs. 1 AktG fehlt oder die den Konzernbetriebsrat errichtenden Gesamtbetriebsräte nicht die erforderlichen 50% der Konzernbelegschaft repräsentieren. [452] Das BAG hat bereits entschieden, dass einem solchen Konzernbetriebsrat keine betriebsverfassungsrechtlichen Befugnisse zustehen.[453]

Gegen diese Auffassung wird jedoch vorgebracht, dass ein Bestandsschutz wie ihn § 19 BetrVG für den Einzelbetriebsrat vorsieht, für den Konzernbetriebsrat gerade nicht vorgesehen ist. Das Gesetz unterscheide nicht zwischen der Anfechtbarkeit und der Nichtigkeit einer Konzernbetriebsratserrichtung. Aus diesem Grund sei ein rechtsfehlerhaft errichteter Konzernbetriebsrat von Anfang an als nicht existent anzusehen. Bei einem solchen Gremium handele es sich nicht um einen Konzernbetriebsrat i.S.v. § 54 BetrVG.[454]

Dem kann jedoch nicht gefolgt werden. Zwar gilt § 19 BetrVG dem Wortlaut nach nur für die Betriebsräte. Es ist jedoch kein Grund ersichtlich, warum diese Grundsätze nicht auch auf die Konzernbetriebsratserrichtung übertragen werden können. Da es sich bei beiden Gremien um eine betriebliche Arbeitnehmervertretung handelt, die „nur" auf verschiedenen Ebenen agieren, lässt sich eine analoge Anwendung des § 19 BetrVG rechtfertigen. Auch aus Arbeitnehmer- und Vertrauensschutzgründen ist diese Rechtsfortbildung geboten. Daher bleibt ein rechtsfehlerhaft errichteter Konzernbetriebsrat solange im Amt, bis seine Errichtung beim Arbeitsgericht wirksam angefochten wird, es sei denn, dass im Rahmen der Errich-

---

[451] Richardi/*Annuß*, § 54 BetrVG Rn. 59; DKKW/*Trittin*, § 54 BetrVG Rn. 68; *Hohenstatt/Dzida*, NZA 2007, 945, 947 f.; wohl auch *Kort*, NZA 2009, 464, 469; *Wollwert* (NZA 2011, 437, 442) vertritt die Auffassung, dass die Errichtung eines Konzernbetriebsrats das Vorhandensein von mindestens zwei (Gesamt-)Betriebsräten im Konzern erfordert; wird ein Konzernbetriebsrat von dem einzigen im Konzern vorhandenen (Gesamt-)Betriebsrat, welcher darüber hinaus mehr als 50% der Konzernbelegschaft repräsentiert, errichtet, führt dies nach der Ansicht von *Wollwert* zu einer Anfechtbarkeit dieses Gremiums.
[452] Richardi/*Annuß*, § 54 BetrVG Rn. 59.
[453] BAG v. 23.08.2006 - 7 ABR 51/05, AP Nr. 12 zu § 54 BetrVG 1972; siehe auch DKKW/*Trittin*, § 54 BetrVG Rn. 72.
[454] *Röder/Powietzka*, DB 2004, 542, 545.

tung bereits wesentliche Mängel aufgetreten sind. Dies ist im Zusammenhang mit jeder Betriebs- und Unternehmensumstrukturierung zu beachten.

E. Beendigung des Konzernbetriebsrats

Wurde bis hierin der gesetzliche Rahmen abgesteckt, in welchem eine rechtswirksame Konzernbetriebsratserrichtung erfolgen kann, muss nun geklärt werden, wann das Amt des Konzernbetriebsrats endet. Erst nach Beantwortung dieser Frage, können nen Feststellungen darüber getroffen werden, ob Betriebs- und Unternehmensumstrukturierungen das Gremium als solches in seinem Bestand berühren oder nicht.

I. Keine gesetzlichen Beendigungstatbestände

Die Konzernbetriebsverfassung besteht insgesamt aus sieben Normen.[455] Geregelt werden u.a. die Errichtung, die Zusammensetzung und die Zuständigkeit des Konzernbetriebsrats. Es wird auch normiert, wann die Mitgliedschaft eines einzelnen Konzernbetriebsratsmitglieds erlischt. Eine Norm, die Regelungen über die Beendigung des Gremiums enthält, ist jedoch nicht vorhanden. Diese Problemstellung wurde (unbewusst)[456] der Rechtsprechung und Lehre überlassen.

II. Systematischer Vergleich mit den Vorschriften über den Betriebsrat und Gesamtbetriebsrat

Möglicherweise ist ein systematischer Vergleich mit den Vorschriften über den Betriebsrat und den Gesamtbetriebsrat aufschlussreich.

Allerdings treffen auch die Vorschriften über den Gesamtbetriebsrat keine Aussagen darüber, ob und unter welchen Voraussetzungen das Amt des Gesamtbetriebsrats endet. Es bestehen hier also ähnliche Schwierigkeiten wie beim Konzernbetriebsrat.[457]

Lediglich für den Einzelbetriebsrat enthält das Gesetz eine Regelung: Gemäß § 21 S. 1 BetrVG beträgt die regelmäßige Amtszeit des Betriebsrats vier Jahre.

---

[455] Bzw. aus acht Normen, wenn man § 18 AktG, auf den § 54 BetrVG verweist, mitzählt.
[456] Zumindest wird eine Beendigungsmöglichkeit des Konzernbetriebsrats in den Gesetzgebungsmaterialien nicht erwähnt; vgl. Regierungsentwurf eines Betriebsverfassungsgesetzes, BT-Drucks. VI/1786, insb. S. 43 f.
[457] Vgl. zur Beendigung des Gesamtbetriebsrats Richardi/*Annuß*, § 47 BetrVG Rn. 23 ff.

Nach Ablauf dieses Zeitraums endet der Betriebsrat als Gremium.[458] Im Anschluss daran konstituiert sich ein neuer Betriebsrat, da die regelmäßigen Betriebsratswahlen alle vier Jahre stattfinden, § 13 Abs. 1 S. 1 BetrVG.

Jedoch lässt sich diese Regelung weder auf den Gesamt- noch auf den Konzernbetriebsrat übertragen. Das folgt bereits aus dem Wortlaut des § 21 S. 1 BetrVG.[459] Darüber hinaus stehen dem auch die unterschiedlichen Errichtungsmodalitäten entgegen: Während sich der Einzelbetriebsrat durch eine Wahl konstituiert (vgl. §§ 1 Abs. 1 S. 1 i.V.m. 21 S. 2 BetrVG), werden Gesamt- und Konzernbetriebsrat durch Beschluss[460] und Entsendung von Arbeitnehmervertretern in die entsprechenden Gremien errichtet.

III. Konzernbetriebsrat als Dauereinrichtung

1. Amtszeit des Konzernbetriebsrats

Dass das Gesetz für den Konzernbetriebsrat keine festgeschriebene Amtszeit vorschreibt, spricht zunächst dafür, dass dieses Gremium nach einmaliger Errichtung dauerhaft fortbesteht. Ein einmal errichteter Konzernbetriebsrat würde somit als Gremium niemals enden. Dazu passt auf den ersten Blick auch die Regelung des § 57 BetrVG, wonach ein Konzernbetriebsratsmitglied nur dann aus dem Gremium ausscheidet, sobald seine Mitgliedschaft im ihn entsendenden Gesamtbetriebsrat endet.[461] Der Konzernbetriebsrat ist aufgrund dieser Regelung als Gremium unabhängig von der Amtszeit der jeweiligen (Gesamt-)Betriebsräte. Lediglich die einzelnen Konzernbetriebsratsmitglieder sind so an die sie entsendenden Gremien gebunden. Insofern lässt sich auch das Fehlen einer gesetzlichen Regelung über die Beendigung des Konzernbetriebsrats erklären.

Diese Sichtweise entspricht im Grundsatz auch der Rechtsprechung des BAG und der herrschenden Ansicht in der Literatur. Danach ist der Konzernbetriebsrat

---

[458] *Fitting*, § 21 BetrVG Rn. 15.

[459] Vgl. *Fitting*, § 21 BetrVG Rn. 2.

[460] Dieser ist bei der Gesamtbetriebsratserrichtung nicht zwingend vorgeschrieben, da es sich dabei nicht um einen fakultativen Vorgang handelt; vgl. jedoch § 54 Abs. 1 S. 1 BetrVG für den Konzernbetriebsrat.

[461] Darüber hinaus enthält § 57 BetrVG noch drei weitere Erlöschensgründe: Die Amtsniederlegung, den Ausschluss aus dem Konzernbetriebsrat auf Grund einer gerichtlichen Entscheidung und die Abberufung durch den Gesamtbetriebsrat.

eine Dauereinrichtung ohne feste Amtszeit.[462] Die einmal erfolgte positive Beschlussfassung über die Errichtung des Konzernbetriebsrats soll danach über die einzelnen Wahlperioden der Betriebsräte hinaus Bestand haben.[463]

2. Das Erfordernis eines Beendigungstatbestandes

Auch wenn es sich bei dem Konzernbetriebsrat um eine Dauereinrichtung ohne feste Amtszeit handelt und dieser unabhängig von seinen Mitgliedern besteht, kann jedoch nicht angenommen werden, dass er als Gremium unbegrenzt lange im Amt bleibt. Anderenfalls führt dies zu abwegigen Ergebnissen: Zum Einen könnten im Extremfall alle Betriebe eines Konzerns untergehen, was zur Folge hätte, dass dem Konzernbetriebsrat die Arbeitnehmer fehlen würden, die er gegenüber der Konzernleitung in betrieblichen Angelegenheiten repräsentieren soll. Zum anderen wäre es auch sinnwidrig, dass Amt des Konzernbetriebsrats fortzuführen, sofern gar kein Konzern i.S.v. § 18 Abs. 1 AktG mehr vorhanden ist. Der Konzernbetriebsrat hätte in diesem Fall keinen Zuständigkeitsbereich mehr, in welchem er seine Schutzfunktion erfüllen könnte. Er würde sich in ein handlungsunfähiges Gremium ohne Funktion verwandeln. Dieser Zustand könnte insbesondere im Zusammenhang mit Betriebs- und Unternehmensumstrukturierungen eintreten, da diese gerade dazu führen können, dass dem Konzernbetriebsrat sein Tätigkeitsbereich entzogen wird, indem z.b. alle Betriebe stillgelegt werden oder ein Konzernrechtsverhältnis endet.

Es muss daher notwendigerweise Tatbestände geben, die zu einer Beendigung des Gremiums führen können. Der Konzernbetriebsrat kann keine „Ewigkeitsgarantie" besitzen.[464]

---

[462] BAG v. 23.08.2006 – 7 ABR 51/05, AP Nr. 12 zu § 54 BetrVG 1972; vgl. GK-BetrVG/*Kreutz/Franzen*, § 54 Rn. 57; *Löwisch/Kaiser*, § 54 BetrVG Rn. 13; HWK/*Hohenstatt/Dzida*, § 54 BetrVG Rn. 13; *Joost*, in: MünchHdbArbR, § 227 Rn. 70; WPK/*Roloff*, § 54 BetrVG Rn. 15; *Fitting*, § 54 BetrVG Rn. 50; DKKW/*Trittin*, § 54 BetrVG Rn. 51; Richardi/*Annuß*, § 54 BetrVG Rn. 45; ErfK/*Koch*, § 54 BetrVG Rn. 9; entsprechendes gilt für den Gesamtbetriebsrat, vgl. BAG v. 05.06.2002 - 7 ABR 17/01, AP Nr. 11 zu § 47 BetrVG 1972.

[463] GK-BetrVG/*Kreutz/Franzen*, § 54 Rn. 58.

[464] Vgl. *Kreutz*, in: FS Birk, 2008, S. 495, 501; WHSS/*Hohenstatt*, D Rn. 134.

3. Rücktrittsmöglichkeit des Gremiums

Zu denken ist zunächst an einen Rücktritt des Gremiums mit Beendigungswirkung. Diese Möglichkeit ist für den Einzelbetriebsrat gesetzlich anerkannt. Gemäß § 13 Abs. 2 Nr. 3 BetrVG kann der Betriebsrat mit der Mehrheit seiner Mitglieder seinen Rücktritt beschließen. Es ist dann ein neuer Betriebsrat zu wählen.

Für den Konzernbetriebsrat gibt es diese Möglichkeit nicht. Es fehlt eine gesetzliche Regelung, da § 13 Abs. 2 Nr. 3 BetrVG bereits dem Wortlaut nach nur für den Einzelbetriebsrat gilt. Aus diesem Grund fehlt dem Konzernbetriebsrat die Organisationszuständigkeit über seinen Bestand.[465] Ein kollektiver Rücktrittsbeschluss der einzelnen Konzernbetriebsratsmitglieder führt daher lediglich dazu, dass diese ihr Amt niederlegen und die Ersatzmitglieder nachrücken.[466] Selbst wenn daran anschließend auch die Ersatzmitglieder ihr Amt niederlegen führt dies zwar zur faktischen Funktionslosigkeit des Gremiums, der rechtliche Bestand wird dadurch jedoch nicht berührt.[467]

4. Auflösung des Konzernbetriebsrats durch Beschlüsse der Gesamtbetriebsräte (bzw. Betriebsräte)

Eine Beendigung des Konzernbetriebsrats ist jedoch durch Beschlüsse der Gesamtbetriebsräte bzw. der ihnen gem. § 54 Abs. 2 BetrVG funktionell gleichgestellten Betriebsräte möglich. Zwar besteht hierfür keine ausdrückliche gesetzliche Grundlage, da aber die Bildung des Konzernbetriebsrats nicht obligatorisch ist, muss seine Errichtung durch *actus contrarius* rückgängig gemacht werden können.[468] Aus Legitimationsgründen ist allerdings das Quorum des § 54 Abs. 1 S. 2 BetrVG zu beachten. Ein Konzernbetriebsrat endet nicht bereits dann, wenn ein Gesamtbetriebsrat, der zuvor die Errichtung mit beschlossen hat, nun allein die Auflösung beschließt und damit keine Befürwortung der Gesamtbetriebsräte mehr vorliegt, die mehr als 50% der Arbeitnehmer repräsentieren.[469] Die Auflösung kann nur erfolgen, wenn die Gesamtbetriebsräte, die zusammen mehr als 50% der Konzernar-

---

[465] GK-BetrVG/*Kreutz/Franzen*, § 54 Rn. 59; Richardi/*Annuß*, § 54 BetrVG Rn. 46; *Fitting*, § 54 BetrVG Rn. 53.

[466] GK-BetrVG/*Kreutz/Franzen*, § 54 Rn. 59, § 57 Rn. 6.

[467] Vgl. GK-BetrVG/*Kreutz/Franzen*, § 57 Rn. 6.

[468] GK-BetrVG/*Kreutz/Franzen*, § 54 Rn. 60; Richardi/*Annuß*, § 54 BetrVG Rn. 47; *Joost*, in: MünchHdbArbR, § 227 Rn. 71.

[469] GK-BetrVG/*Kreutz/Franzen*, § 54 Rn. 60.

beitnehmer vertreten, dies beschließen.[470] Unter Umständen kann daher auch ein einziger Gesamtbetriebsrat die Auflösung des Konzernbetriebsrats beschließen, wenn dieser mehr als 50% der Konzernbelegschaft repräsentiert.[471]

Wie aufgezeigt hängt die Auflösung des Konzernbetriebsrats nur von den Beschlüssen der Gesamtbetriebsräte bzw. der Einzelbetriebsräte (§ 54 Abs. 2 BetrVG) ab. Ein Selbstauflösungsrecht des Konzernbetriebsrats besteht nicht. Aus der Umstrukturierungsperspektive spielt das Auflösungsrecht jedoch nur eine untergeordnete Rolle. Es unterliegt dem „freien Willen" der Gesamtbetriebsräte, ihr auf der Konzernebene errichtetes Gremium aufzulösen. Organisatorische Veränderungen auf der Betriebs- oder Unternehmensebene sind im Zusammenhang mit der Auflösung durch Beschluss daher unerheblich.

5. Auflösung des Konzernbetriebsrats durch schlichte Nichtentsendung

Im Zusammenhang mit der Auflösung des Konzernbetriebsrats vertritt *Annuß* die Auffassung, dass das Amt des Konzernbetriebsrats endet, wenn sämtliche Gesamtbetriebsräte und entsendungsberechtigte Betriebsräte keine Mitglieder mehr in den Konzernbetriebsrat entsenden. Dabei sei es unerheblich, dass die Arbeitnehmervertretungen in diesem Fall pflichtwidrig handeln.[472] *Kreutz* und *Franzen* sehen in der schlichten Nichtentsendung einen konkludenten Auflösungsbeschluss der (Gesamt-)Betriebsräte, der die Auflösung des Gremiums zur Folge hat.[473]

Hiergegen spricht jedoch, dass die Auflösung als folgenschwere Entscheidung nicht konkludent, sondern förmlich und ausdrücklich beschlossen werden muss.[474] Zudem ist es auch strittig, ob die Nichtentsendung überhaupt schon einen (konkludenten) Auflösungsbeschluss darstellt.[475] Da die Nichtentsendung von Mitgliedern eine Pflichtverletzung der (Gesamt-)Betriebsräte darstellt[476], kann hieran jedoch nicht noch eine (folgenschwere) Rechtsfolge, nämlich die Auflösung des Konzernbetriebsrats, geknüpft werden. Im Ergebnis führt die schlichte Nichtentsendung von

---

[470] DKKW/*Trittin*, § 54 BetrVG Rn. 54; Richardi/*Annuß*, § 54 BetrVG Rn. 48.
[471] GK-BetrVG/*Kreutz/Franzen*, § 54 Rn. 60.
[472] Richardi/*Annuß*, § 57 BetrVG Rn. 3.
[473] GK-BetrVG/*Kreutz/Franzen*, § 57 BetrVG Rn. 5.
[474] DKKW/*Trittin*, § 57 BetrVG Rn. 6.
[475] Verneinend *Fitting*, § 57 BetrVG Rn. 6.
[476] DKKW/*Trittin*, § 57 BetrVG Rn. 6.

Mitgliedern in den Konzernbetriebsrat daher nicht zum Erlöschen dieses Gremiums.[477]

6. Wegfall der Errichtungsvoraussetzungen

Umstrukturierungsvorgänge können jedoch dazu führen, dass der Fortbestand des Konzernbetriebsrats auch ohne Auflösungsbeschlüsse der (Gesamt-)Betriebsräte ausgeschlossen ist.

Das BAG hat in seinem Beschluss vom 23.08.2006 ausgeführt, dass das Amt des Konzernbetriebsrats immer dann endet, wenn die Voraussetzungen für seine Errichtung dauerhaft entfallen.[478] Auch ohne gesetzliche Verankerung von Beendigungstatbeständen ist daher festzuhalten, dass ein Konzernbetriebsrat nach einmaliger Errichtung keine „Ewigkeitsgarantie"[479] besitzen kann. Dies ergibt sich bereits aus dem Zweck der §§ 54 ff. BetrVG: Erlischt z.B. der Konzernrechtsverhältnis, welches Grundlage der Konzernbetriebsratserrichtung war, macht ein Fortbestand des Konzernbetriebsrats keinen Sinn, da die Gefahr des Mitbestimmungsverlustes, welche aufgrund einer Konzernverflechtung von Unternehmen eintreten kann, nicht mehr gegeben ist. Es muss daher notwendigerweise Tatbestände geben, die zu einer Beendigung des Gremiums führen können.

Damit ist auf den ersten Blick eine klare Aussage über den Bestand bzw. das „Schicksal" des Konzernbetriebsrats getroffen worden, die auch im Rahmen von Umstrukturierungsvorgängen berücksichtigt werden muss: Entfallen die Errichtungsvoraussetzungen des Konzernbetriebsrats durch Betriebs- und Unternehmensumstrukturierungen, endet damit auch dessen Amt. Nachfolgend soll dargestellt werden, unter welchen Voraussetzungen die Errichtungsvoraussetzungen des Konzernbetriebsrats dauerhaft entfallen.

a) Konzern i.S.v. § 18 Abs. 1 AktG

Zu den Errichtungsvoraussetzungen des Konzernbetriebsrats zählen die Tatbestandsmerkmale des § 54 Abs. 1 BetrVG: Nötig ist zunächst das Vorliegen eines (Unterordnungs-)Konzerns i.S.v. § 18 Abs. 1 BetrVG. Endet das Konzernverhältnis

---

[477] So auch ErfK/*Koch*, § 57 BetrVG Rn. 1.
[478] BAG v. 23.08.2006 – 7 ABR 51/05, AP Nr. 12 zu § 54 BetrVG 1972.
[479] Vgl. *Kreutz*, in: FS Birk, 2008, S. 495, 501.

erlischt somit auch der für diesen Konzern gebildete Konzernbetriebsrat.[480] Das Konzernrechtsverhältnis kann zwar auf vielfältige Weise beendet werden.[481] Für den Bestand des Konzerns ist jedoch letztlich entscheidend, dass ein herrschendes Unternehmen mit einem oder mehreren abhängigen Unternehmen unter der einheitlichen Leitung des herrschenden Unternehmens zusammengefasst ist, § 18 Abs. 1 S. 1 AktG. Veränderungen auf der Ebene der abhängigen Gesellschaften sind daher für die Beendigung des Konzernrechtsverhältnisses solange unbedeutend, sofern noch mindestens ein abhängiges Unternehmen im Konzern vorhanden ist.[482] Dagegen bildet das herrschende Unternehmen das prägende Merkmal des Konzerns: Gibt es die Zusammenfassung unter seiner Leitung auf, endet das Konzernrechtsverhältnis; dies gilt selbst dann, sofern noch ein Abhängigkeitsverhältnis gegeben ist.[483] Weiterhin endet das Konzernrechtsverhältnis auch, wenn das herrschende Unternehmen aus dem Konzernverbund „herausfällt", d.h. seine rechtliche Verbindung mit den abhängigen Unternehmen „auftrennt".

Auch die Rechtsprechung hat sich bereits in diesem Zusammenhang geäußert. In der Fallkonstellation, über die das BAG in seinem Beschluss v. 23.08.2006[484] zu entscheiden hatte, endete das Konzernrechtsverhältnis durch eine Änderung der Beteiligungsverhältnisse an einer „zentralen" abhängigen Gesellschaft. Der Entscheidung lag folgender (vereinfachter) Sachverhalt zu Grunde: In der Unternehmensgruppe „S" war der Kaufmann D als natürliche Person herrschendes Unternehmen. In dieser Gruppe waren ca. 1500 Arbeitnehmer beschäftigt. D hielt bis zum 01.04.2003 eine Mehrheitsbeteiligung an der S-GmbH, welche die Funktion einer Holding ausübte. Über diese Holding hielt er 100%-Beteiligungen an fünf weiteren GmbHs, die wiederum an weiteren Gesellschaften beteiligt waren. Mit diesen Unternehmen bildete D einen Konzern, die sog. „S-Gruppe". Weiterer Gesellschafter der Holding-GmbH war der Sohn des D. Dieser erhöhte zum 01.04.2003 seine Stammeinlage und wurde somit Mehrheitsgesellschafter. D war zu diesem Zeitpunkt daher nicht mehr herrschendes Unternehmen des S-Konzerns.

---

[480] Ob es bestimmte Umstrukturierungskonstellationen gibt, die trotz Beendigung des Ursprungskonzerns zu einem Fortbestand des Konzernbetriebsrats führen, wird unter § 6 C. behandelt.
[481] Vgl. *Kreutz*, in: FS Birk, 2008, S. 495, 506.
[482] Vgl. auch *Kreutz*, in: FS Birk, 2008, S. 495, 507.
[483] Vgl. *Kreutz*, in: FS Birk, 2008, S. 495, 508.
[484] BAG v. 23.08.2006 - 7 ABR 51/05, AP Nr. 12 zu § 54 BetrVG 1972.

Es ging in dem Beschluss u.a. um die Frage, ob der im Jahre 2002 errichtete Konzernbetriebsrat durch den „Wechsel" der Konzernspitze sein Amt verloren hat. Das BAG führte dazu aus, dass durch die Erhöhung der Stammeinlage des Sohnes am 01.04.2003 der D nicht mehr als herrschendes Konzernunternehmen anzusehen war. Es fehlte ab dieser Einlagenerhöhung an der für einen Unterordnungskonzern erforderlichen Abhängigkeit der Holdinggesellschaft und damit der übrigen „S-Gruppe" von D. Zu diesem Zeitpunkt lagen die Errichtungsvoraussetzungen für einen Konzernbetriebsrat mit D als herrschendem Unternehmen nicht mehr vor. Dies hatte zur Folge, dass das Amt des Konzernbetriebsrats endete.[485]

Basierend auf dieser Entscheidung hat *Kreutz* die Frage aufgeworfen, ob es eine „Auswechslung" der Konzernspitze geben kann, welche nicht die Beendigung des Konzernrechtsverhältnisses zur Folge hat.[486] Nach seiner Ansicht kann ein Konzernbetriebsrat fortbestehen, wenn der Träger der einheitlichen Leitung zwar wechselt, der Konzern als wirtschaftliche Einheit jedoch bestehen bleibt. Im Fall des BAG hätte sich zwar die Konzernzusammensetzung geändert, nicht jedoch die wirtschaftliche Einheit der Unternehmensgruppe, die über die Mehrheitsbeteiligung einer natürlichen Person an der Holding-GmbH zusammengefasst und geleitet werde. Daher sei keine Beendigung des Konzerns eingetreten. Dieser werde lediglich mit einer anderen Konzernspitze fortgeführt. Aus diesem Grund könne auch ein errichteter Konzernbetriebsrat fortbestehen.[487]

Diese Ansicht ist nicht zu folgen. Aus wirtschaftswissenschaftlicher Perspektive mag es angebracht sein, den Konzern als wirtschaftliche Einheit zu anzusehen. Basierend auf diesem Verständnis hat sich im Konzerngesellschaftsrecht auch der sog. „enge Konzernbegriff" herausgebildet.[488] Aber auch dies hilft nicht darüber hinweg, dass die gesetzlichen Vorgaben des Aktiengesetzes (§ 18 AktG) maßgeblich sind, um eine Unternehmensverbindung als Konzern zu qualifizieren. Danach führt ein Wechsel der Konzernspitze zur Beendigung des Konzerns, selbst wenn der Konzern als wirtschaftliche Einheit (weitgehend) erhalten bleibt. Durch den Austausch des herrschenden Unternehmens wird das Konzernrechtsverhältnis zwischen den abhängigen und dem herrschenden Unternehmen aufgetrennt. Hierfür ist es

---

[485] BAG v. 23.08.2006 – 7 ABR 51/05, AP Nr. 12 zu § 54 BetrVG 1972 (Rn. 47).
[486] *Kreutz*, in: FS Birk, 2008, S. 495, 510.
[487] *Kreutz*, in: FS Birk, 2008, S. 495, 511 ff.
[488] Vgl. *Bayer*, in: MünchKommAktG, § 18 Rn. 29; siehe bereits oben § 4 B. III. 4. b).

unerheblich, ob in unmittelbarer Folge ein neues Konzernrechtsverhältnis begründet wird. Zu einem anderen Ergebnis käme man nur, wenn man für § 54 BetrVG einen eigenen betriebsverfassungsrechtlichen Konzernbegriff anerkennt. Dies ist jedoch durch die Bezugnahme auf § 18 Abs. 1 AktG ausgeschlossen.[489] Nur unter Beachtung der Vorgaben der § 54 Abs. 1 S. 1 BetrVG i.V.m. § 18 Abs. 1 AktG kann rechtssicher festgestellt werden, ob ein Konzernbetriebsrat wirksam errichtet wurde. Diese Vorgaben sind auch dann maßgeblich, wenn es dadurch zu einer Neukonstituierung des Konzernbetriebsrats kommt, die mit einem erheblichen Mehraufwand in organisatorischer und finanzieller Hinsicht verbunden ist. Ob ein Konzern als wirtschaftliche Einheit erhalten bleibt, setzt eine wertende Betrachtung voraus, die keinen klaren gesetzlichen Regelungen unterliegt. Die Frage, ob die Errichtungsvoraussetzungen eines Konzernbetriebsrats entfallen, kann jedoch nicht aufgrund solcher Wertungen beantwortet werden.

b) Legitimationsbasis des Konzernbetriebsrats

Gemäß § 54 Abs. 1 S. 2 BetrVG erfordert die Konzernbetriebsratserrichtung die Zustimmung der Gesamtbetriebsräte (bzw. Einzelbetriebsräte, § 54 Abs. 2 BetrVG) der Konzernunternehmen, in denen insgesamt mehr als 50% der Arbeitnehmer der Konzernunternehmen beschäftigt sind. Sinkt die Zahl der durch (Gesamt-)Betriebsräte repräsentierten Arbeitnehmer nach der Errichtung allerdings (z.B. durch eine Betriebs- oder Unternehmensumstrukturierung) auf unter 50%, ist eine (hypothetische) erneute Beschlussfassung über die Errichtung eines Konzernbetriebsrats nicht mehr möglich.[490] In einer solchen Konstellation könnte der Konzernbetriebsrat auch niemals durch autonome Beschlüsse der (Gesamt-)Betriebsräte beendet werden, weil das hierfür erforderliche Quorum nicht erreicht werden kann.[491] Würde man in diesem Fall dennoch einen Fortbestand des Gremiums bejahen, spräche man dem Konzernbetriebsrat eine „Ewigkeitsgarantie" zu, unerheblich davon, ob er weiterhin durch eine ausreichend breite Repräsentationsgrundlage legitimiert ist.[492] Diese Legitimationsbasis ist jedoch ein dauerhaftes Erfordernis, das sich nicht im

[489] Vgl. bereits oben § 4 B. III. 1. b).
[490] WHSS/*Hohenstatt*, D Rn. 134.
[491] GK-BetrVG/*Kreutz/Franzen*, § 54 Rn. 61; siehe zur Auflösung des Konzernbetriebsrats durch Beschlüsse der im Konzern vorhandenen (Gesamt-)Betriebsräte oben § 4 E. III. 4.
[492] Vgl. WHSS/*Hohenstatt*, D Rn. 134.

einmaligen Erreichen während des Errichtungsvorgangs erschöpft.[493] Entfällt diese Grundlage, führt das zu einem Wegfall der Errichtungsvoraussetzungen i.S.v. § 54 Abs. 1 S. 2 BetrVG und damit zu einem Erlöschen des Konzernbetriebsrats.[494]

Das BAG hat allerdings klargestellt, dass der Konzernbetriebsrat nur dann erlischt, wenn dessen Errichtungsvoraussetzungen *dauerhaft* entfallen.[495] Da jedoch alle vier Jahre die regelmäßigen Betriebsratswahlen stattfinden, kann es Zeiträume geben, in denen die Legitimationsgrenze des § 54 Abs. 1 S. 2 BetrVG kurzzeitig unterschritten wird, etwa bei einer nicht rechtzeitigen Einleitung der Wahlen oder bei einer erfolgreichen Wahlanfechtung.[496] Hierbei wird es sich in der Regel jedoch nicht um einen *dauerhaften* Fortfall der Errichtungsvoraussetzungen handeln, so dass vorübergehende Schwankungen der Legitimationsstärke keine Auswirkungen auf das Amt des Konzernbetriebsrats haben.

7. Beendigung des Konzernbetriebsrats bei Wegfall der „Konzernidentität"

Wie bereits festgestellt wurde, bleibt der Konzernbetriebsrat solange im Amt, bis der Konzern, für welchen er errichtet wurde, nicht mehr existiert. Für das Vorliegen eines Konzerns ist es nach § 18 Abs. 1 S. 1 AktG erforderlich, dass ein herrschendes und ein oder mehrere abhängige Unternehmen unter der einheitlichen Leitung des herrschenden Unternehmens zusammengefasst sind. Solange also immer noch ein herrschendes und ein abhängiges Unternehmen miteinander rechtlich verbunden sind, führen Veränderungen auf der Ebene der abhängigen Unternehmen, wie z.B. Unternehmensveräußerungen, nicht zu einer Beendigung des Konzernrechtsverhältnisses. In der rechtswissenschaftlichen Literatur wurden und werden allerdings Fälle diskutiert, in denen das Amt des Konzernbetriebsrats erlöschen soll, obgleich der Konzern, für welchen das Gremium errichtet wurde, rechtlich bestehen bleibt.

Hohenstatt vertrat die Auffassung, dass ein Konzernbetriebsrat dann untergehe, wenn durch eine Veräußerung von wesentlichen Unternehmensbereichen die „be-

---

[493] Vgl. WHSS/*Hohenstatt*, D Rn. 134.
[494] So im Ergebnis auch *Bauer/Göpfert/Haußmann/Krieger*, Umstrukturierung, Teil 4 B Rn. 50; a.A. *Quander*, Betriebsinhaberwechsel bei Gesamtrechtsnachfolge, S. 215.
[495] BAG vom 23.08.2006 - 7 ABR 51/05, AP Nr. 12 zu § 54 BetrVG 1972, Rn. 47.
[496] Vgl. dazu (allerdings im Zusammenhang mit dem Gesamtbetriebsrat) Richardi/*Annuß*, § 47 BetrVG Rn. 27.

triebsverfassungsrechtliche Identität" des Konzerns entfalle, obwohl das Konzernrechtsverhältnis als solches fortbestehe. In diesen Fällen sei es aus Gründen der demokratischen Legitimation sinnvoll und angemessen, aufgrund der wesentlichen Veränderungen im Konzern eine erneute Willensbildung über die Konzernbetriebsratserrichtung herbeizuführen. Bei wesentlichen Konzernveränderungen könne ein „alter" Errichtungsbeschluss keine hinreichende Grundlage für den Fortbestand eines Konzernbetriebsrats bilden.[497]

Auch *Mengel* stellt auf die „Konzernidentität" ab: Nach ihrer Ansicht erlischt ein Konzernbetriebsrat, wenn die Identität des Konzerns verletzt werde. Die „Konzernidentität" eines größeren Konzerns werde allerdings nicht durch das Ausscheiden eines unbedeutenderen Unternehmens berührt. Dies sei nur bei bedeutenderen Eingriffen in die Konzernstruktur der Fall.[498]

Hohenstatt hat seine Ansicht mittlerweile aufgegeben. Nach seiner Auffassung ist es mit der Qualifikation des Konzernbetriebsrats als Dauereinrichtung unvereinbar, dass dieses Gremium bereits dann erlösche, wenn die Mehrheit der Unternehmen veräußert werde. Veränderungen in der Zusammensetzung des Konzernbetriebsrats durch Hinzukommen oder Wegfallen von Unternehmen und Betrieben seien Teil seines Organisationssystems. Der Konzernbetriebsrat erlösche erst dann, wenn dessen Errichtungsvoraussetzungen nicht mehr vorliegen.[499]

Dem ist zuzustimmen. Der Konzernbetriebsrat ist an seine Errichtungsvoraussetzungen gebunden. Nur wenn diese entfallen, erlischt er. Das Konzernrechtsverhältnis endet aber nicht durch Veränderungen auf der Ebene der abhängigen Unternehmen, solange noch mindestens ein abhängiges Unternehmen im Konzern vorhanden ist. Sofern das Konzernrechtsverhältnis bestand hat, bleibt ein einmal errichteter Konzernbetriebsrat bestehen. In diesem Fall kann das Gremium noch seine Schutzfunktion – Verhinderung der Aushöhlung von Mitbestimmungsrechten im Falle der Verlagerung der Entscheidungsebene auf die Konzernspitze[500] – erfüllen. Legitimationsprobleme entstehen durch solch einen Fortbestand des Konzern-

---

[497] WHSS/*Hohenstatt*, 2. Aufl. 2003, D Rn. 134 f.; HWK/*Hohenstatt/Dzida*, 1. Aufl. 2004, § 54 BetrVG Rn. 18; diese Ansicht wird nach wie vor noch in der Literatur vertreten, vgl. *Willemsen*, in: Kallemeyer, Vor § 322 UmwG Rn. 50.

[498] *Mengel*, Umwandlungen im Arbeitsrecht, S. 286.

[499] WHSS/*Hohenstatt*, D Rn. 99 i.V.m. Rn. 135 (Fn. 362).

[500] Vgl. GK-BetrVG/*Kreutz/Franzen*, § 54 Rn. 4.

betriebsrats nicht, da er sich in seiner Zusammensetzung zwingend an den umstrukturierten Konzern anpassen muss.[501]

F. Ergebnis

Der fakultativ zu errichtende Konzernbetriebsrat dient der Gewährleistung und Sicherstellung der betrieblichen Mitbestimmung im Konzern.

Grundlegende Voraussetzung für die Errichtung dieses Gremiums ist das Vorhandensein eines Konzerns. Die Konzernbetriebsverfassung greift mit der Bezugnahme in § 54 Abs. 1 S. 1 BetrVG auf den Konzerntatbestand des § 18 Abs. 1 AktG zurück. Das Betriebsverfassungsrecht konstituiert somit keinen eigenständigen Konzernbegriff. Die Begriffsmerkmale des § 18 Abs. 1 AktG – „rechtlich selbstständige Unternehmen", „Abhängigkeit" und „Zusammenfassung unter einheitlicher Leitung" – sind auch im Betriebsverfassungsrecht maßgeblich, um das Vorliegen eines Konzerns zu bejahen. Sie sind jedoch einer betriebsverfassungsrechtlichen Interpretation zugänglich.

Die öffentliche Hand kann als herrschendes Unternehmen anzusehen sein, wobei jedoch im Rahmen der Betriebsverfassung § 130 BetrVG zu beachten ist, nachdem Betriebe öffentlich-rechtlicher Rechtsträger für die Errichtung des Konzernbetriebsrats nicht mitberücksichtigt werden. Die Innengesellschaft (bürgerlichen Rechts) ist nicht als herrschendes Unternehmen zu qualifizieren. Etwas anderes kann jedoch für ihre Gesellschafter gelten.

Im herrschenden Unternehmen müssen keine Betriebe vorhanden sein oder Arbeitnehmer beschäftigt werden, weshalb auch eine sog. „Holding" als herrschendes Unternehmen qualifiziert werden kann. Dagegen muss aus betriebsverfassungsrechtlicher Sicht das abhängige Unternehmen Arbeitnehmer beschäftigten und einen oder mehrere Betriebe führen, damit ein Konzernbetriebsrat errichtet werden kann.

Auch für die Konzernbetriebsratserrichtung ist ein Abhängigkeitsverhältnis i.S.d. § 17 AktG notwendig. Der konzerngesellschafts- und betriebsverfassungsrechtliche Abhängigkeitsbegriff stimmen überein.

---

[501] Vgl. dazu Richardi/*Annuß*, § 54 BetrVG Rn. 51.

Im Rahmen der Konzernbetriebsverfassung ist der „weite" Konzernbegriff maßgeblich. Das Vorliegen eines Konzerns ist bereits zu bejahen, wenn die einheitliche Leitung nur in den Bereichen der Personal- oder Sozialpolitik ausgeübt wird. Ein Konzernbetriebsrat kann sowohl für Vertrags-, Eingliederungs- als auch faktische Konzerne errichtet werden.

Für die Errichtung eines Konzernbetriebsrats ist es ausreichend, dass lediglich ein Gesamt- oder Einzelbetriebsrat im Konzern vorhanden ist. Dieser kann die Errichtung beschließen, sofern er mehr als 50% der Arbeitnehmer der Konzernunternehmen repräsentiert.

Die Konzernbetriebsverfassung gilt auch im Rahmen von „atypischen" Unternehmensstrukturen. Hierzu zählen insbesondere das sog. „Gemeinschaftsunternehmen" und die Figur des sog. „Konzerns im Konzern". Die Arbeitnehmervertreter eines Gemeinschaftsunternehmens können bei sämtlichen „Müttern" (d.h. herrschenden Unternehmen) einen Konzernbetriebsrat errichten und in diese Mitglieder entsenden. Ein solcher muss nicht bei der u.U. zwischen den Müttern bestehenden Koordinierungsgesellschaft errichtet werden. Die Rechtsfigur des sog. „Konzerns im Konzern" findet im Betriebsverfassungsrecht Anwendung. Die Errichtung eines Konzernbetriebsrats bei einer Teilkonzernspitze ("Konzern im Konzern") ist möglich, sofern diese über einen betriebsverfassungsrechtlich relevanter Entscheidungsspielraum verfügt. Bei internationalen bzw. grenzüberschreitenden Konzernrechtsverhältnissen, kann ein Konzernbetriebsrat i.S.d. §§ 54 ff. BetrVG nur dann errichtet werden, wenn entweder das herrschende Unternehmen seinen Sitz im Inland hat oder eine inländische Teilkonzernspitze vorhanden ist.

Wird ein Konzernbetriebsrat rechtsfehlerhaft errichtet, kann dies dazu führen, dass dieser als von Anfang an nicht existent anzusehen ist (Nichtigkeit) oder dass die fehlerhafte Errichtung (möglicherweise durch ein arbeitsgerichtliches Beschlussverfahren) geltend gemacht werden muss (Anfechtung). Eine Nichtigkeit kommt nur bei Vorliegen von wesentlichen Mängeln im Zusammenhang mit dem Errichtungsvorgang in Betracht, etwa wenn der Konzernbetriebsrat unter Verkennung der Voraussetzungen i.S.v. § 54 Abs. 1 BetrVG errichtet wurde. In allen anderen Fällen kommt eine analoge Anwendung der Regelungen über die Wahlanfechtung in Betracht (§ 19 BetrVG).

Der Konzernbetriebsrat ist eine Dauereinrichtung ohne feste Amtszeit. Eine Beendigung dieses Arbeitnehmervertretungsorgans kann durch Beschlüsse der Gesamtbetriebsräte bzw. der ihnen gem. § 54 Abs. 2 BetrVG funktionell gleichgestellten Betriebsräte herbeigeführt werden. Darüber hinaus endet die Amtszeit des Konzernbetriebsrats, wenn dessen Errichtungsvoraussetzungen dauerhaft entfallen. Dies ist insbesondere der Fall, wenn der Konzern, für welchen dieses Gremium errichtet wurde, nicht mehr besteht oder die Legitimationsgrundlage des § 54 Abs. 1 S. 2 BetrVG entfällt.

Ein errichteter Konzernbetriebsrat erlischt nicht bereits durch eine Veränderung der „Konzernidentität". Er bleibt auch in diesen Fällen solange im Amt, bis seine Errichtungsvoraussetzungen entfallen. Veränderungen innerhalb der Konzernstruktur („Konzernidentität") führen daher erst dann zu einem Erlöschen dieses Gremiums, wenn das Konzernrechtsverhältnis i.S.v. § 18 Abs. 1 AktG aufgelöst wird.

§ 5 Konzernbetriebsvereinbarung als Gestaltungsinstrument im Konzern

A. Begriff

Der Begriff „Konzernbetriebsvereinbarung" wird im BetrVG nicht explizit erwähnt. Allerdings ergibt sich aus §§ 59 Abs. 1 i.V.m. § 51 Abs. 5 BetrVG, dass auch dem Konzernbetriebsrat das Recht eingeräumt wird, Betriebsvereinbarungen abzuschließen (vgl. § 77 BetrVG).[502]

Bei den vom Konzernbetriebsrat abgeschlossenen Vereinbarungen ist zwischen „echten" und „unechten" Konzernbetriebsvereinbarungen zu unterscheiden. Dies bedingt die Regelung über den Zuständigkeitsbereich des Konzernbetriebsrats, § 58 BetrVG.

Um eine „echte" Konzernbetriebsvereinbarung handelt es sich in den Fällen, in denen der Konzernbetriebsrat im Rahmen der sog. originären Zuständigkeit gem. § 58 Abs. 1 S. 1 BetrVG tätig wird.[503] Dabei handelt es sich um Angelegenheiten, die den Konzern oder mehrere Konzernunternehmen betreffen und die nicht durch die einzelnen Gesamtbetriebsräte innerhalb ihrer Unternehmen geregelt werden können. Die Zuständigkeit erstreckt sich in diesem Fall auch auf Unternehmen, die einen Gesamtbetriebsrat nicht gebildet haben, sowie auf Betriebe der Konzernunternehmen ohne Betriebsrat, vgl. § 58 Abs. 1 S. 1, 2. Halbs. BetrVG.

Schließt der Konzernbetriebsrat Betriebsvereinbarungen im Rahmen der sog. Auftragszuständigkeit nach § 58 Abs. 2 BetrVG für einen Gesamtbetriebsrat ab, handelt es sich dabei nicht um „echte" Konzernbetriebsvereinbarungen, sondern um Gesamtbetriebsvereinbarungen.[504] Wird der Konzernbetriebsrat durch einen Einzelbetriebsrat beauftragt, vgl. § 58 Abs. 2 i.V.m. § 54 Abs. 2 BetrVG, schließt er dementsprechend lediglich Einzelbetriebsvereinbarungen ab.[505] Diese Betriebsvereinbarungen werden als sog. „unechte" Konzernbetriebsvereinbarungen be-

---

[502] Vgl. GK-BetrVG/*Kreutz/Franzen*, § 58 Rn. 49; *Fitting*, § 77 BetrVG Rn. 2; *Breymaier*, Die Fortgeltung von Betriebsvereinbarungen bei Unternehmensumwandlungen, S. 135.

[503] *Braun*, ArbRB 2004, 118; *Kern*, NZA 2009, 1313, 1314; vgl. auch *Fitting*, § 58 BetrVG Rn. 34; zum originären Zuständigkeitsbereich Richardi/*Annuß*, § 58 BetrVG Rn. 7 ff.; DKKW/*Trittin*, § 58 BetrVG Rn. 7 ff.

[504] Vgl. WPK/*Roloff*, § 58 BetrVG Rn. 12; Richardi/*Annuß*, § 58 BetrVG Rn. 45.

[505] Vgl. Richardi/*Annuß*, § 58 BetrVG Rn. 45.

zeichnet.[506] Das Schicksal dieser Vereinbarungen ist nach den Grundsätzen der Auswirkungen von Betriebs- und Unternehmensumstrukturierungen auf Gesamt- und Einzelbetriebsvereinbarungen zu beurteilen[507]. Im Rahmen dieser Arbeit wird deshalb das Augenmerk auf das Schicksal von „echten" Konzernbetriebsvereinbarungen gerichtet.

B. *Abschluss, Geltungsweise und -bereich*

Da es sich bei dem Konzern gesellschaftsrechtlich nicht um eine rechtliche Einheit, sondern um eine Vielheit von einzelnen Unternehmen handelt, ist auf den ersten Blick nicht eindeutig, mit wem der Konzernbetriebsrat Konzernbetriebsvereinbarungen abschließen kann.[508] Aufgrund der rechtlichen Selbstständigkeit der einzelnen Konzernunternehmen könnte man erwägen, dass der Konzernbetriebsrat mit jedem einzelnen Konzernunternehmen eine Regelung treffen müsste.[509] Nach umstrittener, aber inzwischen herrschender Ansicht in Rechtsprechung und Literatur handelt es sich bei dem herrschenden Konzernunternehmen um den Verhandlungs- und Abschlusspartner des Konzernbetriebsrats.[510]

Die von einem Konzernbetriebsrat abgeschlossenen Konzernbetriebsvereinbarungen gelten unmittelbar und zwingend, vgl. §§ 59 Abs. 1 i.V.m. 51 Abs. 5 i.V.m. 77 Abs. 4 BetrVG.[511] Der Geltungsbereich bestimmt sich danach, ob der Konzernbetriebsrat gem. § 58 Abs. 1 oder Abs. 2 BetrVG tätig wird: Im Rahmen der originären Zuständigkeit des Konzernbetriebsrats erstrecken sich die Konzernbetriebs-

---

[506] *Braun*, ArbRB 2004, 118; *Kern*, NZA 2009, 1313, 1314.

[507] Vgl. dazu WHSS/*Hohenstatt*, E Rn. 1 ff. und 58 ff.; *Sieg/Maschmann*, Unternehmensumstrukturierung, Rn. 401 ff.; *Bauer/Göpfert/Haußmann/Krieger*, Umstrukturierung, Teil 4 C Rn. 1 ff.; siehe zu Betriebsvereinbarungen gem. § 58 Abs. 2 BetrVG ferner *Haas*, Die Auswirkungen des Betriebsübergangs insbesondere bei der Fusion von Kapitalgesellschaften auf Betriebsvereinbarungen, 1994, S. 120 f.

[508] *Kort*, NZA 2009, 464, 470; *Richardi/Annuß*, § 58 BetrVG Rn. 33.

[509] So z.B. *Joost*, in: MünchHdbArbR, § 227 Rn. 59 ff.; *Buchner*, AG 1971, 189, 190; vgl. auch *Windbichler*, Arbeitsrecht im Konzern, S. 359 ff..

[510] BAG v. 12.11.1997 - 7 ABR 78/96, AP Nr. 2 zu § 58 BetrVG 1972; *Fitting*, § 58 BetrVG Rn. 34; ErfK/*Koch*, § 58 BetrVG Rn. 6; GK-BetrVG/*Kreutz/Franzen*, § 58 Rn. 47; HSWGN/*Glock*, § 58 BetrVG Rn. 2a; *Bachner*, NZA 1995, 256, 258 ff.; *Monjau*, BB 1972, 839, 842; *Fuchs*, Der Konzernbetriebsrat, S. 92 ff.; *Hanau*, ZGR 1984, 468, 482; *Buchner*, in: FS Zöllner, 1998, S. 697, 698 f.; vgl. ferner *Richardi/Annuß*, § 58 BetrVG Rn. 44 sowie *Konzen*, RdA 1984, 65, 76 f.

[511] GK-BetrVG/*Kreutz/Franzen*, § 54 Rn. 49; *Fitting*, § 58 BetrVG Rn. 35.

vereinbarungen auf den gesamten Konzern, d.h. sie gelten für alle Arbeitsverhältnisse der in den Konzernunternehmen beschäftigten Arbeitnehmer, es sei denn, dass ihr Geltungsbereich beschränkt ist und nur bestimmte Konzernteile erfasst, vgl. § 58 Abs. 1 S. 1 BetrVG.[512] Handelt der Konzernbetriebsrat dagegen im Auftrag eines Gesamtbetriebsrats (oder eines Einzelbetriebsrats, vgl. § 54 Abs. 2 BetrVG) gem. § 58 Abs. 2 S. 1 BetrVG, bezieht sich die (unechte) Konzernbetriebsvereinbarung nur auf das jeweilige Unternehmen (bzw. den jeweiligen Betrieb).[513]

---

[512] GK-BetrVG/*Kreutz/Franzen*, § 54 Rn. 49; *Fitting*, § 58 BetrVG Rn. 35; vgl. auch *Kort*, NZA 2009, 464, 470.
[513] Vgl. Richardi/*Annuß*, § 54 BetrVG Rn. 45; GK-BetrVG/*Kreutz/Franzen*, § 54 Rn. 49.

Dritter Teil: Konzernbetriebsrat und Konzernbetriebsvereinbarungen in der Betriebs- und Unternehmensumstrukturierung

§ 6 Auswirkungen von Betriebs- und Unternehmensumstrukturierungen auf den Konzernbetriebsrat

Werden Betriebs- oder Unternehmensumstrukturierungen durchgeführt, kann dies zur Folge haben, dass Betriebe und Rechtsträger nicht mehr in der Form (weiter-) bestehen, wie es vor der Organisationsänderung der Fall war. In diesem Zusammenhang ist fraglich, welche Auswirkungen solche Maßnahmen auf bestehende Arbeitnehmervertretungen haben.

Dies wird insbesondere dann deutlich, wenn man die verschiedenen Bezugspunkte der jeweiligen Gremien betrachtet. Die Errichtung eines Einzelbetriebsrats knüpft an den Begriff des *Betriebs* an, vgl. § 1 Abs. 1 S. 1 BetrVG, während für die Gesamtbetriebsratserrichtung erforderlich ist, dass in einem *Unternehmen* mehrere Betriebsräte bestehen, vgl. § 47 Abs. 1 BetrVG. *Betrieb* und *Unternehmen* zählen demnach zu den elementaren Tatbestandsmerkmalen und bilden die zentralen Anknüpfungspunkte der jeweiligen Arbeitnehmervertretungen.[514] Im Vergleich mit diesen Gremien nimmt der Konzernbetriebsrat durch seine Anknüpfung an den Konzern (vgl. § 54 Abs. 1 S. 1 BetrVG) eine Sonderstellung ein: Verhandlungspartner des Betriebsrats und des Gesamtbetriebsrats ist der Betriebs- bzw. Unternehmensträger in seiner Funktion als Arbeitgeber.[515] Diese Arbeitnehmervertretungen können nur innerhalb der jeweiligen Betriebs- bzw. Unternehmensgrenzen agieren und sind somit ausschließlich für die Arbeitnehmer „ihres" Unternehmens bzw. Betriebs zuständig. Dadurch, dass der Konzernbetriebsrat nicht lediglich für einen Betrieb oder ein Unternehmen, sondern für einen Konzern errichtet wird, überschreitet er diese Grenze.[516] Er ist zuständig für die Behandlung von Angelegenheiten, die den gesamten Konzern (oder zumindest mehrere Konzernunterneh-

---

[514] Ausf. zu diesen Begrifflichkeiten: *Joost*, Betrieb und Unternehmen als Grundbegriffe im Arbeitsrecht, 1988, S. 75 ff.

[515] Vgl. DKKW/*Berg*, § 77 BetrVG Rn. 27; Richardi/*Richardi*, § 77 BetrVG Rn. 30.

[516] Siehe zur problematischen Suche nach dem Verhandlungspartner des Konzernbetriebsrats ausf. *Schwald*, Die Legitimation der Konzernbetriebsverfassung, S. 41ff.

men) betreffen, vgl. § 58 Abs. 1 S. 1 BetrVG. Bei dem Konzernbetriebsrat handelt es sich somit um eine betriebs- und unternehmensübergreifend tätige Arbeitnehmervertretung.

Da sich Umstrukturierungen allerdings entweder auf der Betriebs- oder auf der Unternehmensebene vollziehen, der Konzernbetriebsrat jedoch „für einen Konzern" errichtet wird, bedarf es einer näheren Untersuchung, inwiefern sich Strukturveränderungen auf den „unteren Ebenen" auf dieses Gremium auswirken. Hierbei stellen sich zwei zentrale Fragen: Gibt es Umstrukturierungsvorgänge, die die Voraussetzungen für die erstmalige Errichtung eines Konzernbetriebsrats herbeiführen[517] und gibt es Tatbestände, die ein Erlöschen eines bereits bestehenden Konzernbetriebsrats zur Folge haben[518]?

Aufbauend auf den im zweiten Teil dieser Arbeit gefundenen Ergebnissen, soll daher nachfolgend untersucht werden, welche Auswirkungen Betriebs- und Unternehmensumstrukturierungen auf das Amt des Konzernbetriebsrats haben.

A. Umstrukturierungen auf der Betriebsebene

Zu den Umstrukturierungsvorgängen auf der Betriebsebene zählen die Einschränkung und Stilllegung von Betrieben oder Betriebsteilen, der Zusammenschluss von Betrieben und die Spaltung von Betrieben.

I. Einschränkung und Stilllegung von Betrieben oder Betriebsteilen
Eine Einschränkung oder Stilllegung von Betrieben oder Betriebsteilen kann dazu führen, dass die Errichtungsvoraussetzungen eines bereits bestehenden Konzernbetriebsrats entfallen und dadurch dessen Amt erlischt.

1. Reduzierung der im Konzern vorhandenen Betriebe
Nach einer in der Literatur vertretenen Ansicht erlischt der Konzernbetriebsrat, wenn im Konzern nicht mehr mindestens zwei Unternehmen mit (Gesamt-)Betriebsräten bestehen.[519] Bezogen auf die Anzahl der Unternehmen ist dieser Auffassung zuzustimmen: Ein Konzern i.S.v. § 18 Abs. 1 AktG setzt zwingend

---

[517] Vgl. auch WHSS/*Hohenstatt*, D 123.
[518] Vgl. auch WHSS/*Hohenstatt*, D 133.
[519] HWK/*Hohenstatt/Dzida*, § 54 BetrVG Rn. 16; WHSS/*Hohenstatt*, D Rn. 133.

mindestens zwei Unternehmen (ein herrschendes und ein abhängiges Unternehmen) voraus. Wie bereits oben aufgezeigt ist es jedoch nicht erforderlich, dass dem Konzern mindestens zwei Gesamtbetriebsräte bzw. diesen funktionell gleichgestellte Betriebsräte (§ 54 Abs. 2 BetrVG) angehören. Ein Konzernbetriebsrat kann auch von dem einzigen im Konzern vorhandenen (Gesamt-)Betriebsrat errichtet werden.[520] Erst wenn im Konzern kein einziger Betrieb mehr vorhanden ist, erlischt notwendigerweise auch der Konzernbetriebsrat.

Durch eine Reduzierung der im Konzern vorhandenen Betriebe verändert sich jedoch die Zusammensetzung des Konzernbetriebsrats, da dessen Größe von der Anzahl der (Gesamt-)Betriebsräte und somit von der Anzahl der Betriebe im Konzern abhängt, vgl. § 55 Abs. 1 i.V.m. § 54 Abs. 2 BetrVG.[521]

2. Erreichen des 50%-Quorums

Gemäß § 54 Abs. 1 S. 2 BetrVG erfordert die Errichtung eines Konzernbetriebsrats die Zustimmung der Gesamtbetriebsräte[522] der Konzernunternehmen, in denen insgesamt mehr als 50% der Konzernarbeitnehmer beschäftigt sind. Hierdurch soll dem Konzernbetriebsrat eine ausreichend breite Legitimationsbasis verschafft werden.[523] Es handelt sich bei dieser Vorgabe um eine Errichtungsvoraussetzung.

Führt eine Einschränkung oder Stilllegung von Betrieben oder Betriebsteilen zu einer Verringerung der Arbeitnehmeranzahl, besteht die Möglichkeit, dass die im Konzern vertretenen (Gesamt-)Betriebsräte nicht mehr insgesamt mehr als 50% der Konzernarbeitnehmer repräsentieren. In diesem Fall endet das Amt eines bestehenden Konzernbetriebsrats.[524]

II. Zusammenschluss von Betrieben

Der Zusammenschluss von Betrieben kann zum einen darauf beruhen, dass ein Betrieb in einen anderen eingegliedert wird und zum anderen darauf, dass mehrere

[520] Vgl. oben § 4 B. IV. 1. b).
[521] Vgl. dazu auch GK-BetrVG/*Kreutz/Franzen*, § 55 Rn. 13.
[522] Bzw. Betriebsräte, vgl. § 54 Abs. 2 BetrVG.
[523] HWK/*Hohenstatt/Dzida*, § 54 BetrVG Rn. 17.
[524] Vgl. dazu oben § 4 E. III. 6. b).

Betriebe zu einem neuen Betrieb zusammengeschlossen werden.[525] Im ersten Fall bleibt der aufnehmende Betrieb bestehen und der aufgenommene Betrieb erlischt.[526] Im zweiten Fall ist der neue Betrieb mit keinem der alten Betriebe identisch, was zur Folge hat, dass diese erlöschen.[527]

Isoliert betrachtet führen Betriebszusammenschlüsse nicht zu einer Verringerung der Arbeitnehmerzahl (sofern in diesem Fall nicht parallel [betriebsbedingte] Kündigungen ausgesprochen werden). Das 50%-Quorum wird daher nicht berührt. Geht man jedoch mit der h.M. davon aus, dass für die Konzernbetriebsratserrichtung das Vorhandensein von mindestens zwei (Gesamt-)Betriebsräten im Konzern erforderlich ist[528], können Betriebszusammenschlüsse zu einem Wegfall dieser Errichtungsvoraussetzungen führen. Dies ist immer dann der Fall wenn nach einem Zusammenschluss nur noch ein Betrieb im Konzern vorhanden ist, da nach diesem Vorgang nur noch ein Betriebsrat bestehen kann. Lässt man es jedoch nach der hier vertretenen Auffassung genügen, dass auch ein einziger im Konzern vertretener (Gesamt-)Betriebsrat einen Konzernbetriebsrat errichten kann[529], entfallen die Errichtungsvoraussetzungen nicht. Ein Erlöschen des Konzernbetriebsrats kommt somit nicht in Betracht. Ein Betriebszusammenschluss allein hat somit keine Auswirkungen auf das Amt des Konzernbetriebsrats.

Wird ein Betrieb aus dem Unternehmens ausgegliedert und in ein anderes Unternehmens eingegliedert, liegt hierin ein Betriebsinhaberwechsel.[530] In diesen Fällen können zwar auch Betriebe zusammengeschlossen werden, der Schwerpunkt liegt hierbei jedoch auf dem Betriebsübergang.[531] Der Zusammenschluss knüpft erst an den Inhaberwechsel an. Die Auswirkungen eines Betriebsübergangs auf den Konzernbetriebsrat werden unter § 6 B. II. dargestellt.

Die einzige Veränderung, die durch einen Betriebszusammenschluss herbeigeführt werden kann, betrifft die Zusammensetzung des Konzernbetriebsrats: Von der

---

[525] Richardi/*Annuß*, § 111 BetrVG Rn. 97; GK-BetrVG/*Oetker*, § 111 Rn. 128 f.; ErfK/*Kania*, § 111 BetrVG Rn. 13; *Fitting*, § 111 BetrVG Rn. 84.

[526] Richardi/*Annuß*, § 111 BetrVG Rn. 97; GK-BetrVG/*Oetker*, § 111 Rn. 129.

[527] Richardi/*Annuß*, § 111 BetrVG Rn. 97; GK-BetrVG/*Oetker*, § 111 Rn. 128.

[528] Vgl. dazu oben § 4 B. IV. 1. a).

[529] Vgl. dazu oben § 4 B. IV. 1. b).

[530] Vgl. Richardi/*Annuß*, § 111 BetrVG Rn. 99; GK-BetrVG/*Oetker*, § 111 BetrVG Rn. 132.

[531] Vgl. auch GK-BetrVG/*Oetker*, § 111 Rn. 133 („Die Übertragung eines Betriebs auf ein anderes Unternehmen ist […] kein Zusammenschluss i.S. des § 111 Satz 3 Nr. 3, sondern ausschließlich ein Wechsel des Betriebsinhabers").

Anzahl der vorhandenen Betriebe und damit von der Anzahl der (Gesamt-)Betriebsräte hängt die Größe des Konzernbetriebsrats ab, vgl. § 55 Abs. 1 i.V.m. § 54 Abs. 2 BetrVG.

III. Spaltung von Betrieben

Bei einer Betriebsspaltung kann ein bisher organisatorisch einheitlicher Betrieb in zwei oder mehrere neue selbstständige Betriebe aufgeteilt werden.[532] Darüber hinaus kann eine Spaltung auch in der Weise durchgeführt werden, dass von einem fortbestehenden bisherigen Betrieb ein kleinerer Teil oder mehrere kleine Teile abgespalten und verselbstständigt werden.[533] Die Betriebsspaltung ist streng von der Unternehmensspaltung nach dem UmwG[534] zu unterscheiden. Allerdings werden Betriebs- und Unternehmensspaltungen in der Praxis oftmals parallel durchgeführt.[535]

1. Herbeiführung der Errichtungsvoraussetzungen durch eine Betriebsspaltung

Eine Betriebsspaltung allein hat nach Ansicht von *Hohenstatt* keinerlei Einfluss auf die Amtszeit eines Konzernbetriebsrats.[536] Nach ihm soll jedoch dann, wenn ein Unternehmen, in dem nach einer Betriebsaufspaltung zwei Betriebe bestehen, mit einem anderen Unternehmen einen Konzern bildet, die Möglichkeit entstehen, einen Konzernbetriebsrat zu errichten: Die Betriebsspaltung führe dann dazu, dass die nunmehr vorhandenen Betriebe einen Gesamtbetriebsrat errichten können und müssen, vgl. § 47 Abs. 1 BetrVG. Dieser könne dann wiederum Mitglieder in den Konzernbetriebsrat entsenden. Dem ist zuzustimmen. Es ist allerdings überhaupt nicht erforderlich, dass ein Betrieb gespalten wird, um eine Arbeitnehmervertretung auf der Konzernebene zu etablieren. Denn wie aufgezeigt reicht bereits ein einziger im Konzern vorhandener Betriebsrat aus, um einen Konzernbetriebsrat zu errichteten. Insofern hat eine Betriebsspaltung keine Auswirkungen auf eine potentielle Konzernbetriebsratserrichtung, solange bereits ein Betrieb mit Betriebsrat besteht.

---

[532] *Fitting*, § 111 BetrVG Rn. 86.
[533] Richardi/*Annuß*, § 111 BetrVG Rn. 101.
[534] Siehe dazu § 3 A. II. 2. c) bb).
[535] Vgl. Richardi/*Annuß*, § 111 BetrVG Rn. 100.
[536] WHSS/*Hohenstatt*, D Rn. 123.

2. Auswirkungen von Betriebsspaltungen auf die Amtszeit und die Zusammensetzung des Konzernbetriebsrats

Es gibt jedoch auch Betriebsspaltungen, die allein, d.h. ohne Veränderungen auf der Unternehmensebene, Auswirkungen auf die Amtszeit eines Konzernbetriebsrats haben: Werden in einem (konzernverbundenen) Unternehmen durch eine Betriebsaufspaltung zwei nicht betriebsratsfähige Einheiten geschaffen (vgl. § 1 Abs. 1 S. 1 BetrVG), erlischt der für diesen Betrieb gewählte Betriebsrat. Dies kann z.b. der Fall sein, wenn ein Betrieb mit acht Arbeitnehmern in zwei Einheiten aufgespalten wird, denen dann jeweils vier Arbeitnehmer zuzuordnen sind. Eine Betriebsratsneuwahl ist dann mangels Vorliegens der Voraussetzungen des § 1 Abs. 1 S. 1 BetrVG (Betrieb mit mindestens fünf Arbeitnehmern) ausgeschlossen. Auch ein Übergangsmandat scheidet in diesem Fall aus, vgl. § 21a Abs. 1 S. 1 BetrVG. Bestehen in dem Konzern nach diesem Vorgang keine weiteren Arbeitnehmervertretungen mehr, entfallen die Errichtungsvoraussetzungen eines Konzernbetriebsrats (nämlich das Bestehen von mindestens einem Betriebsrat im Konzern). Die Amtszeit dieses Gremiums endet daher.

Darüber hinaus kann eine Betriebsspaltung auch Auswirkungen auf die Zusammensetzung des Konzernbetriebsrats haben. Je nachdem, wie viele Betriebe im Konzern nach eine Spaltung vorhanden sind, ändert sich die Zahl der Konzernbetriebsratsmitglieder, vgl. § 55 Abs. 1 i.V.m. § 54 Abs. 2 BetrVG.

IV. Übergangs- und Restmandat des Konzernbetriebsrats

Umstrukturierungen auf der Betriebsebene können dazu führen, dass Betriebsräte sog. Übergangs- oder Restmandate erhalten. Gemäß § 21a BetrVG bleibt ein Betriebsrat nach einer Betriebsspaltung im Amt und führt die Geschäfte für die ihm bislang zugeordneten Betriebsteile weiter, soweit sie die Voraussetzungen des § 1 Abs. 1 S. 1 BetrVG erfüllen und nicht in einen Betrieb eingegliedert werden, in dem ein Betriebsrat besteht. Werden Betriebe oder Betriebsteile zu einem Betrieb zusammengefasst, so nimmt der Betriebsrat des nach der Zahl der wahlberechtigten Arbeitnehmer größten Betriebs oder Betriebsteils das Übergangsmandat wahr, § 21a Abs. 2 S. 1 BetrVG. Ein Restmandat entsteht im Rahmen einer Betriebsstilllegung, -spaltung oder -zusammenlegung dann, wenn durch diesen Vorgang ein Betrieb untergeht. In diesem Fall bleibt dessen Betriebsrat so lange im Amt, wies dies zur Wahrnehmung der damit im Zusammenhang stehenden Mitwirkungs- und Mitbestimmungsrechte erforderlich ist, § 21b BetrVG.

Möglicherweise lassen sich diese Regelungen auf den Konzernbetriebsrat übertragen. Dies hätte zur Folge, dass ein Konzernbetriebsrat trotz Entfallens seiner Errichtungsvoraussetzungen weiterhin im Amt bliebe.

1. Direkte Anwendung der Normen

Ganz klar gegen die Anerkennung eines Übergangs- und Restmandats des Konzernbetriebsrats spricht zunächst der Wortlaut von §§ 21a und 21b BetrVG. Dort wird nur auf den Einzelbetriebsrat abgestellt. Eine direkte Anwendung der Normen scheidet somit aus.

2. Analoge Anwendung

Möglicherweise kommt jedoch eine analoge Anwendung der Vorschriften in Betracht. Dies wird teilweise ohne nähere Begründung bejaht.[537] Die Mehrzahl der Autoren im arbeitsrechtlichen Schrifttum lehnt die entsprechende Anwendung der Vorschriften jedoch ab.[538] Es soll an den Voraussetzungen einer Analogie (Gesetzeslücke und vergleichbarer Sachverhalt)[539] fehlen: Durch eine unternehmensinterne Betriebsumstrukturierung bleibe die Zuständigkeit des Konzernbetriebsrats unverändert, da dem Einzelbetriebsrat ein Übergangsmandat zustehe.[540] Da es sich bei dem Übergangsmandat um ein Vollmandat handele, könne der Betriebsrat weiterhin Mitglieder in den Gesamt- und Konzernbetriebsrat entsenden.[541] Aber auch im Falle einer unternehmens- bzw. konzernübergreifenden Betriebsrestrukturierung trete keine Schutzlücke auf, welche eine Analogie rechtfertigen könne, da auch hier dem Einzelbetriebsrat ein Übergangsmandat zustehe.[542] Durch eine Betriebsspaltung über die Konzerngrenzen hinaus, könne die Zuständigkeit des Konzernbe-

---

[537] DKKW/*Buschmann*, § 21b BetrVG Rn. 11 sowie DKKW/*Trittin*, § 54 BetrVG Rn. 52, bei Beendigung des Konzernverhältnisses.

[538] GK-BetrVG/*Kreutz*, § 21a Rn. 11; *Fitting*, § 21a BetrVG Rn. 5; Richardi/*Thüsing*, § 21a BetrVG Rn. 26; *Picot/Schnitker*, Arbeitsrecht bei Unternehmenskauf und Restrukturierung, Teil III Rn. 80 (nur in Bezug auf das Restmandat); *Feudner*, DB 2003, 882, 886; *Rieble*, NZA 2002, 233, 240; *Huke/Lepping*, FA 2004, 136, 138.

[539] Vgl. dazu *Larenz*, Methodenlehre der Rechtswissenschaft, S. 381 ff.

[540] GK-BetrVG/*Kreutz*, § 21a Rn. 11.

[541] *Rieble*, NZA 2002, 233, 240.

[542] GK-BetrVG/*Kreutz*, § 21a Rn. 11.

triebsrats nicht auf einen konzernfremden Betrieb erweitert werden: Sie bleibe immer auf den jeweiligen Konzern beschränkt.[543] Das folge bereits aus § 58 Abs. 1 S. 1 BetrVG. Im „fremden" Konzern sei dann immer der mit dem Übergangsmandat ausgestatte Betriebsrat bzw. der Gesamt- oder Konzernbetriebsrat des aufnehmenden Konzerns zuständig; ein Mitbestimmungsdefizit, wie es mit § 21a BetrVG verhindert werden soll, entfalle.[544] Im Übrigen sei davon auszugehen, dass Übergangs- und Restmandate für den Konzernbetriebsrat bewusst ungeregelt geblieben sind, weshalb eine analoge Anwendung schon mangels planwidriger Regelungslücke nicht in Betracht komme.[545] Letzteres wird damit begründet, dass dem Gesetzgeber bei Schaffung des § 21a BetrVG die entsprechende Literaturmeinung bekannt gewesen sei.[546]

Das Schutzlückenargument überzeugt: Bei einer (Gesetzes-)Analogie wird die Rechtsfolge einer bestimmten gesetzlichen Regelung im Einklang mit ihrer „ratio", aber über ihren Wortlaut hinaus, auf einen „ähnlichen" Fall erstreckt.[547] Das Übergangsmandat soll sicherstellen, dass im Rahmen von Betriebsumstrukturierungen in Übergangsphasen keine betriebsratslosen Zeiten entstehen.[548] Ebenso soll das Restmandat im Falle einer Betriebsänderung die Rechte des Betriebsrats sichern.[549] Allerdings tritt auch ohne Anerkennung eines Übergangs- bzw. Restmandats für den Konzernbetriebsrat keine Schutzlücke auf, da – wie bereits ausgeführt – die Einzelbetriebsräte nach einer Betriebsänderung durch die §§ 21a, b BetrVG ein Vollmandat besitzen, mit welchem sie ggfs. einen neuen Konzernbetriebsrat errichten können. Der mit den §§ 21a und 21b BetrVG verfolgte Zweck wird daher auch erfüllt, wenn dem Konzernbetriebsrat kein Übergangs- bzw. Restmandat eingeräumt wird. Somit scheidet eine analoge Anwendung der Normen im Rahmen der betrieblichen Mitbestimmung im Konzern aus.

---

[543] Vgl. *Rieble*, NZA 2002, 233, 240 sowie ihm folgend *Feudner*, DB 2003, 882, 886; vgl. auch *Huke/Lepping*, FA 2004, 136, 138.

[544] Vgl. *Rieble*, NZA 2002, 233, 240.

[545] So *Feudner*, DB 2003, 882, 886.

[546] Richardi/*Thüsing*, § 21a BetrVG Rn. 26.

[547] *Bydlinski*, Juristische Methodenlehre und Rechtsbegriff, S. 477.

[548] GK-BetrVG/*Kreutz*, § 21a Rn. 7; *Fitting*, § 21a BetrVG Rn. 6; Richardi/*Thüsing*, § 21a BetrVG Rn. 2.

[549] Richardi/*Thüsing*, § 21b BetrVG Rn. 1; *Fitting*, § 21b BetrVG Rn. 2; ErfK/*Koch*, § 21b BetrVG Rn. 1.

B. Umstrukturierungen auf der Unternehmensebene

I. „Share Deal"

Bei einem *share deal* finden ein Kauf und eine Übertragung von Gesellschaftsanteilen statt. Juristisch gesehen handelt es sich dabei um einen Rechtskauf i.S.v. § 453 BGB.[550] Bei dieser Form des Unternehmenskaufs bleibt die rechtliche Identität des Unternehmens bestehen.[551] Ändern sich durch einen Anteilskauf jedoch die Beteiligungsverhältnisse an diesem, kann dies Auswirkungen auf den Konzerntatbestand des § 18 Abs. 1 AktG haben.

1. Konzernentstehung durch Beteiligungserwerb

Gemäß § 18 Abs. 1 S. 3 AktG wird von einem abhängigen Unternehmen vermutet, dass es mit dem herrschenden Unternehmen einen Konzern bildet. Abhängige Unternehmen sind gem. § 17 Abs. 1 AktG rechtliche selbstständige Unternehmen, auf die ein anderes Unternehmen beherrschenden Einfluss ausüben kann. Von einem in Mehrheitsbesitz stehenden Unternehmen wird gem. § 17 Abs. 2 AktG vermutet, dass es von dem an ihm mit Mehrheit beteiligten Unternehmen abhängig ist. § 17 Abs. 2 AktG ist somit bei jedem Beteiligungserwerb zu beachten. Führt ein solcher dazu, dass ein Unternehmen die Mehrheit der Anteile oder die Mehrheit der Stimmrechte eines anderen Unternehmens erwirbt, greift die „Vermutungskette" der §§ 16 Abs. 1, 17 Abs. 2, 18 Abs. 1 S. 3 AktG: Es entsteht ein Unterordnungskonzern. Liegen daneben noch die weiteren Voraussetzungen des § 54 BetrVG vor, kann ein Beteiligungserwerb dazu führen, dass ein Konzernbetriebsrat errichtet werden kann.[552]

2. Konzernbeendigung durch Beteiligungserwerb

Ein Beteiligungserwerb kann jedoch auch zu einer Beendigung des Konzernrechtsverhältnisses führen. Das BAG hat sich dazu in seinem Beschluss vom 23.08.2006 geäußert: „Zwar führt nicht jede Änderung der Beteiligungsverhältnisse zum Wegfall des Konzerns. [...] Wird jedoch eine Mehrheitsbeteiligung zur Minderheitsbe-

---

[550] *Beckmann*, in: Staudinger, § 453 BGB Rn. 17.
[551] *Köstler*, in: Bachner/Köstler/Matthießen/Trittin, Arbeitsrecht bei Unternehmensumwandlung, § 2 Rn. 19.
[552] Vgl. auch WHSS/*Hohenstatt*, D Rn. 125.

teiligung, greift die Vermutung des § 17 Abs. 2 AktG nicht mehr. Die nach § 17 AktG erforderliche Abhängigkeit von dem herrschenden Unternehmen, die bisher auf Grund der Mehrheitsbeteiligung vermutet wurde, kann daher nur auf Grund anderer Umstände, zB Stimmbindungsverträgen, begründet werden."[553] In dem vom BAG entschiedenen Fall ging es um eine Konzernkonstellation, in der zwei natürliche Personen (Vater und Sohn) an einer Holding-GmbH beteiligt waren, über welche sie mehrere von der Holding abhängige Gesellschaften beherrschten. Zunächst hielt der Vater die Mehrheit der Anteile an der Holding. Die Beteiligungsverhältnisse wechselten dann jedoch durch eine Erhöhung der Stammeinlage des Sohnes, woraufhin der Vater seine Stellung als Mehrheitsgesellschafter verlor. Hieraus zog das BAG den Schluss, dass durch den Verlust der Mehrheitsbeteiligung (und die dadurch erfolgte Auflösung des Abhängigkeitsverhältnisses i.S.v. § 17 AktG) das Konzernrechtsverhältnis endete. Folgerichtig hat es dann entschieden, dass mit dem Ende des Konzernverhältnisses auch das Amt des Konzernbetriebsrats endet.[554]

Aus diesem Grund kann ein „share deal" auch zur Beendigung eines Konzernbetriebsrats führen.

3. „Konzern im Konzern"

Wie bereits aufgezeigt kann auch bei einem Tochterunternehmen eines mehrstufigen vertikal gegliederten Konzerns ein Konzernbetriebsrat errichtet werden, wenn der Konzerntochter ein betriebsverfassungsrechtlich relevanter Spielraum für die bei ihr zu treffenden Entscheidungen für die von ihr abhängigen Unternehmen verbleibt.[555] Führt ein Beteiligungserwerb nun dazu, dass das herrschende Unternehmen eines bestehenden Konzerns die Mehrheit der Anteile an einem konzernfremden, herrschenden Unternehmen erwirbt und dadurch ein Konzern in ein bestehendes Konzernrechtsverhältnis integriert wird, stellt sich die Frage nach dem Schicksal der vorhandenen Konzernbetriebsräte.

---

[553] BAG v. 23.08.2006 - 7 ABR 51/05, AP Nr. 12 zu § 54 BetrVG 1972, Rn. 47.
[554] Unabhängig davon ist die Frage zu beantworten, ob durch den Erwerb der Mehrheitsbeteiligung durch den Sohn ein weiterer Konzern entsteht, für den dann ein Konzernbetriebsrat errichtet werden kann; siehe dazu § 6 B. I. 1.
[555] BAG v. 21.10.1980 - 6 ABR 41/78, AP Nr. 1 zu § 54 BetrVG 1972; vgl. dazu bereits oben § 4 C. II.

Im „aufnehmenden" Konzern ändert sich durch diesen Vorgang lediglich die Anzahl der abhängigen Unternehmen. Dies kann sich auf die Zusammensetzung des Konzernbetriebsrats auswirken (§ 55 BetrVG), wenn in den aufgenommenen Unternehmen (Gesamt-)Betriebsräte bestehen. Eine Beendigung des Konzernrechtsverhältnis i.S.v. § 18 Abs. 1 AktG tritt dadurch jedoch nicht ein. Der Konzernbetriebsrat besteht somit fort. Lediglich in dem Fall, in dem sich die Anzahl der Arbeitnehmer, die nicht durch einen (Gesamt-)Betriebsrat vertreten sind, durch die „Aufnahme" erhöht, kann das Amt des Konzernbetriebsrats enden, wenn dadurch das Quorum von über 50% nicht mehr erreicht wird, vgl. § 54 Abs. 1 S. 2 BetrVG.[556]

Fraglich ist allerdings, ob auch ein im „aufgenommenen" Konzern errichteter Konzernbetriebsrat im Amt bleibt. Steht das herrschende Unternehmen dieses Konzerns nach dem *share deal* im Mehrheitsbesitz des herrschenden Unternehmens des „aufnehmenden" Konzerns, ist es von diesem abhängig, vgl. §§ 17 Abs. 2, 16 Abs. 1 AktG. Die abhängigen Unternehmen des aufgenommenen Konzerns sind dann von dem „neuen" herrschenden Unternehmen (mittelbar[557]) abhängig und bilden mit diesem einen Konzern. Das ursprüngliche Konzernrechtsverhältnis endet und wird durch die neue Unternehmensverbindung ersetzt. Damit müsste auch der für den aufgenommenen Konzern errichtete Konzernbetriebsrat enden. Seine Errichtungsvoraussetzung (der Konzerntatbestand) ist durch die Beendigung des Konzernrechtsverhältnisses entfallen. Belässt das neue herrschende Unternehmen der ursprünglichen Konzernspitze jedoch einen „betriebsverfassungsrechtlich relevanten Spielraum" kann der Konzernbetriebsrat sein Amt fortführen. Dadurch ist es möglich, dass in einem Konzern mehrere Konzernbetriebsräte bestehen.[558]

II. „Asset Deal"

Wie bereits ausgeführt, kann durch einen *asset deal*, bei dem ein Betrieb im Wege der Einzelrechtsnachfolge übertragen wird, ein Betriebsübergang gem. § 613a BGB

---

[556] Vgl. dazu oben § 4 E. III. 6. b).

[557] Vgl. dazu *Emmerich*, in: Emmerich/Habersack, Aktien- und GmbH-Konzernrecht, § 17 AktG Rn. 26.

[558] Vgl. GK-BetrVG/*Kreutz/Franzen*, § 54 Rn. 62; a.A. HWK/*Hohenstatt/Dzida*, § 54 BetrVG Rn. 16.

ausgelöst werden.[559] Führt der Betriebserwerber den Betrieb unverändert fort, bleiben bereits vorhandene Betriebsräte im Amt.[560] In Bezug auf den Konzernbetriebsrat kann ein *asset deal* jedoch dessen Errichtungsvoraussetzungen schaffen oder auch zu einem Wegfall eben dieser Voraussetzungen führen. Im letzteren Fall endet das Amt des Konzernbetriebsrats.

1. „Asset Deal" als Errichtungsgrund

Ein durch einen *asset deal* ausgelöster Betriebsübergang kann dazu führen, dass nach diesem Vorgang die Errichtungsvoraussetzungen eines Konzernbetriebsrats vorhanden sind. *Hohenstatt* führt hierzu das Beispiel an, dass ein herrschendes Unternehmen „A", was nicht über eigene betriebsratsfähige Betriebe verfügt und mit dem abhängigen Unternehmen „B", in welchem ein Gesamtbetriebsrat besteht, einen Konzern bildet, im Wege eines *asset deals* einen Betrieb mit bereits vorhandenem Betriebsrat erwirbt. Nach seiner Auffassung (die wohl der – noch – herrschenden Meinung entspricht) liegen durch das Bestehen von nun mindestens zwei Arbeitnehmervertretungen im Konzern die Errichtungsvoraussetzungen für einen Konzernbetriebsrat vor, der dann durch entsprechende Beschlüsse gebildet werden kann.[561] Auch nach der hier vertretenen Auffassung kann in dem oben genannten Beispiel ein Konzernbetriebsrat errichtet werden. Wie aufgezeigt ist das Vorliegen von mindestens zwei (Gesamt-)Betriebsräte im Konzern jedoch keine Errichtungsvoraussetzung für den Konzernbetriebsrat, so dass in dem Beispiel auch bereits ohne den *asset deal* eine Errichtung möglich gewesen wäre. Ausreichend ist bereits das Bestehen eines einzigen (Gesamt-)Betriebsrats im Konzern. Wird daher im Wege eines *asset deals* ein betriebsratsfähiger Betrieb (vgl. § 1 Abs. 1 S. 1 BetrVG) in einen bestehenden betriebs(rats)losen Konzern integriert, besteht die Möglichkeit, einen Konzernbetriebsrat zu errichten (sofern auch die weiteren Voraussetzungen vorliegen, wie insbesondere das erforderliche Quorum des § 54 Abs. 1 S. 2 BetrVG).

---

[559] Vgl. oben § 3 A. II. 2. b).
[560] Vgl. WHSS/*Hohenstatt*, D Rn. 8.
[561] WHSS/*Hohenstatt*, D Rn. 125 f.

2. „Asset Deal" als Beendigungsgrund

Ein *asset deal* kann jedoch auch zu einer Beendigung eines Konzernbetriebsrats führen. Wird durch Unternehmensverkäufe das 50%-Quorum des § 54 Abs. 1 S. 2 BetrVG unterschritten, endet das Amt des Konzernbetriebsrats.[562] Ein solcher Unternehmensverkauf kann in der Form eines konzernübergreifenden *asset deals* erfolgen, d.h. durch die Übertragung von Betrieben auf konzernfremde Rechtsträger.[563] Hat dieser zur Folge, dass in dem Konzern nach der Veräußerung nicht mehr insgesamt über 50% der Arbeitnehmer durch (Gesamt-)Betriebsräte repräsentiert werden, etwa weil in den restlichen Betrieben gar keine Betriebsräte mehr bestehen, endet das Amt des Konzernbetriebsrats.

Ein *asset deal* kann weiterhin zur Folge haben, dass der einzige Betrieb, in welchem ein Betriebsrat besteht, aus dem Konzernverbund herausfällt. In diesem Fall werden zwar möglicherweise noch Arbeitnehmer im Konzern beschäftigt. Zu den Errichtungsvoraussetzungen des Konzernbetriebsrats gehört jedoch das Vorhandensein von mindestens einem (Gesamt-)Betriebsrat im Konzern (und das Erreichen des Quorums i.S.v. § 54 Abs. 1 S. 2 BetrVG). Fällt dieser weg, erlischt damit auch das Amt des Konzernbetriebsrats.[564]

Der Konzern als solcher wird durch einen *asset deal*, bei dem sämtliche Betriebe auf einen konzernfremden Rechtsträger übertragen werden, jedoch nicht berührt, da dieser Vorgang – isoliert betrachtet – keinerlei Auswirkungen auf das Konzernrechtsverhältnis i.S.v. § 18 Abs. 1 AktG hat, sofern noch mindestens ein herrschendes und ein abhängiges Unternehmen unter der einheitlichen Leitung des herrschenden Unternehmens zusammengefasst sind. Das Vorliegen eines Konzerns als Errichtungsvoraussetzung des Konzernbetriebsrats wird aus diesem Grund folglich nicht beeinträchtigt.[565]

---

[562] *Bauer/Göpfert/Haußmann/Krieger*, Umstrukturierung, Teil 4 B Rn. 50.

[563] Vgl. zum *asset deal* als Form des Unternehmenskaufs: *Klumpp*, in: Beisel/Klumpp, Der Unternehmenskauf, Kap. 4 Rn. 23 ff.

[564] Vgl. oben § 4 B. IV. 1.

[565] Vgl. jedoch zur Frage der Übergangsfähigkeit eines Konzernbetriebsrats bei Übertragung sämtlicher Betriebe auf einen anderen Konzern sogleich unter § 6 C.

3. „Asset Deal" ohne Auswirkungen auf die Errichtungsvoraussetzungen

Haben *asset deals* keinerlei Auswirkungen auf die Errichtungsvoraussetzungen, kann dies allenfalls zu einer Veränderung der Zusammensetzung des Konzernbetriebsrats führen, vgl. § 55 Abs. 1 BetrVG. Fallen Betriebe und damit auch deren Betriebsräte aus dem Konzernverbund heraus, erlischt dadurch die Mitgliedschaft der Betriebsratsmitglieder im Gesamt- und damit auch im Konzernbetriebsrat, vgl. § 57 BetrVG.[566]

III. Umstrukturierungen nach dem UmwG

Ebenfalls Auswirkungen auf den Konzernbetriebsrat haben die verschiedenen Formen der Unternehmensumwandlung nach dem UmwG.

1. Verschmelzung

Die Verschmelzung von Rechtsträgern kann auf zwei verschiedene Arten erfolgen: Bei einer Verschmelzung durch Aufnahme bleibt der aufnehmende Rechtsträger bestehen und übernimmt das gesamte Vermögen des aufgenommenen Rechtsträgers. Der aufgenommene Rechtsträger erlischt, vgl. § 2 Nr. 1 UmwG. Bei einer Verschmelzung durch Neugründung übertragen mehrere Rechtsträger ihr gesamtes Vermögen als Ganzes auf einen neuen, von ihnen durch die Vermögensübertragung gegründeten Rechtsträger. Die ursprünglichen Rechtsträger erlöschen hierdurch, vgl. § 2 Nr. 2 UmwG.

Verschmelzungsfähige Rechtsträger sind Personenhandelsgesellschaften (oHG und KG), Partnerschaftsgesellschaften, Kapitalgesellschaften (GmbH, AG, KGaA), eingetragene Genossenschaften, eingetragene Vereine, genossenschaftliche Prüfungsverbände und Versicherungsvereine auf Gegenseitigkeit, vgl. § 3 Abs. 1 UmwG. Darüber hinaus können natürliche Personen an einer Verschmelzung beteiligt sein, wenn sie als Alleingesellschafter einer Kapitalgesellschaft deren Vermögen übernehmen, vgl. § 3 Abs. 2 Nr. 2 UmwG.

Verschmelzungsvorgänge können sich im Konzern jeweils auf der Ebene des herrschenden als auch auf der des abhängigen Unternehmens vollziehen.[567]

---

[566] Zur Beendigung der Mitgliedschaft im GBR: WHSS/*Hohenstatt*, D Rn. 99; *Fitting*, § 49 BetrVG Rn. 9 ff.; ErfK/*Koch*, § 49 BetrVG Rn. 1.
[567] Vgl. *Kreutz*, in: FS Birk, 2008, S. 495, 506 ff.

a) Ebene des herrschenden Unternehmens

Das herrschende Unternehmen eines Konzerns kann sowohl im Wege der Aufnahme als auch im Wege der Neugründung mit einem anderen Rechtsträger verschmolzen werden. Bei beiden Umwandlungsarten erlischt das herrschende Unternehmen, wodurch auch das Konzernrechtsverhältnis aufgelöst wird, vgl. § 2 Hs. 1 UmwG. Durch die Verschmelzung wird das gesamte Vermögen des herrschenden Unternehmens auf einen bereits bestehenden oder einen neu gegründeten Rechtsträger übertragen (vgl. § 2 Nr. 1 und Nr. 2 UmwG). Mithin gehen auch bestehende Mehrheitsbeteiligungen an den abhängigen Unternehmen auf den aufnehmenden bzw. neuen Rechtsträger über, so dass dann mit diesem ein Konzernrechtsverhältnis begründet wird, vgl. § 18 Abs. 1 S. 3 i.V.m. § 17 Abs. 2 AktG.[568] Dies ändert jedoch nichts daran, dass das ursprüngliche Konzernverhältnis endet, wodurch ein für den ursprünglichen Konzern gebildeter Konzernbetriebsrat erlischt.[569]

Das Konzernrechtsverhältnis bleibt jedoch bestehen, wenn das herrschende Unternehmen einen anderen Rechtsträger durch Verschmelzung im Wege der Aufnahme aufnimmt, da hierbei nur der aufgenommene Rechtsträger erlischt.[570] In diesem Fall kann sich lediglich die Zusammensetzung des Konzernbetriebsrats ändern, falls durch die Verschmelzung neue Betriebsräte in den Konzern aufgenommen werden, vgl. § 55 Abs. 1 i.V.m. § 47 Abs. 2 BetrVG bzw. § 55 Abs. 1 i.V.m. § 54 Abs. 2 BetrVG.

b) Ebene der abhängigen Unternehmen

aa) Beendigung des Konzernverhältnisses

Verschmelzungen auf der Ebene der abhängigen Unternehmen haben keinerlei Auswirkungen auf das Amt eines Konzernbetriebsrats, solange noch mindestens

---

[568] Vgl. auch *Kübler*, in: Semler/Stengel, § 20 UmwG Rn. 21 ff.

[569] Vgl. *Mengel*, Umwandlungen, S. 286; in diese Richtung tendierend auch *Bauer/Göpfert/Haußmann/Krieger*, Teil 4 B Rn. 50; siehe auch *Haas*, Die Auswirkungen des Betriebsübergangs insbesondere bei der Fusion von Kapitalgesellschaften auf Betriebsvereinbarungen, 1994, S. 112 f.; vgl. zu der Frage nach einer möglichen Übergangsfähigkeit des Konzernbetriebsrats § 6 C.

[570] Vgl. *Stengel*, in Semler/Stengel, § 2 UmwG Rn. 37; *Lutter/Drygala*, UmwG, § 2 Rn. 29.

ein abhängiges Unternehmen im Konzernverbund verbleibt.[571] Dies ist der Fall, wenn sich abhängige Unternehmen konzernintern zur Aufnahme oder zur Neugründung verschmelzen. Auch bei einer „Hereinverschmelzung", d.h. der Aufnahme von konzernfremden Unternehmen im Wege einer Verschmelzung, ändert sich an dem Konzernrechtsverhältnis nichts.

Bei einer konzernübergreifenden Verschmelzung, d.h. in den Fällen, in den ein Unternehmen aus dem Konzern „herausverschmolzen" wird, kann es dagegen zu einer Beendigung des Konzernrechtsverhältnisses kommen, wenn nach diesem Umwandlungsvorgang kein abhängiges Unternehmen mehr im „abgebenden" Konzern vorhanden ist.[572] Zwar werden den Anteilsinhabern des übertragenden Rechtsträgers auch in diesem Falle Anteile oder Mitgliedschaften des übernehmenden oder neuen Rechtsträgers gewährt (§ 2 letzter Hs. UmwG), wodurch sie Anteilsinhaber an diesen werden (§ 20 Abs. 1 Nr. 3 UmwG). Das bedeutet jedoch nicht zwingend, dass die (ursprüngliche) Konzernspitze auch nach dem Umwandlungsvorgang die Mehrheit der Anteile an dem aufnehmenden oder neuen Rechtsträger hält. Wird eine Mehrheitsbeteiligung durch die Umwandlung zu einer Minderheitsbeteiligung, kann das Konzernrechtsverhältnis enden, vgl. § 18 Abs. 1 S. 3 i.V.m. § 17 Abs. 2 i.V.m. § 16 Abs. 1 AktG. Mit dem Ende des Konzerns endet dann auch der für diesen errichtete Konzernbetriebsrat.[573]

Verbleibt dagegen bei einer „Herausverschmelzung" noch ein abhängiges Unternehmen im Konzernverbund, hat ein solcher Umwandlungsvorgang keine Auswirkungen auf die Amtszeit des Konzernbetriebsrats. Es ist allerdings erforderlich, dass in dem abhängigen Unternehmen noch mindestens ein Betriebsrat besteht, vgl. § 54 Abs. 2 BetrVG.[574]

---

[571] Vgl. *Haas*, Die Auswirkungen des Betriebsübergangs insbesondere bei der Fusion von Kapitalgesellschaften auf Betriebsvereinbarungen, 1994, S. 110 ff.; *Quander*, Betriebsinhaberwechsel bei Gesamtrechtsnachfolge, S. 216.

[572] Vgl. dazu auch *Haas*, Die Auswirkungen des Betriebsübergangs insbesondere bei der Fusion von Kapitalgesellschaften auf Betriebsvereinbarungen, 1994, S. 111 f.; *Quander*, Betriebsinhaberwechsel bei Gesamtrechtsnachfolge, S. 216.

[573] Vgl. *Kreutz*, in: FS Birk, 2008, S. 495, 506 f.

[574] Im Ergebnis ebenso WHSS/*Hohenstatt*, D Rn. 135, allerdings mit der anderen Ansicht, dass im Konzern noch mindestens zwei (Gesamt-)Betriebsräte vorhanden sein müssen, damit der Konzernbetriebsrat fortbestehen kann; vgl. auch *Sieg/Maschman*, Unternehmensumstrukturierung, Rn. 397.

Im Übrigen endet der Konzernbetriebsrat dann, wenn sich alle abhängigen Unternehmen mit dem herrschenden Unternehmen verschmelzen, da in diesem Fall nach dem Umwandlungsvorgang kein Konzern mehr besteht.[575]

„Herein- und herausverschmelzungen", die das Konzernverhältnis nicht auflösen, haben allenfalls Auswirkungen auf die Zusammensetzung des Konzernbetriebsrats (§ 55 BetrVG).[576]

bb) Auswirkungen auf die erforderliche Anzahl der (Gesamt-)Betriebsräte im Konzern

Für die Errichtung des Konzernbetriebsrats ist es nicht notwendig, dass mindestens zwei (Gesamt-)Betriebsräte im Konzern vorhanden sind. Es ist ausreichend, dass ein einziger (Gesamt-)Betriebsrat dessen Errichtung beschließt.[577] Eine Verschmelzung auf der Ebene der abhängigen Unternehmen, die das Konzernverhältnis unberührt lässt, kann daher nur dann Auswirkungen auf die Amtszeit eines Konzernbetriebsrats haben, wenn durch diesen Vorgang das einzige Unternehmen, in welchem ein Betriebsrat besteht, den Konzernverbund verlässt. Dies kann z.B. der Fall sein, wenn in einem Konzern mit dem herrschenden Unternehmen „A" und den beiden abhängigen Unternehmen „X" und „Y" nur im Unternehmen „Y" ein Betriebsrat vorhanden ist. Wird das Unternehmen „Y" nun aus dem Konzern „herausverschmolzen", besteht zwar nach wie vor ein Konzernverhältnis zwischen „A" und „X", es fehlt dann jedoch an einem (Gesamt-)Betriebsrat im Konzern. Mit diesem Fortfall endet auch das Amt des Konzernbetriebsrats.

cc) Auswirkungen auf das 50%-Quorum

Wie aufgezeigt erlischt das Amt des Konzernbetriebsrats, wenn nicht mehr über 50% der Arbeitnehmer im Konzern durch (Gesamt-)Betriebsräte vertreten werden.[578] Werden abhängige Unternehmen, in denen (Gesamt-)Betriebsräte bestehen,

---

[575] *Quander*, Betriebsinhaberwechsel bei Gesamtrechtsnachfolge, S. 216.
[576] Richardi/*Annuß*, § 54 BetrVG Rn. 51.
[577] Vgl. dazu oben § 4 B. IV. 1.
[578] Vgl. oben § 4 E. III. 6. b). sowie HWK/*Hohenstatt/Dzida*, § 54 BetrVG Rn. 17.

aus dem Konzernverbund „herausverschmolzen"[579], kann dies dazu führen, dass im „abgebenden" Konzern nicht mehr über 50% der Konzernbelegschaft durch (Gesamt-)Betriebsräte vertreten wird. In diesem Fall erlischt ein bestehender Konzernbetriebsrat mangels einer hinreichenden Legitimationsgrundlage.[580]

dd) Beendigung des Konzernbetriebsrats bei „Zweckverfehlung"

Nach *Kreutz* kann eine Organisationsänderung auf der Ebene des abhängigen Unternehmens auch dann die Beendigung des Konzernbetriebsrats zur Folge haben, wenn zwar gesellschaftsrechtlich noch ein Konzernrechtsverhältnis i.s.v. § 18 Abs. 1 AktG besteht, aber nicht mehr in mindestens zwei Konzernunternehmen Arbeitnehmer beschäftigt werden: In diesem Fall würden betriebsverfassungsrechtliche Angelegenheiten nur noch ein Konzernunternehmen betreffen; die gesetzliche Zuständigkeit nach § 58 BetrVG wäre nicht mehr gegeben.[581] Ohne Zuständigkeit würde der Fortbestand des Konzernbetriebsrats jedoch keinen Sinn mehr machen, weil der Zweck der Konzernbetriebsratsbildung nicht mehr erreicht werden könne.[582]

Dieser Auffassung ist zuzustimmen. Der Zweck des Konzernbetriebsrats besteht darin, die Mitbestimmungsrechte der Arbeitnehmer im Konzern zu sichern, weil wichtige Entscheidungen oftmals nicht auf der Ebene des jeweiligen Arbeitgeberunternehmens sondern von der Konzernspitze getroffen werden, die für die Arbeitnehmervertretungen der abhängigen Unternehmen nicht der zustände Verhandlungspartner ist.[583] Werden jedoch nur noch in einem einzigen Unternehmen Arbeitnehmer beschäftigt, entsteht keine Schutzlücke im Bereich der betrieblichen Mitbestimmung: Beteiligungsrechte können durch den jeweiligen Gesamt- bzw. Einzelbetriebsrat wahrgenommen werden. Formell mögen zwar in diesem Fall

---

[579] Dies kann durch eine Verschmelzung im Wege der Aufnahme durchgeführt werden, bei der der übernehmende Rechtsträger ein konzernfremdes Unternehmen ist. Denkbar ist jedoch auch eine Verschmelzung im Wege der Neugründung, wenn ein abhängiges Unternehmen mit einem oder mehreren konzernfremden Unternehmen einen neuen Rechtsträger gründet.

[580] A.A. *Haas*, Die Auswirkungen des Betriebsübergangs insbesondere bei der Fusion von Kapitalgesellschaften auf Betriebsvereinbarungen, 1994, S. 110, der annimmt, dass ein Konzernbetriebsrat auch dann weiterbestehen kann, wenn nach einer Umstrukturierung die Legitimationsgrundlage des § 54 Abs. 1 S. 2 BetrVG nicht mehr vorhanden ist.

[581] *Kreutz*, in: FS Birk 2008, S. 495, 508.

[582] *Kreutz*, in: FS Birk 2008, S. 495, 508.

[583] Vgl. DKKW/*Trittin*, § 54 BetrVG Rn. 2.

noch die Errichtungsvoraussetzungen vorliegen; der Konzernbetriebsrat hätte jedoch keinen Tätigkeitsbereich mehr, in welchem er seine Zuständigkeit ausüben könnte, da § 58 Abs. 1 S. 1 BetrVG einen zwingenden Konzernbezug der zu behandelnden Angelegenheit voraussetzt. Aufgrund dieser Funktionslosigkeit ist es gerechtfertigt, dessen Amtszeit enden zu lassen. Sollten die anderen Konzernunternehmen alsbald wieder Arbeitnehmer beschäftigen, ist es den (Gesamt-)Betriebsräten jederzeit möglich, einen neuen Konzernbetriebsrat zu errichten.

c) Sonderfall: „Fusion" von Konzernen mit Konzernbetriebsräten

Im Falle der „Fusion" von Konzernen mit Konzernbetriebsräten[584] stellt sich die Frage, ob alle Arbeitnehmervertretungen erlöschen oder ob zumindest ein Gremium fortbesteht.

Eine „Fusion" durch Verschmelzung kann in der Weise erfolgen, dass die jeweils herrschenden Unternehmen miteinander verschmolzen und damit alle abhängigen Unternehmen der einheitlichen Leitung des herrschenden Unternehmens unterstellt werden, das entweder das andere Unternehmen aufnimmt oder durch Umwandlung neu gegründet wurde.[585]

Trittin hält in diesem Fall einen Fortbestand desjenigen Konzernbetriebsrats für gegeben, welcher die meisten wahlberechtigten Arbeitnehmer repräsentiert.[586] Dies entspräche eher dem demokratischen Repräsentationsprinzip, als ein Wegfall dieses Gremiums; die gesetzliche Grundlage hierfür sieht er in einer analogen Anwendung des § 21a Abs. 2 BetrVG.[587]

Diese „Sonderregelung" ist jedoch abzulehnen. Auch im Rahmen einer Fusion von Konzernen mit bestehenden Konzernbetriebsräten gelten die allgemeinen Rechtsfolgen einer Umwandlung von Rechtsträgern. Endet daher das Konzernrechtsverhältnis durch Verschmelzung von herrschenden Unternehmen (im Wege

---

[584] Vgl. dazu DKKW/*Trittin*, § 54 BetrVG Rn. 56a ff.; siehe auch *Haas*, Die Auswirkungen des Betriebsübergangs insbesondere bei der Fusion von Kapitalgesellschaften auf Betriebsvereinbarungen, 1994, S. 110 ff.; *Quander*, Betriebsinhaberwechsel bei Gesamtrechtsnachfolge, S. 218 ff.

[585] DKKW/*Trittin*, § 54 BetrVG Rn. 56a; vgl. dazu bereits oben § 6 B. III. 1. a).

[586] DKKW/*Trittin*, § 54 BetrVG Rn. 56c.

[587] DKKW/*Trittin*, § 54 BetrVG Rn. 56d f.

der Neugründung), erlischt das Amt eines bestehenden Konzernbetriebsrats.[588] Es bedarf in diesem Fall auch keiner Analogie, da für den neuen Konzern – sofern die Voraussetzungen des § 54 Abs. 1 BetrVG vorliegen – unmittelbar im Anschluss an den Umwandlungsvorgang ein neuer Konzernbetriebsrat errichtet werden kann.[589] Ein Konzernbetriebsrat erlischt ferner bei einer Verschmelzung von herrschenden Konzernunternehmen im Wege der Aufnahme: Wird z.b. das herrschende Konzernunternehmen des Y-Konzerns (übertragender Rechtsträger) auf das herrschende Konzernunternehmen des X-Konzerns (übernehmender Rechtsträger) verschmolzen, bleibt ein im X-Konzern gebildeter Konzernbetriebsrat bestehen, da das ursprüngliche Konzernrechtsverhältnis durch die Aufnahme nicht beendet wird. Die Konzernspitze des Y-Konzerns erlischt dagegen durch den Übertragungsvorgang, vgl. § 2 Abs. 1 erster Hs. UmwG. Dies hat zur Folge, dass die Amtzeit eines im Y-Konzern bestehenden Konzernbetriebsrats endet.[590]

2. Spaltung

Die Spaltung von Rechtsträgern kann auf drei verschiedene Arten erfolgen: im Wege der Aufspaltung, der Abspaltung und der Ausgliederung, vgl. § 123 UmwG. Auch hierbei muss zwischen der Ebene des herrschenden und der Ebene der abhängigen Unternehmen differenziert werden.

a) Aufspaltung

Bei der Aufspaltung spaltet ein Rechtsträger sein Vermögen auf und überträgt die Vermögensteile als Gesamtheit an andere bestehende Rechtsträger (Aufspaltung im Wege der Aufnahme) oder an neue Rechtsträger, die von ihm durch die Vermögensaufspaltung gegründet werden (Aufspaltung im Wege der Neugründung), vgl. § 123 Abs. 1 Nr. 1 und Nr. 2 UmwG. Die Gegenleistung besteht in beiden Fällen in der Gewährung von Anteilen oder Mitgliedschaften an den aufnehmenden oder

---

[588] Vgl. oben § 6 B. III. 1. a); im Ergebnis auch HWK/*Hohenstatt/Dzida*, § 54 BetrVG Rn. 16 für den Fall einer „Integration" eines Konzerns mit Konzernbetriebsrat in einen anderen Konzern, wobei dort auch der Fall eines „*share deals*" gemeint sein kann; vgl. auch *Haas*, Die Auswirkungen des Betriebsübergangs insbesondere bei der Fusion von Kapitalgesellschaften auf Betriebsvereinbarungen, 1994, S. 112 ff.

[589] Vgl. zu analogen Anwendung von §§ 21a und 21b BetrVG auf den Konzernbetriebsrat § 6 A. IV.

[590] Vgl. *Quander*, Betriebsinhaberwechsel bei Gesamtrechtsnachfolge, S. 218 ff.

neugegründeten Rechtsträgern an die Anteilsinhaber des übertragenden Rechtsträgers, vgl. § 123 Abs. 1 letzter Hs. UmwG. Bei der Aufspaltung wird der übertragende Rechtsträger ohne Abwicklung aufgelöst, § 123 Abs. 1 erster Hs. UmwG.

aa) Herrschendes Unternehmen

Handelt es sich bei dem übertragenden Rechtsträger um ein herrschendes Konzernunternehmen, hat dessen Auflösung auch die Beendigung des Konzernrechtsverhältnisses zur Folge. Hierdurch erlischt das Amt eines bestehenden Konzernbetriebsrats.

Nimmt ein herrschendes Konzernunternehmen Teile des Vermögens eines aufgespaltenen Rechtsträgers auf, hat dies keinerlei Auswirkungen auf das Konzernrechtsverhältnis. Der übernehmende Rechtsträger wird durch diesen Vorgang nicht aufgelöst. Er bleibt als herrschendes Unternehmen bestehen.[591] Somit endet ein errichteter Konzernbetriebsrat im aufnehmenden Konzern nicht. Kommen durch die Vermögensübertragung jedoch neue Betriebe mit Betriebsräten zum Konzern hinzu, kann sich die Zusammensetzung des Konzernbetriebsrats ändern, § 55 Abs. 1 S. 1 i.V.m. § 54 Abs. 2 BetrVG. Unter Umständen kann sich hierdurch allerdings die Legitimationsbasis des Konzernbetriebsrats verkleinern, wenn durch die Vermögensübertragung Arbeitnehmer (infolge eines Betriebsübergangs) in den Konzern integriert werden. Sind nach dem Restrukturierungsvorgang nicht mehr insgesamt mehr als 50% der Konzernbelegschaft durch (Gesamt-)Betriebsräte repräsentiert, erlischt ein bestehender Konzernbetriebsrat.[592]

bb) Abhängige Unternehmen

Spaltet sich ein abhängiges Unternehmen im Wege der Neugründung auf, hat dies keine Auswirkungen auf das Konzernrechtsverhältnis. Zwar erlischt das aufgespaltene Unternehmen, dessen Anteilsinhaber – in einem Konzern handelt es sich hierbei meist um das herrschende Unternehmen – erhalten jedoch Anteile oder Mitgliedschaften an den neu gegründeten Rechtsträgern (vgl. § 123 Abs. 1, letzter Hs). Im Ergebnis bedeutet dieser Vorgang eine Vervielfachung der abhängigen Unter-

---

[591] Vgl. zur Rechtsträgerauflösung bei der Aufspaltung *Stengel/Schwanna*, in: Semler/Stengel, § 123 UmwG Rn. 12; *Teichmann*, in: Lutter, UmwG, § 123 Rn. 22.
[592] Vgl. oben § 4 E. III. 6. b).

nehmen im Konzern. Auswirkungen auf einen bestehenden Konzernbetriebsrat ergeben sich hierdurch nicht, da das Konzernrechtsverhältnis bestehen bleibt und auch die Anzahl der Arbeitnehmer im Konzern nicht reduziert wird.[593]

Das gleiche Ergebnis ergibt sich bei einer Aufspaltung im Wege der Aufnahme, wenn es sich bei den aufnehmenden Unternehmen um andere konzernzugehörige abhängige Unternehmen handelt. Handelt es sich bei den aufnehmenden Unternehmen jedoch um konzernfremde Rechtsträger, kann dies Auswirkungen auf errichtete Konzernbetriebsräte haben: Zum einen besteht bei der Aufspaltung des einzigen abhängigen Unternehmens die Möglichkeit der Beendigung des Konzernrechtsverhältnisses, zum anderen kann in diesem Fall das Quorum des § 54 Abs. 1 S. 2 BetrVG unterschritten werden. In beiden Fällen erlischt ein bestehender Konzernbetriebsrat.

cc) Konzernbildung durch Aufspaltung

Eine Aufspaltung eines Rechtsträgers kann zu einer Begründung eines Konzernrechtsverhältnisses führen, wodurch die Möglichkeit eröffnet wird, einen Konzernbetriebsrat zu errichten. Wird z.B. das Vermögen einer GmbH, deren einziger Gesellschafter eine natürliche Person ist, aufgespalten und auf zwei durch die Spaltung neu gegründete Gesellschaften übertragen (Aufspaltung zur Neugründung), erhält die natürliche Person hierdurch die Mehrheit der Anteile an den beiden neuen Gesellschaften (vgl. § 123 Abs. 1, letzter Hs. UmwG). Aus diesem Grund kann der Gesellschafter als Unternehmen i.S.d. Konzernrechts qualifiziert werden, weil die Gefahr besteht, dass er neben seiner Beteiligung an einer GmbH anderweitige wirtschaftliche Interessenbindungen aufweist, die nach Art und Intensität die ernsthafte Sorge begründen, er könne wegen dieser Bindungen seinen aus der Mitgliedschaft folgenden Einfluss auf die Gesellschaft nachteilig ausüben.[594] Die anderweitige wirtschaftliche Interessenbindung kann sich hier aus der Mehrheitsbeteiligung an der zweiten GmbH ergeben.[595] Durch die doppelte Mehrheitsbeteiligung kann der Gesellschafter in jeder GmbH nachteilige Weisungen zugunsten der anderen

---

[593] Letzteres könnte Auswirkungen auf das 50%-Quorum haben, vgl. § 54 Abs. 1 S. 2 BetrVG.
[594] Vgl. statt aller: *Hüffer*, § 15 AktG Rn. 8; vgl. oben § 4 B. III. 2. a) aa).
[595] Vgl. *Hüffer*, § 15 AktG Rn. 9.

GmbH anordnen. Genau dies stellt den „Konzernkonflikt" dar, für welchen das Konzernrecht Regelungen enthält.

Ist der Gesellschafter daher als Unternehmen i.S.d. §§ 15ff. AktG zu qualifizieren, bildet er mit den beiden Gesellschaften einen Unterordnungskonzern. Dies ergibt sich aus der Vermutungskette der §§ 18 Abs. 1 S. 3, 17 Abs. 2, 16 Abs. 1 AktG. Sind in diesem Konzern weiterhin Betriebsräte vorhanden, wird der Anwendungsbereich der §§ 54 ff. BetrVG eröffnet. Es besteht dann die Möglichkeit einer Konzernbetriebsratserrichtung.

b) Abspaltung

Im Gegensatz zur Aufspaltung überträgt ein Rechtsträger bei der Abspaltung nur einen Teil seines Vermögens, ohne sich dabei aufzulösen, vgl. § 123 Abs. 2 UmwG. Die Abspaltung erfolgt im Wege der Aufnahme, wenn der abgespaltene Vermögensteil auf einen bestehenden oder mehrere bestehende Rechtsträger übertragen wird (§ 123 Abs. 2 Nr. 1 UmwG). Eine Abspaltung im Wege der Neugründung liegt vor, wenn durch die Vermögensübertragung neue Rechtsträger entstehen (§ 123 Abs. 2 Nr. 2 UmwG). Als Gegenleistung für die Vermögensübertragung erhalten die Anteilsinhaber des übertragenden Rechtsträgers Anteile oder Mitgliedschaften an den aufnehmenden Rechtsträgern (§ 123 Abs. 2 a.E. UmwG).

aa) Herrschendes Unternehmen

Handelt es sich bei dem übertragenden Rechtsträger um ein herrschendes Konzernunternehmen, kann die Vermögensübertragung Auswirkungen auf das 50%-Quorum, das Konzernrechtsverhältnis und die Zusammensetzung des Konzernbetriebsrats haben.

Da es nicht erforderlich ist, dass das herrschende Unternehmen selbst eigene Arbeitnehmer beschäftigt oder in diesem ein (Gesamt-)Betriebsrat besteht[596], führt eine Vermögensübertragung, bei der alle Betriebe und alle Arbeitnehmer auf konzernfremde Rechtsträger übergehen, in der Regel nicht zum Erlöschen des Konzernbetriebsrats. Etwas anderes gilt nur dann, wenn durch den Spaltungsvorgang der einzige im Konzern vorhandene Betrieb, in welchem ein Betriebsrat besteht,

---

[596] Vgl. oben § 4 B. III. 2. b) cc).

den Konzern verlässt. Dann fehlt es mangels eines Betriebsrats im Konzern an einer Errichtungsvoraussetzung des Konzernbetriebsrats, wodurch dieses Gremium erlischt. Das Amt des Konzernbetriebsrats endet weiterhin, wenn durch die oben beschriebene Vermögensübertragung die Legitimationsbasis des § 54 Abs. S. 2 BetrVG entfällt.

Im Gegensatz zur Aufspaltung bleibt der übertragende Rechtsträger bei einer Abspaltung bestehen, so dass dieser Umwandlungsvorgang keine Auswirkungen auf das Konzernrechtsverhältnis des § 18 Abs. 1 AktG hat. Diese Errichtungsvoraussetzung des Konzernbetriebsrats wird somit nicht berührt. Allerdings ist anerkannt, dass bei einer Abspaltung auch Gesellschaftsanteile (z.B. Aktien) übertragen werden können; sie fallen unter den Vermögensbegriff des § 123 UmwG.[597] Werden daher diejenigen Gesellschaftsanteile übertragen, die für das Konzernrechtsverhältnis konstituierend sind (z.B. eine Mehrheitsbeteiligung), entfällt mit dem Ende des Konzerns auch der für diesen errichtete Konzernbetriebsrat. Dieser Fall ähnelt in seinen Auswirkungen auf den Konzernbetriebsrat dem oben beschriebenen „share deal".[598]

Werden durch eine Abspaltung Betriebe mit Betriebsräten aus dem Konzern „herausgelöst" und liegen danach dennoch die notwendigen Errichtungsvoraussetzungen des Konzernbetriebsrats vor, ändert sich lediglich die Zusammensetzung dieses Gremiums, da die den Konzern verlassenden Betriebsratsmitglieder ihr Amt im Konzernbetriebsrat verlieren.[599]

bb) Abhängiges Unternehmen
Spaltet ein abhängiges Konzernunternehmen Teile seines Vermögens ab, kann durch diesen Vorgang ein bestehender Konzernbetriebsrat erlöschen.

Führt eine Abspaltung auf der Ebene des abhängigen Unternehmens dazu, dass sämtliche Betriebe und damit auch alle Arbeitnehmer auf einen konzernfremden Rechtsträger übertragen werden[600], kann der übertragende Rechtsträger nicht mehr

---

[597] Vgl. *Schwarz*, in: Widmann/Mayer, Umwandlungsrecht, § 123 UmwG Rn. 4.1.2.
[598] Vgl. oben § 6 B. I.
[599] Vgl. HWK/*Hohenstatt/Dzida*, § 57 BetrVG Rn. 3; *Fitting*, § 57 BetrVG Rn. 7.
[600] Zur Anwendbarkeit von § 613a BGB im Rahmen von Umwandlungen *Hörtnagl*, in: Schmitt/Hörtnagl/Stratz, UmwG, § 324 UmwG Rn. 1; *Simon*, in: Semler/Stengel, § 324 UmwG Rn. 1ff.; *Steffan*, in: Ascheid/Preis/Schmidt, § 324 UmwG Rn. 1ff.; vgl. zur Rechtslage vor dem UmwG 1994: BAG v. 06.02.1985 - 5 AZR 411/83, NZA 1985, 735.

als Unternehmen i.S.d. § 54 Abs. 1 BetrVG i.V.m. § 18 Abs. 1 AktG qualifiziert werden. Für die Anerkennung der Unternehmenseigenschaft eines Rechtsträgers im Rahmen der §§ 54 ff. BetrVG ist es erforderlich, dass das Unternehmen Arbeitnehmer beschäftigt. Dabei ist es jedoch irrelevant, ob das herrschende Unternehmen über eine eigene Arbeitnehmerschaft verfügt. Dies ergibt sich aus dem Normzweck der §§ 54 ff. BetrVG.[601] Handelt es sich bei dem übertragenden Rechtsträger um das einzige abhängige Unternehmen im Konzern, erlischt durch den Verlust der Unternehmensqualität das Konzernrechtsverhältnis i.s.v. §§ 54 Abs. 1 BetrVG i.V.m. § 18 Abs. 1 AktG. Die Amtszeit eines bestehenden Konzernbetriebsrats endet in diesem Fall.

Aber auch wenn es sich bei dem übertragenden Rechtsträger nicht um das einzige abhängige Unternehmen im Konzern handelt, kann eine Abspaltung dazu führen, dass ein Konzernbetriebsrat untergeht: Erforderlich für dessen Fortbestand ist nämlich, dass noch mindestens ein (Gesamt-)Betriebsrat im Konzern vorhanden ist und insgesamt mehr als 50% der Konzernarbeitnehmer durch (Gesamt-)Betriebsräte vertreten werden. Werden diese Voraussetzungen nach einer Abspaltung nicht mehr erfüllt, erlischt ein bestehender Konzernbetriebsrat.

Genau wie bei einer Abspaltung auf der Ebene des herrschenden Unternehmens gilt auch hier, dass eine Umwandlung, bei der Betriebe mit Betriebsräten aus dem Konzern abgespalten werden, zu einer Veränderung in der Zusammensetzung des Gremiums führt, da die den Konzern verlassenden Betriebsratsmitglieder ihr Amt im Konzernbetriebsrat verlieren.[602]

cc) Konzernbildung durch Abspaltung

Ebenso wie eine Aufspaltung kann eine Abspaltung dazu führen, dass ein Konzernrechtsverhältnis begründet wird. Auch bei dieser Form der Umwandlung erhalten die Anteilsinhaber des übertragenden Rechtsträgers Anteile oder Mitgliedschaften an den aufnehmenden oder neugegründeten Rechtsträger, vgl. § 123 Abs. 2 a.E. UmwG. Zieht man das oben angeführte Beispiel der „Ein-Mann-GmbH" heran[603], kann der Gesellschafter des übertragenden Rechtsträgers durch die Vermögens-

---

[601] Vgl. oben § 4 B. III. 2. b) cc).
[602] Vgl. HWK/*Hohenstatt/Dzida*, § 57 BetrVG Rn. 3; *Fitting*, § 57 BetrVG Rn. 7.
[603] Vgl. oben § 6 B. III. 2. a) cc).

übertragung und die dadurch entstehenden neuen Beteiligungsverhältnisse als Unternehmens i.s.d. §§ 54 ff. BetrVG i.v.m. § 18 Abs. 1 AktG qualifiziert werden. In diesem Fall kann ein Konzern i.s.v. § 18 Abs. 1 AktG (i.v.m. §§ 17, 16 AktG) entstehen, für welchen eine Konzernbetriebsratserrichtung möglich ist.[604]

c) Ausgliederung

Die Ausgliederung entspricht weitgehend der Abspaltung. Allerdings erfolgt die Gewährung von Anteilen oder Mitgliedschaften an den übernehmenden oder neugegründeten Rechtsträgern nicht an die Anteilsinhaber des übertragenden Rechtsträgers, sondern an den übertragenden Rechtsträger selbst, vgl. § 123 Abs. 3 a.E. UmwG. Die Ausgliederung kann ebenso wie die Abspaltung im Wege der Aufnahme und im Wege der Neugründung durchgeführt werden.

aa) Verweis auf die Auswirkungen der Abspaltung

Für das Schicksal eines Konzernbetriebsrats bei einer Unternehmensumwandlung im Wege der Ausgliederung kann auf die Ausführungen zur Abspaltung verwiesen werden. Die Ausgliederung kann die gleichen Auswirkungen auf die Errichtungsvoraussetzungen des Konzernbetriebsrats haben, wie die Abspaltung. Es muss daher ebenfalls untersucht werden, ob diese Form der Umwandlung das Konzernrechtsverhältnis, die Anzahl der vorhandenen (Gesamt-)Betriebsräte im Konzern sowie das 50%-Quorum berührt bzw. verändert. Dass die Gewährung von Anteilen oder Mitgliedschaften an den aufnehmenden oder neugegründeten Rechtsträgern an den übertragenden Rechtsträger selbst und nicht an dessen Anteilsinhaber erfolgt, ändert hieran nichts.

bb) Konzernbildung durch Ausgliederung

Wie bei der Abspaltung kann auch die Ausgliederung zu einer Konzernbildung führen. Gliedert ein aus mehreren Betrieben bestehendes Unternehmen einen Betrieb aus und überträgt ihn auf ein dadurch neu gegründetes Unternehmen (Ausgliederung zur Neugründung, § 123 Abs. 3 Nr. 2 UmwG), erhält der übertragende Rechtsträger als Gegenleistung sämtliche Anteile an dem aufnehmenden Rechts-

---

[604] Sofern die restlichen Errichtungsvoraussetzungen vorhanden sind.

träger. Hierdurch entsteht ein Konzern i.s.v. § 18 Abs. 1 AktG, für welchen – sofern die weiteren Voraussetzungen vorliegen – ein Konzernbetriebsrat errichtet werden kann.[605]

cc) Sonderfall: Gründung eines Gemeinschaftsunternehmens

Über den Weg der Ausgliederung kann auch ein sog. Gemeinschaftsunternehmen gegründet werden. Gliedert z.b. der Rechtsträger „A" einen Teil seines Vermögens aus und überträgt diesen auf den dadurch von ihm gegründeten Rechtsträger „T" und nimmt danach das Unternehmen „B" eine Ausgliederung auf „T" vor, erhalten sowohl „A" und „B" Anteile an „T". Es liegen hier zwei getrennte Umwandlungen vor: Eine Ausgliederung im Wege der Neugründung durch „A" (§ 123 Abs. 3 Nr. 2 UmwG) und eine Ausgliederung im Wege der Aufnahme durch „B" (§ 123 Abs. 3 Nr. 1 UmwG).[606]

Aus gesellschaftsrechtlicher Sicht entsteht durch die Vermögensübertragung und die Gewährung von Anteilen – sofern danach eine paritätische Beteiligung besteht – ein Konzernrechtsverhältnis i.s.v. § 18 Abs. 1 AktG zu beiden „Mutter"-Unternehmen, da sowohl die mehrfache Abhängigkeit als auch die mehrfache Konzernzugehörigkeit anerkannt ist.[607] Der Normzweck der §§ 54 ff. BetrVG gebietet es in diesem Fall darüber hinaus auch, dass eine Konzernbetriebsratserrichtung bei beiden „Müttern" möglich sein muss.[608] Folglich kann eine Ausgliederung nach dem UmwG auch die Errichtungsvoraussetzungen für einen Konzernbetriebsrat herbeiführen.

3. Vermögensübertragung

Die Vermögensübertragung ähnelt in ihrer Durchführung der Verschmelzung und der Spaltung: Die Übertragung des gesamten Vermögens (Vollübertragung, § 174 Abs. 1 UmwG) entspricht ihrem Wesen nach der Verschmelzung und die Teilübertragung (§ 174 Abs. 2 UmwG) der Spaltung.[609] Der entscheidende Unterschied

---

[605] Siehe zu diesem Beispiel WHSS/*Hohenstatt*, D Rn. 124; vgl. auch Sieg/Maschmann, Unternehmensumstrukturierung, Rn. 399.
[606] Siehe zu diesem Beispiel *Kallmeyer/Sickinger*, in: Kallmeyer, UmwG, § 123 Rn. 25.
[607] Vgl. dazu oben § 4 C. I.
[608] Vgl. dazu oben § 4 C. I. 3.
[609] *Fonk*, in: Semler/Stengel, § 174 UmwG Rn. 4; WHSS/*Willemsen*, B 78.

liegt jedoch darin, dass als Gegenleistung für die Vermögensübertragung nicht Anteile am übernehmenden Rechtsträger, sondern andere wirtschaftliche Vorteile gewährt werden.[610] Der Regelfall ist hierbei die Barabfindung.[611]

Die Auswirkungen dieser Form der Umstrukturierung auf einen bestehenden Konzernbetriebsrat entsprechen denen der Verschmelzung bzw. der Spaltung.[612] Die fehlende Übertragung von Gesellschaftsanteilen spielt hierbei keine Rolle. Sie erlangt nur für den Fall einer potentiellen Konzernbildung i.s.v. § 18 Abs. 1 AktG Bedeutung: Im Falle einer Spaltung kann durch die Gewährung von Anteilen oder Mitgliedschaften an die Anteilsinhaber des übertragenden Rechtsträgers oder, im Falle der Ausgliederung, an den übertragenden Rechtsträger selbst, ein Unterordnungskonzern entstehen, wodurch die Möglichkeit besteht, einen Konzernbetriebsrat zu errichten.[613] Diese Form der Konzernbildung ist im Rahmen einer Vermögensübertragung i.s.v. § 174 UmwG ausgeschlossen. Sie führt daher nicht dazu, dass diese Errichtungsvoraussetzung des Konzernbetriebsrats entstehen werden kann.

4. Formwechsel

Ein Rechtsträger kann durch einen Formwechsel eine andere Rechtsform erhalten, § 190 Abs. 1 UmwG. Das Wesen des Formwechsels liegt im Wechsel der Rechtsform bei Wahrung der Identität des Rechtsträgers.[614] Anders als bei den übrigen Umwandlungsfällen findet eine Vermögensübertragung nicht statt.[615] Auch ist bei dieser Art der Umwandlung begriffsnotwendig nur ein einziger Rechtsträger beteiligt.[616]

§ 191 Abs. 1 UmwG legt fest, welche Rechtsträger ihre Rechtsform wechseln können. Dazu zählen u.a. Personenhandelsgesellschaften, Kapitalgesellschaften und

---

[610] *Stratz*, in: Schmitt/Hörtnagl/Stratz, § 174 UmwG Rn. 2; WHSS/*Willemsen*, B 78.

[611] *Fonk*, in: Semler/Stengel, § 174 UmwG Rn. 21.

[612] Vgl. dazu bereits § 6 B. III. 1. und 2.

[613] Sofern die restlichen Errichtungsvoraussetzungen vorliegen; vgl. zur Konzernentstehung durch Spaltung oben § 6 B. III. 2.

[614] *Meister/Klöcker*, in: Kallmeyer, UmwG, § 190 Rn. 6; *Stratz*, in: Schmitt/Hörtnagl/Stratz, § 190 UmwG Rn. 1; WHSS/*Willemsen*, B 79.

[615] *Meister/Klöcker*, in: Kallmeyer, UmwG, § 190 Rn. 6; WHSS/*Willemsen*, B 79; *Stengel/Schwanna*: in: Semler/Stengel, § 190 UmwG Rn 1.

[616] *Meister/Klöcker*, in: Kallmeyer, UmwG, § 190 Rn. 9; *Stratz*, in: Schmitt/Hörtnagl/Stratz, § 190 UmwG Rn. 1.

rechtsfähige Vereine. Diese können sich in Gesellschaften des bürgerlichen Rechts, Personenhandelsgesellschaften und Partnerschaftsgesellschaften, Kapitalgesellschaften und eingetragene Genossenschaften umwandeln, vgl. § 191 Abs. 2 UmwG. Die Aufzählung in § 191 UmwG ist abschließend; auch hier gilt der *numerus clausus* der Umwandlungsfälle.[617]

Um die Auswirkungen dieser Umwandlungsform auf den Konzernbetriebsrat zu bestimmen, ist zunächst festzustellen, dass sämtliche in § 191 UmwG genannten Rechtsträger als Unternehmen i.S.v. §§ 54 ff. BetrVG i.V.m. § 18 Abs. 1 AktG qualifiziert werden können. Denn wie bereits aufgezeigt, ist der Begriff des Unternehmens im Konzernbetriebsverfassungsrecht rechtsformneutral und nicht auf Aktiengesellschaften beschränkt.[618]

Da bei einem Formwechsel die Identität des Rechtsträgers gewahrt wird und sich lediglich dessen Rechtsform ändert, hat dieser Umwandlungsvorgang keinerlei Auswirkungen auf das Konzernrechtsverhältnis. Diese Form der Umwandlung führt somit nicht zu einem Erlöschen eines bestehenden Konzernbetriebsrats. Der formwechselnde Rechtsträger besteht in der in dem Umwandlungsbeschluss bestimmten Rechtsform weiter, § 202 Abs. 1 Nr. 1 UmwG. Es ist daher unerheblich, ob sich der Formwechsel auf der Ebene des herrschenden oder der des abhängigen Unternehmens vollzieht.

Durch das Fehlen einer Vermögensübertragung hat ein Formwechsel auch keine Auswirkungen auf die sonstigen Errichtungsvoraussetzungen eines Konzernbetriebsrats. Es verändert sich weder die Anzahl der durch (Gesamt-)Betriebsräte vertretenen Arbeitnehmer im Konzern noch die Anzahl der vorhandenen Arbeitnehmervertretungen.

Ein Formwechsel hat somit keine Auswirkungen auf die betriebsverfassungsrechtliche Ordnung.[619] Das Amt des Konzernbetriebsrats bleibt daher unberührt.

IV. Grenzüberschreitende Verschmelzung

Ebenfalls im Umwandlungsgesetz geregelt ist die grenzüberschreitende Verschmelzung, vgl. §§ 122a ff. UmwG. Diese Form der Unternehmensumwandlung

---

[617] *Meister/Klöcker*, in: Kallmeyer, UmwG, § 190 Rn. 9; WHSS/*Willemsen*, B 79.
[618] Vgl. Richardi/*Annuß*, § 54 BetrVG Rn. 5; siehe dazu oben § 4 B. III. 2. a).
[619] *Düwell*, in: Beseler/Düwell/Göttling, Arbeitsrechtliche Probleme, S. 375.

weist im Gegensatz zu den anderen Umwandlungsarten jedoch zwingend einen internationalen Bezug auf: Eine grenzüberschreitende Verschmelzung ist eine Verschmelzung, bei der mindestens eine der beteiligten Gesellschaften dem Recht eines anderen Mitgliedstaats der Europäischen Union oder eines anderen Vertragsstaats des Abkommens über den Europäischen Wirtschaftsraum unterliegt, § 122a Abs. 1 UmwG.

Mit den §§ 122a ff. UmwG wurde die Richtlinie 2005/56/EG des Europäischen Parlaments und des Rates vom 26. Oktober 2005 über die Verschmelzung von Kapitalgesellschaften aus verschiedenen Mitgliedstaaten[620] in deutsches Recht umgesetzt.[621] Art. 16 der Richtlinie trifft Vorgaben zur Mitbestimmung der Arbeitnehmer bei der aus der Verschmelzung hervorgegangen Gesellschaft.[622] Diese Vorgaben wurden durch das Gesetz zur Umsetzung der Regelungen über die Mitbestimmung der Arbeitnehmer bei einer Verschmelzung von Kapitalgesellschaften aus verschiedenen Mitgliedsstaaten (MgVG) vom 21. Dezember 2006[623] umgesetzt. Das MgVG regelt die Mitbestimmung der Arbeitnehmer in den Unternehmensorganen der aus einer grenzüberschreitenden Verschmelzung hervorgehenden Gesellschaft, vgl. § 1 Abs. 1 S. 1 MgVG.

An einer grenzüberschreitenden Verschmelzung können als übertragende, übernehmende oder neue Gesellschaften nur Kapitalgesellschaften im Sinne des Art. 2 Nr. 1 der Richtlinie 2005/56/EG beteiligt sein, die nach dem Recht eines Mitgliedstaats der Europäischen Union oder eines anderen Vertragsstaats des Abkommens über den Europäischen Wirtschaftsraum gegründet worden sind und ihren satzungsmäßigen Sitz, ihre Hauptverwaltung oder ihre Hauptniederlassung in einem Mitgliedsstaat der Europäischen Union oder einem anderen Vertragsstaat des Abkommens über den Europäischen Wirtschaftsraum haben, § 122b UmwG.

Grenzüberschreitende Verschmelzungen können – wie die rein innerstaatliche Verschmelzung – sowohl als Verschmelzung zur Aufnahme sowie als Verschmel-

---

[620] ABl. EU L 310 v. 25.11.2005, S. 1.
[621] Zweites Gesetz zur Änderung des Umwandlungsgesetzes v. 19. April 2007, BGBl. 2007 I S. 542; vgl. dazu *Marsch-Barner*, in: Kallmeyer, UmwG, Vor §§ 122a – 122l, Rn. 1; *Bayer*, in: Lutter, UmwG, § 122a Rn. 1 ff.
[622] Vgl. dazu *Hörtnagl*, in: Schmitt/Hörtnagl/Stratz, UmwG, Vor §§ 122a – 122l, Rn. 8; *Bayer*, in: Lutter, UmwG, § 122a Rn. 9.
[623] BGBl. 2006 I S. 3332.

zung zur Neugründung durchgeführt werden, vgl. § 122a Abs. 2 i.V.m. § 2 UmwG.[624]

1. Konzernbetriebsrat bei Auslandssachverhalten

Für die Auswirkungen einer grenzüberschreitenden Verschmelzung auf einen bestehenden Konzernbetriebsrat sind die Grundsätze über die Errichtung dieses Gremiums bei Auslandssachverhalten heranzuziehen. Wie bereits aufgezeigt kann dieses Gremium nicht grenzüberschreitend tätig werden: Ein Konzernbetriebsrat kann nach den Regelungen der §§ 54 ff. BetrVG nur dann errichtet werden, wenn entweder das herrschende Unternehmen seinen Sitz im Inland hat oder eine inländische Teilkonzernspitze vorhanden ist (sog. „Konzern im Konzern").[625]

a) Hineinverschmelzung

Bei einer Hineinverschmelzung nimmt eine inländische Gesellschaft die übertragende ausländische Gesellschaft auf.[626] Der aufnehmende Rechtsträger behält hierbei jedoch seine ursprüngliche Rechtsform des nationalen Rechts, d.h. eine deutsche AG bleibt z.B. nach der Aufnahme einer englischen Ltd. weiterhin eine deutsche AG.[627] Für einen nationalen Konzernbetriebsrat hat dieser Vorgang zunächst keine Bedeutung: Durch die Vermögensaufnahme ergeben sich keine Veränderungen des Konzernrechtsverhältnisses. Diese Errichtungsvoraussetzung des Konzernbetriebsrats fällt durch eine grenzüberschreitende Verschmelzung nicht weg. Es besteht jedoch die Möglichkeit, dass durch die Vermögensübertragung neue Betriebe und dadurch ggfs. neue Arbeitnehmer zum Konzern hinzukommen.[628] Dies kann Auswirkungen auf die Legitimation des Konzernbetriebsrats („50%-Quorum", vgl. § 54 Abs. 1 S. 2 BetrVG) haben. Wird dem Konzernbetriebsrat durch Veränderungen der Belegschaftsstärke die Legitimationsbasis entzogen, endet sein Mandat.[629] Hierbei ist allerdings zu beachten, dass die neu hinzukommen-

---

[624] *Hörtnagl*, in: Schmitt/Hörtnagl/Stratz, UmwG, §122a Rn. 6; *Bayer*, in: Lutter, UmwG, § 122a Rn. 19.
[625] Vgl. oben § 4 C. III.
[626] *Krause/Janko*, BB 2007, 2194.
[627] *Bauer/Göpfert/Haußmann/Krieger*, Umstrukturierung, 4 B Rn. 92.
[628] Vgl. zur grenzüberschreitenden Anwendung des § 613a BGB *Annuß*, in: Staudinger, § 613a BGB Rn. 41 f.
[629] Vgl. oben § 4 E. III. 6. b).

den Betriebe und Arbeitnehmer gleichzeitig ins Inland verlagert werden müssen, um Auswirkungen auf einen bestehenden Konzernbetriebsrat zu haben. Denn nach dem sog. Territorialitätsprinzip findet das BetrVG nur Anwendung auf Betriebe mit Sitz im Inland.[630] Bleiben die übernommenen Betriebe und Arbeitnehmer daher im Ausland, hat dies keine Auswirkungen auf das 50%-Quorum des § 54 Abs. 1 S. 2 BetrVG. Auch eine Änderung in der Zusammensetzung des Konzernbetriebsrats findet aus diesem Grund nicht statt, da die im Ausland liegenden Betriebe und die dort möglicherweise bestehenden Arbeitnehmervertretungen kein Entsendungsrecht in den deutschen Konzernbetriebsrat besitzen.[631]

b) Herausverschmelzung

Bei einer Herausverschmelzung ist eine inländische Gesellschaft der übertragende und eine ausländische Gesellschaft der aufnehmende Teil.[632]

Wird ein inländisches abhängiges Konzernunternehmen auf eine ausländische Gesellschaft verschmolzen und besteht danach trotzdem noch ein inländischer Konzern i.S.v. § 18 Abs. 1 AktG, hat dies keine Auswirkungen auf einen bestehenden Konzernbetriebsrat. Ein solcher endet lediglich dann, wenn nach der grenzüberschreitenden Verschmelzung die Legitimationsbasis des § 54 Abs. 1 S. 2 BetrVG nicht mehr vorhanden ist.[633]

Handelt es sich bei dem übertragenden Unternehmen allerdings um ein herrschendes Konzernunternehmen, erlischt der für den inländischen Konzern errichtete Konzernbetriebsrat, da durch den Umwandlungsvorgang das Konzernrechtsverhältnis aufgelöst wird. Besteht nach der Verschmelzung jedoch noch eine inländische Teilkonzernspitze kann für diesen „Konzern im Konzern" ein neuer Konzernbetriebsrat errichtet werden.

---

[630] BAG v. 22.03.2000 - 7 ABR 34/98, AP Nr. 8 zu § 14 AÜG; Richardi/*Richardi*, Einl. zum BetrVG Rn. 66 ff.; GK-BetrVG/*Franzen*, § 1 Rn. 4; *Fitting*, § 1 BetrVG Rn. 13; ErfK/*Koch*, § 1 BetrVG Rn. 5.

[631] Vgl. Richardi/*Annuß*, § 54 BetrVG Rn. 34; *Fitting*, § 54 BetrVG Rn. 37; GK-BetrVG/*Kreutz/Franzen*, § 54 Rn. 42; *Junker*, Internationales Arbeitsrecht im Konzern, S. 393; a.A. *Fuchs*, Der Konzernbetriebsrat, S. 182 f.

[632] *Krause/Janko*, BB 2007, 2194; vgl. auch GK-BetrVG/*Kreutz/Franzen*, § 54 Rn. 61; WHSS/*Hohenstatt*, D 134.

[633] Vgl. oben § 4 E. III. 6. b).

2. Bestandsschutz durch § 29 MgVG

Möglicherweise ergibt sich jedoch ein anderes Ergebnis aufgrund von § 29 MgVG. Nach dessen S. 1 bestehen Regelungen über die Arbeitnehmervertretungen und deren Strukturen in einer beteiligten Gesellschaft mit Sitz im Inland, die durch die Verschmelzung als eigenständige juristische Person erlischt, nach Eintragung der aus der grenzüberschreitenden Verschmelzung hervorgehenden Gesellschaft fort. Gemäß § 2 Abs. 6 MgVG ist eine Arbeitnehmervertretung i.S.d. MgVG jede Vertretung der Arbeitnehmer nach dem Betriebsverfassungsgesetz (Betriebsrat, Gesamtbetriebsrat, Konzernbetriebsrat oder eine nach § 3 Abs. 1 Nr. 1 bis 3 des Betriebsverfassungsgesetzes gebildete Vertretung). Nach § 29 S. 2 MgVG soll die Leitung der aus der grenzüberschreitenden Verschmelzung hervorgegangenen Gesellschaft sicherstellen, dass diese Arbeitnehmervertretungen ihre Aufgaben weiterhin wahrnehmen können.

Der Wortlaut des Gesetzes legt es also nahe, dass ein Konzernbetriebsrat nach einer grenzüberschreitenden Verschmelzung auch dann im Amt bleiben kann, wenn seine Errichtungsvoraussetzungen nicht mehr vorliegen, weil z.B. ein inländischer (Teil-)Konzern durch die Auflösung (infolge der Verschmelzung) des herrschenden Unternehmens nicht mehr vorhanden ist. Dieses Ergebnis widerspricht jedoch eindeutig der gesetzlichen Konzeption der §§ 54 ff. BetrVG, wonach es ohne einen inländischen (Unterordnungs-)Konzern keinen Konzernbetriebsrat geben kann. *Lunk* und *Hinrichs* sehen darüber hinaus in dieser Regelung einen Verstoß gegen die Verschmelzungsrichtlinie, die die Grundlage für das MgVG bildet: Die Anordnung der Sicherung des Fortbestandes der nationalen Arbeitnehmervertretungsstrukturen stehe mit Nr. 12 der Erwägungsgründe der Verschmelzungsrichtlinie im Widerspruch, der für alle Beteiligungsrechte der Arbeitnehmer, die nicht auf die Mitbestimmung bezogen sind, auf die dort bezeichneten Richtlinien bzw. die nationalen Umsetzungsgesetze verweise; die Verschmelzungsrichtlinie bezwecke also gerade nicht den Schutz der außerhalb der Unternehmensmitbestimmungsrechte bestehenden Arbeitnehmerrechte.[634]

Einige Autoren wollen den Bestandsschutz des § 29 MgVG allerdings nicht für jede zuvor bestehende Arbeitnehmervertretung anerkennen: So soll bei einer grenzüberschreitenden Verschmelzung, an der zwei inländische Unternehmen be-

---

[634] *Lunk/Hinrichs*, NZA 2007, 773, 780.

teilt sind, in denen jeweils ein Gesamtbetriebsrat errichtet ist, ein Fortbestand der beiden Gesamtbetriebsräte nicht in Frage kommen.[635] Auch ein Konzernbetriebsrat soll erlöschen, wenn das herrschende Unternehmen durch eine grenzüberschreitende Umwandlung seine rechtliche Selbstständigkeit verliere.[636] Diese Auffassung steht jedoch erkennbar im Widerspruch zum Wortlaut von §§ 29 S. 1 i.V.m. 2 Abs. 6 MgVG.

Trotz dieser dogmatischen Schwierigkeiten[637] entspricht das Ergebnis, welches sich aus der wortlautgenauen Anwendung der Norm ergibt, dennoch dem Willen des Gesetzgebers: § 29 MgVG soll sicherstellen, dass die „Strukturen der Arbeitnehmervertretungen in den beteiligten inländischen Gesellschaften, die durch die grenzüberschreitende Verschmelzung als eigenständige juristische Personen erlöschen, nach deren Eintragung fortbestehen, auch wenn der Sitz der durch die grenzüberschreitende Verschmelzung entstehenden Gesellschaft in einem anderen Mitgliedstaat liegt."[638] Bei den „Arbeitnehmervertretungen" soll es sich explizit um die Organe der Betriebsverfassung, d.h. Betriebsrat, Gesamtbetriebsrat, Konzernbetriebsrat, Spartenbetriebsrat oder eine nach § 3 Abs. 1 Nr. 1 bis 3 BetrVG gebildete Vertretung, handeln.[639]

Diese Auffassung führt im Zusammenhang mit einem errichteten Konzernbetriebsrat nur dann zu sinnvollen Ergebnissen, wenn nach der grenzüberschreitenden Verschmelzung noch ein inländischer Teilkonzern besteht. Wird ein inländisches herrschendes Konzernunternehmen auf eine ausländische Gesellschaft verschmolzen, entfällt durch die Anwendung von § 29 S. 1 MgVG das Erfordernis, einen Konzernbetriebsrat für den Teilkonzern neu zu errichten, was anderenfalls durch den Fortfall des ursprünglichen Konzernrechtsverhältnisses notwendig gewesen wäre.[640] § 29 MgVG zwingt folglich dazu, einen Konzernbetriebsrat selbst dann im

---

[635] *Engels*, AuR 2009, 10, 25 und 28, *Fitting*, § 1 BetrVG Rn. 182b.

[636] *Engels*, AuR 2009, 10, 25 und 28; a.A. *Fitting*, § 1 BetrVG Rn. 182b, der allerdings auch zu bedenken gibt, dass ein Fortbestand des Konzernbetriebsrats Schwierigkeiten bereitet, wenn das herrschende Konzernunternehmen nach der Umwandlung im Ausland liegt, weil der Konzernbetriebsrat in diesem Fall keinen Ansprechpartner mehr hat.

[637] So auch *Simon/Hinrichs*, NZA 2008, 391, 394.

[638] Begründung zum Regierungsentwurf eines Gesetzes zur Umsetzung der Regelungen über die Mitbestimmung der Arbeitnehmer bei einer Verschmelzung von Kapitalgesellschaften aus verschiedenen Mitgliedstaaten, BT-Drucks. 16/2922, S. 28.

[639] Begründung zum Regierungsentwurf, BT-Drucks. 16/2922, S. 19.

[640] Vgl. oben unter § 6 B. IV. 1. b).

Amt zu belassen, wenn nach einer grenzüberschreitenden Verschmelzung kein inländischer Unterordnungskonzern mehr besteht. Dieses sinnwidrige Ergebnis kann nur durch eine Anpassung der gesetzlichen Regelung vermieden werden. Eine teleologische Reduktion[641] der Norm ist aufgrund der klaren Vorgaben des Gesetzgebers ausgeschlossen.

Eine Übertragung dieser Rechtsfolgen auf sämtliche Umstrukturierungsfälle verbietet sich jedoch, da § 29 MgVG explizit auf die Fälle einer grenzüberschreitenden Umwandlung zugeschnitten ist.

C. Übergangsfähigkeit des Konzernbetriebsrats

Im Anschluss an die vorstehenden Ausführungen soll nachfolgend untersucht werden, ob es bestimmte Umstrukturierungskonstellationen gibt, in denen ein bestehender Konzernbetriebsrat auf einen anderen Konzern „übergehen" kann. Ausgehend von zwei Beschlüssen des Bundesarbeitsgerichts[642] wird in der rechtswissenschaftlichen Literatur für den Gesamtbetriebsrat die Frage erörtert, ob dieses Gremium bei einem Wechsel des Rechtsträgers bzw. des „Unternehmens" (vgl. § 47 Abs. 1 BetrVG) fortbestehen kann. Dies ist insbesondere deshalb problematisch, weil das „Unternehmen" den zentralen Anknüpfungspunkt für die Gesamtbetriebsratserrichtung darstellt und es bei dessen „Wechsel" zu einem kurzzeitigen Entfallen dieser Errichtungsvoraussetzung[643] kommt. Auch im Rahmen der §§ 47 ff. BetrVG führt ein Fortfall der Errichtungsvoraussetzungen grundsätzlich zur Beendigung des Gesamtbetriebsrats.[644] Im Folgenden soll die Rechtsprechung des BAG und ihre Rezeption in der Literatur dargestellt werden. Im Anschluss daran wird untersucht, ob sich die Ergebnisse auf den Konzernbetriebsrat übertragen lassen.

---

[641] Vgl. dazu *Looschelders/Olzen*, in: Staudinger, § 242 BGB Rn. 346.

[642] BAG v. 05.06.2002 – 7 ABR 17/01, AP Nr. 11 zu § 47 BetrVG 1972; BAG v. 18.09.2002 – 1 ABR 54/01, AP Nr. 7 zu § 77 BetrVG 1972.

[643] Vgl. zum „Unternehmen" als Errichtungsvoraussetzung des Gesamtbetriebsrats GK-BetrVG/*Kreutz*, § 47 Rn. 10 ff.; *Fitting*, § 47 BetrVG Rn. 9 ff.

[644] BAG v. 05.06.2002 – 7 ABR 17/01, AP Nr. 11 zu § 47 BetrVG 1972 unter B. I. 1. der Gründe; *Fitting*, § 47 BetrVG Rn. 26.

I. Beschluss des BAG vom 05.06.2002

Auslöser der Diskussion war der Beschluss des Bundesarbeitsgerichts vom 05.06.2002[645]: In dem (hier vereinfachten) Sachverhalt übertrug eine Warenhaus-Aktiengesellschaft („K-AG"), die eine Belegschaftsstärke von 60.000 Arbeitnehmern aufwies und bei der ein Gesamtbetriebsrat bestand, sämtliche ihrer Warenhäuser im Wege der Einzelübertragung auf ein bis dahin arbeitnehmerloses Unternehmen („KW-AG"). Von dieser Übertragung ausgeschlossen war ein Teil der Hauptverwaltung mit ca. 400 Arbeitnehmern. Dieser Unternehmensbereich wurde von der Warenhaus-AG auf eine bis dahin arbeitnehmerlose 100%ige Tochtergesellschaft („I-GmbH") übertragen. Nach dieser Umstrukturierung vertrat ein bei der „KW-AG" gebildeter Betriebsrat die Auffassung, dass der ursprünglich für die „K-AG" errichtete Gesamtbetriebsrat untergegangen sei. Aus diesem Grund müsse für das Unternehmen der „KW-AG" ein neuer Gesamtbetriebsrat errichtet werden. Der (ursprüngliche) Gesamtbetriebsrat argumentierte dagegen, dass der Verlust sämtlicher Arbeitnehmer bei der „K-AG" nicht zum Untergang des Gremiums geführt habe. Der Gesamtbetriebsrat bestehe vielmehr bei der „KW-AG" fort, da die Betriebsstrukturen im Wesentlichen erhalten geblieben seien.[646]

Das BAG ist in seinem Beschluss von dem Grundsatz ausgegangen, dass das Amt eines Gesamtbetriebsrats als Gremium endet, wenn die Voraussetzungen für dessen Errichtung nicht mehr vorliegen. Dies sei der Fall, wenn in einem Unternehmen nicht mehr mehrere Betriebsräte bestehen. Basierend auf dieser Annahme hat das Gericht entschieden, dass der Gesamtbetriebsrat bei der „K-AG" untergegangen sei, weil das Unternehmen nach der Umstrukturierung nicht mehr über Arbeitnehmer und daher auch nicht mehr über Betriebsräte verfügte. Die Errichtungsvoraussetzungen des Gesamtbetriebsrats seien somit entfallen.[647]

Auch ein Fortbestand des Gesamtbetriebsrats bei der neuen Arbeitgeberin, der „KW-AG", kommt nach der Ansicht des BAG nicht in Betracht. Das Gericht hat zwar angeführt, dass ein Betriebsinhaberwechsel die Rechtsstellung eines (Einzel-)Betriebsrats dann unberührt lasse, wenn die Identität des Betriebs beim neuen Arbeitgeber fortbestehe. Dies könnte dafür sprechen, dass bei einem Übergang sämt-

---

[645] BAG v. 05.06.2002 – 7 ABR 17/01, AP Nr. 11 zu § 47 BetrVG 1972.
[646] BAG v. 05.06.2002 – 7 ABR 17/01, AP Nr. 11 zu § 47 BetrVG 1972.
[647] BAG v. 05.06.2002 – 7 ABR 17/01, AP Nr. 11 zu § 47 BetrVG 1972 unter B. I. der Gründe.

licher Betriebe auf ein neues Unternehmen unter Beibehaltung der jeweiligen Betriebsidentität, ein bereits errichteter Gesamtbetriebsrat ebenfalls fortbestehe. Allerdings kann nicht von einem Fortbestand ausgegangen werden, wenn nicht sämtliche Betriebe eines Unternehmens auf den neuen Inhaber übertragen werden oder das übernehmende Unternehmen bereits über einen oder mehrere Betriebe verfüge und sich die betrieblichen Strukturen im übernehmenden Unternehmen durch die Integration der neuen Betriebe in das Unternehmen entsprechend ändern würden. Dies gelte bereits dann, wenn die betriebsverfassungsrechtliche Identität eines Betriebs im Zusammenhang mit dem Betriebsübergang verändert werde. Auf wesentliche Änderungen oder eine Vielzahl von betroffenen Betrieben komme es nicht an.[648] Aus diesem Grund sei der Fortbestand des bei der „K-AG" gebildeten Gesamtbetriebsrats ausgeschlossen, da nicht alle Betriebe mit Betriebsräten auf die „KW-AG" übertragen wurden, sondern ein Teil der Hauptverwaltung auf die „I-GmbH" übergegangen ist. Da zwei rechtlich selbstständige Unternehmen die Betriebe übernommen haben, könne von der Erhaltung aller betrieblichen Strukturen des bisherigen Unternehmens nicht ausgegangen werden.[649]

Obwohl sich der Senat im Ergebnis gegen einen Übergang bzw. Fortbestand des Gesamtbetriebsrats ausgesprochen hat, hat er diese Möglichkeit dennoch in Erwägung gezogen. Man kann somit davon ausgehen, dass das BAG zukünftig Fälle, in denen sämtliche Betriebe unter Wahrung ihrer Identität auf einen neues arbeitnehmerloses Unternehmen übertragen werden, im Sinne eines Fortbestands des Gesamtbetriebsrats entscheiden wird.

II. Beschluss des BAG vom 18.09.2002

Die Rechtsprechung des *Siebten Senats* hat sich bereits kurze Zeit später im Beschluss des *Ersten Senats* vom 18.09.2002[650] verfestigt. In dem dort behandelten Fall ging es um die Frage der Fortgeltung einer Gesamtbetriebsvereinbarung nach einem Betriebsübergang. Das BAG begründet die (mögliche) kollektive Fortgeltung von Gesamtbetriebsvereinbarungen u.a. mit seiner Rechtsprechung zur Amtskontinuität des Gesamtbetriebsrats: Es sei nicht auszuschließen, dass im Falle

---

[648] BAG v. 05.06.2002 – 7 ABR 17/01, AP Nr. 11 zu § 47 BetrVG 1972 unter B. II. der Gründe.
[649] BAG v. 05.06.2002 – 7 ABR 17/01, AP Nr. 11 zu § 47 BetrVG 1972 unter B. II. der Gründe.
[650] BAG v. 18.09.2002 – 1 ABR 54/01, AP Nr. 7 zu § 77 BetrVG 1972.

eines Übergangs sämtlicher Betriebe im Wege der Einzel- oder Gesamtrechtsnachfolge, nicht nur jeder einzelne Betriebsrat sondern auch ein bestehender Gesamtbetriebsrat im Amt bleibe. Der Fortbestand des Gesamtbetriebsrats spreche dafür, dass die von diesem Gremium geschlossenen Gesamtbetriebsvereinbarungen gegenüber dem neuen Rechtsträger fortwirken.[651]

III. Beschluss der Vorinstanz: LAG Düsseldorf vom 14.02.2001

Bei der Vorinstanz zur Entscheidung des BAG vom 05.06.2002 handelte es sich um das LAG Düsseldorf. In dessen Beschluss vom 14.02.2001[652] hat es ebenso wie das BAG einen Untergang des Gesamtbetriebsrats bei dem ursprünglichen Unternehmen, der „K-AG", angenommen. Es hat sich jedoch – anders als das BAG – explizit gegen einen Fortbestand des Gesamtbetriebsrats bei der „KW-AG" entschieden: Ein Übergang dieses Gremiums bei einer Auswechslung des Unternehmensträgers verbiete sich *de lege lata* und führe zu einer Auflösung des Unternehmensbegriffs, wie er gerade vom BetrVG vorausgesetzt werde.[653] Zwar bliebe es nach der Übertragung der Betriebe bei einer unveränderten Aufrechterhaltung der betrieblichen Strukturen, was einen Übergang des Gesamtbetriebsrats nahe lege. Diese Erwägung beruhe jedoch lediglich auf Billigkeits- und Praktikabilitätserwägungen. Es fehle für einen Fortbestand an einer gesetzlichen Grundlage: Betriebsverfassungsrechtlich bestehe der Gesamtbetriebsrat allein beim übertragenden Unternehmen. Auch die §§ 321 ff. UmwG und § 613a Abs. 1 BGB enthielten keine Regelungen über den Fortbestand bzw. den Übergang eines bei dem übertragenden Unternehmen bestehenden Gesamtbetriebsrats. Die sich aus § 47 Abs. 1 BetrVG ergebende Unternehmensbezogenheit des Gesamtbetriebsrats verbiete einen Übergang dieses Gremiums.[654]

---

[651] BAG v. 18.09.2002 – 1 ABR 54/01, AP Nr. 7 zu § 77 BetrVG 1972 unter B. III. 2. b) cc) der Gründe.
[652] LAG Düsseldorf v. 14.02.2001 – 4 TaBV 67/00, NZA-RR 2001, 594.
[653] LAG Düsseldorf v. 14.02.2001 – 4 TaBV 67/00, NZA-RR 2001, 594 unter III. 5. der Gründe.
[654] LAG Düsseldorf v. 14.02.2001 – 4 TaBV 67/00, NZA-RR 2001, 594 unter III. 5. b) der Gründe.

IV. Rezeption der BAG-Rechtsprechung in der Literatur

1. Zustimmende Ansichten

In der rechtswissenschaftlichen Literatur ist die Rechtsprechung des BAG bei einigen Autoren auf (starke) Zustimmung gestoßen. Teilweise wurden jedoch andere Kriterien für einen potentiellen Fortbestand des Gesamtbetriebsrats entwickelt.

Hohenstatt und *Müller-Bonanni* folgen dem BAG insoweit, als dass sie einen Fortbestand bzw. Übergang des Gesamtbetriebsrats im Grundsatz bejahen, hierfür jedoch andere Voraussetzungen aufstellen.[655] Nach ihrer Ansicht bestehen zwischen dem Gesamtbetriebsrat und einem Einzelbetriebsrat keine qualitativen Unterschiede: Der Gesamtbetriebsrat sei dem Einzelbetriebsrat nicht übergeordnet und ihm stünden auch keine anderen oder gar weiterreichende Beteiligungsrechte zu. Der fehlende qualitative Unterschied ergebe sich auch aus der in § 3 Abs. 1 Nr. 1 a) BetrVG vorgesehenen Möglichkeit zur Bildung eines unternehmenseinheitlichen Betriebsrats. Hieraus werde deutlich, dass der Gesamtbetriebsrat und der Einzelbetriebsrat gegeneinander „austauschbar" seien. Wenn nun aber diese „Austauschbarkeit" bestehe, sei es nach ihrer Auffassung jedoch nicht einsehbar, warum ein bloßer Wechsel der Betriebsinhaberschaft Einfluss auf die Amtszeit des Gesamtbetriebsrats haben soll. Ein Einzelbetriebsrat bleibe schließlich auch im Amt, sofern der Betrieb, für welchen er gewählt wurde, im Falle eines Inhaberwechsels seine betriebsverfassungsrechtliche Identität behalte. Gleiches müsse daher für den Gesamtbetriebsrat gelten. Hierfür spreche bereits der Fortbestand der demokratischen Legitimationsbasis.[656] Es sei auch nicht zu erklären, weshalb sich der Fortbestand des Gesamtbetriebsrats bei dem bisherigen Betriebsinhaber nach anderen Regeln richten solle als auf Seiten des Betriebserwerbers. Denn es leuchte nicht ein, dass der Gesamtbetriebsrat bei dem bisherigen Betriebsinhaber im Amt bleiben könne, sofern dort noch zwei Betriebe mit je einem Betriebsrat bestehen, während jede Organisationsänderung im Zusammenhang mit dem Inhaberwechsel einer Fortsetzung des Gesamtbetriebsrats entgegenstehe.[657]

Hohenstatt und *Müller-Bonanni* lösen die Frage nach dem möglichen Fortbestand des Gesamtbetriebsrats im Ergebnis nach quantitativen Kriterien: Ob ein Er-

---

[655] *Hohenstatt/Müller-Bonanni*, NZA 2003, 766; siehe dazu auch WHSS/*Hohenstatt*, D Rn. 100 ff..
[656] *Hohenstatt/Müller-Bonanni*, NZA 2003, 766, 767 f.
[657] *Hohenstatt/Müller-Bonanni*, NZA 2003, 766, 768.

halt der betriebsverfassungsrechtlichen Strukturen vorliege, soll sich nach der Anzahl der übertragenen bzw. zurückbehaltenen Betriebe und der in diesen beschäftigten Arbeitnehmern bestimmen. Ein Gesamtbetriebsrat soll immer dann fortbestehen, wenn die Anzahl der übertragenen Betriebe und der in diesen beschäftigten Arbeitnehmer die Anzahl der Betriebe und Arbeitnehmer beim neuen Inhaber klar überwiegt. Bestehen jedoch in beiden Unternehmen bereits Gesamtbetriebsräte und überwiegt weder die Anzahl der Betriebe des abgebenden Unternehmens noch die Anzahl der Betriebe des aufnehmenden Unternehmens deutlich, so sollen beide Gesamtbetriebsräte zugunsten der Bildung eines neuen Gesamtbetriebsrats im aufnehmenden Unternehmen enden.[658]

Dagegen stimmt *von Hoyningen-Huene* der Entscheidung des BAG vollumfänglich Umfang zu. Nach seiner Auffassung kommt ein Fortbestand des Gesamtbetriebsrats dann in Betracht, wenn durch die Übertragung eines Unternehmens auf ein neues Gemeinschaftsunternehmen die Identität des Unternehmens bzw. des Unternehmensträgers erhalten bleibe. In diesem Fall könnten die gleichen Grundsätze wie beim Betriebsübergang gelten, wo bei Beibehaltung der Betriebsidentität der Betriebsrat bestehen bleibe. Ein Verlust der Unternehmensidentität soll jedenfalls dann eintreten, wenn sich dessen Geschäfts- und Tätigkeitsbereich verändere, wie es bei einer Spaltung der Fall sein kann.[659]

Auch *Salamon*[660] folgt der Rechtsansicht des BAG und hält einen Fortbestand des Gesamtbetriebsrats bei Auswechslung des Unternehmens bzw. des Rechtsträgers für möglich. Er begründet dies mit der Zuordnung des Gesamtbetriebsrats zur betrieblichen Ebene. Das Gremium knüpfe seiner Auffassung nach nicht an die Ebene des Unternehmens an.[661] Der Gesamtbetriebsrat sei nämlich nicht mehr als eine „Arbeitsgemeinschaft der Betriebsräte". Wird lediglich der Rechtsträger als „Dach", unter welchem die Betriebsräte zusammengefasst sind, ausgetauscht, würde es eine sinnlose Förmelei darstellen, den Gesamtbetriebsrat enden zu lassen, um

---

[658] *Hohenstatt/Müller-Bonanni*, NZA 2003, 766, 768.

[659] *v. Hoyningen-Huene*, Anm. zu BAG v. 05.06.2002 – 7 ABR 17/01, AP Nr. 11 zu § 47 BetrVG 1972; so auch - ebenfalls unter Bezugnahme auf die Unternehmensidentität – *Hauck*, in: FS ARGE Arbeitsrecht im DAV, 2006, S. 621, 625; *ders.* in: FS Richardi, 2007, S. 537, 540.

[660] *Salamon*, RdA 2008, 24.

[661] In die Richtung auch WHSS/*Hohenstatt*, D Rn. 101: „Gesamtbetriebsrat ist kein Organ des Unternehmens".

ihn sodann gleich wieder neu zu errichten.[662] Dass der Gesamtbetriebsrat nicht unternehmens-, sondern betriebsbezogen sei, begründet *Salamon* mit dessen Errichtungsvoraussetzungen und seiner Legitimation. Der Gesamtbetriebsrat werde gem. § 47 Abs. 2 BetrVG errichtet und legitimiert durch die Entsendung von Mitgliedern aus den Betriebsräten. Eine Legitimation über das Unternehmen finde nicht statt.[663]

Giesen[664] begründet seine Zustimmung zu der Rechtsprechung des BAG damit, das dem BetrVG möglichst an der Kontinuität des Gesamtbetriebsrats gelegen sein müsse. Eine grundlose Beseitigung dieses Vertretungsorgans würde seine Arbeitnehmerschutzfunktion beeinträchtigen. Entscheidend für die Kontinuität sei die fortbestehende Identität des jeweiligen Unternehmens. Daneben komme die Kontinuität des Gesamtbetriebsrats auch in Betracht, wenn bei einem Unternehmenswechsel die Identität der vom Gesamtbetriebsrat repräsentierten Betriebe erhalten bleibe. Auch ein Betriebsrat bleibe unabhängig davon bestehen, ob die Person des Unternehmers ausgewechselt werde oder nicht. Gleiches müsse für den Unternehmenserwerber nach §§ 47 ff. BetrVG gelten, da dieses Gremium unabhängig davon errichtet werde, welche Identität der Unternehmer habe.[665]

Peix[666] stimmt mit dem BAG insofern überein, als dass auch er einen Fortbestand des Gesamtbetriebsrats für möglich hält. Er stellt für eine potentielle Amtsfortdauer jedoch andere Kriterien auf. Für einen Fortbestand komme es seiner Auffassung nach allein auf den Erhalt der Gesamtbetriebsratsfähigkeit an, da der Gesamtbetriebsrat nicht an das Unternehmen, für welches er ursprünglich errichtet wurde, gebunden sei. Bleibe diese gewahrt, so verbleibe im Umfang des Übergangs auch der aus ihnen errichtete Gesamtbetriebsrat, nunmehr jedoch als Gesamtbetriebsrat des aufnehmenden Unternehmens, im Amt. Soweit auch im abgebenden Unternehmen die Gesamtbetriebsratsfähigkeit erhalten bleibe oder mehrere gesamtbetriebsratsfähige Einheiten auf verschiedene Rechtsträger übertragen würden, teile sich der bisherige Gesamtbetriebsrat in mehrere Gesamtbetriebsräte mit auf den jeweils „eigenen" Rechtsträger beschränktem Zuständigkeitsbereich auf.[667]

---

[662] *Salamon*, RdA 2008, 24, 28; so bereits schon *Gaul*, Betriebs- und Unternehmensspaltung, § 27 Rn. 133.
[663] *Salamon*, RdA 2008, 24, 26.
[664] *Giesen*, SAE 2003, 217.
[665] *Giesen*, SAE 2003, 217, 220.
[666] *Peix*, Errichtung und Fortbestand des Gesamtbetriebsrats, S. 294 ff.
[667] *Peix*, Errichtung und Fortbestand des Gesamtbetriebsrats, S. 308 f.

Nach *Peix* kann ein Betriebsübergang daher im Ergebnis zu einer Verdoppelung bzw. Vervielfachung von Gesamtbetriebsräten führen.

2. Ablehnende Ansichten

Thüsing[668] lehnt die Rechtsprechung des BAG ab, da ein Fortbestand des Gesamtbetriebsrats nicht der gesetzlichen Konzeption des BetrVG entspricht. Nach seiner Ansicht sei der Gesamtbetriebsrat an das Unternehmen gebunden. Einen Betriebsverbund als überbetriebliches Bezugsobjekt und Regelungssubstrat lehnt er ab. Dem Gesamtbetriebsrat entspreche kein Gesamtbetrieb. Weil es diesen nicht gebe, kann auch die Übertragung sämtlicher Betriebe den Fortbestand des Gesamtbetriebsrats nicht legitimieren. Es sei vielmehr auf die Identität des Unternehmens abzustellen, welche allerdings durch einen Betriebsübergang nicht berührt werde. Kennzeichen des betriebsverfassungsrechtlichen Unternehmensbegriffs sei die Einheit des Rechtsträgers, welche beim Betriebsübergang sowohl auf Veräußerer- als auch auf Erwerberseite gewahrt bleibe und somit nicht dem Erwerber vermittelt werde. Das BAG stelle mit seiner Entscheidung auf einen Betriebsverbund ab, der als Rechtsfigur im BetrVG nicht vorhanden sei. Da es dieses Bezugsobjekt nicht gebe, könne in den Fällen einer identitätswahrenden Unternehmensumstrukturierung auch nicht an die Identität des Betriebsverbundes angeknüpft werden.[669]

Auch *Kreutz*[670] lehnt den Fortbestand des Gesamtbetriebsrats bei Übertragung sämtlicher Betriebe auf ein anderes Unternehmen ab. Eine solche Konstruktion sei nach seiner Ansicht dogmatisch nicht zu rechtfertigen. Eine Parallelbetrachtung zum Fortbestand des Betriebsrats beim Betriebsübergang scheide aus: Auch wenn sämtliche Betriebe übertragen werden, finde betriebsverfassungsrechtlich nur ein Inhaberwechsel statt. Mehr Substrat, welches übergehen könne, wie etwa ein „Betriebsverbund", sei nicht vorhanden. Auch *Kreutz* stellt fest, dass dem Gesamtbetriebsrat kein „Gesamtbetrieb" entspreche. Aus diesem Grund könne auch eine sog. Unternehmensidentität kein taugliches Abgrenzungskriterium sein. Darüber hinaus stehe die Ansicht, dass der Gesamtbetriebsrat nicht an das Unternehmen gebunden sei, für welches er errichtet wurde, im Widerspruch zum Ausgangspunkt, dass sein

---

[668] *Thüsing*, DB 2004, 2474.
[669] *Thüsing*, DB 2004, 2474, 2479.
[670] GK-BetrVG/*Kreutz*, § 47 Rn. 52.

Fortbestand allein vom ununterbrochenen Vorliegen der Errichtungsvoraussetzungen nach § 47 Abs. 1 BetrVG abhänge. Letztlich bestehe aber objektiv auch kein Schutzbedürfnis, da die Betriebsräte beim Erwerber im Amt blieben und dort kurzfristig einen Gesamtbetriebsrat errichten könnten und müssten.[671]

V. Übertragung der Rechtsprechung auf den Konzernbetriebsrat

1. Rechtstechnische Konstruktionen

Der Fortbestand des Gesamtbetriebsrats kommt nach Ansicht des *Siebten Senats* – wenn überhaupt – nur in Betracht, wenn sämtliche Betriebe eines Unternehmens unter Beibehaltung ihrer Identität auf einen neuen Rechtsträger übertragen werden. Beteiligt sind in diesem Fall lediglich zwei Rechtsträger.

Will man die (angedeuteten) Grundsätze des Gerichts auf den Konzernbetriebsrat übertragen, kommen dafür nur Fälle in Betracht, in denen ein Konzern sämtliche Betriebe unter Erhalt der Betriebsidentität auf einen anderen „leeren" Konzern überträgt. Dies kann zum einen „spiegelbildlich" durchgeführt werden, indem die Betriebe der abhängigen Unternehmen auf die abhängigen Unternehmen des aufnehmenden Konzerns und die Betriebe des herrschenden Unternehmens auf die aufnehmende Konzernobergesellschaft übertragen werden. Eine Übertragung sämtlicher Betriebe ohne Verlust der Betriebsidentität kann aber auch erfolgen, indem die zu übertragenden Betriebe im aufnehmenden Konzern einer anderen Konzernebene zugeordnet werden, d.h. dass Betriebe, die ursprünglich auf der Ebene der abhängigen Unternehmen angesiedelt waren, nun vom herrschenden Konzernunternehmen aufgenommen werden (und umgekehrt).

Auch der Sachverhalt, welcher dem BAG-Beschluss vom 23.08.2006 zu Grunde lag, legt eine Übertragung der Rechtsprechung zum Fortbestand des Gesamtbetriebsrats nahe.[672] In der Entscheidung vom 23.08.2006 kam es zu einem Wechsel in der Konzernspitze, während der „Konzernunterbau" identitätswahrend erhalten geblieben ist. Auch in dieser Konstellation kommt es – rechtstechnisch – zu einer Übertragung sämtlicher Betriebe auf einen neuen Konzern.

---

[671] GK-BetrVG/*Kreutz*, § 47 Rn. 52; siehe auch *Kreutz*, in: FS Birk, 2008, S. 495, 503.
[672] Vgl. dazu bereits oben § 4 E. III. 6. a).

Dagegen führt ein „*share deal*", bei welchem Anteile des herrschenden Konzernunternehmens verkauft werden und sich so neue Mehrheitsverhältnisse herausbilden, nicht zu einer Übertragung sämtlicher Betriebe auf einen neuen Konzern. In diesem Fall werden die Zuordnungen der Betriebe zu ihren jeweiligen Rechtsträgern nicht verändert.

2. Sinngemäße Übertragung der BAG-Rechtsprechung auf den Konzernbetriebsrat

Einige (wenige) Stimmen in der Literatur treten bereits für eine sinngemäße Übertragung der BAG-Rechtsprechung auf den Konzernbetriebsrat ein.[673] Nach *Hauck* soll ein Konzernbetriebsrat dann übergehen bzw. im Amt bleiben, wenn ein Erwerber „den gesamten Konzern übernimmt und unter Wahrung von dessen Identität fortführt", so dass die „Konzernidentität" erhalten bleibt.[674]

In der Fallkonstellation, welche der Entscheidung des BAG vom 23.08.2006 zu Grunde lag („Auswechslung der Konzernspitze")[675], halten *Wank* und *Maties*[676] einen Übergang bzw. Fortbestand des Konzernbetriebsrats für gerechtfertigt. Nach ihrer Ansicht ergebe sich dies aus einer Rechtsfortbildung aus dem Rechtsgedanken des § 613a BGB i.V.m. § 21a BetrVG: Zwar handele es sich bei der Auswechselung der Konzernspitze nicht um einen Betriebsübergang i.S.v. § 613a BGB. Die Neuverteilung der Anteile, welche zu der Auswechselung führe, stehe aber einer Übernahme eines funktionsfähigen Betriebs gleich. Der Fortbestand des Konzernbetriebsrats ergebe sich zum einen aus dem Schutzzweck des § 613a BGB, wonach Arbeitnehmervertretungen bei einem Betriebsinhaberwechsel fortbestehen sollen. Auch § 21a BetrVG stehe dem nicht entgegen, da es sich hierbei im Verhältnis zu § 613a BGB um eine Spezialvorschrift handele; § 21a BetrVG sei nicht abschließend. Zum anderen ergebe sich der Fortbestand auch aus den Artt. 3 und 6 der europäischen Richtlinie 2001/23/EG. Zweck dieser Normen sei es, den Status der Arbeitnehmer in Bezug auf die Kontinuität ihrer Rechte zu schützen. Auch bei einem Betriebsinhaberwechsel müsse eine durchgehende Arbeitnehmervertretung gewährleistet werden. Daher gebiete eine richtlinienkonforme Anwendung des na-

---

[673] *Lunk*, ArbRB 2003, 73, 74; WHSS/*Hohenstatt*, D Rn. 136 f.; wohl auch *Huke/Lepping*, FA 2004, 136, 138.
[674] *Hauck*, in: FS ARGE Arbeitsrecht im DAV, 2006, S. 621, 626.
[675] Vgl. dazu bereits oben § 4 E. III. 6. a).
[676] *Wank/Maties*, SAE 2008, 161.

tionalen Rechts den Fortbestand des Konzernbetriebsrats. Dass im konkreten Fall jederzeit ein neuer Konzernbetriebsrat gewählt werden könne, stehe diesem Ergebnis nicht entgegen: Die Arbeitnehmer müssten durchgängig den kollektiven Schutz des Betriebsverfassungsrechts behalten. Ihnen dürfe nicht die Verantwortung für eine Neuerrichtung des Konzernbetriebsrats aufgebürdet werden.[677]

3. Übertragbarkeit der BAG-Rechtsprechung unter Berücksichtigung der §§ 54 ff. BetrVG

Ob die Rechtsprechung des BAG sinngemäß auf den Konzernbetriebsrat übertragen werden kann, bedarf einer Untersuchung, die die Besonderheiten der §§ 54 ff. BetrVG berücksichtigt. Hierdurch ergeben sich einige Unterschiede im Vergleich zur Rechtslage beim Gesamtbetriebsrat.

a) Keine rechtlichen Grundlagen

Zunächst ist festzuhalten, dass es an einer gesetzlichen Grundlage für den Übergang bzw. Fortbestand des Konzernbetriebsrats fehlt. Dies hat das LAG Düsseldorf bereits in seinem Beschluss vom 14.02.2001 für die Frage der Übergangsfähigkeit des Gesamtbetriebsrats festgestellt.[678]

Die §§ 54 ff. BetrVG enthalten keine Regelungen, welche sich mit einem möglichen Übergang des Konzernbetriebsrats auseinandersetzen. Lediglich die §§ 21a und 21b BetrVG normieren die Fortgeltung des Betriebsratsamts bei Fortfall oder Veränderung des Betriebs, welcher den Anknüpfungspunkt der Betriebsratswahl darstellt, vgl. § 1 Abs. 1 S. 1 BetrVG. Wie bereits aufgezeigt, können diese Vorschriften jedoch weder direkt noch entsprechend auf den Konzernbetriebsrat angewandt werden.[679] Die §§ 21a und 21b BetrVG wurden durch das Betriebsverfassungs-Reformgesetz vom 23.07.2001[680] eingeführt. Zu diesem Zeitpunkt existierten die Institutionen des Gesamt- und Konzernbetriebsrats bereits. Da sich die Vorschriften *expressis verbis* nur auf den Einzelbetriebsrat beziehen, kann mithin davon ausgegangen werden, dass der Gesetzgeber eine Übergangsfähigkeit des Konzernbetriebsrats nicht anerkannt hat.

---

[677] *Wank/Maties*, SAE 2008, 161, 164 ff.
[678] Vgl. LAG Düsseldorf v. 14.02.2001 – 4 TaBV 67/00, NZA-RR 2001, 594, 596.
[679] Vgl. oben § 6 A. IV.
[680] Gesetz zur Reform des Betriebsverfassungsgesetzes vom 23.07.2001, BGBl. I 2001, S. 1852.

Auch § 613a BGB trifft keine Aussage über den Fortbestand des Konzernbetriebsrats. Dass diskutiert wird, aus dem Rechtsgedanken dieser Norm die Möglichkeit eines Fortbestandes herzuleiten[681], hilft nicht darüber hinweg, dass auch
§ 613a BGB keine ausdrückliche Regelung der Übergangsfähigkeit des Konzernbetriebsrats enthält.

b) Qualitativer Unterschied zwischen Einzel-, Gesamt- und Konzernbetriebsrat

Das BAG hat zur Frage der Übergangsfähigkeit des Gesamtbetriebsrats angemerkt,
dass vergleichbare Gründe wie beim Betriebsinhaberwechsel dafür sprechen würden, nicht nur vom Fortbestand des Einzelbetriebsrats, sondern unter bestimmen
Voraussetzungen auch vom Fortbestand des Gesamtbetriebsrats auszugehen.[682]
Hohenstatt und *Müller-Bonanni* greifen dieses Argument auf: Nach ihrer Auffassung spreche die „Austauschbarkeit" von Einzel- und Gesamtbetriebsräten für einen Fortbestand des Gesamtbetriebsrats. Weil es zwischen diesen Gremien keinen
qualitativen Unterschied gebe, könne sich der Fortbestand des Gesamtbetriebsrats
nicht nach anderen Kriterien richten, als der Fortbestand des Einzelbetriebsrats.[683]
Übertragen auf den Konzernbetriebsrat hätte dies zur Folge, dass ein Fortbestand dieses Gremiums deshalb in Betracht käme, weil im Vergleich zum Einzelbetriebsrat kein qualitativer Unterschied bestehe. Zwar ist der Konzernbetriebsrat den
jeweiligen Gesamt- und damit auch den Einzelbetriebsräten nicht übergeordnet
(vgl. § 58 Abs. 1 S. 2 i.V.m. § 50 Abs. 1 S. 2 BetrVG) und ihm stehen auch keine
anderen Beteiligungsrechte zu.[684] Der qualitative Unterschied zwischen Einzel-,
Gesamt- und Konzernbetriebsrat besteht allerdings darin, dass alle drei Organe
unterschiedlich abgegrenzte Zuständigkeitsbereiche besitzen und sie sich – mit
Ausnahme der Fälle der abgeleiteten Zuständigkeit, §§ 50 Abs. 2, 58 Abs. 2
BetrVG – gegenseitig nicht vertreten können.[685] Aus diesem Grund können diese
Gremien gerade nicht gegeneinander ausgetauscht werden. Eine potentielle Übergangsfähigkeit kann daher nicht mit einer gegenseitigen „Austauschbarkeit" der
betriebsverfassungsrechtlichen Organe begründet werden.

---

[681] Vgl. dazu *Wank/Maties*, SAE 2008, 161, 164 ff.
[682] BAG v. 05.06.2002 – 7 ABR 17/01, AP Nr. 11 zu § 47 BetrVG 1972.
[683] *Hohenstatt/Müller-Bonanni*, NZA 2003, 766, 767 f.
[684] Vgl. *Hohenstatt/Müller-Bonanni*, NZA 2003, 766, 767.
[685] *Fitting*, § 58 BetrVG Rn. 4.

c) Vermeidung von Schutzlücken als Übergangsgrund

Spricht man sich gegen einen Fortbestand des Konzernbetriebsrats aus, besteht nach *Wank* und *Maties* die Gefahr, dass die Arbeitnehmer gerade in der „kritischen Phase" unmittelbar nach der Umstrukturierung ohne Repräsentation dastehen. Dass die Arbeitnehmer dieses Gremium unmittelbar nach dem Betriebsübergang neu errichten können, sei nicht ausreichend. Die Arbeitnehmer müssten durchgängig den kollektiven Schutz des Betriebsverfassungsrechts behalten und dürften nicht die Verantwortung für eine Neuerrichtung des Konzernbetriebsrats aufgebürdet bekommen. [686] Für den Gesamtbetriebsrat führt auch *Giesen* dieses Argument an: Ein Fortbestand des Gremiums sei schon deshalb notwendig, weil mit der Neukonstituierung Verzögerungsgefahren verbunden seien. [687]

Kreutz sieht diese Gefahr (zumindest im Zusammenhang mit dem Gesamtbetriebsrat) hingegen nicht. Objektiv bestünde kein Schutzbedürfnis, da die Betriebsräte schließlich beim Erwerber im Amt blieben und dort kurzfristig einen Gesamtbetriebsrat errichten könnten und müssten. [688]

Es mag durchaus sein, dass im unmittelbaren Anschluss an eine Übertragung sämtlicher Betriebe auf einen neuen Erwerber Schutzlücken auftreten. Dem kann auch nicht mit dem Argument entgegengetreten werden, dass die (Gesamt-)Betriebsräte beim Erwerber schließlich im Amt bleiben. Der Konzernbetriebsrat hat einen eigenen originären Zuständigkeitsbereich (§ 58 Abs. 1 S. 1 BetrVG) welcher die Zuständigkeit eines Gesamtbetriebsrats auch dann ausschließt, wenn ein Konzernbetriebsrat nicht errichtet ist. [689] Die Zuständigkeitsverteilung bestimmt sich daher nach dem „Entweder/Oder"-Prinzip. [690] Es besteht also die Gefahr, dass in Konzernen ohne Konzernbetriebsrat die Beteiligungsrechte entfallen, für die der Konzernbetriebsrat originär zuständig wäre. [691] Ob daneben Einzel- oder Gesamtbetriebsräte bestehen, ist unerheblich.

Allerdings ist zu beachten, dass diese „Gefahr" dem Gesetzgeber bewusst gewesen ist, als er den Konzernbetriebsrat neu in das Betriebsverfassungsgesetz aufge-

---

[686] *Wank/Maties*, SAE 2008, 161, 167.
[687] *Giesen*, SAE 2003, 217, 220.
[688] GK-BetrVG/*Kreutz*, § 47 Rn. 52.
[689] Richardi/*Annuß*, § 58 BetrVG Rn. 21.
[690] GK-BetrVG/*Kreutz/Franzen*, § 58 Rn. 8.
[691] *Dzida*, NZA 2008, 1265, 1267.

nommen hat. Die Errichtung des Konzernbetriebsrats muss im Gegensatz zum Gesamtbetriebsrat nicht bereits dann erfolgen, wenn dessen Errichtungsvoraussetzungen vorliegen. Der Wortlaut von § 54 Abs. 1 S. 1 BetrVG zeigt, dass dessen Errichtung fakultativ ist. Der Gesetzgeber begründete dies damit, dass nicht in allen Konzernen ein Bedürfnis für einen Konzernbetriebsrat bestehe.[692] Wenn die Konzernbetriebsratserrichtung aber schon im Ursprungskonzern nicht zwingend vorgeschrieben ist, kann ein Übergang dieses Gremiums ohne gesetzliche Grundlage nicht mit dem Hinweis auf die „Gefahr" potentieller Schutzlücken begründet werden. Dies wäre nur möglich, wenn es sich bei dem Konzernbetriebsrat um ein zwingend zu errichtendes Gremium handeln würde. Die Wertungen des Gesetzes und des Gesetzgebers stehen dem Übergang des Konzernbetriebsrats folglich eher entgegen, als dass sie die Auffassung unterstützen würden.

d) Verstoß gegen die Betriebsübergangsrichtlinie

Befürworter einer Übergangsfähigkeit des Gesamtbetriebsrats führen zudem an, dass diese Möglichkeit auch europarechtlich geboten sei. Gemäß Art. 6 Abs. 1 Unterabs. 1 der europäischen Richtlinie 2001/23/EG[693] („Betriebsübergangsrichtlinie") bleiben die Rechtsstellung und die Funktion der Vertreter oder der Vertretung der vom Übergang betroffenen Arbeitnehmer unter den gleichen Bedingungen erhalten, wie sie vor dem Zeitpunkt des Übergangs aufgrund von Rechts- und Verwaltungsvorschriften oder aufgrund einer Vereinbarung bestanden haben, sofern das Unternehmen, der Betrieb oder der Unternehmens- bzw. Betriebsteil seine Selbständigkeit behält und die Bedingungen für die Bildung der Arbeitnehmervertretung erfüllt sind. Nach *Peix* gilt dies auch für den Gesamtbetriebsrat.[694] *Hohenstatt* fordert hieraus die zwingende Fortgeltung des Gesamtbetriebsrats im Falle der Übertragung sämtlicher Betriebe auf einen neuen Inhaber.[695] *Wank* und *Maties* übertragen dieses Ergebnis sogar auf die §§ 54 ff. BetrVG: Nach ihrer Auffassung gebiete Art. 6 der Richtlinie auch den Fortbestand des Konzernbetriebsrats.[696]

---

[692] RegE eines Betriebsverfassungsgesetzes, BT-Drucks. VI/1786, S. 43.
[693] Richtlinie 2001/23/EG des Rates vom 12. März 2001 zur Angleichung der Rechtsvorschriften der Mitgliedstaaten über die Wahrung von Ansprüchen beim Übergang von Unternehmen, Betrieben oder Unternehmens- und Betriebsteilen, ABl. Nr. L 82, S. 16.
[694] *Peix*, Errichtung und Fortbestand des Gesamtbetriebsrats, S. 296.
[695] WHSS/*Hohenstatt*, 2. Aufl. 2003, D Rn. 101.
[696] *Wank/Maties*, SAE 2008, 161, 167.

Dabei ist jedoch zu beachten, dass Unterabsatz 1 der Richtlinie keine Anwendung findet, wenn gemäß den Rechts- und Verwaltungsvorschriften oder der Praxis der Mitgliedsstaaten die Bedingungen für die Neubestellung der Vertreter der Arbeitnehmer oder die Neubildung der Vertretung der Arbeitnehmer erfüllt sind, vgl. Art. 6 Abs. 1 Unterabs. 2 der Richtlinie. Die Auflösung der bisherigen Arbeitnehmervertretung kann demnach in Betracht kommen, wenn dies nach den nationalen Rechts- oder Verwaltungsvorschriften oder der Praxis vorgesehen ist.[697] Zwar gibt es keine gesetzliche Regelung, nach der ein Konzernbetriebsrat im Rahmen eines Betriebsübergangs erlischt. Dennoch entspricht es zumindest der Praxis (in Form der Rechtsprechung des Bundesarbeitsgerichts), dass dieses Gremium erlischt, wenn dessen Errichtungsvoraussetzungen entfallen.[698] Dies ist im Falle der Übertragung sämtlicher Betriebe auf einen neuen Konzern regelmäßig der Fall, da die Betriebe vom ursprünglichen Konzernrechtsverhältnis „abgetrennt" werden, so dass zumindest in Bezug auf diese Einheiten der Ursprungskonzern als Errichtungsvoraussetzung des Konzernbetriebsrats entfällt. Da nach diesem Übertragungsvorgang jederzeit ein neuer Konzernbetriebsrat errichtet werden kann, ist die Ausnahmeregelung des Art. 6 Abs. 1 Unterabs. 2 der Richtlinie einschlägig. Art. 6 der Betriebsübergangsrichtlinie kann daher nicht als Begründung für einen potentiellen Fortbestand des Konzernbetriebsrats herangezogen werden.

e) Zwingende Anknüpfung an den Konzern

Schließlich wird zur Begründung einer Übergangsfähigkeit des Gesamtbetriebsrats angeführt, dass dieses Gremium nicht an das Unternehmen gebunden sei. Der Gesamtbetriebsrat sei vielmehr betriebsbezogen.[699] Finde jedoch lediglich eine Anknüpfung an die betriebliche Ebene statt, sei es möglich, dass der Gesamtbetriebsrat bei Übertragung dieser Ebene im aufnehmenden Unternehmen fortbestehe.[700] Überträgt man diese Auffassung auf den Konzernbetriebsrat, müsste es sich auch bei diesem Gremium um eine betriebs- und nicht um eine konzernbezogene Arbeitnehmervertretung handeln.

---

[697] *Thüsing*, Europäisches Arbeitsrecht, § 5 Rn. 67.
[698] Vgl. dazu die Rechtsprechung des BAG und die Auffassungen in der Literatur unter § 4 E. III. 6.
[699] Vgl. dazu oben § 6 C. IV. 1.
[700] Vgl. dazu die Nachweise unter § 6 C. IV. 1.

Dagegen spricht jedoch bereits der Wortlaut des § 54 Abs. 1 S. 1 BetrVG. Danach kann „für einen Konzern" ein Konzernbetriebsrat errichtet werden. Die Vorschrift stellt nicht auf die betriebliche Ebene ab. Dies wäre nur bei einer anderslautenden Formulierung der Fall, wie z.B.: „Für die Betriebe eines Konzerns [...] kann ein Konzernbetriebsrat errichtet werden". Auch diejenigen Autoren, die den Gesamtbetriebsrat für ein lediglich betriebsbezogenes Gremium halten, können einen gewissen Unternehmensbezug der Vorschrift des § 47 Abs. 1 BetrVG nicht leugnen.[701] Ebenso wenig kann man einen Konzernbezug der Vorschrift des § 54 Abs. 1 S. 1 BetrVG nicht leugnen. Dem Konzernbetriebsrat den Konzernbezug abzusprechen, steht erkennbar im Widerspruch zu dieser Norm.[702]

Im Übrigen stellt die Zuordnung des Konzernbetriebsrats entweder zur Ebene des Konzerns oder zur Ebene der Betriebe eine künstliche Trennung dar, die der gesetzlichen Konzeption der §§ 54 ff. BetrVG nicht entspricht. Wie aufgezeigt, berühren Veränderungen im Konzern den Bestand des Konzernbetriebsrats nicht, solange noch dessen Errichtungsvoraussetzungen vorliegen. Der Konzernbetriebsrat ist folglich an den Bestand seiner Errichtungsvoraussetzungen geknüpft. Hierzu zählt insbesondere das Vorliegen eines Konzernrechtsverhältnisses i.S.v. § 18 Abs. 1 AktG.[703] Den Konzernbetriebsrat lediglich als „Arbeitsgemeinschaft der Gesamtbetriebsräte" zu begreifen[704] und ihn somit von der Konzernebene loszulösen, würde bedeuten, dass dieses Gremium von Veränderungen auf der Ebene des Konzerns bzw. der Konzernunternehmen unabhängig sein muss. Dass dies nicht der Fall ist, wurde bereits oben aufgezeigt.[705]

Die notwendige Anknüpfung an den Konzern kann auch nicht dadurch überwunden werden, dass man an den Übergang einer sog. „Konzernidentität" anknüpft und daraus den zwingenden Fortbestand des Konzernbetriebsrats herleitet. Unter der „Konzernidentität" wird wohl die betriebsverfassungsrechtliche Identität des Konzerns, d.h. die Organisation der Betriebe im Konzern, verstanden.[706] Werden sämtliche Betriebe eines Konzerns auf einen anderen Konzern übertragen, soll da-

---

[701] *Salamon*, RdA 2008, 24, 26.
[702] Vgl. auch *Hanau*, ZGR 1990,548, 558, nach dem der Konzernbetriebsrat notwendig an den Bestand des Konzerns gebunden ist und deshalb notwendig mit diesem untergehen muss.
[703] Vgl. oben § 4 E. III. 6. a).
[704] So *Salamon*, NZA 2009, 471, 474.
[705] Vgl. § 6 B.
[706] Vgl. *Hauck*, in: FS ARGE Arbeitsrecht im DAV, 2006, S. 621, 626 i.V.m. 625.

durch die „Konzernidentität" gewahrt bleiben. In diesem Falle müsse zusammen mit den Betrieben auch ein bestehender Konzernbetriebsrat übergehen.[707]

Im Zusammenhang mit der Fortgeltung von Gesamtbetriebsvereinbarungen bei einem Betriebsinhaberwechsel hat das BAG allerdings ausgeführt, dass die „Unternehmensidentität" durch einen Betriebsübergang nicht berührt werde. Ihr Kennzeichen sei die Einheit des Rechtsträgers. Diese bleibe sowohl auf Veräußerer- als auch auf Erwerberseite gewahrt.[708] Übertragen auf den Konzernbetriebsrat bedeutet dies, dass die „Konzernidentität" entscheidend vom Konzernrechtsverhältnis i.S.v. § 18 Abs. 1 AktG geprägt wird. Sie bleibt daher im abgebenden Konzern auch dann gewahrt, wenn sämtliche Betriebe übertragen werden und die Unternehmensorganisation nicht maßgeblich verändert wird.

Versteht man unter dem Begriff der „Konzernidentität" jedoch nur die „betriebsverfassungsrechtliche Identität" des Konzerns, kann auch deren Übertragung eine Fortgeltung des Konzernbetriebsrats nicht begründen. Durch die Anknüpfung an die Errichtungsvoraussetzungen im Zusammenhang mit der Frage nach der Beendigung dieses Gremiums, zeigt sich, dass der Konzernbetriebsrat nicht nur mit der betrieblichen, sondern auch mit der unternehmerischen Organisation (d.h. dem Konzernrechtsverhältnis) verknüpft ist. Daher können Veränderungen sowohl der betrieblichen als auch der unternehmerischen Organisation Auswirkungen auf den Bestand des Konzernbetriebsrats haben.[709] Hierdurch wird deutlich, dass dieses Gremium mit beiden Ebenen zwingend verbunden ist. Würde man es für einen Übergang bzw. Fortbestand des Konzernbetriebsrats ausreichen lassen, dass nur ein Teil der Organisation übergeht, nämlich lediglich die betriebliche Ebene, würde dies eine Trennung des Konzernbetriebsrats vom Konzernrechtsverhältnis und damit von einem Teil seiner Errichtungsvoraussetzungen bedeuten. Dabei ist es unerheblich, dass die betriebliche gleich wieder in eine unternehmerische Organisation eingefügt wird. Für eine „juristische Sekunde" erfolgt die Abkoppelung vom Konzernrechtsverhältnis. Auch in diesen Fällen einen Fortbestand des Konzernbetriebsrats annehmen zu wollen, widerspräche der gesetzlichen Konzeption des § 54

---

[707] Vgl. *Hauck*, in: FS ARGE Arbeitsrecht im DAV, 2006, S. 621, 626.
[708] BAG v. 18.9.2002 – 1 ABR 54/01, AP Nr. 7 zu § 77 BetrVG 1972 „Betriebsvereinbarung" unter B. III. 2. b) cc) (3) der Gründe.
[709] Vgl. oben § 6 A. und B.

Abs. 1 S. 1 BetrVG. Eine Übergangsfähigkeit dieses Gremiums durch Beibehaltung der „betrieblichen Identität" des Konzerns scheidet daher aus.

Würde man mit dem Begriff der „Konzernidentität" nur auf die „betriebliche Identität" des Konzerns abstellen, entspräche dies im Übrigen der Anknüpfung an eine Art „Betriebsverbund" als überbetriebliches Bezugsobjekt und Regelungssubstrat des Konzernbetriebsrats.[710] Ein solcher Verbund ist dem Betriebsverfassungsgesetz jedoch fremd.[711] Ebenso wie dem Gesamtbetriebsrat kein „Gesamtbetrieb" entspricht, knüpft der Konzernbetriebsrat nicht an einen „Konzernbetrieb" an.[712] Wenn es jedoch keinen „Konzernbetrieb" gibt, kann eine Übertragung eines solchen auch nicht den Fortbestand des Konzernbetriebsrats begründen.[713]

f) Vermeidung von sinnwidrigen Ergebnissen

Eine Übertragung der BAG-Rechtsprechung auf den Konzernbetriebsrat ist letztlich auch deshalb abzulehnen, weil die Anerkennung einer Übergangsfähigkeit im Rahmen der Konzernbetriebsverfassung zu sinnwidrigen Ergebnissen führen kann. Stellt man für den Fortbestand lediglich auf den Übergang sämtlicher Betriebe ab, entstehen immer dann Probleme, wenn der aufnehmende Konzern die Betriebe nicht „spiegelbildlich" der Ebene zuordnet, auf der sie im Ursprungskonzern bestanden (d.h. dass nicht jeweils die Betriebe des herrschenden Unternehmens von der neuen Konzernobergesellschaft übernommen und die Betriebe der abhängigen Unternehmen auch von den abhängigen Unternehmen des neuen Konzerns aufgenommen werden). Übernimmt z.B. eine Konzernobergesellschaft sämtliche Betriebe eines anderen Konzerns, müsste – bei einer entsprechenden Anwendung der BAG-Rechtsprechung – der Konzernbetriebsrat fortbestehen. In diesem Fall kann der Konzernbetriebsrat seine Schutzfunktion jedoch nicht mehr ausüben, da die Gefahr der Aushöhlung von betriebsverfassungsrechtlichen Beteiligungsrechten durch Verlagerung der Entscheidungsebene nicht mehr besteht (die Betriebe und deren Betriebsräte stehen in diesem Fall dem Entscheidungsträger im Konzern di-

[710] Vgl. BAG v. 18.9.2002 – 1 ABR 54/01, AP Nr. 7 zu § 77 BetrVG 1972 "Betriebsvereinbarung", unter B. III. 2. b) bb) der Gründe.
[711] Vgl. die Nachweise oben unter § 6 C. IV. 2.
[712] Vgl. zum „Gesamtbetrieb" BAG v. 18.9.2002 – 1 ABR 54/01, AP Nr. 7 zu § 77 BetrVG 1972 "Betriebsvereinbarung", unter B. III. 2. b) bb) der Gründe.
[713] Vgl. *Thüsing*, DB 2004, 2474, 2479

rekt gegenüber). Es bestünde dann ein funktionsloser Konzernbetriebsrat, welcher nach der hier vertretenen Auffassung sein Amt sofort wieder verlieren müsste.[714]

g) Ergebnis

Ein Fortbestand des Konzernbetriebsrats bei Übertragung sämtlicher Betriebe auf einen anderen Konzern ist abzulehnen. Hierfür mag es zwar durchaus „politische" Gründe geben, wie etwa die Vermeidung der Wahl eines neuen Konzernbetriebs-ratsvorsitzenden und dessen Stellvertreter.[715] Ein Übergang des Konzernbetriebs-rats auf einen anderen Konzern widerspricht jedoch der gesetzlichen Konzeption der §§ 54 ff. BetrVG. Zum einen fehlt es hierfür bereits an einer gesetzlichen Grundlage. Zum anderen ist ein Fortbestand weder aufgrund von möglicherweise entstehenden „Schutzlücken" noch durch die europäische Betriebsübergangsricht-linie geboten. Der Konzernbetriebsrat ist vielmehr an den Konzern gebunden, für welchen er errichtet wurde. Hierdurch werden sinnwidrige Ergebnisse vermieden, die durch eine entsprechende Übertragung der BAG-Rechtsprechung entstehen können.

D. Ergebnis

Umstrukturierungen auf der Betriebs- und/oder Unternehmensebene können dazu führen, dass die Amtszeit eines Konzernbetriebsrats endet. Darüber hinaus können durch solche Vorgänge erstmalig die Voraussetzungen für die Errichtung dieses Gremiums geschaffen werden.

Umstrukturierungen auf der Betriebsebene können zu einer Beendigung des Konzernbetriebsrats führen. Dies ist möglich durch die Einschränkungen oder Still-legungen von Betrieben oder Betriebsteilen sowie durch die Spaltung von Betrie-ben. Ein Betriebszusammenschluss hat keinerlei Auswirkungen auf die Amtszeit des Konzernbetriebsrats.

Des Weiteren können Umstrukturierungen auf der Betriebsebene dazu führen, dass sich die Zusammensetzung des Konzernbetriebsrats verändert (§ 55 BetrVG). Dies kommt insbesondere in den Fällen der Einschränkung oder Stilllegung von

---

[714] Vgl. dazu oben unter § 6 B. III. 1. b) dd).
[715] Vgl. dazu WHSS/*Hohenstatt*, D Rn. 102.

Betrieben, bei Betriebszusammenschlüssen oder bei der Spaltung von Betrieben in Betracht.

Durch Umstrukturierungen auf der Betriebsebene können darüber hinaus auch sog. Übergangs- oder Restmandate entstehen, vgl. §§ 21a, 21b BetrVG. Dies gilt jedoch nicht für den Konzernbetriebsrat. §§ 21a und 21b BetrVG können in Bezug auf dieses Vertretungsorgan weder direkt noch analog angewendet werden.

Umstrukturierungen auf der Unternehmensebene können zur Folge haben, dass erstmalig die Errichtungsvoraussetzungen für einen Konzernbetriebsrat geschaffen werden. Dies kommt in Betracht bei sog. *share deals*, bei sog. *asset deals* sowie im Rahmen von Unternehmensumwandlungen durch Aufspaltungen, Abspaltungen oder Ausgliederungen. Unternehmensumstrukturierungen können jedoch auch zu einem Erlöschen des Konzernbetriebsrats führen. Dies ist möglich durch sog. *share deals*, durch sog. *asset deals* sowie durch Verschmelzungen, Spaltungen und Vermögensübertragungen i.S.d. UmwG. In diesen Fällen kann sich auch die Zusammensetzung des Konzernbetriebsrats verändern (§ 55 BetrVG). Dagegen hat ein Formwechsel keinerlei Auswirkungen auf das Amt eines bestehenden Konzernbetriebsrats.

Eine Beendigung des Konzernbetriebsrats durch Verschmelzungsvorgänge kommt insb. in den Fällen in Betracht, in denen nach dem Umstrukturierungsvorgang zwar noch ein Konzernrechtsverhältnis besteht, jedoch nicht mehr in mindestens zwei Konzernunternehmen Arbeitnehmer beschäftigt werden. Ein bestehender Konzernbetriebsrat könnte in diesen Fällen seine originäre Zuständigkeit nicht mehr ausüben, da betriebsverfassungsrechtliche Angelegenheiten nur noch ein Konzernunternehmen betreffen würden (vgl. § 58 Abs. 1 S. 1 BetrVG). Aufgrund dieser „Funktionslosigkeit" erlischt ein bestehender Konzernbetriebsrat.

Werden Gesellschaftsanteile veräußert (*share deal*), kann u.U. ein sog. „Konzern im Konzern" entstehen. In diesen Fällen ist es möglich, dass in einem Konzern mehrere Konzernbetriebsräte bestehen.

Eine grenzüberschreitende Verschmelzung i.S.d. §§ 122a ff. UmwG kann zur Folge haben, dass ein bestehender Konzernbetriebsrat erlischt. Dies kann sowohl bei „Hineinverschmelzungen" (Aufnahme einer ausländischen Gesellschaft durch einen inländischen Rechtsträger) als auch bei „Herausverschmelzungen" (Aufnahme einer inländischen Gesellschaft durch einen ausländischen Rechtsträger) in Betracht kommen. Allerdings verhindert § 29 MgVG in diesen Fällen ein Erlöschen des Konzernbetriebsrats selbst dann, wenn durch den Umstrukturierungsvorgang dessen Errichtungsvoraussetzungen entfallen. Eine Übertragung dieses Ergebnisses auf andere Umstrukturierungsvorgänge kommt jedoch nicht in Betracht, da § 29 MgVG außerhalb von grenzüberschreitenden Verschmelzungen keine Anwendung findet.

Werden aus einem Konzern sämtliche Betriebe unter Erhalt der Betriebsidentität auf einen anderen „leeren" Konzern übertragen, führt dies nicht dazu, dass ein bestehender Konzernbetriebsrat in den aufnehmenden Konzern „übergeht". Dies widerspricht der gesetzlichen Konzeption der §§ 54 ff. BetrVG. Hierfür fehlt es bereits an einer gesetzlichen Grundlage. Darüber hinaus ist der Konzernbetriebsrat zwingend an den Konzern gebunden, für welchen er errichtet wurde. Er ist kein „übergangsfähiges" Gremium.

§ 7 Auswirkungen von Betriebs- und Unternehmensumstrukturierungen auf Konzernbetriebsvereinbarungen

Wie bereits in der Einführung ausgeführt, ist die Frage nach dem Schicksal von bestehenden Konzernbetriebsvereinbarungen nach einer Betriebs- und Unternehmensumstrukturierung nicht nur von rechtlichem Interesse. Wird etwa in einem Konzern die betriebliche Altersversorgung durch eine Unterstützungskasse durchgeführt (vgl. § 1b Abs. 4 S. 1 BetrAVG), deren Wirkungsbereich sich auf den gesamten Konzern bezieht, ist der Konzernbetriebsrat das betriebsverfassungsrechtlich zuständige Organ zum Abschluss einer entsprechenden Regelung.[716] Durch dieses Beispiel wird erkennbar, dass Konzernbetriebsvereinbarungen Regelungen enthalten können, die auch wirtschaftlich eine hohe Bedeutung besitzen. Die Beantwortung der Frage nach den Auswirkungen von Betriebs- und Unternehmensumstrukturierungen auf bestehende Konzernbetriebsvereinbarungen ist daher sowohl für den Arbeitgeber als auch für die Belegschaft von außerordentlichem Interesse. Sie ist für die erfolgreiche Durchführung einer Transaktion oftmals von ausschlaggebender Bedeutung.[717]

Mangels gesetzlicher Grundlagen und ausgeprägter Rechtsprechung, ist die rechtsverbindliche Beantwortung dieser Fragestellung mit erheblichen Schwierigkeiten verbunden. Die Praxis bedient sich deshalb als „Hilfsmittel" häufig sog. Überleitungsvereinbarungen, welche die Fortwirkung, die Ablösung und die Beendigung von bestehenden (Konzern-)Betriebsvereinbarungen regeln.[718] Der hiermit verbundene Verhandlungsaufwand stellt jedoch ein zeitliches Hindernis in Bezug auf die geplante Umstrukturierung dar. Dieser könnte verringert bzw. vermieden werden, wenn eine rechtssichere Aussage über das Schicksal bestehender Konzernbetriebsvereinbarungen bei Betriebs- und Unternehmensumstrukturierungen getroffen werden könnte. Der nachfolgende Abschnitt befasst sich daher mit dieser Problemstellung, wobei zwischen Umstrukturierungen auf der Unternehmens- und der Betriebsebene differenziert wird.

---

[716] BAG v. 14.12.1993 - 3 AZR 618/93, AP Nr. 81 zu § 7 BetrAVG.
[717] Vgl. *Hohenstatt/Günther-Gräff*, DStR 2001, 1980.
[718] *Sieg/Maschmann*, Unternehmensumstrukturierung, Rn. 401; *Bauer/Göpfert/Haußmann/Krieger*, Umstrukturierung, Teil 4 C Rn. 18; vgl. auch *Braun*, ArbRB 2004, 118, 120.

A. Umstrukturierungen auf der Unternehmensebene

Bei Umstrukturierungen auf der Unternehmensebene ist aufgrund der Regelungen in § 613a Abs. 1 S. 2 - 4 BGB zwischen Vorgängen, die einen Betriebs(teil)übergang auslösen und Umstrukturierungen ohne Betriebs(teil)übergänge zu unterscheiden.

I. Umstrukturierungen mit Betriebs(teil)übergängen

Die Frage nach dem Schicksal von (Konzern-)Betriebsvereinbarungen stellt sich regelmäßig im Zusammenhang mit einem Betriebsübergangs i.S.v. § 613a BGB, da die Betriebe hierbei einem neuen Arbeitgeber zugeordnet werden.[719] Rechtstechnisch kann ein Betriebsinhaberwechsel sowohl durch einen „asset deal" als auch durch Umstrukturierungen nach dem UmwG, insbesondere in den Fällen der Verschmelzung, der Spaltung und der Vermögensübertragung (vgl. § 324 UmwG)[720], herbeigeführt werden.[721] Dagegen hat ein bloßer Anteilswechsel am Rechtsträger („share deal") keine Auswirkungen auf die Inhaberschaft des Betriebs.[722] Betriebsübergänge führen insbesondere dann zu Problemen, wenn Betriebe den Konzernverbund und damit den (originären) Zuständigkeitsbereich des Konzernbetriebsrats (§ 58 Abs. 1 S. 1 BetrVG) verlassen. In diesen Fällen ist zu klären, ob eine Konzernbetriebsvereinbarung in den übernommenen Betrieben unverändert fortgelten kann oder ob dies durch den Inhaberwechsel ausgeschlossen ist. Ähnliche Schwierigkeiten bestehen bei lediglich konzerninternen Betriebsübergängen. Auch hier ist fraglich, ob und wie sich ein Wechsel der Betriebsinhaberschaft auf bestehende Konzernbetriebsvereinbarungen auswirkt.

Nachfolgend soll zunächst dargestellt werden, welche Fortgeltungsmöglichkeiten für eine (Konzern-)Betriebsvereinbarung nach einem Betriebsübergang in Betracht kommen. Im Anschluss daran wird die Rechtslage im Zusammenhang mit Einzel- und Gesamtbetriebsvereinbarungen erläutert. Unter Berücksichtigung dieser Ausführungen wird das Schicksal von Konzernbetriebsvereinbarungen bei Be-

---

[719] *Hohenstatt/Günther-Gräff*, DStR 2001, 1980.
[720] Vgl. zum Verhältnis von § 613a BGB zum UmwG: *Hörtnagl*, in: Schmitt/Hörtnagl/Stratz, § 324 UmwG Rn. 1.
[721] Vgl. dazu oben § 3 A. II. 2. b) und c).
[722] Vgl. dazu oben § 3 A. II. 2. a).

triebsübergängen auf konzernfremde Rechtsträger und bei konzerninternen Betriebsübergängen untersucht.

1. Fortgeltungsalternativen

a) Normative Fortgeltungsanordnung

Die Antwort auf die Frage nach dem Schicksal bestehender (Konzern-)Betriebsvereinbarungen bei einem Betriebs(teil)übergang ergibt sich auf den ersten Blick aus § 613a Abs. 1 S. 2 BGB: Im Falle eines Betriebsinhaberwechsels werden die Rechte und Pflichten aus bestehenden Betriebsvereinbarungen zum Inhalt des Arbeitsverhältnisses zwischen dem neuen Inhaber und dem Arbeitnehmer und dürfen nicht vor Ablauf eines Jahres zum Nachteil des Arbeitnehmers geändert werden. Bei § 613a Abs. 1 S. 2 BGB handelt es sich nicht – wie teilweise (früher) angenommen – um eine individualrechtliche Fortgeltungsanordnung[723], sondern um eine sog. normative Fortgeltungsanordnung.[724] Würde man § 613a Abs. 1 S. 2 BGB als eine individualrechtliche Fortgeltungsanordnung qualifizieren, hätte dies zur Folge, dass Rechte und Pflichten aus Rechtsnormen eines Tarifvertrages oder einer Betriebsvereinbarung durch den Betriebsübergang in den Arbeitsvertrag zwischen Arbeitnehmer und Erwerber „hineingeschrieben" werden und somit aus Tarif- oder Betriebsverfassungsrecht Vertragsinhalt wird.[725] Das BAG hat jedoch jüngst festgestellt, dass die nach § 613a Abs. 1 Satz 2 BGB transformierten Normen ihren kollektivrechtlichen Charakter auch beim Betriebserwerber beibehalten und sich somit nicht in individualvertragliche Vereinbarungen umwandeln.[726] Ihre zwingen-

---

[723] So: *Müller-Glöge*, in: MünchKommBGB, § 613a BGB Rn. 131; *Steffan*, in: Ascheid/Preis/ Schmidt, § 613a BGB Rn. 109; *Breymaier*, Die Fortgeltung von Betriebsvereinbarungen bei Unternehmensumwandlungen, S. 80 f.; *Hanau/Vossen*, in: FS Hilger/Stumpf, 1983, S. 271; *Preis/Steffan*, in: FS Kraft, 1998, S. 477, 478; *Seiter*, Betriebsinhaberwechsel, 1980, S. 89; *Gussen/Dauck*, Die Weitergeltung von Betriebsvereinbarungen und Tarifverträgen bei Betriebsübergang und Umwandlung, Rn. 127; vgl. noch die ältere Rspr.: BAG v. 13.11.1985 – 4 AZR 309/84, AP Nr. 46 zu § 613a BGB.

[724] *Annuß*, in: Staudinger, § 613a BGB Rn. 198; *Richardi/Richardi*, § 77 BetrVG Rn. 216; *Gaul*, in: FS Bauer, 2010, S. 339 f.; vgl. auch ErfK/*Preis*, § 613a BGB Rn. 112; WHSS/*Hohenstatt*, E Rn. 2 und 36 („beschränkt normative Weitergeltung").

[725] Vgl. BAG v. 22. 4. 2009 - 4 AZR 100/08, NZA 2010, 41, 46; so aber *Müller-Glöge*, in: Münch-KommBGB, § 613a BGB Rn. 131.

[726] BAG v. 22.04.2009 - 4 AZR 100/08, NZA 2010, 41, 46; zustimmend: *Bauer/v. Medem*, DB 2010, 2560, 2561; *Hohenstatt*, NZA 2010, 23, 26; wohl auch *Gaul*, in: FS Bauer, 2010, S. 339 f.; vgl. bereits *Zöllner*, DB 1995, 1401, 1402 f.

de Geltung ist allerdings auf die Dauer eines Jahres befristet, § 613a Abs. 1 S. 2 a.e. BGB.[727] Obwohl sich das Urteil des BAG lediglich auf die Fortgeltung eines Tarifvertrags bezog, gilt die dogmatische Einordnung des § 613a Abs. 1 S. 2 BGB auch für (Konzern-)Betriebsvereinbarungen.[728] Diese Auffassung hat zur Konsequenz, dass im Verhältnis zwischen den nach § 613a Abs. 1 S. 2 BGB fortgeltenden Normen und den beim Erwerber bestehenden Kollektivverträgen nicht das Günstigkeits- sondern das Ablösungsprinzip gilt, vgl. § 613a Abs. 1 S. 3 BGB.[729]

Die normative Fortgeltung bezieht sich allerdings nur auf den normativen Teil des Kollektivvertrags, so dass nur Inhalts-, Abschluss-[730] und Beendigungsnormen nach einem Betriebsübergang weitergelten.[731] Schuldrechtliche Bestandteile, sowie Betriebs- und Betriebsverfassungsnormen unterliegen keiner Transformation gem. § 613a Abs. 1 S. 2 BGB.[732] Im Übrigen gilt die normative Fortgeltungsanordnung nur für die Arbeitsverhältnisse, die im Zeitpunkt des Betriebsübergangs bestehen.[733]

b) Kollektivrechtliche Fortgeltung

Da der Erwerber nach § 613a Abs. 1 S. 1 BGB „lediglich" in die arbeitsvertragliche Stellung des Veräußerers eintritt, lässt sich aus dem Zusammenspiel mit § 613a Abs. 1 S. 2 BGB folgern, dass der Erwerber nicht (auch) in die kollektivrechtliche Position des Betriebsveräußerers tritt.[734] Eine solche Nachfolge in die betriebsverfassungsrechtliche Stellung des Veräußerers hätte zur Folge, dass (Konzern-)Betriebsvereinbarungen unmittelbar und zwingend, d.h. normativ, fortgelten würden (vgl. § 77 Abs. 4 S. 1 BetrVG). Eine kollektivrechtliche Weitergeltung der (Konzern-)Betriebsvereinbarung würde dazu führen, dass von ihr auch neu eingestellte Beschäftigte umfasst würden, während eine Fortgeltung gem. § 613a Abs. 1 S. 2 BGB nur solche Arbeitnehmer betrifft, deren Arbeitsverhältnis auf den Be-

---

[727] *Gaul*, in: FS Bauer, 2010, S. 339, 340; *Zöllner*, DB 1995, 1401, 1402.
[728] *Bauer/v. Medem*, DB 2010, 2560, 2561; *Gaul*, in: FS Bauer, 2010, S. 339 f.; krit. *Meyer*, DB 2010, 1404, 1406.
[729] *Annuß*, in: Staudinger, § 613a BGB Rn. 220 f.
[730] A.A. *Gaul*, in: FS Bauer, 2010, S. 339, 340; ErfK/*Preis*, § 613a BGB Rn. 118.
[731] *Annuß*, in: Staudinger, § 613a BGB Rn. 209 f.; ErfK/*Preis*, § 613a BGB Rn. 118; *Bauer/v. Medem*, DB 2010, 2560, 2561; *Gaul*, in: FS Bauer, 2010, S. 339, 340.
[732] *Annuß*, in: Staudinger, § 613a BGB Rn. 209 f.; *Gaul*, in: FS Bauer, 2010, S. 339, 340.
[733] *Annuß*, in: Staudinger, § 613a BGB Rn. 212; *Bauer/v. Medem*, DB 2010, 2560, 2561.
[734] Vgl. *Steffan*, in: Ascheid/Preis/Schmidt, § 613a BGB Rn. 107.

triebserwerber übergegangen ist.[735] Bei einem Eintritt in die kollektivrechtliche Stellung stünden dem Betriebserwerber darüber hinaus zwangsläufig auch sämtliche Beendigungsmöglichkeiten[736] der (Konzern-)Betriebsvereinbarung zu (z.b. durch Aufhebungsvertrag oder Kündigung, vgl. § 77 Abs. 5 BetrVG).[737] Ebenso würde die einjährige Veränderungssperre des § 613 Abs. 1 S. 2 a.E. BGB nicht eingreifen. Eine kollektivrechtliche Fortgeltung könnte allerdings nur eintreten, wenn auch bei dem neuen Betriebsinhaber jeweils sämtliche Geltungsvoraussetzungen des Kollektivvertrags gegeben sind.[738]

Durch eine kollektivrechtliche Fortgeltung würde im Übrigen der gesamten Kollektivvertrag und nicht nur dessen normativer Teil (Inhalts-, Abschluss- und Beendigungsnormen) weitergelten. Im Ergebnis könnte dadurch ein umfassenderer Bestandsschutz gewährt werden.[739]

2. Rechtslage in Bezug auf Einzelbetriebsvereinbarungen

In Bezug auf Einzelbetriebsvereinbarungen hat das Bundesarbeitsgericht unter bestimmten Voraussetzungen eine kollektivrechtliche Fortgeltung anerkannt. Für den Fall, dass ein Betrieb unter Wahrung seiner Identität auf einen neuen Inhaber übertragen wird, sieht der *Erste Senat* in § 613a Abs. 1 S. 2 BGB lediglich einen Auffangtatbestand. Mit diesem sollen Lücken im Betriebsverfassungsrecht geschlossen werden, um Rechte und Pflichten zu sichern, die durch Betriebsvereinbarungen geregelt sind. § 613a Abs. 1 Satz 2 bis 4 BGB sei jedoch nicht zu entnehmen, dass der Betriebserwerber von aus anderen Rechtsgründen bestehenden Bindungen an kollektivrechtliche Normen frei werden soll. Aus Satz 4 ergebe sich vielmehr, dass grundsätzlich kollektivrechtliche Normen nach der Betriebsübernahme den transformierten individualrechtlichen Normen vorgehen. Der Betriebsinhaber sei daher auch an die im Betrieb geltenden Betriebsvereinbarungen jedenfalls solange gebunden, bis diese ihr Ende finden, was auch dadurch geschehen könne, dass der übernommene Betrieb als solcher aufhört zu bestehen, weil er seine Identität ver-

---

[735] WHSS/*Hohenstatt*, E Rn. 11; *Bauer/v. Medem*, DB 2010, 2560, 2561; *Wank*, NZA 1987, 505, 506; *Annuß*, in: Staudinger, § 613a BGB Rn. 212.

[736] Vgl. dazu Richardi/*Richardi*, § 77 BetrVG Rn. 192 ff.; *Fitting*, § 77 BetrVG Rn. 142 ff.

[737] Vgl. *Breymaier*, Die Fortgeltung von Betriebsvereinbarungen bei Unternehmensumwandlung, S. 70 ff.

[738] *Annuß*, in: Staudinger, § 613a BGB Rn. 200.

[739] Vgl. *Gussen*, in: FS Leinemann, 2006, S. 207, 208 f.

liert.[740] Dieser Ansicht hat sich der *Siebte Senat* angeschlossen: Nach seiner Auffassung besteht der Grund für die normative Fortgeltung von Betriebsvereinbarungen im Falle einer identitätswahrenden Betriebsübertragung darin, dass mit der Identität des Betriebs die entscheidende Grundlage für die Weitergeltung der Betriebsvereinbarungen aufrechterhalten bleibe. § 613a BGB diene nicht dazu, die Rechtsstellung des Betriebsrates und der Belegschaft einzuschränken. Der Normzweck liege darin, eine zusätzliche Sicherung zu bieten, nicht aber die ohnehin bestehenden betriebsverfassungsrechtlichen Bindungen zu lockern.[741] Eine genaue Bestimmung des Begriffs „Betriebsidentität" nehmen beide Senate jedoch nicht vor. Zu verstehen ist darunter wohl die „arbeitsorganisatorische Wirklichkeit, die durch eine Betriebsvereinbarung regelnd erfasst wird".[742]

Dieser – dem Wortlaut des § 613a Abs. 1 S. 2 BGB entgegenstehenden – Auffassung hat sich inzwischen die Mehrzahl der Autoren im Schrifttum angeschlossen.[743]

Eine kollektivrechtliche Fortgeltung kommt allerdings dann nicht in Betracht, wenn der Inhaberwechsel mit einem Verlust der Betriebsidentität verbunden ist. Dies ist z.B. der Fall, wenn der übernommene Betrieb in einen bereits bestehenden Betrieb des Übernehmers eingegliedert wird oder wenn dieser mit einem anderen Betrieb des Erwerbers zu einem neuen Betrieb zusammengeschlossen wird.[744] In diesen Fällen findet eine Transformation der Inhaltsnormen einer Betriebsvereinbarung (= Rechtsnormen, die Rechte und Pflichten aus dem Arbeitsverhältnis regeln) in das Arbeitsverhältnis gem. § 613a Abs. 1 S. 2 BGB statt.[745]

---

[740] BAG v. 5. 2.1991 - 1 ABR 32/90, AP Nr. 89 zu § 613a BGB unter B. IV. 2. c) cc) der Gründe.

[741] BAG v. 27.7.1994 - 7 ABR 37/93, AP Nr. 118 zu § 613a BGB unter B. II. der Gründe; Siehe auch aus der neueren Rechtsprechung BAG v. 15.1.2002 - 1 AZR 58/01, NZA 2002, 1034.; vgl. bereits BAG v. 19.7.1957 – 1 AZR 420/54, BAGE 4, 232, 236.

[742] *Rieble/Gutzeit*, NZA 2003, 233, 237.

[743] WHSS/*Hohenstatt*, E Rn. 6 ff.; *Wank*, in: MünchHdbArbR, § 102 Rn. 180; DKKW/*Berg*, § 77 BetrVG Rn. 50; *Fitting*, § 77 BetrVG Rn. 168; Richardi/*Richardi*, § 77 BetrVG Rn. 213; ErfK/*Preis*, § 613a BGB Rn. 114; *Sieg/Maschmann*, Unternehmensumstrukturierung, Rn. 407; *Steffan*, in: Ascheid/Preis/Schmidt, § 613a BGB Rn. 114; *Müller-Glöge*, in: MünchKommBGB, § 613a Rn. 149; *Annuß*, in: Staudinger, § 613a BGB Rn. 203; *Gussen/Dauck*, Die Weitergeltung von Betriebsvereinbarungen und Tarifverträgen bei Betriebsübergang und Umwandlung, Rn. 44 ff.; *Boecken*, Unternehmensumwandlungen und Arbeitsrecht, Rn. 156 ff.; *Gaul*, Das Arbeitsrecht der Betriebs- und Unternehmensspaltung, § 25 Rn. 6 ff. ; *Kreft*, in: FS Wissmann, 2005, S. 347, 347 f.

[744] WHSS/*Hohenstatt*, E Rn. 12; Richardi/*Richardi*, § 77 BetrVG Rn. 216.

[745] *Sieg/Maschmann*, Unternehmensumstrukturierung, Rn. 408.

Ein Verlust der Betriebsidentität tritt auch dann ein, wenn ein Betriebsteil abgespalten und als selbstständiger Betrieb fortgeführt wird. Dies hätte nach der Rechtsprechung des BAG zur Folge, dass die normative Wirkung der Betriebsvereinbarung – zumindest für den neuen Betrieb – endet. Aber auch in diesem Fall lässt das Gericht eine normative Weitergeltung von Betriebsvereinbarungen zu. Der Grund soll darin liegen, dass diese weiterhin nur für die Arbeitnehmer gelten würden, für welche sie auch schon zuvor galten; sie behielten daher ihre demokratische Legitimation.[746] In der Literatur wird diese Rechtsprechung im Hinblick auf die – unausgesprochene – Aufgabe der Identitätslehre stark kritisiert.[747]

Die normative Fortgeltung von Einzelbetriebsvereinbarungen wird zwar durch die Rechtsprechung in ihren Voraussetzungen konkretisiert; eine ausgeprägte dogmatische Begründung für diese Konstruktion liefert das BAG jedoch nicht. In der Literatur wird die (vorrangige) kollektivrechtliche Fortgeltung mit einer teleologischen Reduktion des § 613a Abs. 1 S. 2 BGB begründet, da diese Norm für die Fälle eines identitätswahrenden Betriebsübergangs eine verdeckte Gesetzeslücke aufweise.[748]

3. Rechtslage in Bezug auf Gesamtbetriebsvereinbarungen – Beschluss des BAG vom 18. September 2002

Die Auswirkungen eines Betriebsübergangs auf bestehende Gesamtbetriebsvereinbarungen sind durch den Beschluss des *Ersten Senats* vom 18.09.2002[749] mittlerweile im Grundsatz geklärt, auch wenn sich diese Rechtsprechung konträr zu der vor dieser Entscheidung bestehenden „herrschenden Meinung" verhält und von Teilen der Literatur daher stark kritisiert wird.[750]

In dem (hier vereinfachten) Sachverhalt, welcher dem Beschluss zu Grunde lag, ging es um die Frage der Fortgeltung einer bestehenden Gesamtbetriebsvereinbarung nach einem Betriebsübergang. Eine Aktiengesellschaft veräußerte einen Betrieb und zwei Betriebsteile auf ein bis dahin betriebs(rats)loses Unternehmen. Die

---

[746] BAG v. 18.09.2002 – 1 ABR 54/01, AP Nr. 7 zu § 77 BetrVG 1972 „Betriebsvereinbarung", unter B. III. 2. b) dd) der Gründe.

[747] Vgl. WHSS/*Hohenstatt*, E Rn. 20; Sieg/Maschmann, Unternehmensumstrukturierung, Rn. 412.

[748] Vgl. dazu näher *Gussen*, in: FS Leinemann, 2006, S. 207, 210.

[749] BAG v. 18.09.2002 – 1 ABR 54/01, AP Nr. 7 zu § 77 BetrVG 1972 „Betriebsvereinbarung".

[750] Vgl. zur früher geltenden „herrschenden Meinung" WHSS/*Hohenstatt*, E Rn. 58 m.w.N.; zu den kritischen Stimmen in der Literatur vgl. statt aller: GK-BetrVG/*Kreutz*, § 50 Rn. 83 m.w.N..

Betriebserwerberin führte die Betriebsteile als eigenständige Betriebe fort. Im abgebenden Unternehmen bestand eine Gesamtbetriebsvereinbarung, die u.a. Regelungen über die Zahlung von Jubiläums- und Dienstzeitgeldern enthielt. Nach der Durchführung der Transaktion war zwischen den Betriebsparteien im Erwerberunternehmen strittig, ob die ursprüngliche Gesamtbetriebsvereinbarung auch weiterhin eine normative Wirkung entfaltete.

Der *Erste Senat* stellt zu Beginn der Begründung seines Beschlusses fest, dass eine Fortgeltung von Gesamtbetriebsvereinbarungen bei Betriebsübergängen auf andere Rechtsträger mit den Prinzipien der Betriebsverfassung in Einklang steht. Nach der Auffassung des Gerichts betreffe und regele eine Gesamtbetriebsvereinbarung keine Angelegenheit auf der Rechtsebene des „Unternehmens" als solcher, auch wenn sie für sämtliche oder doch mehrere Betriebe eines Unternehmens abgeschlossen wird. Ihr Bezugsobjekt und Regelungssubstrat seien vielmehr die einzelnen Betriebe. Es gehe immer um betriebliche Angelegenheiten, unabhängig davon, wie viele Betriebe die Regelung betreffe. Eine Gesamtbetriebsvereinbarung gelte daher nicht im „Unternehmen", sondern in den Betrieben des Unternehmens. Dass für die Zuständigkeit des Gesamtbetriebsrats die geplante Regelung zwingend einen überbetrieblichen Bezug aufweisen müsse, bedeute jedoch nicht, dass auf diese Weise eine Art „Betriebsverbund" als entsprechendes überbetriebliches Bezugsobjekt und Regelungssubstrat entstände. Dem Gesamtbetriebsrat entspreche kein Gesamtbetrieb. Eine Gesamtbetriebsvereinbarung gestalte die kollektive Ordnung der von ihr betroffenen Betriebe nicht anders als eine Einzelbetriebsvereinbarung. Dass sie gleichzeitig auch in anderen Betrieben gelte, ändere daran nichts.[751]

Bei der Übertragung sämtlicher Betriebe eines Unternehmens auf einen anderen betriebs(rats)losen Rechtsträger spreche nach Ansicht des Senats bereits die dadurch vorhandene Amtskontinuität des Gesamtbetriebsrats für eine normative Fortgeltung von Gesamtbetriebsvereinbarungen. In diesem Fall bestehe darüber hinaus auch der Regelungsbereich sowie der Koordinierungsbedarf, welcher die Zuständigkeit des Gesamtbetriebsrats begründet hat, unverändert fort. Die Situation sei

---

[751] BAG v. 18.09.2002 – 1 ABR 54/01, AP Nr. 7 zu § 77 BetrVG 1972 „Betriebsvereinbarung", unter B. III. 2. b) bb) der Gründe.

vergleichbar mit dem Inhaberwechsel in einem einzigen Betrieb, welcher die bestehenden Betriebsvereinbarungen unberührt lasse.[752]

Der Fortbestand oder die fortbestehende Zuständigkeit des Gesamtbetriebsrats ist nach der Auffassung des BAG jedoch keine zwingende Voraussetzung für eine normative Weitergeltung. Es sei – vergleichbar mit der Rechtslage bei Einzelbetriebsvereinbarungen – nicht ersichtlich, weshalb der Wegfall der Zuständigkeit des Gesamtbetriebsrats eine normative Fortgeltung ausschließen solle. Eine andere Auffassung wäre nur vertretbar, wenn ein Betriebsübergang dazu führe, dass nicht nur das bisherige Regelungssubjekt, sondern auch das Regelungsobjekt der Gesamtbetriebsvereinbarungen entfalle. Dies sei bei Wahrung der Betriebsidentität jedoch nicht der Fall. Aus diesen Gründen könne eine Gesamtbetriebsvereinbarung auch dann normativ fortgelten, wenn nur ein einziger Betrieb auf einen anderen Rechtsträger übertragen werde. Unterhält das erwerbende Unternehmen bis dahin keine eigenen Betriebe, gelte die Gesamtbetriebsvereinbarung als Einzelbetriebsvereinbarung fort.[753]

Werden nicht alle, sondern mehrere Betriebe übertragen, kommt nach Ansicht des Senats jedoch wiederum eine kollektive Fortgeltung als Gesamtbetriebsvereinbarung in Betracht. In diesem Fall gehe der im Veräußererunternehmen bestehende Gesamtbetriebsrat zwar nicht mit den Betrieben auf den Erwerber über, so dass es dort zu einer vorübergehenden gesamtbetriebsratslosen Zeit kommen könne. Da der Fortbestand und die fortbestehende Zuständigkeit des Gesamtbetriebsrats nach Ansicht des BAG jedoch keine Voraussetzungen für eine normative Fortgeltung sind, sei es für eine kollektivrechtliche Fortgeltung als Gesamtbetriebsvereinbarung ausreichend, dass eine gesamtbetriebsratsfähige Anzahl an Betrieben identitätswahrend übertragen werde. Dies allein begründe den Bedarf an betriebsübergreifender Koordination, welcher Wesensmerkmal einer Gesamtbetriebsvereinbarung sei. Dass in diesem Fall bis zur Neukonstituierung eines Gesamtbetriebsrats dem Arbeitgeber kein Regelungspartner gegenüberstehe, mit welchem er bestehende Gesamtbetriebsvereinbarungen inhaltlich abändern könne, stehe einer Fortgeltung nicht entgegen. Zum einen müsse im Erwerberunternehmen alsbald ein neuer Ge-

---

[752] BAG v. 18.09.2002 – 1 ABR 54/01, AP Nr. 7 zu § 77 BetrVG 1972 „Betriebsvereinbarung", unter B. III. 2. b) cc) (1) der Gründe.
[753] BAG v. 18.09.2002 – 1 ABR 54/01, AP Nr. 7 zu § 77 BetrVG 1972 „Betriebsvereinbarung", unter B. III. 2. b) cc) (2) der Gründe.

samtbetriebsrat errichtet werden. Zum anderen könne eine fortbestehende Gesamtbetriebsvereinbarung durch gleichzeitige Kündigung gegenüber allen Einzelbetriebsräten vollständig beendet werden. Im Übrigen sei es für eine Fortgeltung
nicht erforderlich, dass die „Unternehmensidentität" gewahrt bleibe. Dieses Kriterium könne nur als sog. „Betriebsverbund" verstanden werden, welcher aber nicht
Bezugsobjekt einer Gesamtbetriebsvereinbarung sei. Regelungssubstrat sei nur der
jeweilige Betrieb. Aus diesem Grund könne der Verlust der „Unternehmensidentität" keine Auswirkungen auf eine normative Fortgeltung haben. Entscheidend dafür sei lediglich die Wahrung der jeweils einzelbetrieblichen Identität, nicht die
Zugehörigkeit zu einem rechtlich nicht existierenden Betriebsverbund.[754]

Das Gericht hat sich jedoch nicht zu der Frage geäußert, ob eine normative
Fortgeltung auch dann eintritt, falls der Erwerber bereits über einen oder mehrere
Betriebe (mit Betriebsrat oder gar Gesamtbetriebsrat) verfügt. Dieser Fallvariante
dürfte in praktischer Hinsicht die größere Bedeutung zukommen.[755] Aber auch in
dieser Konstellation wird in der rechtswissenschaftlichen Literatur – unter Bezugnahme auf die vom BAG aufgestellten Grundsätze – eine kollektivrechtliche Fortgeltung der Gesamtbetriebsvereinbarung erwogen.[756]

4. Schicksal von Konzernbetriebsvereinbarungen bei Betriebsübergängen auf konzernfremde Rechtsträger

Die Frage nach dem Schicksal bestehender Konzernbetriebsvereinbarungen wird
immer dann relevant, wenn eine Unternehmensumstrukturierung einen konzernübergreifenden Bezug aufweist. Dies ist der Fall, wenn Betriebe über die Konzerngrenzen hinweg auf einen neuen Inhaber übertragen werden. Bei der Beantwortung
dieser Frage ist auf die vorstehend ausgeführten Grundsätze zurückzugreifen und
zu untersuchen, ob die Rechtsprechung des *Ersten Senats* zum Schicksal von Gesamtbetriebsvereinbarungen bei Betriebs(teil)übergängen auf Konzernbetriebsvereinbarungen übertragen werden kann. Dabei ist insbesondere zu klären, ob eine

---

[754] BAG v. 18.09.2002 – 1 ABR 54/01, AP Nr. 7 zu § 77 BetrVG 1972 „Betriebsvereinbarung",
unter B. III. 2. b) cc) (3) der Gründe.

[755] Vgl. *Hergenröder*, Anm. zu BAG v. 18.09.2002 – 1 ABR 54/01, AP Nr. 7 zu § 77 BetrVG 1972
„Betriebsvereinbarung", unter IV. 2. d) und V.

[756] *Hergenröder*, Anm. zu BAG v. 18.09.2002 – 1 ABR 54/01, AP Nr. 7 zu § 77 BetrVG 1972
„Betriebsvereinbarung", unter IV. 2. d).

Konzernbetriebsvereinbarung auch in den bzw. für die übertragenden Betriebe normativ weitergelten kann.

a) Meinungsstand

aa) Keine kollektivrechtliche Fortgeltung

Vor dem Beschluss des BAG vom 18.09.2002 entsprach es der herrschenden Ansicht in der Literatur, dass eine kollektivrechtliche Fortgeltung von Konzernbetriebsvereinbarungen nicht in Betracht kommt, wenn ein oder mehrere Betrieb(e) aus dem Konzernverbund herausgelöst werden.[757] Die Konsequenz daraus ist das Eingreifen des Transformationssystems der § 613a Abs. 1 S. 2 bis 4 BGB. Diese Auffassung wird trotz der neueren Rechtsprechung des BAG auch heute noch von einigen Autoren im rechtswissenschaftlichen Schrifttum vertreten.[758]

bb) Kollektivrechtliche Fortgeltung bei Wahrung der Betriebsidentität

Unter Bezugnahme auf die sog. Identitätslehre wird von anderen Autoren vertreten, dass auch Konzernbetriebsvereinbarungen kollektivrechtlich fortgelten können. Einzelheiten sind jedoch nicht umfassend geklärt: Wird ein Betrieb unter Wahrung seiner Identität aus dem Konzernverbund herausgelöst, soll die Konzernbetriebsvereinbarung in dieser Einheit normativ weitergelten.[759] In diesem Zusammenhang wird teilweise vertreten, dass die Konzernbetriebsvereinbarung lediglich als Einzelbetriebsvereinbarung fortgilt, falls nur ein einziger Betrieb den Konzernverbund

---

[757] *Gussen/Dauck*, Die Weitergeltung von Betriebsvereinbarungen und Tarifverträgen bei Betriebsübergang und Umwandlung, Rn. 79ff.; *Boecken*, Unternehmensumwandlungen und Arbeitsrecht, Rn. 160; *Picot/Schnitker*, Arbeitsrecht bei Unternehmenskauf und Restrukturierung, Teil I Rn. 260; *Mengel*, Umwandlungen im Arbeitsrecht, S. 198; *Breymaier*, Die Fortgeltung von Betriebsvereinbarungen bei Unternehmensumwandlung, S. 143 ff.; *Hohenstatt/Günther-Gräff*, DStR 2001, 1980, 1983; *Gaul*, NZA 1995, 717, 724; *Moll*, NJW 1993, 2016, 2019; vgl. auch *Müller*, RdA 1996, 287, 293, der eine kollektivrechtliche Fortgeltung für sog. „vertikale" Konzernbetriebsvereinbarungen ausschließt; wohl auch *Schaub*, in: FS Wiese, 1998, S. 535, 541 f..

[758] HWK/*Hohenstatt/Dzida*, § 54 BetrVG Rn. 19; WHSS/*Hohenstatt*, E Rn. 70; *Bauer/Göpfert/Haußmann/Krieger*, Umstrukturierung, Teil 4 C Rn. 17; *Willemsen*, in: Kallmeyer, UmwG, Vor § 322 Rn. 77; Diese Auffassung wird auch noch vertreten von *Müller-Glöge*, in: MünchKommBGB, § 613a Rn. 151, der allerdings darauf hinweist, dass die Rechtsprechung des BAG auf Konzernbetriebsvereinbarungen übertragen werden könnte.

[759] Vgl. *Hanau/Vossen*, in: FS Hilger/Stumpf, 1983, S. 271, 275 f.; *Preis/Steffan*, in: FS Kraft, 1998, S. 477, 481; *C. Meyer*, DB 2000, 1174, 1176.

verlässt.[760] Dagegen wird andererseits angenommen, dass Konzernbetriebsvereinbarungen nur dann normativ fortgelten können, wenn der gesamte Konzern nach dem Betriebsübergang seine Identität wahrt.[761]

Wird allerdings nur ein Betriebsteil auf einen anderen, konzernfremden Rechtsträger übertragen, soll eine kollektivrechtliche Fortgeltung ausscheiden.[762] Darüber hinaus soll die kollektivrechtliche Fortgeltung jedenfalls immer dann ausgeschlossen sein, wenn die Konzernbetriebsvereinbarung Leistungen betrifft, die nur bei einem Verbleib im Konzernverbund erbracht werden können, wie z.B. die Gewährung von Aktien der Konzernobergesellschaft oder Regelungen über soziale Einrichtungen im Konzern; solche Regelungen sollen nach Maßgabe des § 313 BGB entsprechend angepasst werden.[763]

cc) Übertragung der BAG-Rechtsprechung auf Konzernbetriebsvereinbarungen

Die Vertreter der Auffassung, welche eine kollektivrechtliche Fortgeltung von Konzernbetriebsvereinbarungen nach einem Betriebsübergang bejahen, wurden durch den Beschluss des BAG vom 18.09.2002 in ihrer Grundtendenz bestärkt (auch wenn sich die Entscheidung explizit nur auf Gesamtbetriebsvereinbarungen bezog). Mittlerweile tritt eine Vielzahl von Autoren für eine uneingeschränkte Übertragung der vom BAG aufgestellten Grundsätze auf Konzernbetriebsvereinbarungen ein.[764] Teilweise werden hierfür jedoch bestimmte Voraussetzungen aufgestellt: *C. Meyer* fordert für eine kollektivrechtliche Weitergeltung von Konzernbetriebsvereinbarungen zumindest im Falle von Betriebsübergängen auf konzern-

[760] *Gaul*, Das Arbeitsrecht der Betriebs- und Unternehmensspaltung, § 25 Rn. 241.
[761] *Hauck*, in: FS Richardi, 2007, S. 537, 544, hiermit ist wohl gemeint, dass sämtliche Betriebe eines Konzerns auf einen anderen Konzern übergehen; so auch *Grobys*, BB 2003, 1391, 1392.
[762] *Gaul*, Das Arbeitsrecht der Betriebs- und Unternehmensspaltung, § 25 Rn. 241; *Preis/Steffan*, in: FS Kraft, 1998, S. 477, 481.
[763] *Gaul*, Das Arbeitsrecht der Betriebs- und Unternehmensspaltung, § 25 Rn. 241; siehe dazu ebenfalls BAG v. 07.09.2004 – 9 AZR 631/03, NZA 2005, 941, 944; *C. Meyer*, BB-Special 14/2005, 5, 9; ähnlich auch *Hanau/Vossen*, in: FS Hilger/Stumpf, 1983, S. 271, 276: „Insoweit kommt nur eine modifizierte individualrechtliche Fortgeltung [...] in Betracht [...]".
[764] *Annuß*, in: Staudinger, § 613a BGB Rn. 206; *Fitting*, § 58 BetrVG Rn. 39; *Kern*, NZA 2009, 1313, 1316 ff.; *Mohnke/Betz*, BB 2008, 498, 501; *Gussen*, in: FS Leinemann, 2006, S. 207, 215 ff.; *Huke/Lepping*, FA 2004, 136, 139; *Sieg/Maschmann*, Unternehmensumstrukturierung aus arbeitsrechtlicher Sicht, Rn. 443 ff.; kritisch, aber im Ergebnis zustimmend HWK/*Willemsen/Müller-Bonanni*, § 613a BGB Rn. 259; *Braun*, ArbRB 2004, 118, 119 ff.; *Salamon*, NZA 2009, 471; wohl auch *Rieble*, NZA-Sonderbeilage zu Heft 16/2003, 62, 70; vgl. auch *Steffan*, in: Ascheid/Preis/Schmidt, § 613a BGB Rn. 116; *Simon/Zerres*, in: FS Leinemann, 2006, S.255, 270.

fremde Rechtsträger, dass eine Konzernanbindung des neuen Inhabers entweder bereits vorhanden ist oder diese durch den Betriebsübergang geschaffen wird. Darüber hinaus sei es erforderlich, dass ein Konzernbetriebsrat beim neuen Inhaber bereits errichtet ist oder spätestens im Zeitpunkt der Betriebsübernahme errichtet wird. Fehle die Konzernanbindung oder der Konzernbetriebsrat, soll die Konzernbetriebsvereinbarung lediglich als Gesamt- oder Einzelbetriebsvereinbarung fortgelten.[765] Diese Anforderungen sind strenger als diejenigen, die das BAG für eine kollektivrechtliche Fortgeltung von Gesamtbetriebsvereinbarungen aufgestellt hat: Nach Ansicht des *Ersten Senats* steht es einer Fortgeltung nicht entgegen, dass im Erwerberunternehmen kein Gesamtbetriebsrat besteht.[766]

b) Stellungnahme

aa) Übertragung der vom BAG aufgestellten Grundsätze auf Konzernbetriebsvereinbarungen

Überträgt man die vom BAG im Beschluss vom 18.09.2002 aufgestellten Grundsätze sinngemäß auf Konzernbetriebsvereinbarungen, gilt folgendes: Veräußert ein Unternehmen einen Betrieb oder einen Betriebsteil an ein konzernfremdes Unternehmen, gelten Konzernbetriebsvereinbarungen in diesen Einheiten als Einzelbetriebsvereinbarungen fort. Werden alle oder mehrere Betriebe und/oder Betriebsteile eines Unternehmens auf einen konzernfremden Rechtsträger übertragen, der bis dahin keine eigenen Betriebe führt, gelten bestehende Konzernbetriebsvereinbarungen als Gesamtbetriebsvereinbarungen weiter. Werden dagegen mehrere Unternehmen an einen anderen Konzern veräußert, in welchem bisher keine Betriebe vorhanden sind, oder werden mehrere Betriebe aus verschiedenen Unternehmen wiederum auf verschiedene Unternehmen eines betriebslosen Konzerns übertragen, kommt eine Fortgeltung als Konzernbetriebsvereinbarung in Betracht. In diesem Fall kann ein Bedarf nach einer unternehmensübergreifenden Koordination bestehen (vgl. § 58 Abs. 1 S. 1 BetrVG).[767]

---

[765] C. *Meyer*, BB-Special Nr. 14/2005, 5, 7 ff.; in diese Richtung auch GK-BetrVG/*Kreutz/Franzen*, § 58 Rn. 55. sowie DKK/*Trittin*, § 58 BetrVG Rn. 115f.

[766] BAG v. 18.09.2002 – 1 ABR 54/01, AP Nr. 7 zu § 77 BetrVG 1972 „Betriebsvereinbarung" unter B. III. 2. b) cc) (2) und (3) der Gründe.

[767] Vgl. dazu insgesamt WHSS/*Hohenstatt*, E Rn. 71; *Braun*, ArbRB 2004, 118, 119 ff.; *Kern*, NZA 2009, 1313, 1316 ff.

bb) Das Fehlen von gesetzlichen Grundlagen

Im Zusammenhang mit der Frage, ob die Rechtsprechung des BAG überhaupt auf Konzernbetriebsvereinbarungen übertragen werden kann, ist zunächst festzuhalten, dass es für eine kollektivrechtliche Fortgeltung von Einzel-, Gesamt- und Konzernbetriebsvereinbarungen an einer rechtlichen Grundlage fehlt. Wie bereits aufgezeigt, enthält § 613a Abs. 1 S. 2 BGB lediglich eine normative Fortgeltungsanordnung. Zu einer potentiellen kollektivrechtlichen Fortgeltung von (Konzern-)Betriebsvereinbarungen äußert sich die Norm nicht.

cc) Auswirkungen des Wegfalls des zuständigen Konzernbetriebsrats

Ein Argument für eine mögliche kollektivrechtliche Fortgeltung von Konzernbetriebsvereinbarungen könnte ein möglicher Fortbestand des Konzernbetriebsrats sein. Dieser käme – entsprechend den Andeutungen des BAG im Beschluss vom 05.06.2002[768] – allerdings nur dann in Betracht, sofern alle Betriebe auf einen betriebs(rats)losen Konzern übertragen werden. Das BAG selbst sieht dies – jedenfalls in Bezug auf die Fortgeltung von Gesamtbetriebsvereinbarungen – jedoch nicht als erforderlich an. Nach dessen Auffassung ist der Fortbestand sowie die fortbestehende Zuständigkeit des Gesamtbetriebsrats keine zwingende Voraussetzung für eine kollektivrechtliche Fortgeltung von Gesamtbetriebsvereinbarungen. Ein Teil der rechtswissenschaftlichen Literatur vertritt diese These auch im Rahmen der Konzernbetriebsverfassung: Konzernbetriebsvereinbarungen seien als Rechtsnormen auf Kontinuität angelegt, weshalb ihrer normativen Geltung ein Entfallen oder ein Austausch des Konzernbetriebsrats nicht entgegenstehe; die Beteiligung des Konzernbetriebsrats sei lediglich für den Abschluss von Konzernbetriebsvereinbarungen notwendig, nicht aber für deren Fortbestand.[769] Sobald eine (Konzern-)Betriebsvereinbarung gelte, löse sie sich von ihrem Rechtsetzungsakt

---

[768] BAG v. 05.06.2002 - 7 ABR 17/01, AP Nr. 11 zu § 47 BetrVG 1972, unter B. II. 2. der Gründe.

[769] *Salomon*, NZA 2009, 471, 472; vgl. auch *ders.*, Das Schicksal von Gesamtbetriebsvereinbarungen bei Betriebs- und Betriebsteilveräußerungen, S. 164 ff.; in diese Richtung tendiert wohl auch *C. Meyer*, BB-Special 14/2005, 5, 8, der für eine kollektivrechtliche Fortgeltung von Konzernbetriebsvereinbarungen zwar nicht fordert, dass ein Konzernbetriebsrat übergehen muss, einen solchen allerdings im aufnehmenden Konzern für erforderlich hält, damit dem Erwerber ein geeigneter Verhandlungspartner gegenübersteht. Geht ein Konzernbetriebsrat jedoch nicht mit den übertragenen Betrieben auf den neuen Inhaber über, wird die Konzernbetriebsvereinbarung von ihrem ursprünglichen Normgeber getrennt.

und führe ein „Eigenleben".[770] Diese Auffassung stützt sich auf die „herrschende Meinung" nach der ein Fortfall des (Einzel-)Betriebsrats keinen Beendigungsgrund einer (Einzel-)Betriebsvereinbarung darstelle. Dafür soll sprechen, dass die Betriebsverfassung in ihrer Gesamtheit auf Kontinuität angelegt sei.[771]

Zumindest im Rahmen der Konzernbetriebsverfassung ist dagegen jedoch zu fordern, dass die normative Fortgeltung einer Konzernbetriebsvereinbarung zwingend an den Fortbestand des zuständigen Konzernbetriebsrats gebunden sein muss. Dabei braucht nicht auf die Frage eingegangen zu werden, ob bereits der Untergang des Konzernbetriebsrats als Gremium zu einer Beendigung der von ihm abgeschlossenen Betriebsvereinbarungen führt[772] (obwohl hierfür im Hinblick auf Normen wie Art. 123 Abs. 1 GG oder Art. 125a GG bereits gute Gründe sprechen[773]).

Für den notwendigen Fortbestand des Gremiums spricht nämlich bereits der rechtsgeschäftliche Charakter der Konzernbetriebsvereinbarung. Auch diese ist wie die Einzelbetriebsvereinbarung ein sog. privatrechtlicher Normenvertrag.[774] Soll sie jedoch unabhängig von dem Konzernbetriebsrat fortbestehen können, führt dies zu vertragsrechtlichen Schwierigkeiten.[775] Diese treten insbesondere bei der Frage auf, gegenüber wem der Betriebserwerber eine fortgeltende Konzernbetriebsvereinbarung kündigen kann. Da ein Übergang des Konzernbetriebsrats selbst dann nicht in Betracht kommt, wenn sämtliche Betriebe auf einen anderen Konzern übertragen werden[776], steht dem neuen Betriebsinhaber nach dem Übertragungsvorgang der ursprüngliche Verhandlungspartner nicht mehr zur Verfügung.[777] Der Konzernbetriebsrat im Ursprungskonzern (sofern er nach dem Betriebsübergang überhaupt

---

[770] Vgl. *Salamon*, NZA 2007, 367, 368.
[771] Vgl. dazu ausf. *Kreutz*, in: FS Kraft, 1998, S. 323, 334 f.; GK-BetrVG/*Kreutz*, § 77 Rn. 383; *Kreft*, in: FS Wissmann, 2005, S. 347, 349 f.; Richardi/*Annuß*, § 77 BetrVG Rn. 209; *Fitting*, § 77 BetrVG Rn. 175; DKKW/*Berg*, § 77 BetrVG Rn. 52.
[772] Vgl. dazu für die parallele Fragestellung Im Rahmen der Fortgeltung von Gesamtbetriebsvereinbarungen: *Salamon*, Das Schicksal von Gesamtbetriebsvereinbarungen bei Betriebs- und Betriebsteilveräußerungen, 2006, S. 35 ff.
[773] Vgl. *Jacobs*, in: FS Konzen, 2006, S. 345, 353 f.
[774] GK-BetrVG/*Kreutz*, § 77 Rn. 35; *Fitting*, § 77 BetrVG Rn. 13; DKKW/*Berg*, § 77 BetrVG Rn. 8; Richardi/*Richardi*, § 77 BetrVG Rn. 24.
[775] So bereits zur parallelen Problematik im Rahmen der Fortgeltung von Gesamtbetriebsvereinbarungen *Jacobs*, in: FS Konzen, 2006, S. 345, 355; *Hergenröder*, Anm. zu BAG v. 18.9.2002 – 1 ABR 54/01, AP Nr. 7 zu § 77 BetrVG 1972 „Betriebsvereinbarung" unter IV. 2. a).
[776] Vgl. dazu oben § 6 C.
[777] Vgl. ErfK/*Preis*, § 613a BGB Rn. 115.

bestehen bleibt[778]) verliert mit dem Ausscheiden der einzelnen Betriebe aus dem Konzernverbund die Zuständigkeit für diese Einheiten, vgl. § 58 Abs. 1 S. 1 BetrVG. In Betracht käme lediglich die Kündigung gegenüber einem beim Erwerber neu zu errichtenden Konzernbetriebsrat. Dies ist allerdings bereits deshalb problematisch, weil ein Konzernbetriebsrat nicht errichtet werden muss (vgl. § 54 Abs. 1 S. 1 BetrVG). Darüber hinaus kann ein solcher, selbst wenn er errichtet wird (oder im aufnehmenden Konzern bereits besteht), nicht als Vertragspartner der ursprünglichen Konzernbetriebsvereinbarung angesehen werden. Dies käme nur dann in Betracht, wenn er als Rechtsnachfolger des Konzernbetriebsrats im abgebenden Konzern in dessen Parteistellung eintreten würde. Dafür fehlt es jedoch bereits an einer Rechtsgrundlage.[779] Auch wenn angeführt wird, dass der Konzernbetriebsrat im Erwerberkonzern als sog. Funktionsnachfolger in die Parteistellung des ursprünglichen Konzernbetriebsrats eintritt[780], ist dies abzulehnen. Eine Funktionsnachfolge allein kann keinen Eintritt in vertragsrechtliche Beziehungen des Funktionsvorgängers begründen. Auch hierfür wäre eine Rechtsgrundlage nötig.[781] Im Ergebnis wäre der Arbeitgeber bei einer normativen Fortgeltung der Konzernbetriebsvereinbarung mangels Verhandlungspartners daher einer (temporären) Unabänderbarkeit der Konzernbetriebsvereinbarung ausgesetzt, wodurch sich eine „Blockadeposition" manifestieren könnte.[782]

Das BAG „löst" dieses Problem in Bezug auf die kollektive Fortgeltung von Gesamtbetriebsvereinbarungen wie folgt: Besteht nach der Übertragung mehrerer Betriebe im aufnehmenden Unternehmen kein Gesamtbetriebsrat, könne die Gesamtbetriebsvereinbarung gegenüber allen Einzelbetriebsräten der übernommenen Betriebe gekündigt werden.[783] Aber auch in diesem Fall fehlt den Arbeitnehmervertretungen die Rechtsmacht, um über die Gesamtbetriebsvereinbarung disponie-

---

[778] Vgl. zu den Auswirkungen eines Betriebsübergangs auf den Konzernbetriebsrat oben § 6 B. II.

[779] Vgl. dazu *Jacobs*, in: FS Konzen, 2006, S. 345, 355; *Breymaier*, Die Fortgeltung von Betriebsvereinbarungen bei Unternehmensumwandlung, S. 120 f. und S. 145.

[780] So angedacht von GK-BetrVG/*Kreutz/Franzen*, § 58 Rn. 55.; vgl. zur Fortgeltung von Konzernbetriebsvereinbarungen durch Funktionsnachfolge *Schiebe*, Die betriebsverfassungsrechtliche Funktionsnachfolge, S. 157 ff. sowie *Haas*, Die Auswirkungen des Betriebsübergangs insbesondere bei der Fusion von Kapitalgesellschaften auf Betriebsvereinbarungen, 1994, S. 118.

[781] Im Ergebnis auch *Breymaier*, Die Fortgeltung von Betriebsvereinbarungen bei Unternehmensumwandlung, S. 145.

[782] *Braun*, ArbRB 2004, 118, 119.

[783] BAG v. 18.09.2002 – 1 ABR 54/01, AP Nr. 7 zu § 77 BetrVG 1972 „Betriebsvereinbarung" unter B. III. 2. b) cc) (3) der Gründe.

ren zu können. Dies wird sogar aus der Beschlussbegründung des BAG deutlich: Zwar besteht nach Auffassung des Senats ein Kündigungsrecht des Erwerbers. Wollen die Einzelbetriebsräte nach einem Betriebsübergang jedoch selbst die Gesamtbetriebsvereinbarung kündigen, können sie dies nach Ansicht des Gerichts sogar gemeinsam nicht. Dies könne nur ein von ihnen zu bildender Gesamtbetriebsrat.[784] Obschon diese „Lösung" bereits keine Stütze im Gesetz findet, wird sie noch virulenter, wenn man sie auf Konzernbetriebsvereinbarungen überträgt. In diesem Fall wären die Einzel- und Gesamtbetriebsräte der übernommenen Einheiten dazu gezwungen, einen Konzernbetriebsrat zu errichten, um fortbestehende Konzernbetriebsvereinbarungen kündigen zu können.[785] Dies „Pflicht" steht jedoch erkennbar im Widerspruch zum Grundsatz der fakultativen Konzernbetriebsratserrichtung (§ 54 Abs. 1 S. 1 BetrVG).[786] Aus diesem Grund ist die Konstruktion des BAG abzulehnen. Sie hilft nicht darüber hinweg, dass einer kollektivrechtlichen Fortgeltung von Konzernbetriebsvereinbarungen im Rahmen von Betriebsübergangen auf konzernfremde Rechtsträger der Wegfall des zuständigen Konzernbetriebsrats als Verhandlungspartner und die damit einhergehenden rechtsgeschäftlichen Probleme entgegenstehen.[787]

dd) Zwingender Konzernbezug von Konzernbetriebsvereinbarungen

Gegen eine kollektivrechtliche Fortgeltung spricht weiterhin auch der zwingende Konzernbezug von Konzernbetriebsvereinbarungen.

Nach der Auffassung des BAG gilt eine Gesamtbetriebsvereinbarung nicht auf der Rechtsebene des Unternehmens. Ihr Bezugsobjekt und Regelungssubstrat sei allein der einzelne Betrieb. Sie gestalte die kollektive Ordnung des von ihr betroffenen Betriebs nicht anders als eine Einzelbetriebsvereinbarung.[788] Übertragen auf Konzernbetriebsvereinbarungen bedeutet dies, dass auch ihr Bezugsobjekt und Re-

---

[784] BAG v. 18.09.2002 – 1 ABR 54/01, AP Nr. 7 zu § 77 BetrVG 1972 „Betriebsvereinbarung" unter B. III. 2. b) cc) (3) der Gründe.

[785] A.A. *Salamon*, NZA 2007, 367, 370 f., nach dem das Kündigungsrecht bei Wegfall des Konzernbetriebsrats auf die Gesamt- bzw. Einzelbetriebsräte zurückfällt.

[786] Vgl. *Braun*, ArbRB 2004, 118, 119.

[787] So bereits für Gesamtbetriebsvereinbarungen *Jacobs*, in: FS Konzen, 2006, S. 345, 355 f.; vgl. auch *Quander*, Betriebsinhaberwechsel bei Gesamtrechtsnachfolge, S. 236; *Gussen/Dauck*, Die Weitergeltung von Betriebsvereinbarungen und Tarifverträgen bei Betriebsübergang und Umwandlung, Rn. 80.

[788] Vgl. dazu oben § 7 A. I. 3.

gelungssubstrat der einzelne Betrieb sein müsste, um so die Möglichkeit einer kollektivrechtlichen Fortgeltung begründen zu können.[789] Eine Geltung auf der Rechtsebene des „Konzerns" würde demnach ausscheiden. In ihrer Regelungswirkung dürften sich Konzernbetriebsvereinbarungen daher nicht von Einzelbetriebsvereinbarungen unterscheiden.[790] Diese Auffassung findet sich im rechtswissenschaftlichen Schrifttum wieder: Konzernbetriebsvereinbarungen sollen demnach die kollektive Ordnung der einzelnen Betriebe nicht anders gestalten als es Einzelbetriebsvereinbarungen tun. Dass eine Betriebsvereinbarung in mehreren Betrieben des Konzerns gelte, sei demnach kein sachlicher Grund, ihre Fortgeltung beim Wechsel des Inhabers eines dieser Betriebe auszuschließen.[791]

Für einen zwingenden Konzernbezug von Konzernbetriebsvereinbarungen spricht jedoch bereits der Wortlaut von § 58 Abs. 1 S. 1 BetrVG. Danach ist der Konzernbetriebsrat zuständig für die Behandlung von Angelegenheiten, die den *Konzern* oder mehrere *Konzern*unternehmen betreffen. Auch wenn angemerkt wird, dass die Regelung so zu verstehen sei, dass es sich um Angelegenheiten handeln müsse, die sämtliche Betriebe des Konzerns oder Betriebe mehrerer Konzernunternehmen betreffe[792], hilft das nicht darüber hinweg, dass die Norm bereits dem Wortlaut nach einen spezifischen Konzernbezug der Mitbestimmungsgegenstände voraussetzt.

Für einen Konzernbezug von Konzernbetriebsvereinbarungen spricht weiterhin, dass sich die (originären) Zuständigkeitsbereiche von Einzel-, Gesamt- und Konzernbetriebsrat gegenseitig ausschließen.[793] *Salamon* führt dagegen an, dass der Konzernbetriebsrat Mitbestimmungsgegenstände behandelt, die bei fehlender Kon-

---

[789] So *Fitting*, § 58 BetrVG Rn. 39.

[790] So auch *Kern*, NZA 2009, 1313, 1316; *Salamon*, NZA 2009, 471, 472 ff.; vgl. auch *ders.*, Das Schicksal von Gesamtbetriebsvereinbarungen bei Betriebs- und Betriebsteilveräußerungen, S. 161 f. („[...] besteht keine Veranlassung anzunehmen, § 58 Abs. 1 S. 1 BetrVG transportiere bei Konzernbetriebsratsfähigkeit Mitbestimmungsgegenstände [...] auf die Ebene des Konzerns.").

[791] *Hanau/Vossen*, in: FS Hilger/Stumpf, 1983, S. 271, 275 f.; *Hanau*, Das Arbeitsrecht der Gegenwart (Bd. 34), 1997, S. 21, 32; *Preis/Steffan*, in: FS Kraft, 1998, S. 477, 481; *Gussen*, in: FS Leinemann, 2006, S. 207, 220; vgl. auch *Haas*, Die Auswirkungen des Betriebsübergangs insbesondere bei der Fusion von Kapitalgesellschaften auf Betriebsvereinbarungen, 1994, S. 116.

[792] *Salamon*, NZA 2009, 471, 474.

[793] Vgl. *Salamon*, NZA 2009, 471, 472, der darin jedoch keinen spezifischen Konzernbezug der Mitbestimmung des Konzernbetriebsrats sieht.

zernbetriebsratsfähigkeit durch einen Gesamt- bzw. Einzelbetriebsrat wahrzunehmen wären. Aus diesem Grund könne aus der Zuständigkeitsverteilung zwischen Einzel-, Gesamt- und Konzernbetriebsrat kein spezifischer Konzernbezug der Mitbestimmung abgeleitet werden.[794] Dabei ist jedoch zu beachten, dass der originäre Zuständigkeitsbereich nach § 58 Abs. 1 S. 1 BetrVG nur dann eröffnet ist, wenn ein zwingendes Erfordernis für eine konzerneinheitliche oder zumindest unternehmensübergreifende Regelung besteht.[795] Es ist anerkannt, dass in einem Konzern, in dem kein Konzernbetriebsrat errichtet ist, diejenigen Beteiligungsrechte entfallen, für die ein Konzernbetriebsrat nach § 58 Abs. 1 S. 1 BetrVG originär zuständig wäre.[796] Eine „subsidiäre Zuständigkeit" der Gesamt- bzw. Einzelbetriebsräte kommt in diesem Fall nicht in Betracht.[797] Somit zeigt gerade der originäre Zuständigkeitsbereich des Konzernbetriebsrats, dass es Mitbestimmungsgegenstände gibt, die einen spezifischen Konzernbezug aufweisen. Dies wird umso deutlicher, wenn man bedenkt, dass diese Gegenstände der Regelungsmacht der Einzel- und Gesamtbetriebsräte entzogen sind.

Gibt es jedoch einen autonomen Zuständigkeitsbereich des Konzernbetriebsrats, kann nicht lediglich der einzelne Betrieb als Bezugsobjekt und Regelungssubstrat angesehen werden: Es wäre widersprüchlich, für die Zuständigkeitsbegründung des Konzernbetriebsrats erst einen zwingenden Konzernbezug der zu behandelnden Angelegenheit zu fordern, um dann im Anschluss die Regelungswirkung einer Konzernbetriebsvereinbarung auf einen einzelnen Betrieb „herunterzubrechen". Zwar ist es richtig, dass eine Konzernbetriebsvereinbarung auch die kollektive Ordnung eines einzelnen Betriebs regelt. Wird jedoch über Angelegenheiten verhandelt, die zwingend konzerneinheitlich behandelt werden müssen, führt der Abschluss einer Konzernbetriebsvereinbarung nicht nur zu einer Regelung der betrieblichen Ordnung, sondern parallel dazu auch zu einer Regelung der Ordnung im Konzern. Dafür spricht im Übrigen auch, dass der Konzern neben den einzelnen Betrieben als eine eigenständige betriebsverfassungsrechtliche Organisationseinheit vom BetrVG anerkannt wird, was sich nicht nur aus § 54 Abs. 1 S. 1 BetrVG, son-

---

[794] *Salamon*, NZA 2009, 471, 473.
[795] *Fitting*, § 58 BetrVG Rn. 11.
[796] *Dzida*, NZA 2008, 1265, 1267; *Kort*, NZA 2009, 464, 465 f.; Richardi/*Annuß*, § 58 BetrVG Rn. 21.
[797] *Dzida*, NZA 2008, 1265, 1267.

dern auch aus § 3 Abs. 1 Nr. 2 BetrVG ergibt.[798] Der Konzernbetriebsvereinbarung kommt daher – bedingt durch ihren autonomen Anwendungsbereich – eine „Doppelwirkung" zu, die der Einzelbetriebsvereinbarung fehlt. Für Letztere ist lediglich der einzelne Betrieb der maßgebliche Anknüpfungspunkt.

Bezugsobjekt und Regelungssubstrat der Konzernbetriebsvereinbarung sind daher sowohl die einzelnen Betriebe als auch der Konzern als solcher (bzw. mehrere betroffene Konzernunternehmen, vgl. § 58 Abs. 1 S. 1 BetrVG).[799] Werden daher Betriebe auf konzernfremde Rechtsträger übertragen, geht nur ein Teil des gesamten Regelungssubstrats über. Eine normative Fortgeltung der Konzernbetriebsvereinbarungen ist aus diesem Grund selbst dann ausgeschlossen, wenn sämtliche Betriebe des Konzerns auf einen anderen, betriebs(rats)losen Konzern übertragen werden. Die Erhaltung einer „Konzernidentität" i.S.d. der organisatorischen Zusammenfassung aller Betriebe des Konzerns hilft in diesem Fall nicht darüber hinweg, dass in dieser Konstellation ebenfalls nur ein Teil des Bezugsobjekts und Regelungssubstrats einer Konzernbetriebsvereinbarung übergeht.[800]

ee) Kollisionsprobleme bei normativer Fortgeltung

Gegen eine normative Fortgeltung von Konzernbetriebsvereinbarungen spricht schließlich auch die problematische Fallgruppe, die das BAG in seinem Beschluss vom 18.09.2002 nicht überprüfen musste: Die Veräußerung von Betrieben an Unternehmen bzw. Konzerne, in denen bereits eine betriebliche Organisation besteht. Die normative Fortgeltung bereitet in diesem Fall Schwierigkeiten, da im aufnehmenden Unternehmen bzw. Konzern bereits Gesamt- oder Konzernbetriebsvereinbarungen zum gleichen Regelungsgegenstand bestehen können.[801] Im Rahmen einer Fortgeltung gem. § 613a Abs. 1 S. 2 BGB bietet § 613a Abs. 1 S. 3 BetrVG eine geeignete Lösung: Danach findet eine Fortgeltungsanordnung gem. § 613a Abs. 1 S. 2 BetrVG nicht statt, wenn beim Betriebserwerber bereits eine Betriebs-

---

[798] Vgl. WHSS/*Hohenstatt*, E Rn. 60 (zu Gesamtbetriebsvereinbarungen); *Richardi/Kortstock*, RdA 2004, 173, 174.

[799] Vgl. auch WHSS/*Hohenstatt*, E Rn. 60: „Der einzelne Betrieb stellt nur einen Bruchteil des Regelungssubstrats dar" (allerdings in Bezug auf Gesamtbetriebsvereinbarungen).

[800] Vgl. dagegen *Hauck*, in: FS Richardi, 2007, S. 537, 544: „Eine kollektive Weitergeltung greift auch dann, wenn das gesamte Konzern nach dem Betriebsübergang seine Identität bewahrt".

[801] Vgl. dazu *Hergenröder*, Anm. zu BAG v. 18.09.2002 – 1 ABR 54/01, AP Nr. 7 zu § 77 BetrVG 1972 „Betriebsvereinbarung", unter IV. 2. d).

vereinbarung zum gleichen Regelungsgegenstand besteht.[802] Gelten (Konzern-)Betriebsvereinbarungen dagegen kollektivrechtlich weiter, ist für die Anwendung des § 613a Abs. 1 S. 3 BGB kein Raum, da sich die Vorschrift explizit auf § 613a Abs. 1 S. 2 BGB und damit nicht auf kollektivrechtlich weitergeltende Regelungen bezieht.[803]

Aber auch bei bereits bestehender betrieblicher Organisation gibt es Literaturstimmen, die sich für eine kollektivrechtliche Fortgeltung von Konzernbetriebsvereinbarungen im aufnehmenden Konzern aussprechen.[804] Für die Lösung der hierdurch entstehenden Konkurrenz- bzw. Kollisionsprobleme werden vielfältige Lösungen dargeboten.[805] Zum einen soll auf die „allgemeinen Grundsätze über die Konkurrenz von Kollektivverträgen" zurückgegriffen werden.[806] Zum anderen soll die Lösung über eine (entsprechende) Anwendung des § 613a Abs. 1 S. 3 BGB erfolgen, wonach sich bereits bestehende Konzern- bzw. Gesamtbetriebsvereinbarungen im Erwerberkonzern bzw. -unternehmen durchsetzen.[807] Einigkeit besteht wohl darin, dass den bereits bestehenden Konzernbetriebsvereinbarungen ein Vorrang vor den potentiell kollektivrechtlich fortgeltenden Konzernbetriebsvereinbarungen eingeräumt werden soll.

Diese Problematik wird durch eine normative Fortgeltungsanordnung gem. § 613a Abs. 1 S. 2 BGB umgangen. In diesem Fall braucht § 613a Abs. 1 S. 3 BGB nicht entsprechend oder dem Rechtsgedanken nach, sondern kann direkt angewendet werden.

ff) Konsequenz: Normative Fortgeltungsanordnung gem. § 613a BGB

Aus den vorstehend aufgeführten Gründen ist eine kollektivrechtliche Fortgeltung von Konzernbetriebsvereinbarungen abzulehnen. Das Schicksal von Konzernbetriebsvereinbarungen im Rahmen von Betriebsübergängen auf konzernfremde

---

[802] Vgl. *Müller-Glöge*, in: MünchKommBGB, § 613a Rn. 158.

[803] WHSS/*Hohenstatt*, E Rn. 63.

[804] *C. Meyer*, BB-Special 14/2005, 5, 8 f.

[805] Kritisch zur Kollisionsproblematik im Rahmen der Fortgeltung von Gesamtbetriebsvereinbarungen *Jacobs*, in: FS Konzen, 2006, S. 345, 359 ff.

[806] *Hanau/Vossen*, in: FS Hilger/Stumpf, 1983, S. 271, 277.

[807] Für eine direkte Anwendung: *Bachner*, NJW 2003, 2861, 2864; für eine entsprechende Anwendung: *Rieble/Gutzeit*, NZA 2003, 233, 237; unter Bezugnahme auf den „Rechtsgedanken des § 613a Abs. 1 S. 3 BGB": *Grobys*, BB 2003, 1391, 1392; *Braun*, ArbRB 2004, 118, 120; *Kern*, NZA 2009, 1313, 1317.

Rechtsträger bestimmt sich allein nach dem System der § 613a Abs. 1 S. 2 -
4 BGB.[808] Dies ist unproblematisch, da der Begriff der „Betriebsvereinbarung"
i.S.v. § 613a BGB auch Konzernbetriebsvereinbarungen umfasst.[809] Diese Lösung
ist systemkonform und vermeidet die Probleme, die entstehen können, wenn der
ursprüngliche Konzernbetriebsrat von der Konzernbetriebsvereinbarung „abgetrennt" wird, der zwingende Konzernbezug der Kollektivvereinbarung verloren
geht oder im Erwerberkonzern bereits Konzernbetriebsvereinbarungen zum gleichen Regelungsgegenstand bestehen.[810]

5. Schicksal von Konzernbetriebsvereinbarungen bei konzerninternen Betriebsübergängen

Unternehmensumstrukturierungen müssen nicht zwingend zur Folge haben, dass
Betriebe auf konzernfremde Rechtsträger übertragen werden. Soll z.B. ein Konzern
– bedingt durch den Erwerb oder die Gründung neuer Unternehmen – in eine sog.
Spartenorganisation gegliedert werden, kann es erforderlich sein, bestimmte Betriebe auf andere Konzernunternehmen zu übertragen, um die gewünschte Konzernstruktur zu erreichen.

Auch im Zusammenhang mit solchen konzerninternen Betriebs(teil)übergängen
stellt sich die Frage, ob bestehende Konzernbetriebsvereinbarungen in den übergehenden Betrieben als solche, d.h. kollektivrechtlich, weitergelten oder eine Fortgeltung gem. § 613a Abs. 1 S. 2 - 4 BGB in Betracht kommt. Hierbei ist allerdings zu
beachten, dass – im Gegensatz zu Betriebsübergängen auf konzernfremde Rechtsträger – der Konzernbetriebsrat als Abschluss- und Verhandlungspartner auf der
Arbeitnehmerseite bestehen bleibt. Daher werden Probleme vermieden, die sich aus
dem rechtsgeschäftlichen Charakter der Konzernbetriebsvereinbarung ergeben
können. Auch der zwingende Konzernbezug der Vereinbarung geht durch solche
Vorgänge nicht verloren, da die von der Konzernbetriebsvereinbarung umfassten
Betriebe den Konzernverbund nicht verlassen. Die übergehenden Betriebe befinden
sich nach einem konzerninternen Betriebsübergang weiterhin im Geltungsbereich
der ursprünglichen Konzernbetriebsvereinbarung.[811] Aus diesen Gründen ist eine

---

[808] Vgl. ausführlich zum Transformationssystem WHSS/*Hohenstatt*, E Rn. 34 ff.
[809] Vgl. *Boecken*, Unternehmensumwandlungen und Arbeitsrecht, Rn. 160 Fn. 271.
[810] Vgl. *Jacobs*, in: FS Konzen, 2006, S. 345, 363.
[811] *Bauer/Göpfert/Haußmann/Krieger*, Umstrukturierung, Teil 4 C Rn. 17.

Anwendung des § 613a Abs. 1 S. 2 BGB nicht geboten. Entgegen ihrem Wortlaut ist die Norm daher teleologisch zu reduzieren.[812] Verbleibt der übertragene Betrieb im Konzernverbund, gilt eine bereits bestehende Konzernbetriebsvereinbarung kollektivrechtlich fort.[813] Dies ist auch dann der Fall, wenn lediglich ein Betriebsteil innerhalb des Konzerns auf einen anderen Rechtsträger übertragen und danach als selbstständiger Betrieb fortgeführt wird (vgl. § 4 Abs. 1 S. 1 BetrVG).[814] Hierbei ist es unerheblich, ob in dem Betriebsteil überhaupt ein Betriebsrat besteht, da sich der Zuständigkeits- und Geltungsbereich von Konzernbetriebsvereinbarungen auch auf betriebsratslose Betriebe bezieht, vgl. § 58 Abs. 1 S. 1 Hs. 2 BetrVG.[815] Aber auch wenn der Betriebsteil in einen anderen Betrieb eingegliedert wird, steht dies einer kollektivrechtlichen Fortgeltung von Konzernbetriebsvereinbarungen nicht entgegen.[816]

Etwas anderes gilt nur dann, wenn sich der Geltungsbereich einer Konzernbetriebsvereinbarung nicht auf sämtliche Betriebe, sondern nur auf diejenigen mehrerer Konzernunternehmen erstreckt, vgl. § 58 Abs. 1 S. 1 BetrVG. In diesem Fall kommt eine kollektivrechtliche Fortgeltung nur in Betracht, wenn sich der Inhaberwechsel innerhalb des begrenzten Geltungsbereichs vollzieht.[817]

Eine kollektivrechtliche Fortgeltung ist weiterhin dann ausgeschlossen, wenn konzerninterne Umstrukturierungen zum Erlöschen des Konzernrechtsverhältnisses

---

[812] Vgl. zur teleologischen Reduktion des § 613a BGB: *Gussen/Dauck*, Die Weitergeltung von Betriebsvereinbarungen und Tarifverträgen bei Betriebsübergang und Umwandlung, Rn. 48 ff.

[813] *Gaul*, NZA 1995, 717, 724; *ders.*, Das Arbeitsrecht der Betriebs- und Unternehmensspaltung, § 25 Rn. 239; *Boecken*, Unternehmensumwandlungen und Arbeitsrecht, Rn. 160; *Willemsen*, in: Kallmeyer, Vor § 322 UmwG Rn. 77; GK-BetrVG/*Kreutz/Franzen*, § 58 Rn. 54; DKKW/*Trittin*, § 58 BetrVG Rn. 116; *Müller-Glöge*, in: MünchKommBGB, § 613a Rn. 151; *Simon/Zerres*, in: FS Leinemann, 2006, S. 255, 270; *Bauer/Göpfert/Haußmann/Krieger*, Umstrukturierung, Teil 4 C Rn. 17; *Sieg/Maschmann*, Unternehmensumstrukturierung aus arbeitsrechtlicher Sicht, Rn. 442; *Picot/Schnitker*, Arbeitsrecht bei Unternehmenskauf und Restrukturierung, Teil I Rn. 260; Mengel, Umwandlungen im Arbeitsrecht, S. 198; *Breymaier*, Die Fortgeltung von Betriebsvereinbarungen bei Unternehmensumwandlungen, S. 145; WHSS/*Hohenstatt*, E Rn. 70; *ders./Günther-Gräff*, DStR 2001, 1980, 1983; HWK/*ders./Dzida*, § 54 BetrVG Rn. 19; *C. Meyer*, BB-Special 14/2005, 5, 8; *Mohnke/Betz*, BB 2008, 498, 500 f.; *Niklas/Mückl*, DB 2008, 2250, 2254; *Kern*, NZA 2009, 1313, 1316; *Hauck*, in: FS Richardi, 2007, S. 537, 543; *Bachner*, in: Bachner/Köstler/Matthießen/Trittin, Arbeitsrecht bei Unternehmensumwandlung und Betriebsübergang, § 4 Rn. 130.

[814] *Gaul*, Das Arbeitsrecht der Betriebs- und Unternehmensspaltung, § 25 Rn. 240.

[815] *Gaul*, Das Arbeitsrecht der Betriebs- und Unternehmensspaltung, § 25 Rn. 240; DKKW/*Trittin*, § 58 BetrVG Rn. 116.

[816] Vgl. *Kern*, NZA 2009, 1313, 1316.

[817] Vgl. GK-BetrVG/*Kreutz/Franzen*, § 58 Rn. 54.

führen. Dies kann etwa durch Umstrukturierungsvorgänge nach dem UmwG erfolgen, z.b. durch Verschmelzungen oder Spaltungen von Konzernunternehmen.[818] In diesen Konstellationen entfällt der zwingende Konzernbezug der Konzernbetriebsvereinbarung. Sind solche Vorgänge mit Betriebsübergängen verbunden, findet das Fortgeltungssystem der § 613a Abs. 1 S. 2 - 4 BGB Anwendung.

II. Umstrukturierungen ohne Betriebs(teil)übergang

Unternehmensumstrukturierungen können jedoch auch ohne Betriebs(teil)übergänge durchgeführt werden. Dies ist etwa der Fall, wenn ein oder mehrere Unternehmen aus einem Konzern mittels eines Anteilsverkaufs („*share deal*") herausgelöst werden. Auch in diesen Konstellationen stellt sich die Frage nach dem Schicksal von bestehenden Konzernbetriebsvereinbarungen.

1. Konzerninterne Umstrukturierungen

Findet ein „*share deal*" innerhalb der Konzerngrenzen statt, gelten keine anderen Grundsätze als bei einem konzerninternen Betriebsübergang: Da sowohl der Konzernbetriebsrat im Amt bleibt und die Betriebe sich auch nach einem konzerninternen „*share deal*" noch im Geltungsbereich der Konzernbetriebsvereinbarung befinden, gilt eine bestehende Konzernbetriebsvereinbarung kollektivrechtlich fort.[819]

2. Umstrukturierungen mit konzernübergreifendem Bezug

Problematisch sind jedoch die Fälle, in denen Unternehmen mittels eines Anteilsverkaufs aus dem Konzernverbund herausgelöst werden. Auch in diesen Fällen kommt aufgrund des zwingenden Konzernbezugs der Konzernbetriebsvereinbarung und der fehlenden Amtskontinuität des Konzernbetriebsrats eine kollektivrechtliche Fortgeltung nicht in Betracht.[820] Die Konsequenz wäre das Eingreifen des Transformationssystems der § 613a Abs. 1 S. 2 - 4 BGB. Allerdings ist zu beachten, dass § 613a BGB bei Anteilsübertragungen nicht direkt anwendbar ist, da es an einem Betriebsübergang i.S.v. § 613a Abs. 1 S. 1 BGB fehlt, weil die Zuordnung der Be-

---

[818] Vgl. dazu oben § 6 B. III.
[819] Vgl. oben § 7 A. I. 5.
[820] Vgl. auch oben § 7 A. I. 4.

triebe zu den jeweiligen Rechtsträgern durch einen „*share deal*" nicht berührt wird.[821]

Durch diese Nichtanwendbarkeit der beiden Lösungswege tritt jedoch eine nicht hinnehmbare Schutzlücke auf.[822] Aufgrund der vergleichbaren Interessenlage zu den Fällen eines Betriebsübergangs auf konzernfremde Rechtsträger, wird in diesen Konstellationen eine entsprechende Anwendung des Transformationssystems der § 613a Abs. 1 S. 2-4 BGB befürwortet.[823] Dies wird allerdings von Teilen des rechtswissenschaftlichen Schrifttums abgelehnt: Auch wenn ein Unternehmen den Konzern durch einen Anteilsverkauf verlässt, sollen bestehende Konzernbetriebsvereinbarungen kollektivrechtlich weitergelten. Aus diesem Grund fehle es bereits an einer Regelungslücke, so dass für eine entsprechende Anwendung des § 613a Abs. 1 S. 2 BGB kein Raum bestehe.[824] Nach der hier vertretenen Auffassung kommt eine kollektivrechtliche Fortgeltung von Konzernbetriebsvereinbarungen jedoch gerade nicht in Betracht, wenn Unternehmen und Betriebe den Konzernverbund verlassen. Die dadurch (unstreitig) auftretende Schutzlücke ist deshalb durch eine analoge Anwendung der § 613a Abs. 1 S. 2 - 4 BGB zu schließen.

3. Sonderfall: „Konzern im Konzern"

Führt ein Beteiligungserwerb dazu, dass ein herrschendes Konzernunternehmen die Mehrheit der Anteile an einem konzernfremden herrschenden Unternehmen erwirbt und belässt das erwerbende Unternehmen der ursprünglichen Konzernspitze einen „betriebsverfassungsrechtlich relevanten Spielraum", kann der Konzernbetriebsrat im „aufgenommenen" Konzern fortbestehen. Durch diesen Vorgang entsteht ein sog. „Konzern im Konzern".[825]

Fraglich ist hierbei, welche Auswirkungen dieser Umstrukturierungsvorgang auf die bestehenden Konzernbetriebsvereinbarungen hat. Da der ursprüngliche Konzernbetriebsrat bestehen bleibt und sich die Betriebe weiterhin im Geltungsbereich der ursprünglichen Konzernbetriebsvereinbarungen befinden, hat die Entstehung

---

[821] Vgl. dazu oben § 3 A. II. 2. a).

[822] WHSS/*Hohenstatt*, E Rn. 72.

[823] WHSS/*Hohenstatt*, E Rn. 72; HWK/*ders./Dzida*, § 54 BetrVG Rn. 20; für eine „hilfsweise" analoge Anwendung der Norm: DKKW/*Trittin*, § 58 BetrVG Rn. 116.

[824] *Kern*, NZA 2009, 1313, 1317; *Braun*, ArbRB 2004, 118, 120; *Rieble*, NZA-Sonderbeilage 16/2003, 62, 70; GK-BetrVG/*Kreutz/Franzen*, § 58 Rn. 56.

[825] Vgl. dazu oben § 4 C. II.

eines „Konzerns im Konzern" keine Auswirkungen auf bestehende Konzernbetriebsvereinbarungen des Ursprungskonzerns. Sie gelten weiterhin normativ fort.[826] Es stellen sich hierbei keine Konkurrenzprobleme der verschiedenen Konzernbetriebsvereinbarungen im Gesamtkonzern. Durch den der ursprünglichen Konzernspitze überlassenen betriebsverfassungsrechtlich relevanten Entscheidungsspielraum kann der Konzernbetriebsrat nur solche Angelegenheiten regeln, die den „Konzern im Konzern" als solchen betreffen. Die Gesamtkonzernspitze hat für solche Angelegenheiten in Bezug auf den Teilkonzern keinen eigenen Entscheidungsspielraum. Ein „Übergriff" auf den gesamten Konzern kommt daher nicht in Betracht.

Bestehen sowohl im Teil- als auch im Gesamtkonzern gegenstandsgleiche Regelungen, für welche der Teilkonzernspitze die Entscheidungsmacht entzogen wurde, führt dies zu einer entsprechenden Anwendung der § 613a Abs. 1 S. 2 - 4 BGB. Hierbei bewirkt eine analoge Anwendung des § 613a Abs. 1 S. 3 BGB, dass bestehende Konzernbetriebsvereinbarungen des Gesamtkonzerns einer Transformation i.S.v. § 613a Abs. 1 S. 2 BGB entgegenstehen. Die Konzernbetriebsvereinbarungen des Gesamtkonzerns gelten demnach auch für den aufgenommenen „Konzern im Konzern".

Eine ähnliche Situation entsteht, wenn die Mehrheit der Anteile an einem herrschenden Konzernunternehmen von einem anderen Unternehmen erworben wird und dieses dem ursprünglichen herrschenden Unternehmen keinen betriebsverfassungsrechtlich relevanten Spielraum überlässt. In diesem Fall entsteht kein „Konzern im Konzern". Das ursprüngliche Konzernrechtsverhältnis endet und wird durch eine neue Unternehmensverbindung ersetzt. Damit erlischt auch der für den aufgenommenen Konzern errichtete Konzernbetriebsrat.[827] In Bezug auf bestehende Konzernbetriebsvereinbarungen ist auch hierbei eine entsprechende Anwendung des § 613a Abs. 1 BGB angezeigt.[828]

---

[826] GK-BetrVG/*Kreutz/Franzen*, § 58 Rn. 56.
[827] Vgl. dazu oben § 6 B. I. 3.
[828] A.A. GK-BetrVG/*Kreutz/Franzen*, § 58 Rn. 56.

B. Umstrukturierungen auf der Betriebsebene

Im Zusammenhang mit Umstrukturierungsmaßnahmen auf der Betriebsebene kann auf die vorstehend genannten Geltungsvoraussetzungen einer Konzernbetriebsvereinbarung zurückgegriffen werden. Auch bei solchen Vorgängen stellt sich die Frage nach den Auswirkungen auf bestehende Konzernbetriebsvereinbarungen.

I. Einschränkung und Stilllegung von Betrieben oder Betriebsteilen

Bei einer Einschränkungen oder Stilllegung von Betrieben oder Betriebsteilen fehlt es an einem konzernübergreifenden Bezug. Diese Maßnahmen spielen sich jeweils nur innerhalb eines Konzernverbundes ab. Sind nach diesen Vorgängen noch Betriebe im Konzern vorhanden, gilt eine bestehende Konzernbetriebsvereinbarung kollektivrechtlich fort. Es gelten dabei keine anderen Grundsätze als bei einer konzerninternen Unternehmensumstrukturierung.[829] Werden dagegen sämtliche Betriebe innerhalb eines Konzerns stillgelegt, erlischt damit ein bestehender Konzernbetriebsrat.[830] Eine Fortgeltung von Konzernbetriebsvereinbarungen ist in diesem Fall ausgeschlossen.

II. Zusammenschluss oder Spaltung von Betrieben

Nichts anderes gilt bei dem Zusammenschluss oder der Spaltung von Betrieben, sofern diese Maßnahmen innerhalb eines Konzernverbundes durchgeführt werden. Findet ein Zusammenschluss oder eine Spaltung dagegen im Zusammenhang mit einem Betriebs(teil)übergang auf konzernfremde Rechtsträger statt, so gelten die oben unter § 7 A. I. 4. dargestellten Grundsätze auch hier.

C. Ergebnis

Sowohl Betriebs- als auch Unternehmensumstrukturierungen können Auswirkungen auf bestehende Konzernbetriebsvereinbarungen haben.

Bei Unternehmensumstrukturierungen ist danach zu differenzieren, ob diese Vorgänge mit einem Betriebs(teil)übergang verbunden sind oder nicht. Im Falle von Betriebs(teil)übergängen stellt sich die Frage, ob eine Konzernbetriebsverein-

---

[829] Vgl. § 7 A. I. 5. und § 7 A. II. 1.
[830] Vgl. § 6 A. I.

barung normativ, d.h. kollektivrechtlich oder lediglich gem. § 613a Abs. 1 S. 2 - 4 BGB fortgelten kann. Im Rahmen von Betriebs(teil)übergängen auf konzernfremde Rechtsträger scheidet eine kollektivrechtliche Fortgeltung aus. Das Schicksal von Konzernbetriebsvereinbarungen bestimmt sich in diesen Fällen allein nach den § 613a Abs. 1 S. 2 - 4 BGB. Durch dieses Fortgeltungssystem werden Probleme vermieden, die entstehen können, wenn der ursprüngliche Konzernbetriebsrat von der Konzernbetriebsvereinbarung abgetrennt wird, der zwingende Konzernbezug der Kollektivvereinbarung verloren geht oder im Erwerberkonzern bereits Konzernbetriebsvereinbarungen zum gleichen Regelungsgegenstand bestehen. Bei konzerninternen Umstrukturierungen bleibt dagegen der Konzernbetriebsrat als Abschluss- und Verhandlungspartner auf der Arbeitnehmerseite bestehen. Auch der zwingende Konzernbezug der Vereinbarung geht durch solche Vorgänge nicht verloren. Im Übrigen befinden sich die übergehenden Betriebe nach einem konzerninternen Betriebsübergang weiterhin im Geltungsbereich der ursprünglichen Konzernbetriebsvereinbarung. Verbleibt der übertragene Betrieb daher im Konzernverbund, gilt eine bereits bestehende Konzernbetriebsvereinbarung kollektivrechtlich fort. Eine kollektivrechtliche Fortgeltung ist allerdings dann ausgeschlossen, wenn konzerninterne Umstrukturierungen zum Erlöschen des Konzernrechtsverhältnisses führen. Sind solche Vorgänge mit Betriebsübergängen verbunden, findet das Transformationssystem der § 613a Abs. 1 S. 2 - 4 BGB Anwendung.

Bei Unternehmensumstrukturierungen, die ohne Betriebs(teil)übergänge durchgeführt werden, findet § 613a BGB mangels Betriebsinhaberwechsels keine Anwendung. Dies ist insbesondere bei Anteilsveräußerungen („*share deals*") der Fall. Findet eine Anteilsveräußerung innerhalb der Konzerngrenzen statt, gelten keine anderen Grundsätze als bei einem konzerninternen Betriebsübergang. Bei Anteilsveräußerungen an konzernfremde Rechtsträger kommt eine kollektivrechtliche Fortgeltung von Konzernbetriebsvereinbarungen nicht in Betracht. Die dadurch auftretende Schutzlücke ist durch eine analoge Anwendung der § 613a Abs. 1 S. 2 - 4 BGB zu schließen. Führt ein *share deal* zur Entstehung eines „Konzerns im Konzerns", hat dies keinerlei Auswirkungen auf bestehende Konzernbetriebsvereinbarungen des „Ursprungskonzerns", da der ursprüngliche Konzernbetriebsrat bestehen bleibt und sich die Betriebe weiterhin im Geltungsbereich der ursprünglichen Konzernbetriebsvereinbarungen befinden. Bestehen sowohl im Teil- als auch im Gesamtkonzern gegenstandsgleiche Regelungen, für welche der Teilkonzern-spitze die Entscheidungsmacht entzogen wurde, führt dies zu einer entsprechenden Anwendung des § 613a Abs. 1 S. 2 - 4 BGB.

Bei Umstrukturierungen auf der betrieblichen Ebene ist zwischen der Ein-schränkung und Stilllegung von Betrieben oder Betriebsteilen und dem Zusammen-schluss oder der Spaltung von Betrieben zu differenzieren. Im ersten Fall fehlt es an einem konzernübergreifenden Bezug. Sind daher nach einer Einschränkung oder Stilllegung von Betrieben noch Betriebe im Konzern vorhanden, gilt eine beste-hende Konzernbetriebsvereinbarung kollektivrechtlich fort. Werden dagegen sämt-liche Betriebe innerhalb eines Konzerns stillgelegt, kann eine bestehende Konzern-betriebsvereinbarung nicht weitergelten. Gleiches gilt für den Zusammenschluss oder die Spaltung von Betrieben. Finden solche Maßnahmen jedoch im Zusam-menhang mit einem Betriebs(teil)übergang auf konzernfremde Rechtsträger statt, so gelten die gleichen Grundsätze wie bei einer Unternehmensumstrukturierung mit Betriebs(teil)übergängen auf konzernfremde Rechtsträger.

Vierter Teil: Beteiligungsrechte des Konzernbetriebsrats im Rahmen von Betriebs- und Unternehmensumstrukturierungen

Betriebs- und Unternehmensumstrukturierungen können sich nicht nur auf die Amtszeit des Konzernbetriebsrats und die von ihm abgeschlossenen Konzernbetriebsvereinbarungen auswirken. In bestimmten Fällen lösen solche Vorgänge auch Beteiligungsrechte von Arbeitnehmervertretungen aus. Will ein Unternehmen Umstrukturierungen auf der Betriebsebene in Form von Betriebsänderungen durchführen, schreibt das BetrVG unter bestimmten Voraussetzungen eine zwingende Betriebsratsbeteiligung vor (vgl. §§ 111, 112 BetrVG). Bei Umstrukturierungsvorgängen auf der Unternehmensebene normiert das UmwG besondere Beteiligungsrechte (vgl. nur die §§ 5 Abs. 3, 122e S. 2, 126 Abs. 3, 194 Abs. 2 UmwG). Die gesetzlichen Vorschriften sprechen in allen Fällen jedoch lediglich von „Betriebsräten" als den zu beteiligenden Arbeitnehmervertretungen. Es ist daher fraglich, ob es sich dabei immer nur um Einzelbetriebsräte handelt oder ob im Rahmen von konzernbezogenen Umstrukturierungsvorgängen auch (oder ggfs. sogar ausschließlich) dem Konzernbetriebsrat die gesetzlichen Beteiligungsrechte zustehen. Diese Problemstellung ist Gegenstand der folgenden Ausführungen, wobei zunächst – jeweils für die Ebene des Betriebs und des Unternehmens getrennt – dargestellt werden soll, welche Beteiligungsrechte im Rahmen von Betriebs- und Unternehmensumstrukturierungen grundsätzlich bestehen. Im Anschluss daran kann die Frage nach der Zuständigkeitsverteilung auf der Seite der Arbeitnehmervertretungen beantwortet werden.

§ 8 Umstrukturierungen auf der Betriebsebene

A. Die Beteiligungsrechte des Betriebsrats

Plant ein Rechtsträger eine Umstrukturierung auf der Betriebsebene in Form von Betriebsänderungen (z.B. Betriebsstilllegungen, -zusammenschlüsse oder -spaltungen), muss dieser unter bestimmten Voraussetzungen einen bestehenden Betriebsrat zwingend beteiligen. Die Betriebsverfassung normiert in §§ 106 ff. BetrVG die Beteiligungsrechte des Betriebsrats in wirtschaftlichen Angelegenheiten. Von zentraler Bedeutung sind hierbei die Vorschriften über den Interessenausgleich und den Sozialplan, vgl. §§ 111, 112 BetrVG. In Unternehmen mit in der Regel mehr als zwanzig wahlberechtigten Arbeitnehmern hat der Unternehmer den Betriebsrat über geplante Betriebsänderungen rechtzeitig und umfassend zu unterrichten und die geplanten Betriebsänderungen mit dem Betriebsrat zu beraten, § 111 S. 1 BetrVG. Ziel der Beratung zwischen Unternehmer und Betriebsrat sind der Versuch eines Interessenausgleichs und der Abschluss eines Sozialplans.[831]

I. Interessenausgleich

Bei einem Interessenausgleich handelt es sich um eine Einigung zwischen Unternehmer und Betriebsrat über die geplante Betriebsänderung, vgl. § 112 Abs. 1 S. 1 BetrVG.[832] Gegenstand der Einigung ist das „Ob", „Wann" und „Wie" der vorgesehenen unternehmerischen Maßnahme, d.h. der Betriebsänderung.[833] Durch den Interessenausgleich soll das Interesse des Unternehmers an der Durchführung der Betriebsänderung mit dem Interesse der Arbeitnehmer an der Vermeidung wirtschaftlicher Nachteile ausgeglichen werden, die den Beschäftigten infolge der geplanten Maßnahme entstehen.[834] Betriebsrat und Unternehmer können vereinbaren, dass die Betriebsänderung wie geplant durchgeführt wird oder aber auch ganz unterbleibt.[835] In der Regel wird jedoch ein Kompromiss erfolgen. Inhalt eines Interessenausgleichs sind in diesem Fall Regelungen darüber, wann und wie die Betriebsänderung durchgeführt werden soll und welches Ausmaß sie haben wird.[836] Hierzu zählen u.a. Termine für Entlassungen und Freistellungen bei Betriebsstilllegungen, Regelungen zur Einführung von Kurzarbeit, Vereinbarungen von Qualifi-

---

[831] ErfK/*Kania*, § 111 BetrVG Rn. 22.
[832] Richardi/*Annuß*, § 112 BetrVG Rn. 13; vgl. auch *Fitting*, §§ 112, 112a BetrVG Rn. 10.
[833] BAG v. 27.10.1987 – 1 ABR 9/86, AP Nr. 41 zu § 112 BetrVG 1972 unter B. II. 1. a) der Gründe; ErfK/*Kania*, § 112a BetrVG Rn. 1; GK-BetrVG/*Oetker*, §§ 112, 112a BetrVG Rn. 6; *Fitting*, §§ 112, 112a BetrVG Rn. 13.
[834] Richardi/*Annuß*, § 112 BetrVG Rn. 18.
[835] Richardi/*Annuß*, § 112 BetrVG Rn. 19 f.; *Fitting*, §§ 112, 112a BetrVG Rn. 17.
[836] DKKW/*Däubler*, §§ 112, 112a BetrVG Rn. 14.

kations- und Bildungsmaßnahmen für die Beschäftigten sowie die Vereinbarung von Auswahlrichtlinien für Versetzungen oder Entlassungen.[837]

Der Abschluss eines Interessenausgleichs kann nur freiwillig erfolgen.[838] Kommt eine Einigung über die geplante Betriebsänderung nicht zustande, so können der Unternehmer oder der Betriebsrat den Vorstand der Bundesagentur für Arbeit um Vermittlung ersuchen, § 112 Abs. 2 S. 1 BetrVG. Erfolgt kein Vermittlungsersuchen oder bleibt der Vermittlungsversuch ergebnislos, so können der Unternehmer oder der Betriebsrat die Einigungsstelle anrufen, § 112 Abs. 2 S. 2 BetrVG. Diese hat eine Einigung der Parteien zu versuchen, § 112 Abs. 3 S. 2 BetrVG. Einen bindenden Einigungsvorschlag kann sie jedoch nicht machen, vgl. § 112 Abs. 4 BetrVG.[839] Führt der Unternehmer jedoch eine geplante Betriebsänderung durch, ohne über sie einen Interessenausgleich mit dem Betriebsrat versucht zu haben und werden infolge dessen Arbeitnehmer entlassen oder erleiden Arbeitnehmer andere wirtschaftliche Nachteile, ist der Unternehmer zum Nachteilsausgleich verpflichtet, vgl. § 113 Abs. 3 BetrVG.

II. Sozialplan

Während der Interessenausgleich das „Ob", „Wann" und „Wie" einer geplanten Maßnahme regelt, stellt der Sozialplan eine Einigung über den Ausgleich oder die Milderung der wirtschaftlichen Nachteile dar, die den Arbeitnehmern infolge der geplanten Betriebsänderung entstehen, § 112 Abs. 1 S. 2 BetrVG. Zweck des Sozialplans ist es, eine geplante und nach den Interessen des Unternehmers notwendige Betriebsänderung so zu gestalten, dass für die betroffenen Arbeitnehmer keine unverhältnismäßigen Belastungen eintreten.[840] Im Gegensatz zum Interessenausgleich, der verhindern soll, dass den Arbeitnehmern wirtschaftliche Nachteile entstehen, soll der Sozialplan dafür sorgen, dass entstehende wirtschaftliche Nachteile ausgeglichen oder gemildert werden.[841] Die Sozialplanabfindung soll den von der Entlassung betroffenen Arbeitnehmern eine Überbrückungshilfe bis zu einem neu-

[837] ErfK/*Kania*, § 112a BetrVG Rn. 1; DKKW/*Däubler*, §§ 112, 112a BetrVG Rn. 14; *Fitting*, §§ 112, 112a BetrVG Rn. 19 f.
[838] Richardi/*Annuß*, § 112 BetrVG Rn. 23; *Fitting*, §§ 112, 112a BetrVG Rn. 21.
[839] Richardi/*Annuß*, § 112 BetrVG Rn. 23.
[840] Richardi/*Annuß*, § 112 BetrVG Rn. 51; vgl. auch *Matthes*, in: MünchHdbArbR, § 270 Rn. 6.
[841] Richardi/*Annuß*, § 112 BetrVG Rn. 51.

en Arbeitsverhältnis oder bis zum Bezug von Altersruhegeld zu gewähren.[842] Typische Inhalte eines Sozialplans sind u.a. einmalige Abfindungen, laufende Überbrückungsgelder zu Aufstockung des Arbeitslosengeldes, die Aufrechterhaltung von Versorgungsanwartschaften, Arbeitgeberdarlehen, die Übernahme von Bewerbungskosten, sowie Beihilfe für Weiterbildungsmaßnahmen.[843]

Anders als der Interessenausgleich ist der Sozialplan über die Einigungsstelle erzwingbar, vgl. § 112 Abs. 4 BetrVG.[844] Erzwungene Sozialpläne unterscheiden sich von frei vereinbarten Sozialplänen durch den eingeschränkten Regelungsspielraum: Während die Betriebsparteien bei frei vereinbarten Sozialplänen eine (fast[845]) unbeschränkte Regelungsbefugnis haben, inwieweit sie eintretenden wirtschaftliche Nachteile ausgleichen oder mildern, muss der von der Einigungsstelle aufgestellte Sozialplan die Richtlinien nach § 112 Abs. 5 BetrVG beachten.[846]

B. Zuständigkeit des Konzernbetriebsrats für die Ausübung der Beteiligungsrechte

Im Rahmen von Betriebsumstrukturierungen hat der Unternehmer darauf zu achten, den „richtigen" Betriebsrat zu beteiligen. Auch im Rahmen der §§ 111 ff. BetrVG gilt die allgemeine Kompetenzverteilung des Betriebsverfassungsgesetzes, vgl. §§ 50, 58 BetrVG.[847] Werden Interessenausgleich und Sozialplan mit einem unzuständigen Gremium abgeschlossen, kann dies deren Unwirksamkeit zur Folge haben.[848] Insofern ist die Bestimmung, des zuständigen Verhandlungspartners für die rechtswirksame Durchführung einer Umstrukturierung von entscheidender Bedeutung. Dieser Vorgang ist unproblematisch, sofern ein Rechtsträger nur einen Betrieb besitzt und die geplante Umstrukturierungsmaßnahme nur diesen betrifft. Unsicherheiten können jedoch entstehen, wenn ein solcher Vorgang in einem Kon-

---

[842] BAG v. 28.10.1992 – 10 AZR 129/92, AP Nr. 66 zu § 112 BetrVG 1972 unter II. 2. c) der Gründe; v. 30.10.2001 - 1 AZR 65/01, AP Nr. 145 zu § 112 BetrVG 1972 unter I. 2. b) der Gründe.

[843] *Fitting*, §§ 112, 112a BetrVG Rn. 141; *Matthes*, in: MünchHdbArbR, § 270 Rn. 7 f.; ErfK/*Kania*, § 112a BetrVG Rn. 29; vgl. jedoch im Zusammenhang mit Weiterbildungsmaßnahmen: BAG v. 17.09.1991 - 1 ABR 23/91, AP Nr. 59 zu § 112 BetrVG 1972.

[844] *Fitting*, §§ 112, 112a BetrVG Rn. 97; ErfK/*Kania*, § 112a BetrVG Rn. 21; *Matthes*, in: MünchHdbArbR, § 270 Rn. 1.

[845] Vgl. zu den rechtlichen Schranken der Regelungsbefugnis HWK/*Hohenstatt/Willemsen*, § 112 Rn. 46 ff.; *Fitting*, §§ 112, 112a BetrVG Rn. 144 ff.

[846] HWK/*Hohenstatt/Willemsen*, § 112 BetrVG Rn. 28; *Fitting*, §§ 112, 112a BetrVG Rn. 97.

[847] Vgl. WHSS/*Schweibert*, C Rn. 311.

[848] Vgl. HWK/*Hohenstatt/Willemsen*, § 111 BetrVG Rn. 72.

zernunternehmen durchgeführt werden soll. In dieser Konstellation können – neben dem Einzelbetriebsrat – möglicherweise noch ein Gesamt- und ein Konzernbetriebsrat als potentielle Verhandlungspartner bestehen. Fraglich ist dann, welches Gremium im Rahmen der geplanten unternehmerischen Maßnahme zu beteiligen ist. Die gesetzliche Konzeption der §§ 111, 112 BetrVG deutet hierbei zunächst auf eine Zuständigkeit des Einzelbetriebsrats hin. Bereits der Wortlaut spricht lediglich von „Betriebsräten". Gesamt- oder Konzernbetriebsrat werden nicht erwähnt. Fraglich ist allerdings, ob ein Unternehmer bei bestimmten Umstrukturierungskonstellationen auch den Konzernbetriebsrat über geplante Betriebsänderungen unterrichten und diese mit ihm beraten muss. Bejaht man dies, wäre es denkbar, dass der Konzernbetriebsrat darüber hinaus auch für den Versuch eines Interessenausgleichs und den Abschluss eines Sozialplans das zuständige Vertretungsorgan auf der Arbeitnehmerseite darstellt.

Hierbei ist allerdings zu beachten, dass aus der Zuständigkeit für einen Interessenausgleich nicht auch notwendig die Zuständigkeit für den Abschluss eines Sozialplans folgt.[849] Aus diesem Grund muss im Rahmen von Betriebsumstrukturierungen für jedes Beteiligungsrecht gesondert geprüft werden, ob eine Zuständigkeit des Konzernbetriebsrats besteht oder nicht.

I. Interessenausgleich

Die Zuständigkeit für den Abschluss eines Interessenausgleichs richtet sich nach dem Ausmaß und dem Umfang der geplanten Betriebsänderung.[850] Ist nur ein Betrieb von der geplanten Maßnahme betroffen, ist der Interessenausgleich mit dem Einzelbetriebsrat zu versuchen.[851] Besonderheiten ergeben sich jedoch, wenn sich Betriebsänderungen innerhalb einer Konzernorganisation vollziehen sollen. Basiert eine geplante unternehmerische Maßnahme auf einer Leitungsentscheidung der Konzernspitze ist zu differenzieren: Plant das herrschende Konzernunternehmen eine lediglich sein Unternehmen betreffende Betriebsänderung ist für die Zuständigkeit des Konzernbetriebsrats kein Raum. Es bleibt dann bei der Zuständigkeit

---

[849] BAG v. 03.05.2006 - 1 ABR 15/05, AP Nr. 29 zu § 50 BetrVG 1972; *Fitting*, §§ 112, 112a BetrVG Rn. 130; krit. Richardi/*Annuß*, § 112 BetrVG Rn. 31.
[850] Vgl. GK-BetrVG/*Oetker*, §§ 112, 112a Rn. 61.
[851] Richardi/*Annuß*, § 112 BetrVG Rn. 31; vgl. auch *Fitting*, §§ 112, 112a BetrVG Rn. 25.

des Betriebsrats bzw. des Gesamtbetriebsrats.[852] Etwas anderes kann jedoch gelten, wenn Betriebsänderungen in mehreren (abhängigen) Unternehmen durchgeführt werden sollen. In diesen Fällen können die dort errichteten Betriebsräte bzw. Gesamtbetriebsräte zwar formell mit ihren Arbeitgeberunternehmen über den Interessenausgleich verhandeln. Durch die Vorgaben der Konzernspitze besitzen diese jedoch keinen autonomen Verhandlungsspielraum. Die Ausübung der Mitbestimmungsrechte läuft ins Leere. Diese Schutzlücke kann durch eine Beteiligung des Konzernbetriebsrats geschlossen werden, welcher in der Konzernobergesellschaft einen geeigneten Verhandlungspartner vorfindet.[853]

1. § 58 Abs. 1 S. 1 BetrVG als maßgebliche Kompetenznorm

Eine (originäre) Zuständigkeit des Konzernbetriebsrats ist jedoch nur zu bejahen, wenn die Voraussetzungen des § 58 Abs. 1 S. 1 BetrVG vorliegen. Nach dieser Regelung ist der Konzernbetriebsrat zuständig für die Behandlung von Angelegenheiten, die den Konzern oder mehrere Konzernunternehmen betreffen und nicht durch die einzelnen Gesamtbetriebsräte innerhalb ihrer Unternehmen geregelt werden können. Angelegenheiten betreffen den Konzern bzw. mehrere Konzernunternehmen, wenn der zu behandelnde Gegenstand durch die Betroffenheit von mindestens zwei Konzernunternehmen über die einzelnen Unternehmensgrenzen hinaus relevant ist (sog. spezifischer Konzernbezug).[854] Ein Betreffen liegt dann vor, wenn sich die Angelegenheit auf die Unternehmen auswirkt.[855] Das Merkmal des sog. „Nichtregelnkönnens" ist gegeben, wenn ein zwingendes Erfordernis für eine konzerneinheitliche oder zumindest unternehmensübergreifende Regelung besteht, wobei auf die Verhältnisse des Konzerns, seiner Unternehmen und der Betriebe abzustellen ist.[856]

---

[852] Zur Zuständigkeit des Gesamtbetriebsrats für den Abschluss eines Interessenausgleichs GK-BetrVG/*Oetker*, § 111 Rn. 225 ff.; *Fitting*, §§ 112, 112a BetrVG Rn. 25.

[853] Auf der Arbeitgeberseite ist die Konzernspitze zuständig für den Abschluss eines konzernweiten Interessenausgleichs und Sozialplans, vgl. *Schmitt-Rolfes*, in: 50 Jahre Bundesarbeitsgericht, 2004, S. 1081, 1095.

[854] WPK/*Roloff*, § 58 BetrVG Rn. 4; GK-BetrVG/*Kreutz/Franzen*, § 58 Rn. 19.

[855] WPK/*Roloff*, § 58 BetrVG Rn. 4.

[856] *Fitting*, § 58 BetrVG Rn. 11; WPK/*Roloff*, § 58 BetrVG Rn. 5.

Aufgrund dieser hohen Anforderungen ist die Beteiligung des Konzernbetriebs-rats im Rahmen der §§ 111 ff. BetrVG eher die Ausnahme als die Regel.[857] Sie kommt jedoch dann in Betracht, wenn sich die auf der Konzernleitungsebene ge-troffene Entscheidung planmäßig einheitlich auf mehrere Betriebe mehrerer Kon-zernunternehmen auswirkt, wie z.b. die unternehmensüberschreitende Zusammen-legung von Betrieben.[858] Entscheidend ist, ob den geplanten unternehmerischen Maßnahmen ein unternehmensübergreifendes Konzept zugrunde liegt.[859] Eine kon-zerneinheitliche Lösung muss zwingend geboten sein.[860]

2. Betriebsänderung in lediglich einem abhängigen Unternehmen

Probleme entstehen allerdings dann, wenn eine Betriebsänderung nur in einem ab-hängigen Unternehmen durchgeführt werden soll und die zugrunde liegende Pla-nung von der Konzernspitze ausgeht. Dies kann etwa der Fall sein, wenn eine von der Konzernobergesellschaft geplante Sanierungsmaßnahme die Stilllegung eines einzigen Betriebs in einem abhängigen Unternehmen zur Folge hat. Auch in dieser Konstellation steht dem im betroffenen Betrieb bestehenden Betriebsrat in seinem Arbeitgeberunternehmen zwar formal einen Verhandlungspartner gegenüber.[861] Ein abzuschließender Interessenausgleich soll jedoch das „Ob", „Wann" und „Wie" einer Betriebsänderung regeln. In Bezug auf diese Modalitäten besitzt das betroffe-ne Arbeitgeberunternehmen keinen eigenen Verhandlungsspielraum, da diese auf den Vorgaben der Konzernspitze beruhen. Nach der Zuständigkeitsregelung des § 58 Abs. 1 S. 1 BetrVG scheidet auch ein Tätigwerden des Konzernbetriebsrats aus, da die geplante Betriebsänderung nur ein einziges Konzernunternehmen be-trifft und es somit am spezifischen Konzernbezug der Angelegenheit fehlt. Möglich wäre zwar eine Beauftragung des Konzernbetriebsrats durch den Betriebsrat des

---

[857] WHSS/*Schweibert*, C Rn. 318; DKKW/*Trittin*, § 58 BetrVG Rn. 68.

[858] WHSS/*Schweibert*, C Rn. 319; *Fitting*, § 58 BetrVG Rn. 15; vgl. auch *Schmitt-Rolfes*, in: 50 Jahre Bundesarbeitsgericht, 2004, S. 1081, 1094.

[859] *Fitting*, § 58 BetrVG Rn. 15; vgl. auch *Nick*, Konzernbetriebsrat und Sozialplan im Konzern, S. 202: „In aller Regel dürfte nur der Konzernbetriebsrat über den notwendigen Überblick ver-fügen, ob eine Betriebsänderung tatsächlich im Konzerninteresse liegt [...]".

[860] Vgl. DKKW/*Däubler*, § 111 BetrVG Rn. 122; WPK/*Roloff*, § 58 BetrVG Rn. 9; *Bau-er/Göpfert/Haußmann/Krieger*, Umstrukturierung, Teil 2 A Rn. 102; vgl. auch *Tomicic*, Interes-senausgleich und Sozialplan im Konzern, S. 76 ff.

[861] *Richardi/Annuß*, § 111 BetrVG Rn. 160 und GK-BetrVG/*Oetker*, § 111 Rn. 231 bejahen für diesen Fall auch eine Zuständigkeit des Einzelbetriebsrats; vgl. dazu auch *Gaul/Bonanni*, ArbRB 2003, 241, 243 f.

betroffenen Betriebes gem. § 58 Abs. 2 S. 1 i.V.m. § 54 Abs. 2 BetrVG. Allerdings findet durch solch eine Delegation auf Seiten des Arbeitgebers keine Verlagerung der Zuständigkeit auf die Konzernleitung statt.[862] Verhandlungspartner des Konzernbetriebsrats bleibt das Konzernunternehmen, zu welchem der delegierende Betriebsrat gehört.[863]

Letztlich ist jedoch auch in diesem Fall die originäre Zuständigkeit des Konzernbetriebsrats zu bejahen.[864] Zwar widerspricht dies – wie aufgezeigt – auf den ersten Blick der Regelung des § 58 Abs. 1 S. 1 BetrVG. Diese Norm dient allerdings nur der Zuständigkeitsverteilung zwischen Betriebsrat, Gesamtbetriebsrat und Konzernbetriebsrat. Sie soll nicht bezwecken, dass Mitbestimmungsrechte „ins Leere laufen" und faktisch nicht ausgeübt werden können. Das wäre jedoch der Fall, wenn man bei der vorstehend beispielhaft aufgeführten Umstrukturierungsmaßnahme eine Zuständigkeit des Konzernbetriebsrats ablehnen würde. Die formale Zuständigkeitstrennung hätte dann den Effekt der Mitbestimmungsverhinderung. Dies kann jedoch nicht die beabsichtigte Folge der §§ 50, 58 BetrVG sein. Rechtsdogmatisch ist die Zuständigkeit des Konzernbetriebsrats durch eine entsprechende Anwendung des § 58 Abs. 1 S. 1 BetrVG zu begründen. Nur so kann dem Zweck der Konzernbetriebsverfassung – Verhinderung der Aushöhlung von Mitbestimmungsrechten im Konzern[865] – wirksam entsprochen werden.

II. Sozialplan

Auch für den Sozialplan stellt sich im Zusammenhang mit konzernweiten Umstrukturierungsmaßnahmen die Frage nach der Abschlusszuständigkeit auf der Arbeitnehmervertretungsseite. Obwohl in der Praxis die Verhandlungen über Interessenausgleich und Sozialplan häufig miteinander verknüpft werden[866], folgt aus der Zuständigkeit für den Interessenausgleich nicht zwingend die Zuständigkeit für den Abschluss eines Sozialplans.[867] Auch hierfür ist erforderlich, dass der Abschluss des Sozialplans den Konzern oder mehrere Konzernunternehmen betrifft und dar-

---

[862] BAG v. 12.11.1997 - 7 ABR 78/96, AP Nr. 2 zu § 58 BetrVG 1972; *Fitting*, § 58 BetrVG Rn. 27; Richardi/*Annuß*, § 58 BetrVG Rn. 30.
[863] *Fitting*, § 58 BetrVG Rn. 27; Richardi/*Annuß*, § 58 BetrVG Rn. 30.
[864] A.A wohl *Rieble*, in: FS Bauer, 2010, S. 867, 871 f.
[865] Vgl. zum Zweck der Konzernbetriebsverfassung § 4 A.
[866] *Fitting*, §§ 112, 112a BetrVG Rn. 126.
[867] Vgl. BAG v. 03.05.2006 - 1 ABR 15/05, AP Nr. 29 zu § 50 BetrVG 1972.

über hinaus ein zwingendes Erfordernis für eine konzerneinheitliche oder zumindest unternehmensübergreifende Regelung besteht. Die Zuständigkeit des Konzernbetriebsrats folgt allerdings nicht bereits daraus, dass von Betriebsänderungen betroffene Arbeitnehmer in anderen Konzernunternehmen weiterbeschäftigt werden können, vgl. § 112 Abs. 5 S. 2 Nr. 2 BetrVG.[868] Sie ist jedoch gegeben, wenn die im Interessenausgleich vereinbarten Betriebsänderungen mehrere Betriebe verschiedener Konzernunternehmen betreffen und die Durchführung des Interessenausgleichs abhängig von betriebsübergreifenden, einheitlichen Kompensationsregeln im abzuschließenden Sozialplan ist.[869] Dies kommt z.B. in Betracht, wenn der Interessenausgleich unternehmensübergreifende Versetzungen von Arbeitnehmern vorsieht.[870] Die originäre Zuständigkeit des Konzernbetriebsrats ist daher in den Fällen zu bejahen, in denen der Sozialplan die sozialen Belange der von einer unternehmerischen Maßnahme der Konzernleitung betroffenen Arbeitnehmer wahren soll.[871] Eine Ausnahme gilt lediglich dann, wenn – wie bereits zum Interessenausgleich ausgeführt – die von der Konzernspitze geplante Betriebsänderung lediglich einen einzigen Betrieb in einem abhängigen Unternehmen betrifft und kein Grund für eine konzernweite bzw. unternehmensübergreifende Kompensationsregelung besteht. Zwar kann auch für diesen Fall eine Zuständigkeit des Konzernbetriebsrats zum Abschluss eines Interessenausgleichs bestehen.[872] Der Abschluss eines Sozialplans obliegt jedoch dem Einzelbetriebsrat im betroffenen Unternehmen. Da sich die Vorgaben der Konzernspitze meist nur auf die Rahmenbedingungen der konkreten Betriebsänderung beziehen, verfügt das abhängige Arbeitgeberunternehmen in Bezug auf die auszugleichenden und zu mildernden wirtschaftlichen Nachteile der betroffenen Arbeitnehmer noch über einen eigenen Handlungs- und Entscheidungsspielraum. Ein Tätigwerden des Konzernbetriebsrats ist aus diesem Grund – mangels spezifischen Konzernbezugs der Angelegenheit im Hinblick auf § 58 Abs. 1 S. 1 BetrVG – weder begründbar, noch geboten. Die Zuständigkeit für den Interessenausgleich und den Abschluss eines Sozialplans kann in dieser Konstellation daher auseinanderfallen.

---

[868] BAG v. 17.09.1991 - 1 ABR 23/91, AP Nr. 59 zu § 112 BetrVG 1972 unter A. IV. 2. der Gründe.
[869] *Christoffer*, BB 2008, 951, 954; *Fitting*, § 58 BetrVG Rn. 15.
[870] HWK/*Hohenstatt/Willemsen*, § 112 BetrVG Rn. 32a.
[871] *Christoffer*, BB 2008, 951, 954.
[872] Vgl. oben § 8 B. I. 2.

C. Ergebnis

Im Rahmen von Umstrukturierungen auf der betrieblichen Ebene kommt eine Zuständigkeit des Konzernbetriebsrats für den Versuch eines Interessenausgleichs und den Abschluss eines Sozialplans in Betracht.

Die Zuständigkeit für den Interessenausgleich besteht, wenn sich die auf der Konzernleitungsebene getroffene Entscheidung planmäßig einheitlich auf mehrere Betriebe mehrerer Konzernunternehmen auswirkt.[873] Entscheidend ist, ob den geplanten unternehmerischen Maßnahmen ein unternehmensübergreifendes Konzept zugrunde liegt.[874] Die Zuständigkeit des Konzernbetriebsrats ist auch dann zu bejahen, wenn eine Betriebsänderung nur in einem abhängigen Unternehmen durchgeführt werden soll und die zugrunde liegende Planung von der Konzernspitze ausgeht, etwa wenn eine von der Konzernobergesellschaft geplante Sanierungsmaßnahme die Stilllegung eines einzigen Betriebs in einem abhängigen Unternehmen zur Folge hat. In diesem Fall ist eine analoge Anwendung von § 58 Abs. 1 S. 1 BetrVG geboten.

Die Zuständigkeit des Konzernbetriebsrats für den Abschluss eines Sozialplans ist gegeben, wenn die Angelegenheit den Konzern oder mehrere Konzernunternehmen betrifft und darüber hinaus ein zwingendes Erfordernis für eine konzerneinheitliche oder zumindest unternehmensübergreifende Regelung besteht. Eine Ausnahme gilt allerdings dann, wenn die von der Konzernspitze geplante Betriebsänderung lediglich einen einzigen Betrieb in einem abhängigen Unternehmen betrifft und kein Grund für einen konzernweiten bzw. unternehmensübergreifenden Sozialplan besteht.

---

[873] Vgl. WHSS/*Schweibert*, C Rn. 319.
[874] *Fitting*, § 58 BetrVG Rn. 15.

§ 9 Umstrukturierungen auf der Unternehmensebene

Eine Betriebsratsbeteiligung ist nicht nur im Rahmen von Betriebsänderungen vorgeschrieben. Auch Umstrukturierungsvorgänge auf der Ebene des Unternehmens sind unter Umständen zwingend mit bestehenden Arbeitnehmervertretungen zu koordinieren. Diese Pflicht besteht namentlich bei Umwandlungen nach dem Umwandlungsgesetz.

A. Beteiligungsrechte des Betriebsrats

I. (Grenzüberschreitende) Verschmelzung

Soll eine Unternehmensumstrukturierung rechtstechnisch im Wege einer Verschmelzung i.S.v. § 2 UmwG durchgeführt werden, so trifft die an der Verschmelzung beteiligten Unternehmen die Pflicht, einen Verschmelzungsvertrag abzuschließen, vgl. § 4 Abs. 1 S. 1 UmwG. Dieser Vertrag regelt vor allem die Übertragung des Vermögens des übertragenden auf den übernehmenden Rechtsträger und die dafür gewährte Gegenleistung, nämlich die Gewährung von Anteilen oder Mitgliedschaften an dem übernehmenden Rechtsträger.[875] Darüber hinaus schreibt § 5 Abs. 1 UmwG bestimmte Mindestinhalte des Verschmelzungsvertrages bzw. des Vertragsentwurfs vor. Aus arbeitsrechtlicher Sicht bedeutsam ist insbesondere § 5 Abs. 1 Nr. 9 UmwG, wonach Angaben über die Folgen der Verschmelzung für die Arbeitnehmer und deren Vertretungen sowie die insoweit vorgesehenen Maßnahmen im Vertrag enthalten sein müssen. Diese Norm steht in direkter funktionaler Verknüpfung mit § 5 Abs. 3 UmwG, wonach der Verschmelzungsvertrag bzw. sein Entwurf, spätestens einen Monat vor dem Tage der Versammlung der Anteilsinhaber jedes beteiligten Rechtsträgers, die über die Zustimmung zum Verschmelzungsvertrag beschließen soll, den zuständigen Betriebsräten der an der Umwandlung beteiligten Rechtsträger zuzuleiten ist.[876] Die Beachtung der Zuleitungspflicht spielt für eine geplante Verschmelzung eine wichtige Rolle: Gem. § 17 Abs. 1 UmwG ist der Anmeldung der Verschmelzung zur Eintragung in das Handelsregis-

---

[875] *Marsch-Barner*, in: Kallmeyer, UmwG, § 4 Rn. 2; *Schröer*, in: Semler/Stengel, § 4 UmwG Rn. 1; siehe zur Rechtsnatur des Verschmelzungsvertrages *Lutter/Drygala*, in: Lutter, UmwG, § 4 Rn. 3 ff.; *Stratz*, in: Schmitt/Hörtnagl/Stratz, § 4 UmwG Rn. 4 ff.

[876] *Willemsen*, in: Kallmeyer, UmwG, § 5 Rn. 74; *Lutter/Drygala*, in: Lutter, UmwG, § 5 Rn. 105.

ter ein Nachweis über die rechtzeitige Zuleitung des Verschmelzungsvertrages (oder seines Entwurfs) an den zuständigen Betriebsrat beizufügen. Die Zuleitung gem. § 5 Abs. 3 UmwG ist somit Eintragungsvoraussetzung der Verschmelzung.[877]

Bei einer grenzüberschreitenden Verschmelzung von Kapitalgesellschaften nach den §§ 122a ff. UmwG stellt der Verschmelzungsplan (§ 122c UmwG) das Äquivalent zum Verschmelzungsvertrag bei innerstaatlichen Verschmelzungen dar.[878] In § 122c UmwG fehlt jedoch eine dem § 5 Abs. 3 UmwG vergleichbare Regelung. Die (wohl) h.M. lehnt eine analoge oder gem. § 122a Abs. 2 UmwG direkte Anwendung des § 5 Abs. 3 UmwG im Rahmen von grenzüberschreitenden Verschmelzungen jedoch ab.[879] Allerdings ist auch bei einer grenzüberschreitenden Verschmelzung eine Betriebsratsbeteiligung gesetzlich festgeschrieben. Gem. § 122e S. 2 UmwG ist der Verschmelzungsbericht (vgl. § 8 UmwG) dem zuständigen Betriebsrat der an der grenzüberschreitenden Verschmelzung beteiligten Gesellschaft zugänglich zu machen.

II. Spaltung

Soll eine Unternehmensumwandlung im Wege einer Spaltung i.S.d. §§ 123 ff. UmwG durchgeführt werden, ist ein sog. Spaltungs- und Übernahmevertrag abzuschließen. Für diesen enthält § 126 Abs. 1 UmwG eine Auflistung von Mindestinhalten. Dabei besteht mit § 126 Abs. 1 Nr. 11 UmwG eine dem § 5 Abs. 1 Nr. 9 UmwG inhaltlich entsprechende Norm. Auch dieser Vertrag bzw. sein Entwurf, ist spätestens einen Monat vor dem Tag der Versammlung der Anteilsinhaber jedes beteiligten Rechtsträgers, die über die Zustimmung zum Spaltungs- und Übernahmevertrag beschließen soll, den zuständigen Betriebsräten aller beteiligten Rechtsträgers zuzuleiten, vgl. § 126 Abs. 3 UmwG. Auch im Rahmen der Spaltung ist die ordnungsgemäße Beteiligung des Betriebsrats ausschlaggebend für den Erfolg der gesamten Unternehmensumstrukturierung: Die rechtzeitige Zuleitung des Spal-

---

[877] *Willemsen*, in: Kallmeyer, UmwG, § 5 Rn. 74; *Simon*, in: Semler/Stengel, UmwG, § 5 Rn. 140; *Lutter/Drygala*, in: Lutter, UmwG, § 5 Rn. 110.

[878] *Hörtnagl*, in: Schmitt/Hörtnagl/Stratz, § 122c UmwG Rn. 1; *Drinhausen*, in: Semler/Stengel, § 122c UmwG Rn. 1; krit. jedoch *Bayer*, in: Lutter, UmwG, § 122c UmwG Rn. 3.

[879] Vgl. *Willemsen*, in: Kallmeyer, UmwG, § 122c UmwG Rn. 18; *Hörtnagl*, in: Schmitt/Hörtnagl/Stratz, § 122c UmwG Rn. 38; *Drinhausen*, in: Semler/Stengel, § 122c UmwG Rn. 44; *Bayer*, in: Lutter, UmwG, § 122c UmwG Rn. 32; *Simon/Hinrichs*, NZA 2008, 391, 392; *Dzida*, GmbHR 2009, 459, 465.

tungs- und Übernahmevertrags an die zuständigen Arbeitnehmervertretungen ist gem. § 17 Abs. 1 i.V.m. § 125 S. 1 UmwG Eintragungsvoraussetzung.[880]

III. Formwechsel

Bei einem Formwechsel i.S.d. §§ 190 ff. UmwG gibt es nur einen beteiligten Rechtsträger. Grundlage dieses Umwandlungsvorgangs ist daher kein Vertrag, sondern ein Beschluss der Anteilsinhaber des formwechselnden Rechtsträgers (sog. Umwandlungsbeschluss), vgl. § 193 Abs. 1 S. 1 UmwG. Angelehnt an § 5 und § 126 UmwG enthält § 194 Abs. 1 UmwG bestimmte Mindestinhalte des Umwandlungsbeschlusses. Aus arbeitsrechtlicher Sicht bedeutsam ist hierbei § 194 Abs. 1 Nr. 7 UmwG. Der Entwurf des Umwandlungsbeschlusses ist spätestens einen Monat vor dem Tage der Versammlung der Anteilsinhaber, die den Formwechsel beschließen soll, dem zuständigen Betriebsrat des formwechselnden Rechtsträgers zuzuleiten, § 194 Abs. 2 UmwG.

B. Konzernbetriebsrat als Adressat der Zuleitung i.S.v. §§ 5 Abs. 3, 126 Abs. 3, 194 Abs. 2 UmwG

Sowohl bei der Verschmelzung, der Spaltung als auch bei einem Formwechsel bedarf es einer Zuleitung der jeweiligen Umwandlungsverträge bzw. -beschlüsse, an den zuständigen Betriebsrat. §§ 5 Abs. 3, 126 Abs. 3 und 194 Abs. 2 UmwG haben einen fast identischen Wortlaut. Die Frage, welcher Betriebsrat Adressat der Zuleitungspflicht ist, stellt sich folglich bei allen drei Umwandlungsformen.

Ausweislich der Begründung des Gesetzentwurfs richtet sich die Frage, welcher Betriebsrat im Rahmen der Zuleitungspflicht zuständig ist, nach den Vorschriften des Betriebsverfassungsrechts.[881] Immer zuständig ist der Betriebsrat, dessen Betrieb von einer Umwandlung betroffen ist.[882] Besteht in einem mehrbetrieblichen Unternehmen ein Gesamtbetriebsrats ist ausschließlich dieser gem. § 50 Abs. 1 BetrVG Adressat der Zuleitung, da Umwandlungen stets unterneh-

---

[880] *Willemsen,* in: Kallmeyer, § 126 UmwG Rn. 68; *Steffan,* in: Ascheid/Preis/Schmidt, § 126 UmwG Rn. 55.

[881] Entwurf eines Gesetzes zur Bereinigung des Umwandlungsrechts (UmwBerG), BT-Drucks. 12/6699, S. 83.

[882] *Lutter/Drygala,* in: Lutter, § 5 UmwG Rn. 106.

mensbezogen sind.[883] Unklar ist hingegen, ob bei Umwandlungen mit Konzernbezug auch der Konzernbetriebsrat als Adressat der Zuleitung in Betracht kommen
kann.

I. Meinungsstand

In der rechtswissenschaftlichen Literatur werden zu dieser Frage unterschiedliche
Standpunkte vertreten. Höchstrichterliche Rechtsprechung zu diesem Themenkom-
plex ist nicht vorhanden. Lediglich das *Amtsgericht Duisburg* hat in einer Entscheidung angedeutet, dass die bei einer Umwandlung gesetzlich vorgeschriebenen
Informationspflichten auch dem Konzernbetriebsrat gegenüber bestehen können.[884]

Die überwiegende Anzahl der Autoren im Schrifttum verneint im Rahmen der
§§ 5 Abs. 3, 126 Abs. 3, 194 Abs. 2 UmwG hingegen eine Zuständigkeit des Konzernbetriebsrats.[885] Zur Begründung wird dabei vorwiegend auf den Wortlaut der
jeweiligen Zuleitungsnormen abgestellt. Die Regelungen sprechen vom „zuständigen Betriebsrat dieses Rechtsträgers". Damit seien die umwandlungsbeteiligten
Rechtsträger gemeint. Der Konzernbetriebsrat sei jedoch kein Betriebsrat eines
umwandlungsbeteiligten Rechtsträgers.[886] Auch der Gesetzeszweck einer unter-
nehmensnahen Repräsentation der Arbeitnehmer im Umwandlungsverfahren spreche gegen eine Zuständigkeit des Konzernbetriebsrats.[887] Darüber hinaus wird ein-
gewandt, dass die Konzernbetriebsratserrichtung nicht zwingend vorgeschrieben
sei. Bestehe in einem Konzern kein Konzernbetriebsrat, könne daher bei einer ver-
meintlichen Zuständigkeit dieses Gremiums auf eine Zuleitung verzichtet werden.
Es bestünde daher die Gefahr, dass die Zuleitungspflicht in konzernbetriebsratslo-
sen Konzernen ins Leere läuft.[888]

---

[883] *Hohenstatt/Schramm*, in: KK-UmwG, § 5 Rn. 251; *Lutter/Drygala*, in: Lutter, § 5 UmwG Rn. 106.
[884] AG Duisburg v. 04.01.1996 – 23 HRB 4942, 5935, GmbHR 1996, 372.
[885] *Mayer*, in: Widmann/Mayer, Umwandlungsrecht, § 5 UmwG Rn. 254; WHSS/*Willemsen*, C
Rn. 357; *ders.*, in: Kallmeyer, § 5 UmwG Rn. 76; *Lutter/Drygala*, in: Lutter, § 5 UmwG
Rn. 106; *Hohenstatt/Schramm*, in: KK-UmwG, § 5 Rn. 252; *Stratz*, in: Schmitt/Hörtnagl/Stratz,
§ 5 UmwG Rn. 100; *Boecken*, Unternehmensumwandlungen und Arbeitsrecht, Rn. 334; *Dzida*,
GmbHR 2009, 459, 461 f.; *Henssler*, in: FS Kraft, 1998, S. 219, 239; tendenziell auch *Simon*, in:
Semler/Stengel, § 5 UmwG Rn 142 und *Däubler*, RdA 1995, 136, 138.
[886] *Boecken*, Unternehmensumwandlungen und Arbeitsrecht, Rn. 334; *Hohenstatt/Schramm*, in:
KK-UmwG, § 5 Rn. 252; WHSS/*Willemsen*, C Rn. 357; vgl. auch *Henssler*, in: FS Kraft, 1998,
S. 219, 239; *Däubler*, RdA 1995, 136, 138.
[887] WHSS/*Willemsen*, C Rn. 357; *Hohenstatt/Schramm*, in: KK-UmwG, § 5 Rn. 252.
[888] *Dzida*, GmbHR 2009, 459, 461 f.

Die Gegenansicht[889] beruft sich vornehmlich auf den Willen des Gesetzgebers. Aus den Materialien des Gesetzgebungsverfahrens werde deutlich, dass auch der Konzernbetriebsrat zu den möglichen Adressaten der Zuleitungspflicht gehöre.[890] Darüber hinaus sei der Wortlaut der Zuleitungsnormen aufgrund des gesetzgeberischen Zwecks einer möglichst umfassenden Information, berichtigend auszulegen.[891]

II. Eigene Auffassung

Zu folgen ist der Ansicht, die auch den Konzernbetriebsrat als potentiellen Adressat der Zuleitungspflicht anerkennt. Nur so kann dem Willen des Gesetzgebers entsprochen werden. Dieser ergibt sich zum einen aus der Begründung zum Gesetzesentwurf. Dort wird zur Zuleitungspflicht ausgeführt: „Die Frage, welcher Betriebsrat zuständig ist, richtet sich nach den Vorschriften des Betriebsverfassungsrechts (vgl. §§ 50, 58 BetrVG)"[892]. Durch den Hinweis auf § 58 BetrVG wird somit ausdrücklich auf die Zuständigkeitsregelung des Konzernbetriebsrats Bezug genommen. Zum anderen geht auch der Rechtsausschuss des Deutschen Bundestags von einer potentiellen Zuständigkeit dieses Gremiums aus. In seiner Beschlussempfehlung zum Gesetzesentwurf führt dieser aus: „Die Frage, welchem Betriebsrat der Verschmelzungsvertrag oder sein Entwurf gemäß Absatz 3 zugeleitet werden muss, beantwortet sich aus den Vorschriften des Betriebsverfassungsgesetzes. In der Regel wird dies ausschließlich der Gesamtbetriebsrat oder der Konzernbetriebsrat sein (vgl. §§ 50, 58 BetrVG)"[893]. Diese Rechtsauffassung steht zwar im Widerspruch

---

[889] *Engelmeyer*, DB 1996, 2542, 2545; *Joost*, ZIP 1995, 976, 985; *Melchior*, GmbHR 1996, 833, 835; *Hausch*, RNotZ 2007, 308, 312 f.; *Blechmann*, NZA 2005, 1143, 1148; *Mengel*, Umwandlungen im Arbeitsrecht, S. 338 f.; *Bauer/Göpfert/Haußmann/Krieger*, Umstrukturierung, Teil 4 A Rn. 31; für eine zusätzliche, neben der Zuständigkeit des (Gesamt-)Betriebsrats bestehende, Zuständigkeit des Konzernbetriebsrats: *Bachner*, in: Bachner/Köstler/Matthießen/Trittin, Arbeitsrecht bei Unternehmensumwandlung und Betriebsübergang, § 4 Rn. 274; so auch *K.J. Müller*, DB 1997, 713, 715, der eine Zuständigkeit des Konzernbetriebsrats allerdings nur für die Fälle bejaht, in denen das herrschende Unternehmen selbst als übertragender Rechtsträger an der Umwandlung beteiligt ist.

[890] Vgl. *Hausch*, RNotZ 2007, 308, 312 f.

[891] *Bachner*, in: Bachner/Köstler/Matthießen/Trittin, Arbeitsrecht bei Unternehmensumwandlung und Betriebsübergang, § 4 Rn. 274.

[892] Entwurf eines Gesetzes zur Bereinigung des Umwandlungsrechts (UmwBerG) v. 1.2.1994, BT-Drucks. 12/6699, S. 83.

[893] Beschlussempfehlung und Bericht des Rechtsausschusses v. 13.06.1994, BT-Drucks. 12/7850. S. 142.

zum Wortlaut der Zuleitungsnormen. Eine teleologische Auslegung dieser Vorschriften gebietet bei konzernbezogenen Umwandlungen jedoch eine Beteiligung des Konzernbetriebsrats. Der hinter den Zuleitungsnormen stehende Zweck besteht darin, den zuständigen Arbeitnehmervertretungen die Möglichkeit zu geben, etwaige Einwendungen gegen die Umwandlung aus ihrer Sicht rechtzeitig geltend zu machen, sowie ggfs. auf Änderungen hinzuwirken.[894] Basiert eine konzernbezogene Umwandlung jedoch auf einer Leitungsentscheidung der Konzernspitze, z.B. in Form einer Weisung i.S.v. § 308 Abs. 1 S. 1 AktG, haben die (Gesamt-)Betriebsräte der abhängigen Unternehmen keine betriebsverfassungsrechtliche Möglichkeit, auf die Konzernspitze einzuwirken und etwaige Einwendungen geltend zu machen, da sich ihr Wirkungskreis nur auf das jeweilige Unternehmen bzw. den jeweiligen Betrieb bezieht. Sie können etwaige Änderungsvorschläge nur ihrem Arbeitgeberunternehmen vortragen, welches jedoch durch die Weisung der Konzernspitze gebunden ist. Die Zuleitung der Umwandlungsverträge bzw. –beschlüsse an die (Gesamt-)Betriebsräte wäre in diesem Fall ein rein formaler Vorgang, welcher den Zweck der Zuleitungsnormen nicht erfüllen würde. Liegen die Voraussetzungen des § 58 Abs. 1 S. 1 BetrVG vor, d.h. dass es sich bei der Umwandlung um eine konzernbezogene Maßnahme handelt, die von den einzelnen (Gesamt-)Betriebsräten nicht geregelt werden kann, ist der Konzernbetriebsrat als Adressat der Zuleitung i.S.v. §§ 5 Abs. 3, 126 Abs. 3, 194 Abs. 2 UmwG anzusehen. Hiergegen spricht auch nicht die „Gefahr des Leerlaufs der Zuleitungspflicht" in Konzernen ohne Konzernbetriebsrat. Zwar ist es richtig, dass eine Zuleitung nicht erforderlich ist, wenn es in einem Konzern an einem Konzernbetriebsrat fehlt, da auch in diesem Fall bei Vorliegen der Voraussetzungen des § 58 Abs. 1 S. 1 BetrVG die Zuständigkeit eines (Gesamt-)Betriebsrats ausgeschlossen ist.[895] Allerdings liegt es allein in der Hand der Arbeitnehmer bzw. deren Vertretungen, einen Konzernbetriebsrat zu errichten und somit mögliche Beteiligungsrechte wahrzunehmen. Liegen die Voraussetzungen des § 54 Abs. 1 S. 1 BetrVG vor, kann der Arbeitgeber dies nicht verhindern.

Allerdings hat bei einer Zuständigkeit des Konzernbetriebsrats die Zuleitung nicht zusätzlich auch noch an die jeweiligen Gesamt- oder Einzelbetriebsräte der

---

[894] *Willemsen*, in: Kallmeyer, § 5 UmwG Rn. 74; *Simon*, in: Semler/Stengel, § 5 UmwG Rn. 140.
[895] Vgl. Richardi/*Annuß*, § 58 BetrVG Rn. 21.

beteiligten Rechtsträger zu erfolgen.[896] Zwar lässt auch hierfür der Wortlaut der Zuleitungsnormen eine andere Deutung zu. Jedoch ist eine kumulative Zuleitungspflicht nicht systemkonform, da sich der Adressat der Zuleitung nach den Regeln des Betriebsverfassungsrechts bestimmt. Danach gilt der Grundsatz der Zuständigkeitstrennung (Prinzip des „Entweder/Oder"), wodurch Zuständigkeitsüberschneidungen ausgeschlossen werden.[897] Es kann also immer nur entweder der Konzernbetriebsrat oder der (Gesamt-)Betriebsrat tätig werden bzw. Adressat der Zuleitungspflicht sein.

Diese Ausführungen gelten sinngemäß auch für die Zugänglichmachung des Verschmelzungsberichts gem. § 122e S. 2 UmwG im Rahmen einer grenzüberschreitenden Verschmelzung von Kapitalgesellschaften. Auch hierbei kommt generell eine Beteiligung des Konzernbetriebsrats in Betracht, da sich die Frage, welchem Betriebsrat der Verschmelzungsbericht zugänglich zu machen ist, ebenfalls nach den Vorschriften des Betriebsverfassungsrechts bestimmt.[898]

C. Ergebnis

Im Rahmen von Umstrukturierungsvorgängen auf der Unternehmensebene ist der Konzernbetriebsrat u.U. als Adressat der Zuleitungspflichten i.S.d. §§ 5 Abs. 3, 126 Abs. 3, 194 Abs. 2 UmwG bzw. der Zugänglichmachungspflicht i.S.d. § 122e S. 2 UmwG zu beteiligen. Hierfür ist es erforderlich, dass der Umwandlungsvorgang einen Konzernbezug aufweist, da sich die Frage nach dem zuständigen Betriebsrat i.S.d. §§ 5 Abs. 3, 126 Abs. 3, 194 Abs. 2 UmwG nach den Vorschriften des BetrVG richtet (vgl. § 58 Abs. 1 S. 1 BetrVG). Allerdings hat bei einer Zuständigkeit des Konzernbetriebsrats die Zuleitung nicht zusätzlich auch noch an die jeweiligen Gesamt- oder Einzelbetriebsräte der beteiligten Rechtsträger zu erfolgen.

---

[896] So aber *K.J. Müller*, DB 1997, 713, 715: „gehäufte Zuleitungspflicht"; so wohl auch *Bachner*, in: Bachner/Köstler/Matthießen/Trittin, Arbeitsrecht bei Unternehmensumwandlung und Betriebsübergang, § 4 Rn. 274
[897] Vgl. GK-BetrVG/*Kreutz/Franzen*, § 58 Rn. 8.
[898] Vgl. *Simon/Hinrichs*, NZA 2008, 391, 393; *Bayer*, in: Lutter, § 122e UmwG Rn. 16.

Fünfter Teil: Wesentliche Ergebnisse

Der Konzernbetriebsrat dient der Wahrnehmung von Beteiligungsrechten und dem Arbeitnehmerschutz im Konzern. Konzerne sind jedoch kein statisches Gebilde. Bei ihnen handelt es sich um dynamische Gefüge, die einer stetigen Veränderung unterliegen. Hiervon ist insbesondere die Organisationsstruktur des Konzerns betroffen. Die Konzernbetriebsverfassung enthält jedoch keine Regelung, welche sich mit den Auswirkungen von Konzernstrukturveränderungen auf Konzernbetriebsräte und Konzernbetriebsvereinbarungen auseinandersetzt.

Konzernstrukturveränderungen können sich sowohl auf der Ebene des Betriebs als auch auf der Ebene des Unternehmens vollziehen. Die Einschränkung und Stilllegung von Betrieben oder Betriebsteilen sowie der Zusammenschluss oder die Spaltung von Betrieben stellen Umstrukturierungen auf der Betriebsebene dar. Zu den Umstrukturierungsvorgängen auf der Unternehmensebene zählen der „share deal", der „asset deal", (innerstaatliche) Verschmelzungen nach dem Umwandlungsgesetz sowie die grenzüberschreitende Verschmelzung von Unternehmen.

Umstrukturierungen der Konzernorganisation werfen nicht nur Fragen nach dem Schicksal bestehender Konzernbetriebsräte auf. Solche Vorgänge können auch Auswirkungen auf bestehende Konzernbetriebsvereinbarungen haben. Im Übrigen ist bei jeder Betriebs- und Unternehmensumstrukturierung zu überprüfen, ob einem bestehenden Konzernbetriebsrat bestimmte Beteiligungsrechte zustehen. Dazu zählen die Beteiligung im Interessenausgleichs- und Sozialplanverfahren sowie die Einbeziehung im Rahmen von Umwandlungen nach dem UmwG.

Die Auswirkungen von Betriebs- und Unternehmensumstrukturierungen auf Konzernbetriebsräte sind vielfältig. Sie können dazu führen, dass ein bestehender Konzernbetriebsrat erlischt oder die Errichtungsvoraussetzungen für dieses Gremium erstmalig geschaffen werden. Unter Umständen haben solche Vorgänge jedoch nur Auswirkungen auf die Zusammensetzung eines bereits bestehenden Konzernbetriebsrats (vgl. § 55 BetrVG). Umstrukturierungen auf der betrieblichen Ebene führen nicht zur Entstehung eines Übergangs- oder Restmandats des Konzernbetriebsrats. Darüber hinaus ist ein Konzernbetriebsrat nicht „übergangsfähig", d.h. dass bei einer Umstrukturierungsmaßnahme, in deren Rahmen sämtliche Betriebe

eines Konzerns auf einen anderen „leeren" Konzern übertragen werden, ein bestehender Konzernbetriebsrat nicht in den aufnehmenden Konzern „übergeht".

Betriebs- und Unternehmensumstrukturierungen können weiterhin zur Folge haben, dass eine bestehende Konzernbetriebsvereinbarung kollektivrechtlich weiter-
gilt oder das Fortgeltungssystem der § 613a Abs. 1 S. 2 – 4 BGB eingreift. Im Zusammenhang mit Betriebs(teil)übergängen auf konzernfremde Rechtsträger scheidet eine kollektivrechtliche Fortgeltung aus. Das Schicksal von Konzernbetriebsvereinbarungen bestimmt sich in diesen Fällen allein nach den § 613a Abs. 1 S. 2 -
4 BGB. Bei konzerninternen Umstrukturierungsvorgängen gilt eine bestehende
Konzernbetriebsvereinbarung dagegen kollektivrechtlich fort.

Literaturverzeichnis

Arens, Wolfgang/   Handbuch Umstrukturierung und Arbeitsrecht, Bonn 2008
Düwell, Franz Josef/
Wichert, Joachim

Ascheid, Reiner/   Kündigungsrecht: Großkommentar zum gesamten Recht
Preis, Ulrich/   der Beendigung von Arbeitsverhältnissen, 3. Aufl.,
Schmidt, Ingrid   München 2007
     (zit.: *Bearbeiter*, in: Ascheid/Preis/Schmidt)

Bachmann, Gregor   Kein Konzernbetriebsrat bei ausländischer Konzernlei
     tung, Besprechung des Beschlusses BAG v.
     14.2.2007 – 7 ABR 26/06, RdA 2008, S. 107-112

Bachner, Michael   Fortgeltung von Gesamt- und Einzelbetriebsvereinbarun
     gen nach Betriebsübergang, NJW 2003, S. 2861-
     2865

ders.   Die Rechtsetzungsmacht der Betriebsparteien durch Kon
     zernbetriebsvereinbarung, NZA 1995, S. 256-260

Bachner, Michael/   Arbeitsrecht bei Unternehmensumwandlung und Be
Köstler, Roland/   triebsübergang, 3. Aufl., Baden-Baden 2008
Matthießen, Volker/
Trittin, Wolfgang

Bauer, Jobst-Hubertus/   Umstrukturierung: Handbuch für die arbeitsrechtliche
Göpfert, Burkard/   Praxis, 2. Aufl., Köln 2009
Haußmann, Katrin/
Krieger, Steffen

Bauer, Jobst-Hubertus   Arbeitsrechtliche Chancen und Risiken bei Umstrukturie
     rungen aus anwaltlicher Sicht, NZA-Beilage 2009,
     S. 5-12

Bauer, Jobst-Hubertus/   Betriebsübergang: Beschränkt kollektivrechtliche Fortgel
Medem, Andreas von   tung nach § 613a Abs. 1 Satz 2 BGB, DB 2010, S.
     2560-2564

Behrens, Walther/   Das Quorum für die Errichtung von Konzernbetriebsräten
Schaude, Rainer   in § 54 Abs. 1 Satz 2 BetrVG, DB 1991, S. 278-
     280

Beisel, Wilhelm/   Der Unternehmenskauf, 6. Auflage, München 2009
Klumpp, Hans-Hermann

Beseler, Lothar/   Arbeitsrechtliche Probleme bei Betriebsübergang, Be-
Düwell, Franz Josef/   triebsänderung, Unternehmensumwandlung, 3.
Göttling, Wulfhard   Aufl., Münster 2006
                          (zit.: Bearbeiter, in: Beseler/Düwell/Göttling, Ar-
                          beitsrechtliche Probleme)

Biedenkopf, Kurt H.   Konzernbetriebsrat und Konzernbegriff, in: Zonderland,
                          Pieter, Quo vadis, ius societatum? – Liber amico-
                          rum Pieter Sanders, Deventer 1972, S. 1-15 (zit.:
                          Biedenkopf, in: liber amicorum P. Sanders, 1972)

Birk, Rolf   Auslandsbeziehungen und Betriebsverfassungsgesetz, in:
                          Hubmann, Heinrich; Hübner, Heinz, Festschrift für
                          Ludwig Schnorr von Carolsfeld zum 70. Ge-
                          burtstag, Köln et al. 1973, S. 61-88

ders.   Betriebsaufspaltung und Änderung der Konzernorganisa-
                          tion im Arbeitsrecht, ZGR 1984, S. 23-70

Blechmann, Wolfgang   Die Zuleitung des Umwandlungsvertrags an den Betriebs-
                          rat, NZA 2005, S. 1143-1149

Boecken, Winfried/   Teilzeit- und Befristungsgesetz: Handkommentar, 2.
Joussen, Jacob   Aufl., Baden-Baden 2010 (zit.: Hk-
                          TzBfG/Bearbeiter)

Boecken, Winfried   Unternehmensumwandlungen und Arbeitsrecht, Köln
                          1996

Böttcher, Lars/   Mitbestimmung bei Gemeinschaftsunternehmen mit mehr
Liekefett, Kai Haakon   als zwei Muttergesellschaften – Eine kautelarju-
                          ristische Betrachtung, NZG 2003, S. 701-708

Braun, Axel   Das Schicksal der Konzernbetriebsvereinbarung bei Re-
                          strukturierung, ArbRB 2004, S. 118-121

Breymaier, Markus   Die Fortgeltung von Betriebsvereinbarungen bei Unter-
                          nehmensumwandlung, Münster et al. 2003 (Zugl.:
                          Konstanz, Univ., Diss., 2003)

Buchner, Herbert | Konzernbetriebsratsbildung trotz Auslandssitz der Ober-
gesellschaft, in: Konzen, Horst; Krebber, Sebastian
et al., Festschrift für Rolf Birk zum siebzigsten Geburtstag, Tübingen 2008, S. 11-26
(zit.: *Buchner*, in: FS Birk, 2008)

ders. | Gemeinschaftsunternehmen und Konzernbetriebsrat – ein
Aspekt der konzernrechtlichen Problematik des
Gemeinschaftsunternehmens, RdA 1975, S. 9-13

ders. | Reform des Betriebsverfassungsrechts, AG 1971, S. 189-
196

ders. | Die Zuständigkeit des Konzernbetriebsrats, in: Lieb,
Manfred; Noack, Ulrich; Westermann, Harm Peter,
Festschrift für Wolfgang Zöllner zum 70. Geburtstag, Band II, Köln, 1998, S. 697-714
(zit.: *Buchner*, in: FS Zöllner, 1998)

Bydlinski, Franz | Juristische Methodenlehre und Rechtsbegriff, 2. Aufl.,
Wien/New York 1991

Christoffer, Thorsten | Die originäre Zuständigkeit des Konzernbetriebsrats, BB
2008, S. 951-954

Däubler, Wolfgang | Das Arbeitsrecht im neuen Umwandlungsgesetz, RdA
1995, S. 136-147

Däubler, Wolfgang/ | BetrVG – Betriebsverfassungsgesetz mit Wahlordnung
Kittner, Michael/ | und EBR-Gesetz, 12. Aufl., Frankfurt am Main
Klebe, Thomas/ | 2010
Wedde, Peter | (zit.: DKKW/*Bearbeiter*)

Dauner-Lieb, Barbara/ | Kölner Kommentar zum Umwandlungsgesetz, Köln 2009
Simon, Stefan | (zit.: *Bearbeiter*, in: KK-UmwG)

Dörner, Hans-Jürgen | Die Bildung eines Konzernbetriebsrats in paritätisch be-
herrschten Unternehmen, in: Düwell, Franz Josef;
Stückemann, Wolfgang; Wagner, Volker, Beweg-
tes Arbeitsrecht – Festschrift für Wolfgang Leinemann zum 70. Geburtstag, Neuwied 2006, S. 487-
504

Dzida, Boris	Die Unterrichtung des „zuständigen" Betriebsrats bei innerstaatlichen und grenzüberschreitenden Verschmelzungen, GmbHR 2009, S. 459-465
ders.	Die Mitbestimmung des Konzernbetriebsrats bei Ethik-Richtlinien, NZA 2008, S. 1265-1269
Dzida, Boris/ Hohenstatt, Klaus-Stefan	Errichtung und Zusammensetzung eines Konzernbetriebsrats bei ausländischer Konzernspitze, NZA 2007, S. 945-949
Einsele, Dorothee	Kollisionsrechtliche Behandlung des Rechts verbundener Unternehmen, ZGR 1996, S. 40-54
Emmerich, Volker/ Habersack, Mathias	Aktien- und GmbH-Konzernrecht, 6. Aufl., München 2010 (zit.: *Bearbeiter*, in: Emmerich/Habersack, Aktien- und GmbH-Konzernrecht)
dies.	Konzernrecht: Ein Studienbuch, 9. Aufl., München 2008 (zit.: Emmerich/Habersack, Konzernrecht)
Engelmeyer, Cäcilie	Die Informationsrechte des Betriebsrats und der Arbeitnehmer bei Strukturänderungen, DB 1996, S. 2542-2546
Engels, Gerd	Fortentwicklung des Betriebsverfassungsrechts außerhalb des Betriebsverfassungsgesetzes, Teil I, AuR 2009, S. 10-29
Fabricius, Fritz	Anm. zu BAG vom 21.10.1980 - 6 ABR 41/78, AP Nr. 1 zu § 54 BetrVG 1972
Fett, Torsten/ Spiering, Christoph	Handbuch Joint Venture, Heidelberg et al. 2010 (zit.: *Bearbeiter*, in: Fett/Spiering, Handbuch Joint Venture)
Feudner, Bernd W.	Übergangs- und Restmandate des Betriebsrats gem. §§ 21a, 21b BetrVG, DB 2003, S. 882-886
Fischer, Ulrich	Die Vorschläge von DGB und DAG zur Reform des Betriebsverfassungsgesetzes, NZA 2000, S. 167-175
ders.	Der Konzernbetriebsrat nach neuem Recht, AiB 2001, S. 565-568

Fitting, Karl/ *Engels, Gerd/* *Schmidt, Ingrid/* *Trebinger, Yvonne/* *Linsenmaier, Wolfgang*	Betriebsverfassungsgesetz, 25. Aufl, München 2010 (zit.: Fitting, BetrVG)
Frisinger, Jürgen/ *Lehmann, Michael*	Konzern im Konzern: Wahl der Arbeitnehmervertreter für den Aufsichtsrat im Rahmen von § 76 Abs. 4 BetrVG 1952 und §§ 54 ff. BetrVG 1972 bei nach dem „Divisions-Prinzip" organisierten Konzernen, DB 1972, S. 2337-2340
Fuchs, Rainer	Der Konzernbetriebsrat – Funktion und Kompetenz, Frankfurt am Main 1974
Gaul, Björn	Das Arbeitsrecht der Betriebs- und Unternehmensspaltung: Gestaltung von Betriebsübergang, Outsourcing, Umwandlung, Köln 2002 (Zugl.: Köln, Univ., Habil.-Schr., 2002)
ders.	Das Schicksal von Tarifverträgen und Betriebsvereinbarungen bei der Umwandlung von Unternehmen, NZA 1995, S. 717-725
ders.	Änderung oder Beendigung einer als Inhalt des Arbeitsverhältnisses fortgeltenden Betriebsvereinbarung nach Betriebsübergang, in: Baeck, Ulrich; Hauck, Friedrich; Preis, Ulrich; et al. – Festschrift für Jobst-Hubertus Bauer zum 65. Geburtstag, München 2010, S. 339-350
Gaul, Björn/ *Bonanni, Andrea*	Beteiligungsrechte des Betriebsrats im Tochterunternehmen bei Maßnahmen der Konzernmutter, ArbRB 2003, S. 241-244
Gaumann, Ralf/ *Liebermann, Dirk*	Errichtung eines Konzernbetriebsrats bei fehlender inländischer Konzernspitze, DB 2006, S. 1157-1160
Giesen, Richard	Anm. zu BAG v. 5.6.2002 – 7 ABR 17/01, SAE 2003, S. 217-220

Goette, Wulf/ *Habersack, Mathias*	Münchener Kommentar zum Aktiengesetz Band 1, §§ 1-75 AktG, 3. Aufl., München 2008 Band 5, §§ 278-328 AktG, SpruchG, ÖGesAusG, Österreichisches Konzernrecht, 3. Aufl., München 2010 Band 9/1, §§ 327a-327f AktG, WpÜG, SpruchG, 2. Aufl., München 2004 (zit.: *Bearbeiter*, in: MünchKommAktG)
Grobys, Marcel	BB-Kommentar zu BAG vom 18.9.2002 – 1 ABR 54/01, BB 2003, S. 1391-1392
Grunewald, Barbara	Rechts- und Sachmängelhaftung beim Kauf von Unter- nehmensanteilen, NZG 2003, S. 372-374
Güllich, Karl Heinz	Die unmittelbare Geltung von Betriebs-Vereinbarungen im Konzern zu Lasten von beherrschten Gesell- schaften, Erlangen, Univ., Diss., 1978
Gussen, Heinrich	Zur Weitergeltung von Vereinbarungen des Konzernbe- triebsrates beim Betriebsübergang nach § 613a BGB, in: Düwell, Franz Josef; Stückemann, Wolf- gang; Wagner, Volker, Bewegtes Arbeitsrecht – Festschrift für Wolfgang Leinemann zum 70. Ge- burtstag, Neuwied 2006, S. 207-222
Gussen, Heinz/ *Dauck, Andreas*	Die Weitergeltung von Betriebsvereinbarungen und Ta- rifverträgen bei Betriebsübergang und Umwand- lung, 2. Aufl., Berlin 1997
Haas, Wolfgang	Die Auswirkungen des Betriebsübergangs insbesondere von Kapitalgesellschaften auf Betriebsvereinbarun- gen, Mainz, Univ., Diss., 1994
Haase, Rolf	Betrieb, Unternehmen und Konzern im Arbeitsrecht, NZA-Beilage 3/1988, S. 11-17
Hanau, Peter	Wie geht es weiter mit § 613a BGB?, in: Dieterich, Tho- mas, Das Arbeitsrecht der Gegenwart – Jahrbuch für das gesamte Arbeitsrecht und die Arbeitsge- richtsbarkeit, Band 34, Berlin 1997, S. 21-34
ders.	Arbeitsrecht und Mitbestimmung in Umwandlung und Fusion, ZGR 1990, S. 548-559

ders.	Fragen der Mitbestimmung und Betriebsverfassung im Konzern, ZGR 1984, S. 468-494
Hanau, Peter/ *Vossen, Reinhard*	Die Auswirkungen des Betriebsinhaberwechsels auf Betriebsvereinbarungen und Tarifverträge, in: Dieterich, Thomas; Gamillscheg, Franz; Wiedemann, Herbert, Festschrift für Marie Luise Hilger und Hermann Stumpf, München 1983, S. 271-297
Hauck, Friedrich	Auswirkungen des Betriebsübergangs auf Betriebsratsgremien, in: Bauer, Jobst-Hubertus; Beckmann, Paul Werner et al., Arbeitsgemeinschaft Arbeitsrecht im Deutschen Anwaltverein – Festschrift zum 25-jährigen Bestehen, Bonn 2006, S.621-628 (zit.: *Hauck*, in: FS ARGE Arbeitsrecht im DAV, 2006)
ders.	Betriebsübergang und Betriebsverfassungsrecht, in: Annuss, Georg; Picker, Eduard; Wissmann, Hellmut, Festschrift für Reinhard Richardi zum 70. Geburtstag, München 2007, S. 537-552
Hausch, Tobias	Arbeitsrechtliche Pflichtangaben nach dem UmwG – Teil 1, RNotZ 2007, S. 308-343
Henssler, Martin	Mitbestimmungsrechtliche Folgen grenzüberschreitender Beherrschungsverträge – Konzernbetriebsrat und Unternehmensmitbestimmung im grenzüberschreitenden Vertragskonzern, ZfA 2005, S. 289-314
ders.	Arbeitnehmerinformation bei Umwandlungen und ihre Folgen im Gesellschaftsrecht, in: Hönn, Günther; Konzen, Horst; Kreutz, Peter, Festschrift für Alfons Kraft zum 70. Geburtstag, Neuwied 1998, S. 219-250
Henssler, Martin/ *Willemsen, Heinz Josef/* *Kalb, Heinz-Jürgen*	Arbeitsrecht Kommentar, 4. Aufl., Köln 2010 (zit.: HWK/*Bearbeiter*)
dies.	Arbeitsrecht Kommentar, 1. Aufl., Köln 2004
Hergenröder, Curt Wolfgang	Anm. zu BAG vom 18.09.2002 - 1 ABR 54/01, AP Nr. 7 zu § 77 BetrVG 1972 „Betriebsvereinbarung"

Hess, Harald/	Kommentar zum Betriebsverfassungsgesetz, 7. Aufl.,
Schlochauer, Ursula/	Köln 2008
Worzalla, Michael/	(zit.: HSWGN/*Bearbeiter*)
Glock, Dirk/	
Nicolai, Andrea	

Hohenstatt, Klaus-Stefan

Die Fortgeltung von Tarifnormen nach § 613a I 2 BGB, NZA 2010, S. 23-26

Hohenstatt, Klaus-Stefan/
Günther-Gräff, Eva

Schicksal von Betriebsvereinbarungen und Tarifverträgen bei Unternehmenskauf und Umstrukturierung, DStR 2001, S. 1980-1987

Hohenstatt, Klaus-Stefan/
Müller-Bonanni, Thomas

Auswirkungen eines Betriebsinhaberwechsels auf Gesamtbetriebsrat und Gesamtbetriebsvereinbarungen, NZA 2003, S. 766-772

Hölters, Wolfgang

Aktiengesetz: Kommentar, München 2011
(zit.: *Bearbeiter*, in: Hölters)

Hopt, Klaus J./
Wiedemann, Herbert

Aktiengesetz: Großkommentar
Erster Band (Einleitung; §§ 1-53), 4. Aufl., Berlin 2004
(zit.: *Bearbeiter*, in: GroßkommAktG)

Hoyningen-Huene, Gerrick von

Der Konzern im Konzern, ZGR 1978, S. 515-541

ders.

Anm. zu BAG v. 05.06.2002 - 7 ABR 17/01, AP Nr. 11 zu § 47 BetrVG 1972

Hueck, Götz

Zwei Probleme der Konzernmitbestimmung, in: Hefermehl, Wolfgang; Gmür, Rudolf; Brox, Hans, Festschrift für Harry Westermann zum 65. Geburtstag, Karlsruhe 1974, S. 241-261
(zit.: *Hueck*, in: FS H. Westermann, 1974)

Hüffer, Uwe

Aktiengesetz, 9. Aufl., München 2010

Huke, Rainer/
Lepping, Christian

Die Folgen eines Betriebsübergangs auf betriebliche Interessenvertretungen, FA 2004, S. 136-139

Jacobs, Matthias	Gesamtbetriebsvereinbarung und Betriebsübergang, in: Dauner-Lieb, Barbara; Hommelhoff, Peter; Jacobs, Matthias et al., Festschrift für Horst Konzen zum siebzigsten Geburtstag, Tübingen 2006, S. 345-365
Joost, Detlev	Betrieb und Unternehmen als Grundbegriffe im Arbeitsrecht, München 1988 (Zugl: Kiel, Univ., Habil.-Schr., 1983)
ders.	Arbeitsrechtliche Angaben im Umwandlungsvertrag, ZIP 1995, S. 976-986
Junker, Abbo	Internationales Arbeitsrecht im Konzern, Tübingen 1992
Kallmeyer, Harald	Umwandlungsgesetz, 4. Aufl., Köln 2010 (zit.: *Bearbeiter*, in: Kallmeyer, UmwG)
Kern, Jan H.	Störfälle im Anwendungsbereich von Konzernbetriebsvereinbarungen, NZA 2009, S. 1313-1318
Klinkhammer, Heinz	Mitbestimmung im Gemeinschaftsunternehmen: Probleme konzerndimensionaler Mitbestimmung, Berlin 1977
Konzen, Horst	Errichtung und Kompetenzen des Konzernbetriebsrats, in: Hanau, Peter; Lorenz, Egon; Matthes, Hans-Christoph, Festschrift für Günther Wiese zum 70. Geburtstag, Neuwied 1998, S. 199-217 (zit.: *Konzen*, in: FS Wiese, 1998)
ders.	Arbeitnehmerschutz im Konzern, RdA 1984, S. 65-88
Kort, Michael	Bildung und Stellung des Konzernbetriebsrats bei nationalen und internationalen Unternehmensverbindungen, NZA 2009, S. 464-471
Krause, Nils/ Janko, Markus	Grenzüberschreitende Verschmelzung und Arbeitnehmermitbestimmung, BB 2007, S. 2194-2197
Kreft, Burghard	Normative Fortgeltung von Betriebsvereinbarungen nach einem Betriebsübergang, in: Kohte, Wolfhard; Dörner, Hans-Jürgen; Anzinger, Rudolf, Arbeitsrecht im sozialen Dialog – Festschrift für Hellmut Wissmann zum 65. Geburtstag, München 2005, S. 347-363

Kreutz, Peter	Bestand und Beendigung von Gesamt- und Konzernbetriebsrat, in: Konzen, Horst; Krebber, Sebastian et al., Festschrift für Rolf Birk zum siebzigsten Geburtstag, Tübingen 2008, S. 495-514 (zit.: *Kreutz*, in: FS Birk, 2008)
ders.	Die Errichtung eines Konzernbetriebsrats durch den einzigen Gesamtbetriebsrat (oder Betriebsrat) im Konzern, NZA 2008, S. 259-263
ders.	Gestaltungsaufgabe und Beendigung von Betriebsvereinbarungen, in: Hönn, Günther; Konzen, Horst; Kreutz, Peter, Festschrift für Alfons Kraft zum 70. Geburtstag, Neuwied 1998, S. 323-341
Kropff, Bruno	Textausgabe des Aktiengesetzes vom 6.9. 1965 und des Einführungsgesetzes zum Aktiengesetz vom 6.9.1965 mit Begründung des Regierungsentwurfs, Bericht des Rechtsausschusses des Deutschen Bundestags, Verweisungen und Sachverzeichnis, Düsseldorf 1965
Larenz, Karl	Methodenlehre der Rechtswissenschaft, 6. Aufl., Berlin et al. 1991
Laux, Helga/ Schlachter, Monika	Teilzeit- und Befristungsgesetz: Kommentar, München 2007 (zit.: Laux/Schlachter/*Bearbeiter*)
Löwisch, Manfred/ Kaiser, Dagmar	Betriebsverfassungsgesetz Kommentar, 6. Aufl., Frankfurt am Main 2010
Lunk, Stefan/ Hinrichs, Lars	Die Mitbestimmung der Arbeitnehmer bei grenzüberschreitenden Verschmelzungen nach dem MgVG, NZA 2007, S. 773-780
Lunk, Stefan	Anm. zu BAG v. 5.6.2002 – 7 ABR 17/01, ArbRB 2003, S. 73-74
Lutter, Marcus/ Timm, Wolfram	Zum VEBA/Gelsenberg-Urteil des Bundesgerichtshofs, BB 1978, S. 836-841
Lutter, Marcus/ Winter, Martin	Umwandlungsgesetz, Band I (§§ 1- 134), 4. Aufl., Köln 2009 (zit.: *Bearbeiter*, in: Lutter, UmwG)

Martens, Klaus-Peter	Der Konzernbetriebsrat – Zuständigkeit und Funktionsweise, ZfA 1973, S. 297-319
Maschmann, Frank	Betriebsrat und Betriebsvereinbarung nach einer Umstrukturierung, NZA-Beilage 2009, S. 32-41
Meik, Frank	Der Konzern im Arbeitsrecht und die Wahl des Konzernbetriebsrats im Schnittbereich zur Wahl des Aufsichtsrats, BB 1991, S. 2441-2445
Meinel, Gernod/ *Heyn, Judith/* *Herms, Sascha*	Teilzeit- und Befristungsgesetz: Kommentar, 3. Aufl., München 2009 (zit.: Meinel/Heyn/Herms, TzBfG)
Melchior, Robin	Die Beteiligung von Betriebsräten an Umwandlungsvorgängen aus Sicht des Handelsregisters, GmbHR 1996, S. 833-839
Mengel, Anja	Umwandlungen im Arbeitsrecht: Eine Untersuchung der arbeitsrechtlichen Vorschriften des Gesetzes zur Bereinigung des Umwandlungsrechts vom 28. Oktober 1994, Heidelberg 1997 (Zugl.: Köln, Univ., Diss., 1996)
Meyer, Cord	Betriebsübergang: Neues zur Transformation gem. § 613a Abs. 1 Satz 2 BGB, DB 2010, 1404 - 1406
ders.	Das Schicksal von Konzernbetriebsvereinbarungen beim Betriebsübergang, BB-Special Nr. 14 zu Heft 50/2005, S. 5-10
ders.	Ablösung von Betriebs-, Gesamt- und Konzernbetriebsvereinbarungen beim Betriebsübergang, DB 2000, S. 1174-1180
Mohnke, Lars/ *Betz, Christoph*	Unterrichtung der Mitarbeiter über die Fortgeltung von Betriebsvereinbarungen bei einem Betriebs(teil-)übergang, BB 2008, S. 498-504
Moll, Wilhelm	Die Rechtsstellung des Arbeitnehmers nach einem Betriebsübergang, NJW 1993, S. 2016-2023
Monjau, Herbert	Der Konzernbetriebsrat, BB 1972, S. 839-843

Mülbert, Peter	Unternehmensbegriff und Konzernorganisationsrecht, ZHR 163 (1999), S. 1-53
Müller, Klaus J.	Die Zuleitung des Verschmelzungsvertrages an den Betriebsrat nach § 5 Abs. 3 Umwandlungsgesetz, DB 1997, S. 713-718
Müller, Thomas	Umwandlung des Unternehmensträgers und Betriebsvereinbarung, RdA 1996, S. 287-293
Müller-Glöge, Rudi/ Preis, Ulrich/ Schmidt, Ingrid	Erfurter Kommentar zum Arbeitsrecht, 11. Aufl., München 2011 (zit.: ErfK/*Bearbeiter*)
Neuman, Arwed/ Bock, Irma	Zur rechtlichen Zuordnung von Gemeinschaftsunternehmen – Unter besonderer Berücksichtigung der Problematik von Konzernbetriebsrat und Gemeinschaftsunternehmen, BB 1977, S. 852-855
Nick, Thomas	Konzernbetriebsrat und Sozialplan im Konzern, Berlin 1992 (Zugl.: Hohenheim, Univ., Diss., 1991)
Niklas, Thomas/ Mückl, Patrick	Auswirkungen eines Betriebsübergangs auf betriebsverfassungsrechtliche Ansprüche, DB 2008, S. 2250-2254
Oetker, Hartmut	Konzernbetriebsrat und Unternehmensbegriff, ZfA 1986, S. 177-197
Peix, Mathias	Errichtung und Fortbestand des Gesamtbetriebsrats unter besonderer Berücksichtigung von gewillkürten Arbeitnehmervertretungsstrukturen und Unternehmensumstrukturierungen, Berlin 2008 (Zugl.: Bielefeld, Univ., Diss., 2007)
Pflüger, Norbert	Der Teilkonzern in Betriebs- und Unternehmensverfassung, NZA 2009, S. 130-132
Picot, Gerhard/ Schnitker, Elmar	Arbeitsrecht bei Unternehmenskauf und Restrukturierung, München 2001
Preis, Ulrich/ Steffan, Ralf	Zum Schicksal kollektivrechtlicher Regelungen beim Betriebsübergang, in: Hönn, Günther; Konzen, Horst; Kreutz, Peter, Festschrift für Alfons Kraft zum 70. Geburtstag, Neuwied 1998, S. 477-491

Quander, Thomas	Betriebsinhaberwechsel bei Gesamtrechtsnachfolge, München 1990 (Zugl.: Konstanz, Univ., Diss., 1989)
Raiser, Thomas/ *Veil, Rüdiger*	Mitbestimmungsgesetz und Drittelbeteiligungsgesetz: Kommentar, 5. Aufl., Berlin 2009
Rebmann, Kurt/ *Säcker, Franz Jürgen/* *Rixecker, Roland*	Münchener Kommentar zum Bürgerlichen Gesetzbuch Band 3 (Schuldrecht Besonderer Teil, §§ 433-610, Finanzierungsleasing, HeizkostenV, BetriebskostenV, CISG), 5. Aufl., München 2008 Band 4 (Schuldrecht Besonderer Teil II, § 611-704, EFZG, TzBfG, KSchG), 5. Aufl., München 2009 Band 5 (Schuldrecht Besonderer Teil III, §§ 705-853, Partnerschaftsgesellschaftsgesetz, Produkthaftungsgesetz), 5. Aufl., München 2009 Band 9 (Erbrecht, §§ 1922-2385, §§ 27-35 BeurkG), 5. Aufl., München 2010 (zit.: *Bearbeiter*, in: MünchKommBGB)
Richardi, Reinhard	Betriebsverfassungsgesetz mit Wahlordnung: Kommentar, 12. Aufl., München 2010 (zit.: Richardi/*Bearbeiter*)
ders.	Betriebsverfassungsgesetz mit Wahlordnung: Kommentar, 7. Aufl., München 1998
ders.	Konzern, Gemeinschaftsunternehmen und Konzernbetriebsrat, DB 1973, S. 1452-1455
Richardi, Reinhard/ *Kortstock, Ulf*	Anm. zu BAG v. 18.9.2002 – 1 ABR 54/01, RdA 2004, S. 173-175
Richardi, Reinhard/ *Wlotzke, Otfried/* *Wißmann, Hellmut/* *Oetker, Hartmut*	Münchener Handbuch zum Arbeitsrecht Band 1, Individualarbeitsrecht, 3. Aufl., München 2009 Band 2, Kollektivarbeitsrecht/Sonderformen, 3. Aufl., 2009 (zit.: *Bearbeiter*, in: MünchHdbArbR)
Rieble, Volker	Konzerninteressenausgleich?, in: Baeck, Ulrich; Hauck, Friedrich; Preis, Ulrich; et al. – Festschrift für Jobst-Hubertus Bauer zum 65. Geburtstag, München 2010, S. 867-883

ders.   Betriebsverfassungsrechtliche Folgen der Betriebs- und
                               Unternehmensumstrukturierung, Sonderbeilage zu
                               NZA Heft 16/2003, S. 62-72

ders.   Das Übergangsmandat nach § 21a BetrVG, NZA 2002, S.
                               233-241

Rieble, Volker/   Betriebsvereinbarungen nach Unternehmensumstrukturie-
Gutzeit, Martin   rung, NZA 2003, S. 233-238

Röder, Gerhard/   Gesamt- und Konzernbetriebsräte in internationalen Kon-
Powietzka, Arnim   zernunternehmen, DB 2004, S. 542-547

Säcker, Franz Jürgen   „Mehrmütterklausel" und Gemeinschaftsunternehmen –
                               Zur Bedeutung der Brost & Funke-Entscheidung
                               des BGH, NJW 1980, S. 801-806

Salamon, Erwin   Das Schicksal von Gesamtbetriebsvereinbarungen bei
                               Betriebs- und Betriebsteilveräußerungen, Berlin
                               2006 (Zugl.: Hamburg, Univ., Diss., 2006)

ders.   Die Konzernbetriebsvereinbarung beim Betriebsüber-
                               gang, NZA 2009, S. 471-475

ders.   Die Anbindung des Gesamtbetriebsrats an das Unterneh-
                               men – Insbesondere: Mitbestimmung im gemein-
                               samen Betrieb mehrerer Unternehmen, RdA 2008,
                               S. 24-32

ders.   Die Ablösung und Kündigung von Betriebsvereinbarun-
                               gen bei Wegfall der beteiligten Arbeitnehmerver-
                               tretung, NZA 2007, S. 367-371

Schaub, Günter   Tarifverträge und Betriebsvereinbarungen beim Betriebs-
                               übergang und Umwandlung von Unternehmen, in:
                               Hanau, Peter; Lorenz, Egon; Matthes, Hans-
                               Christoph, Festschrift für Günther Wiese zum 70.
                               Geburtstag, Neuwied 1998, S. 535-545
                               (zit.: Schaub, in: FS Wiese, 1998)

Schiebe, Tobias

Die betriebsverfassungsrechtliche Funktionsnachfolge: Unter besonderer Berücksichtigung der Weitergeltung von Betriebs- Gesamtbetriebs- und Konzernbetriebsvereinbarungen bei der Umstrukturierung von Betrieben und Unternehmen, Hamburg 2010 (Zugl.: Kiel, Univ., Diss., 2010)

Schiessl, Maximilian

Gesellschafts- und mitbestimmungsrechtliche Probleme der Spartenorganisation (Divisionalisierung), ZGR 1992, S. 64-86

Schmidbauer, Albert

Der Konzernbegriff im Aktien- und Betriebsverfassungsrecht, Regensburg, Univ., Diss., 1976

Schmidt, Karsten

Münchener Kommentar zum Handelsgesetzbuch Band 4 (§§ 238-342e HGB), 2. Aufl., München 2008 (zit.: Bearbeiter, in: MünchKommHGB)

ders.

Gesellschaftsrecht, 4. Aufl., Köln et al. 2002

Schmidt, Karsten/ Lutter, Marcus

Aktiengesetz: Kommentar I. Band (§§ 1-149), 2. Aufl., Köln 2010 (zit.: Bearbeiter, in: Schmidt/Lutter)

Schmitt, Joachim/ Hörtnagl, Robert/ Stratz, Rolf-Christian

Umwandlungsgesetz, Umwandlungssteuergesetz, 5. Aufl., München 2009 (zit.: Bearbeiter, in: Schmitt/Hörtnagl/Stratz)

Schmitt-Rolfes, Günter

Interessenausgleich und Sozialplan in Unternehmen und Konzern, in: Oetker, Hartmut; Preis, Ulrich; Rieble, Volker, 50 Jahre Bundesarbeitsgericht, München 2004, S. 1081-1099

Schwald, Sonja

Die Legitimation der Konzernbetriebsverfassung, Frankfurt am Main 2005 (Zugl.: Mannheim, Univ., Diss., 2003)

Seiter, Hugo

Betriebsinhaberwechsel – Arbeitsrechtliche Auswirkungen eines Betriebsübergangs unter besonderer Berücksichtigung des § 613a BGB i.d.F. vom 13. August 1980, Stuttgart 1980

Semler, Johannes

„Konzern im Konzern" – Organisationsmodell oder Rechtstatbestand?, DB 1977, S. 805-811

Semler, Johannes/ *Stengel, Arndt*	Umwandlungsgesetz mit Spruchverfahrensgesetz, 2. Aufl., München 2007 (zit.: *Bearbeiter*, in: Semler/Stengel)
Sieg, Rainer/ *Maschmann, Frank*	Unternehmensumstrukturierung aus arbeitsrechtlicher Sicht, 2. Aufl., München 2010 (zit.: *Sieg/Maschmann*, Unternehmensumstrukturierung)
Simitis, Spiros	Internationales Arbeitsrecht – Standort und Perspektiven, in: Lüderitz, Alexander; Schröder, Jochen, Internationales Privatrecht und Rechtsvergleichung im Ausgang des 20. Jahrhunderts – Bewahrung oder Wende?, Festschrift für Gerhard Kegel, Frankfurt am Main 1977, S. 153-186
Simon, Stefan/ *Hinrichs, Lars*	Unterrichtung der Arbeitnehmer und ihrer Vertretungen bei grenzüberschreitenden Verschmelzungen, NZA 2008, S. 391-397
Simon, Stefan/ *Zerres, Thomas*	Unternehmensspaltung und Arbeitsrecht, in: Düwell, Franz Josef; Stückemann, Wolfgang; Wagner, Volker, Bewegtes Arbeitsrecht - Festschrift für Wolfgang Leinemann zum 70. Geburtstag, Neuwied 2006, S. 255-272
Staudinger, J. von	Kommentar zum Bürgerlichen Gesetzbuch mit Einführungsgesetz und Nebengesetzen Buch 1, Allgemeiner Teil, §§ 164-240 (Allgemeiner Teil 5), Berlin, Neubearbeitung 2009 Buch 2, Recht der Schuldverhältnisse, Einleitung zum Schuldrecht; §§ 241-243 (Treu und Glauben), Berlin, Neubearbeitung 2009 Buch 2, Recht der Schuldverhältnisse, §§ 433-487; Leasing, (Kaufrecht und Leasingrecht), Berlin, Neubearbeitung 2004 Buch 2, Recht der Schuldverhältnisse, §§ 613a-619a BGB (Dienstvertragsrecht 2), Neubearbeitung 2011 (zit.: *Bearbeiter*, in: Staudinger)
Theisen, Manuel René	Der Konzern: Betriebswirtschaftliche und rechtliche Grundlagen der Konzernunternehmung, 2. Aufl., Stuttgart 2000 (zit.: Theisen, Konzern)

Thüsing, Gregor	Europäisches Arbeitsrecht, München 2008
ders.	Folgen einer Umstrukturierung für Betriebsrat und Betriebsvereinbarung, DB 2004, S. 2474-2480
Thüsing, Gregor/ Forst, Gerrit	Konzernweite Strukturierung von Organen der Betriebsverfassung – Klassische und neue Fragen insb. zum Teilkonzernbetriebsrat, Der Konzern 2010, S. 1-12
Tomicic, Stefan	Interessenausgleich und Sozialplan im Konzern, München, Univ., Diss., 1981
Trittin, Wolfgang/ Gilles, Andreas	Errichtung des Konzernbetriebsrats durch einen Gesamtbetriebsrat bzw. Betriebsrat, AuR 2009, S. 253-255
dies.	Mitbestimmung im internationalen Konzern – Zur Bildung von mitbestimmtem Aufsichtsrat und Konzernbetriebsrat für die inländischen Teile eines internationalen Konzerns ohne inländische Leitungsorganisation, AuR 2008, S. 136-142
Ullrich, Thilo	Zulässigkeit der Bildung eines Konzernbetriebsrats bei im Ausland gelegener Konzernobergesellschaft?, DB 2007, S. 2710-2713
Ulmer, Peter	Aktienrechtliche Beherrschung durch Leistungsaustauschbeziehungen?, ZGR 1978, S. 457-475
Ulmer, Peter/ Habersack, Mathias/ Henssler, Martin	Mitbestimmungsrecht: Kommentierung des MitbestG, der DrittelbG und der §§ 34 bis 38 SEBG, 2. Aufl., München 2006 (zit.: Ulmer/Habersack/Henssler/*Bearbeiter*, MitbestR)
Wank, Rolf	Die Geltung von Kollektivvereinbarungen nach einem Betriebsübergang, NZA 1987, S. 505-510
Wank, Rolf/ Maties, Martin	Voraussetzungen für die Errichtung eines Konzernbetriebsrats, SAE 2008, S. 161-168
Weiss, Manfred/ Weyand, Joachim	Normenkollisionen insbesondere bei Konzernbetriebsvereinbarungen in doppelt konzernzugehörigen Gemeinschaftsunternehmen, AG 1993, S. 97-107

Weitnauer, Wolfgang	Der Unternehmenskauf nach neuem Kaufrecht, NJW 2002, S. 2511-2517
Wetzling, Frank	Der Konzernbetriebsrat, Köln 1978
Widmann, Siegfried/ Mayer, Dieter	Umwandlungsrecht: Umwandlungsgesetz, Umwandlungssteuergesetz - Kommentar Ordner 1 (Texte, Materialien, §§ 1-17 UmwG) Ordner 3 (§§ 123-257 UmwG) Stand: 117. Ergänzungslieferung , Bonn 2010 (zit.: *Bearbeiter*, in: Widmann/Mayer)
Wiese, Günther/ Kreutz, Peter/ Oetker, Hartmut/ Raab, Thomas/ Weber, Christoph/ Franzen, Martin	Gemeinschaftskommentar zum Betriebsverfassungsgesetz Band I (§§ 1-73b mit Wahlordnungen), 9. Aufl., Köln 2010 Band I (§§ 1-73b mit Wahlordnungen), 8. Aufl., München, Neuwied 2005 Band II (§§ 74-132), 9. Aufl., Köln 2010 (zit.: GK-BetrVG/*Bearbeiter*)
Willemsen, Heinz Josef/ Hohenstatt, Klaus-Stefan/ Schweibert, Ulrike/ Seibt, Christoph H.	Umstrukturierung und Übertragung von Unternehmen: Arbeitsrechtliches Handbuch, 3. Aufl., München 2008 (zit.: WHSS/*Bearbeiter*)
dies.	Umstrukturierung und Übertragung von Unternehmen: Arbeitsrechtliches Handbuch, 2. Aufl., München 2003
Windbichler, Christine	Arbeitsrecht im Konzern, München 1989
dies.	Arbeitsrecht und Konzernrecht, RdA 1999, S. 146-152
Wlotzke, Otfried/ Preis, Ulrich/ Kreft, Burghard	Betriebsverfassungsgesetz: Kommentar, 4. Aufl., München 2009 (zit.: WPK/*Bearbeiter*)
Wlotzke, Otfried/ Wißmann, Hellmut/ Koberski, Wolfgang/ Kleinsorge, Georg	Mitbestimmungsrecht - Kommentar (Mitbestimmungsgesetz, Montan-Mitbestimmung, Drittelbeteiligungsgesetz, Mitbestimmung auf europäischer Ebene), 4. Aufl., München 2011 (zit.: Wlotzke/Wißmann/Koberski/Kleinsorge/ *Bearbeiter*)

Wollwert, Klaus   Die Errichtung des Konzernbetriebsrats in nationalen und
                          internationalen Konzernen, Hamburg 2011 (Zugl.:
                          Köln, Univ., Diss., 2011)

ders.   Zulässigkeit der Errichtung eines Konzernbetriebsrats
                          durch den konzernweit einzigen Gesamtbetriebsrat,
                          NZA 2011, S. 437-442

Zöllner, Wolfgang   Veränderungen und Angleichung tarifvertraglich geregel-
                          ter Arbeitsbedingungen nach Betriebsübergang, DB
                          1995, S. 1401-1408

ders.   Zum Unternehmensbegriff der §§ 15 ff AktG, ZGR 1976,
                          S. 1-32

Zöllner, Wolfgang/   Kölner Kommentar zum Aktiengesetz
Noack, Ulrich   Band 1, 2. Teillieferung (§§ 1-53 AktG), 3. Aufl.,
                          Köln 2010
                          (zit.: *Bearbeiter*, in: KK-AktG)

Forum Arbeits- und Sozialrecht

Jan Friedrich Beckmann
Rechtsgrundlagen der beruflichen Weiterbildung von Arbeitnehmern
Band 37, 2012, ca. 425 S.,
ISBN 978-3-86226-151-2, € **28,80**

Moritz Koch
Dreigliedrige Standortsicherungsvereinbarungen
Band 35, 2012, 270 S.,
ISBN 978-3-86226-145-1, € **26,80**

Jacob Glajcar
Altersdiskriminierung durch tarifliche Vergütung
Band 34, 2011, 350 S.,
ISBN 978-3-86226-035-5, € **27,80**

Antje Hoops
Die Mitbestimmungsvereinbarung in der europäischen Aktiengesellschaft (SE)
Band 33, 2009, 300 S.,
ISBN 978-3-8255-0737-4, € **22,80**

Alexander Willemsen
Einführung und Inhaltskontrollen von Ethikrichtlinien
Band 32, 2009, 302 S.,
ISBN 978-3-8255-0732-9, € **25,-**

Jörg Gawlick
Die stufenweise Wiedereingliederung arbeitsunfähiger Arbeitnehmer in das Erwerbsleben nach § 28 StGB/§74 StGB 5
Eine arbeitsrechtliche Betrachtung
Band 31, 2009, 314 S.,
ISBN 978-3-8255-0725-1, € **28,-**

Sebastian Naber
Der massenhafte Abschluss arbeitsrechtlicher Aufhebungsverträge
Band 30, 2009, 312 S.,
ISBN 978-3-8255-0720-6, € **29,90**

Henriette Norda
Der Anspruch auf Elternteilzeit – de lege lata und de lege ferenda
Band 29, 2008, 286 S.,
ISBN 978-3-8255-0699-5, € **27,90**

Sonja Boller
Die Zuständigkeiten der gewerblichen Berufsgenossenschaften
Band 28, 2006, 308 S.,
ISBN 978-3-8255-0662-9, € **29,50**

---

www.centaurus-verlag.de

Centaurus Buchtipps

Felix Walther
Bestechlichkeit und Bestechung im geschäftlichen Verkehr
Internationale Vorgaben und deutsches Strafrecht
Studien zum Wirtschaftsstrafrecht, Bd. 36, 2011, 338 S.,
ISBN 978-3-86226-089-7, € **26,80**

Karl Huber
Strafrechtlicher Verfall und Rückgewinnungshilfe bei der Insolvenz des Täters
Studien zum Wirtschaftsstrafrecht, Bd. 35, 2011, 262 S.,
ISBN 978-3-86226-053-9, € **26,80**

Patrick Alf Hinderer
Insolvenzstrafrecht und EU-Niederlassungsfreiheit am Beispiel der englischen private company limited by shares
Studien zum Wirtschaftsstrafrecht, Bd. 34, 2011, 196 S.,
ISBN 978-3-86226-033-1, € **25,80**

Carsten Labinski
Zur strafrechtlichen Verantwortlichkeit des directors einer englischen limited
Studien zum Wirtschaftsstrafrecht, Bd. 33, 2011, 410 S.,
ISBN 978-3-86226-025-6, € **29,-**

Dorith Deibel
Die Reichweite des § 153 Abs. 1 S. 1 AO
Steuerverfahrensrechtliche und steuerstrafrechtliche Aspekte der Verpflichtung zur „Berichtigung von Erklärungen"
Reihe Rechtswissenschaft, Bd. 216, 2011, 432 S.,
ISBN 978-3-86226-107-9, € **29,80**

Jochen Stockburger
Unternehmenskrise und Organstrafbarkeit wegen Insolvenzstraftaten
Eine Untersuchung zu aktuellen Problemen der Bestimmung der strafrechtlichen Krisenmerkmale und der Strafhaftung von AG-Vorständen und GmbH- und UG-Geschäftsführern wegen Insolvenzstraftaten
Reihe Rechtswissenschaft, Bd. 215, 2011, 364 S.,
ISBN 978-3-86226-093-5, € **25,80**

Bianca Schöpper
Die Systeme der progressiven ‚Kundenwerbung unter besonderer Berücksichtigung des Multi-Level-Marketing-Systems
Reihe Rechtswissenschaft, Bd. 214, 2011, 240 S.,
ISBN 978-3-86226-063-8, € **24,80**

Martin Seuffert
Die Flurbereinigung vor dem Hintergrund des Art. 14 GG
Aktuelle Beiträge zum öffentlichen Recht, Bd. 13, 2011, 225 S.,
ISBN 978-3-86226-034-8, € **24,80**

Informationen und weitere Titel unter **www.centaurus-verlag.de**

MIX

Papier aus verantwortungsvollen Quellen
Paper from responsible sources

FSC® C105338

If you have any concerns about our products,
you can contact us on
ProductSafety@springernature.com

In case Publisher is established outside the EU,
the EU authorized representative is:
**Springer Nature Customer Service Center GmbH
Europaplatz 3, 69115 Heidelberg, Germany**

Printed by Libri Plureos GmbH
in Hamburg, Germany